中央政府賑濟臺灣文獻·清代卷

臺灣文獻
國家古籍整理出版規劃項目

尹全海 魏垚傑 盧敏 吴天鈞 余紀珍 整理

国家出版基金项目
NATIONAL PUBLICATION FOUNDATION
「十二五」國家重點圖書出版規劃項目
九州出版社
JIUZHOUPRESS

自　序

由於地理、地質和氣候的原因，臺灣是我國自然灾害頻發的地區之一。據史料記載之統計，在諸多自然灾害中，地震（地動）爲最，颶風次之，水旱灾害再次之，其他如霜雪冰雹、蝗蟲、瘴氣、毒蛇等等，亦時常傷人，甚或成灾。兩岸學者對臺灣自然灾害史料之整理頗有成就，如國家檔案局明清檔案館編《清代地震檔案史料》（中華書局，1959 年）、楊光、郭樹整編《清代閩浙臺地區諸流域洪澇檔案史料》（中華書局，1998 年）、徐泓編著《清代臺灣天然灾害史料匯編》（1983 年）、《清代臺灣自然灾害史料新編》（福建人民出版社，2007 年）等，爲臺灣自然灾害史之研究及自然灾害預報提供了珍貴文獻。

正所謂灾害無情人有情，臺灣雖遠隔重洋，孤懸海外，但每當灾害發生時，地方官員首先親赴勘灾，據實奏報灾情，或奏請豁免、緩徵或分年輪免錢糧餉税、官莊租息，或奏請賑濟、撫卹；情况緊急時，地方官往往“一面撫卹，一面馳奏”。朝廷收到奏報，或委員查驗，或諭令賑濟，“一視同仁”；遇有重大灾情，往往要“加倍賑濟”，“以廣皇仁”。同時還要求地方官員將賑濟情况、百姓是否安居等回奏朝廷。從如此大量原始文獻中不難看出，灾害發生時，人們是如何應對、又是如何恢復生産、重建家園、走出灾害夢魘的，以及政府与民間在救灾、賑灾中扮演了何等角色。有鑒於此，我們結合正在推動的“中央政府管理臺灣歷史文獻叢編”整理出版，通過整理中央政府對臺灣的賑濟文獻，使中央政府對臺灣的管轄行爲變得具體而有血有肉、有聲有色。在廣泛搜集文獻的基礎上，經過充分論证，尹全海教授組織整理、九州出版社組織申報的《中央政府賑濟臺灣文獻》，列入“十二五”國家重點圖書出版規劃項目和 2012 年度國家出版基金資助項目。

爲了體現中央政府對臺灣的賑濟活動，檔案選材方面，均采用宫藏檔案。本次整理，共輯録各類檔案334份，按朝代順序編列：

康熙朝共輯録各類檔案7件，其中起居注2件，兵部檔案2件，户部檔案2件，奏摺1件。雍正朝共整理奏摺20份。乾隆朝共整理各類檔案155件，其中奏摺123件，上諭檔10件，林爽文檔9件，兵部移會5件，户部題本5件，起居注3件。嘉慶朝共整理各類檔案58份，其中奏摺42件，上諭檔14件，兵部移會、户部題本各1件。道光朝共整理各類檔案44件，其中奏摺30件，上諭檔10件，户部移會4件。咸豐朝共整理各類檔案11件，其中奏摺7件，上諭檔4件。同治朝共整理奏摺5件。光緒朝共整理各類檔案34件，其中奏摺29件，上諭檔3件，起居注、清單各1件。

由於本課題前期準備充分，業經課題組成員共同努力，《中央政府賑濟臺灣文獻・清代卷》如期完成。借本書付梓之際，特將選題緣由、課題申報和選材特徵等，略作介紹，且爲序。

整理者

二〇一二年十月

整理説明

文獻整理是學術研究的基礎與前提。目前，海峽兩岸對臺灣自然灾害史料之整理已相當充分，而對與之關係極爲密切的灾後賑濟史料之整理却十分不足，似可謂之“殘缺”；文獻“殘缺”自然不利於學術研究之開展。本次嘗試整理“清代中央政府賑濟臺灣文獻”之主旨，在於彌補現有文獻之“殘缺”，爲學術研究提供基礎性史料。茲就相關情况略作説明。

一、本書輯録以檔案館館藏各類原始檔案爲整理範圍，以中國第一歷史檔案館和海峽兩岸出版交流中心按檔案原貌影印出版的《明清宮藏臺灣檔案匯編》爲底本，結合臺北故宫博物院之“宫中檔”、“軍機檔”和“上諭檔”等宫藏檔案，以及業經整理出版之檔案史料，如《清代地震檔案史料》、《清代臺灣天然灾害史料匯編》（及《清代臺灣自然灾害史料新編》）等，參照增補、校勘輯録而成。

二、本書輯録之“賑濟檔案”，起自康熙朝，止於晚清光緒年間，幾乎涵蓋有清一代。檔案内容極其豐富，其間所發生之地震、颶風、水旱等自然灾害都有反映，包括灾害種類及程度、涉及範圍、灾情評估及是否成灾，地方官員之灾情通報及賑濟申請、賑濟種類、賑濟範圍及對象，朝廷諭批及催辦情况。此外，朝廷每遇重大事件或重大慶典，如重大事變之後，或皇帝、皇太后壽辰等，朝廷也會豁免錢糧餉税，普天同慶。

三、本書輯録采用朝代編年。整體上按檔案形成時間依次編排，以朝代分編；具體每件檔案的編排，原則上以具文或發文時間爲準，缺少具文或發文時間者，採收文或硃批時間；缺漏時間之檔案，且經考證而不明者，按年月日逐次安排該類檔案之後，如缺時者，編於本月之後，缺月者，編於本年之後，缺年者，編於本朝之後；有主附件者，附件編於主件之後。

四、爲保持檔案原始面貌，本書輯録之檔案，不做增删改動，底本中存在的訛、脱、衍、倒等錯誤，直接更正；内容殘缺者，以■示之；模糊不清，無法辨認者，以□代之，或註明原文如此；對於與主題相去甚遠且篇幅較大的内容以……省之；對於爲表尊敬而空格或頂格者，按現行文方式處理；數位及計量單位，照録。

五、本書輯録檔案之標題，尊重底本之選擇，但須反映作者及職銜、檔案種類、事由梗概、年號紀年等基本信息，原則上不用標點區分。

六、本書之出版，采用繁體横排，一級標題爲三號宋體，正文標題爲小四黑體，正文爲小四宋體，注釋部分爲小五宋體。

文獻整理，各遵其旨，所謂“竭澤而漁”或“一網打盡”，爲好學者追求之境界耳，實難如願。本書亦因種種原因，難免遺珠，是爲憾事；至錯謬之處，當因作者學識不精之故，是爲歉也，萬望博雅君子正之、諒之！

編　者

2012. 10

目　録

乾隆朝

嘉庆朝

道光朝

咸豐朝

同治朝

光緒朝

康熙朝

一、起居注：諭令查明臺灣旱災地方駐紮兵丁兵糧

［康熙四十五年二月］，又，為福建巡撫李斯義題，被旱災傷臺灣等三縣，康熙四十四年糧米請蠲免，議照例查被災分數蠲免。

二、起居注：查明臺灣兵丁糧米不必協濟諭令蠲免

［康熙四十五年三月初一日］，遵旨將撥給臺灣駐劄兵丁糧米已經查出，臺灣一年收米十三萬石零，支給兵丁外，一年尚存米七萬餘石，不必他處協濟。

上曰：海中臺灣等處地方窪下，一遇亢旱即至歉收，著將臺灣等三縣糧畝全行蠲免。

又曰：朕蒞政四十餘年，留心諸務，無所不悉，見窪下之地，旱則不收，水亦鮮獲，不若蒙古田土高而且腴，雨雪常調，無荒歉之年，更兼土潔泉甘，誠佳壤也。

三、福建浙江總督范時崇奏摺：查明臺灣三縣明春兵民食米接濟有備

［康熙五十三年十一月十二日］，福建浙江總督臣范時崇謹奏：為奏聞事。

臣於十月二十三日到福州府省城，業將回署日期具疏題報。查福建八府一州夏秋雨水調勻，米價均平，已經撫臣滿保奏達聖鑒。今冬晚稻收成各處約有八分、九分不等，番薯有十分收成，麥子俱已播種。現今各處米價九錢、一兩、一兩一二錢不等，惟臺灣、鳳山二縣因夏秋之間少雨傷苗，亢旱情形先經撫臣滿保題報在案。今據臺厦道陳瓚覆稱：各處親行查勘，實因夏末秋初雨未霑足，低田近水者尚有薄收，高處旱干者禾苗多損。被災分數，臣現在會同撫臣滿保循例另題。查臺灣三縣原

有從前題明貯倉穀二十餘萬石，又存發糶未完穀二十餘萬石，共計有四十餘萬石，盡可備應接濟。現經撫臣滿保已撥穀九萬石，行令分頭平糶，今月報所賣米價亦減至一兩一二錢。更諸羅地方頗寬，向多出米，今年收成約有八分。現在臣等商酌行令，設法運至臺郡地方，則明春兵民食米接濟有備，可無匱乏之虞。臣謹奏。

［硃批］：知道了。

四、臺灣事件殘檔（康熙六十年十月至十一月，兵部、戶部檔案四件）

一件：恭報全臺已經底定等事。康熙六十年十月二十五日，准兵部諮開，職方清吏司案呈，奉本部送兵科抄出該本部題，前事內開該臣等議得，據福建浙江總督覺羅滿保疏稱：臺灣地方，自康熙二十二年蕩平以來，承平既久，防範漸弛，以致匪類竊發，猖獗府治，仰賴聖主威靈，大兵進剿，七日而府治克復，半月而首惡脅從悉擒，全臺底定。提鎮所統水陸各營將士，奮力用命。臣等考核功績，疏請從優議敘，以示鼓勵。安平鎮港東、港西、二里溝、尾社前後二莊鄉民，效忠竭力，現在查明捐給重賞，為首義民委銜錄用，餘衆安插各使得所。但匪類猖亂之時，在臺居民耕耘失業，其乏食窮民，飭查存倉粟石，酌量賑卹，再行上請蠲賑，以拯災黎。臺灣三縣，南北遼闊，番民叢雜，全賴兵力強足，方能備禦。舊額臺地各營，統計陸兵四千七百九十名、水兵二千七百名，分散各縣防汛，不免兵單勢薄。查勘形勢，應否增兵，另議請旨。查在臺額兵，皆係內地撥換，當匪類竊發，各兵死亡逃散，存剩無幾。目前缺額之兵，應於內地調撥赴臺補額，臣已預行各營遵照，然遠近不齊，風信難定，一時未能到臺，不得不於臺地出征官兵內照數派撥，暫留防守，俟內地班兵到日換回。再，臺地新經平定，各處緊要地方，急須於舊額之外，添兵防守。就於出征兵內，酌量留臺貼防，俱仍給以行糧，俟調換回營之日停止。臺灣各營，本年夏秋兵餉，先於四月內北路營守備劉錫自省領餉到厦，因值臺警，尚未過臺。所有出征官兵月餉、行糧、一應緊要軍需，即於領出臺餉及藩庫貯銀內動支，各兵糧米於本省鄰近府州倉穀碾米散給等因具題前來。查克復臺灣在事庫人員，該督所送功冊尚未到部，俟到部之日，臣部即行照例議敘。安平鎮等處鄉民，效忠竭力，該督既經捐給重賞，為首義民復行委銜錄用，餘衆俱已安插得所，應毋庸議。至在臺乏食窮民，作何蠲賑，並臺澎各營於原額增設兵丁之處，應行該督撫提會同速作詳勘具題，到日再議。其在臺各營兵丁，該督既稱存剩無幾，照例於內地各營調撥補額，恐一時未能到臺，將出征官兵照數派撥，暫留防守；各處緊要地方添兵防守，於出征兵內酌量留臺貼防，俱仍給以行糧等語，均應如該督所請，將出征兵丁暫留防守臺灣，並貼防各處緊要地方，俟內地班兵到日，撤回停止行糧。所有出征官兵糧餉、一應緊要軍需，該督業於先領臺餉及藩庫存貯銀兩並本省鄰近府州倉穀動用支給，應於班師之日，將前項動用銀米數目逐款分晰造冊題銷可也等因，於康熙六十年九月初二日題，本月初五日奉旨：依議，欽此。科抄到部，合諮欽遵施行等因，轉行布政司查明造冊詳報去後，前件據布政司布政使沙木哈冊開：此案於康熙六十年十月二十五日准諮，應照臺灣例限扣至康熙六十一年八月二十五日限滿，現在查明造冊詳報，未逾限，未完結，理合登答。

一件：欽奉上論事。康熙六十年十一月十六日，准戶部諮開，福建浙江總督滿保等所奏八月十三日臺灣地方颶風大作，倒塌衙署、倉廒、民房，傷損船隻、人民，田禾傷殘等因摺子啟奏，召入九卿詹事科道面論：福建總督滿保、提督施世驃、巡撫呂猶龍摺奏臺灣颶風大作，官兵商民傷損甚多，朕心深為不忍，前朱一貴等謀反，大兵進剿，殺戮已多，今又遭此災，書云大兵之後必有兇年，茲言信然。總因臺灣地方官平日但知肥已，刻剝小民，激變人心，聚衆叛逆，及大兵進剿，征戰數次，殺戮甚多，上干天和，颱颶陡發，倒塌房屋，淹沒船隻，傷損人民，此皆不肖有司貪殘所致也。今宜速行賑卹，以慰臺民。爾等即會同詳議，於此一二日內面奏。欽此。

該臣等會議得：欽惟我皇上愛養小民，俯垂憫惻，即召臣等入內面論詳切，命速議加恩賑卹，仰見至仁高厚，誠如天地。查得去年保安、沙城等處地震，皇上施恩，特發庫帑，所有倒塌房屋一間銀一兩，壓死大口一口銀二兩，小口一口銀七錢五分，賞給在案，相應速行該督撫提督，將被災黎民，加意撫卹，無致失所。查明傷損人民，倒塌房屋，應照保安等處散賑之例散給。再查出兵病故，綠旗步兵每名賞銀五兩，今臺灣被風傷船，淹死兵丁，亦照出兵病故綠旗兵丁賞給之例，查明賞給伊等妻子。前項散給銀兩，即在閩省庫貯銀內動給。務令仰體皇上視民如子之至意，使軍民均霑實惠。其颶風損壞戰船及壓倒衙署、倉廒，遴委能員照例速作監理修造完固。仍將散賑過戶口，並用過銀米數目，造冊報明戶部可也等因，康熙六十年十月十二日題，本月十五日奉旨：依議速行，欽此。抄部送司案呈到部，合諮查照九卿會議奉旨內事理，欽遵施行等因，轉行布政司查明造冊詳報去後，前件據布政司布政使沙木哈冊開：此案於康熙六十年十一月十六日準諮，應照臺灣例限扣至康熙六十一年九月十六日限滿，見在查明造冊詳報，未逾限，未完結，理合登答。

一件：懇乞睿鑒指訓事。康熙六十年十二月初七日，准兵部諮，職方清吏司案呈，奉本部送兵科抄出該本部題，前事內開該臣等會議得，據福建浙江總督覺羅滿保奏稱：臺灣地方遼闊，人民衆多，防守不可不謹，應於臺灣府添兵一千名，南路營添兵一千名，北路營添兵一千名，再北路營、臺灣府之間添兵五百名，共添兵三千五百名等語。查臺灣鎮標原有兵二千三百五十名，水師營副標兵二千五百名，南路營參將兵八百九十名，北路營參將兵八百九十名，淡水營兵五百名，道標兵三百六十名，且澎湖協又有兵二千名，如果足數，訓練得宜，儘足防禦地方，是皆不肖文武官員，平日但知貪婪肥己，剝削小民，空兵冒餉，三年更換，並不將福建內地兵丁如數調往，即以本地之人充兵名姓，代為防守，兵之虛數雖有，其實甚少，百姓不堪文官之刻剝，兵丁不堪武官之扣剋，以致匪類聚衆為亂，並非兵少之故。雖添設官兵，甚屬無用，應停其添兵。惟是澎湖係臺灣咽喉，緊要適中之地，應將臺灣總兵官移駐澎湖，仍照舊遊擊二員、守備二員、千總四員、把總八員、兵二千名。臺灣陸路改設副將一員、遊擊二員、守備二員、千總四員、把總八員，帶兵二千名駐劄臺灣府。水師營仍留副將一員，帶遊擊二員、守備二員、千總四員、把總八員、兵二千名，駐劄安平鎮。如此則陸路有事，則水師官兵可以赴緩；水師營有事，陸路官兵可以赴援。又總督滿保等既稱南路、北路、淡水營、道標官兵俱有看守倉庫防守地方之責，其南路營兵八百九十名、守備一員、千總二員、把總四員，北路營兵八百九十名、守備一員、千總二員、把總四員，淡水營兵五百名、守備一員、千總一員、把總一員，道標兵三百六十名、守備一員、千總一員、把總一員，仍照舊存留，令該督提與看守倉庫防守地方緝拿賊盜等事，酌量派用。今澎湖臺灣水師，陸路南路、北路，淡水道標兵共駐有八千六百四十名，其所裁之水師營兵五百名，臺灣鎮標多餘之兵三百五十名，並管轄此兵之武職各官，盡行裁汰。此所裁之官弁，俱留在該督提處有應用之缺，酌量補用。臺灣駐防兵丁，俱用福建內地兵丁，如有兵缺出，不許將臺灣人充補。臺灣兵丁，舊例三年更換，今仍照舊三年一換，不許攜帶家屬。更換時如止將姓名更換，人不更換，情弊查出，將該總督、提督、總兵官等俱從重治罪。臺灣水陸官兵，俱令澎湖總兵官統轄。臺灣文武官員，亦不許帶家屬前往。再該部請旨派御史一員前往臺灣駐劄，一年一換，不許管理地方軍民事務，如有應行條奏事件，令照言官之例具本條奏，則海表官弁兵民亦俱知所畏懼。又疏稱：調取錢糧兵二百餘名，來澎隨征兵一千一百餘名，失散續回，舊兵二千五百有零，此四千名舊兵，俱係现有之數。此外跟隨總兵、副將征戰時，多有陣亡，亦有逃散未回者，亦有平時空缺未補者，詳查確實，即行奏聞。再，所有舊兵二千五百名，陸續發回內地本營，將伊等情由查明，作何安置之處，再行奏聞等語，應行令該督速作逐項查明，到日再議。又疏稱：總兵隨兵一百名，副、參、遊、守隨兵四十、三十、二十名不等，依此合算，大小官弁隨兵共有六百餘名，尚非真實等語。

查九卿議覆：原任提督俞益謨題總兵准帶隨丁六十名、副將三十名、參將二十名、遊擊十五名、守備八名、千總五名、把總四名通行在案。臺屬總兵以下官弁，何得違例占食隨丁名糧如許之多？應令該督查明題參。嗣後隨丁數目均照原任提督俞益謨題准遵行，如有違例多增者，事發即以管軍官冒支軍糧入己者計贓論罪。該管上司不行查參，照徇庇例議處。又疏稱：臺灣府各官隱匿地畝，查出撥充兵餉等語。但臺灣各官共隱匿地畝若干，應納錢糧若干之處，該督並未聲明，應行令該督將臺灣文武各官所隱匿地畝，盡行查出報部，令民耕種交納錢糧可也，康熙六十年十月二十九日題，本月三十日奉旨：所議詳悉，依議，欽此。抄出到部，合諮轉行陸路提鎮一體欽遵施行等因，轉行布政司查明造冊詳報去後，前件據布政司布政使沙木哈冊開：此案於康熙六十年十二月初七日準諮起，應照臺灣例限扣到康熙六十一年十月初七日限滿，見在查明造冊詳報，未逾限，未完結，理合登答。

一件：題報臺屬颶風情形事。康熙六十年十二月十七日，准戶部諮開，福督滿保題前事，康熙六十年九月初八日題，十月十三日奉旨：該部速議具奏，欽此。於本月十四日抄出到部。該臣等會議得：先經閩浙總督覺羅滿保等以臺灣地方颶風，官署、民房、倉廒倒塌，傷船，人民傷死，損壞田禾等因具奏，我皇上念萬民生業，召入九卿詹事科道速行賑卹，爾等即會同詳議面奏，欽遵上諭，臣等會議得：因臺灣被災，皇上施恩，照去年保安、沙城等處地震，發庫帑將倒塌房屋一間銀一兩、壓死大口一口銀二兩、小口一口銀七錢五分賞給之例，作速行文該督撫提賞給被災民人。再被風損壞船隻，被水淹死兵丁，已照軍前病故綠旗兵丁賞銀五兩之例，查明賞給伊等妻子，及颶風損壞戰船、倒塌衙署倉廒，遴委能員監理修造完固等因議覆，行文該督撫提在案。今總督滿保疏稱：臺灣被亂之後，民番播種失時，冬收失望，請將臺灣府屬三縣康熙六十年額徵民番銀米粟石，全行蠲免。戶部議覆，應如該督所請，將臺灣府屬六十年應徵銀粟蠲免，奉旨：所議未詳，原本發回九卿詹事科道會議具奏，欽此。臣等竊思：臺灣方定，又被颶風，蒙皇上施天高地厚之恩，海外兵民無不均霑。今總督滿保疏稱：臺灣被亂之後，民番播種失時，冬收無望，懇祈皇上洪恩，將臺灣府屬三縣康熙六十年額徵民番銀米粟石，全行蠲免，應如該督所請，將臺灣三縣六十年額徵民番銀二萬二千二百一十五兩四錢四分零、粟一十三萬八千九百五十二石六斗零蠲免，仍出示曉諭，務使小民均霑實惠。此外，又有乏食窮民，亦未可定，若不散賑，恐致失所，應令該督撫速行詳查明白，動倉放賑，務使窮民各安生理，仰副皇上愛養元元之至意。仍將散賑過番民花名米數造冊，諮送戶部查核。若有不肖官員，借蠲免錢糧散賑名色，私徵侵蝕肥己，以致小民失所，不霑實惠，該督撫嚴查，即行指名題參，從重治罪可也等因，於康熙六十年十月二十九日題，本月三十日奉旨：依議，欽此。抄部送司，案呈到部，合諮查照九卿會議奉旨內事理，欽遵施行等因，轉行布政司查明造冊詳報去後，前件據布政司布政使沙木哈冊開：此案於康熙六十年十二月十七日准諮起，應照臺灣例限扣至康熙六十一年十月十七日限滿，見在查明造冊詳報，未逾限，未完結，理合登答。

雍正朝

一、巡臺御史禪濟布、丁士一奏報颶風情形摺

［雍正二年八月初四日］，巡視臺灣御史臣禪濟布、臣丁士一謹奏：為奏報颶風情形事。

臺灣於本年七月二十三、四等日大風雨，非常迅烈，臣等親身查勘附近里莊，草房間有倒塌，雖早稻吹損，幸臺邑布插無多，晚稻出水二三寸許，並未摧折。臣等隨差員分頭星往南、北二路查勘。鳳山縣屬早稻被風之處，與臺邑相同，晚稻無損；自諸邑北至彰化縣，風雨俱不甚迅烈。至於被風兵民房屋及各港口擊壞商哨船隻，臣等飛飭各該地方官弁逐一確查，詳報督撫題達外，所有颶風情形，理合具摺奏報以聞。謹奏。

［硃批］：往返萬里，惟憑一紙之奏，總宜據實為務。

二、閩浙總督滿保等奏摺：漳州府大雨不致成災及臺灣被颶風情形

［雍正二年九月初八日］，福建浙江總督臣覺羅滿保、福建巡撫臣黃國材謹奏：為奏聞事。

今年福建地方年成豐熟，米價平減，各屬早禾久已豐收，晚禾現俱結穗，甚是茂盛。惟漳州府屬之龍溪、南靖、平和三縣於八月初七、初八等日雨水大發。臣等聞報，即差官前往賑給，一面行查田禾有無損傷，曾經具摺奏聞，並即題報在案。今據漳州府知府耿國祚會同差去之官覆稱：親身徧歷，查明龍溪、南靖、平和三縣凡倒壞房屋者俱散給銀米，已撫卹得所，河邊低窪田禾微被水侵，為數無多，且水即褪去，不致成災，其餘田禾已照常結穗茂盛，居民照常安業等語具報前來。查漳州偶爾被水，不致成災，俯容另題銷案外，又據臺灣總兵林亮、臺厦道吳昌祚報稱：七月二十三、四日兩日曾有颶風，臣等隨即行查，據該鎮道覆稱：臺灣縣七月時民間草房間有倒壞，其瓦房均屬無恙，早禾亦有

被風吹折數處，幸臺屬佈種早禾者少，彼時晚禾甫經栽種，並無損傷，惟糖蔗、靛青苗高易於招風，有數處吹折，不致成災。

又查鳳山、諸羅二縣同時雖亦有風，而房屋、田禾細勘並無損傷之處。再，查海邊風大，灣泊商船多有損壞，幸未傷人，其水師戰船內有左營定字四號趕繒一船，黑夜與商船相撞損壞，現在商議修補，其餘戰船俱各平穩等語。臣等隨行鎮道，催令修理戰船，務令堅固，田禾房屋偶有吹壞者即令先動社穀酌量賑卹，務令得所。查臺灣海外地方時有颱颶風潮，既據田禾無損，臣等即酌行賑卹完結不用題報外，合將實在情形，具摺奏聞。

再，福建各地方臣等不時嚴飭力行保甲，操練營伍，實力巡防，現在山海俱極寧靜。

再，九月初七日接到巡臺御史臣禪濟布、丁士一奏摺一封，謹一併齎送奏聞。

［硃批］：料理甚屬可嘉，知道了。只要實心愛民，如赤子心誠求之，自然動神妙之機也，凡事皆然。

三、閩浙總督滿保等奏摺：確查臺灣鳳山縣八社倉穀難改歸官

［雍正二年十月十五日］，福建浙江總督臣覺羅滿保、福建巡撫臣黃國材謹奏：為遵旨回奏、仰祈睿鑒事。

九月二十九日，臣齎摺家人回閩，捧讀奏摺匣內發出條奏二摺，蒙御批：總督滿保、巡撫黃國材開看，欽此。內一件，為參奏安平水師遊擊游全興一事，已具清字摺回奏外，又一件為請廣皇仁事。

查臺灣府鳳山縣土番社內歷有蓋倉收貯稻穀，其修蓋倉房俱交與土番等修理，況穀數出入俱係衙役及官之家人公同料理，乃遇有黴爛及官役侵盜，以至缺欠，則每每著落土番等賠補。從前不肖官員謂土番愚蠢，肆行苛取，相效成風矣。再，各社土番納銀當差，因不會漢話，俱用通事代為料理，因此奸徒謂土番可欺，謀為通事恣意濫派需索，以致

男婦子女俱供役使，乃縣官自到任後，即藉稱改換通事之名，需索銀兩者有之，並云一年之間官易數次，通事亦隨改換數次等語。此項銀兩名雖出自通事，實從各番社派出，土番之苦難以盡言，伏乞敕下總督、巡撫嗣後止應令土番在倉外巡查，其倉内稻穀及修造倉房之處，俱責成該縣官員，若有濫派土番粒米片木者，即指名題叅，嚴查議處。再，通事内有好事不遵法者，俱行責革，不令藉換通事濫派銀兩，違者按其所得贓銀從重治罪。奴才仰體皇上遠近一視愛養萬物之至意，不揣愚陋，冒行陳奏，伏祈睿鑒施行等因。

欽奉御批：此係吴達禮到京所條奏者，爾等確議具奏，欽此。

臣等遵查臺灣府所屬臺灣、諸羅、鳳山三縣各有徵收課粟，在於縣治、府治及營兵駐劄處所俱係建有官倉收貯穀石，官建官修，如有黴爛虧缺，亦惟印官是問。唯鳳山縣所屬八社土番住居淡水之南，離縣治遼遠，淡水以南番社莊民所納課穀歷來俱係分貯八社土番倉内，其修倉補耗皆社番料理賠補，相沿已久。臣等以其地同事異，苦樂不均，社番難於賠補，於上年冬間即行府縣嚴查禁革，並令妥議作何修倉補耗，不許苦累社番去後，續據該府縣覆稱：該縣南路地方甚為卑濕，倉穀易於黴爛，是以八社倉穀向係社番自行建倉收貯，四圍竹篾編墻，上用稻草灰泥遮蓋，既能通風透氣，倉底又用稻草竹枝鋪墊，以除潮濕，與官倉之用木板、瓦片者不同，其收貯極為得法，每間約貯穀三百餘石，歲必加添草竹修葺滲漏，如遇風雨，則社番環繞保護，視官物甚於己物，故積年所貯之穀比諸官倉所貯之穀倍覺新鮮。若欲改歸官倉收貯，計穀十六萬餘石，建倉便須數百餘間，動需工料銀數千餘兩，每年修葺所費甚繁，設有黴爛，耗折難於賠補。今不若令社番看守賠補，則通事、衙役保無串合偷盗之弊。十餘萬倉穀關係國儲重大，所以歷來不敢輕易改議等由具覆前來。臣等以八社倉穀既難改歸官倉，仍令番人看守。其修倉賠耗，豈可仍貽番累？況土番如此效力急公，可不設法幫貼，酌加優卹，以示鼓勵？查鳳邑八社土番年納正供穀約一萬餘石，歷有加一耗穀約一千餘石，若將此耗穀革除豁免，亦優卹社番之一道。再，該縣於民納正供穀石耗羨内亦應每年匀出穀五六百石，會同營官均賞八社番人，以示獎勵，亦是優卹社番之一法。又，南路社番皆納穀石，北路社番只納社餉銀兩，今南路既有守倉賠穀之苦，可否聽社番有穀則納本色，無穀則納折色？每穀一石止收銀三錢，不許加耗，以示優卹。如此庶倉穀不致黴爛虧缺，官無交代賠累之虞，番亦得有幫貼優卹之實，行令該道府縣再加從長設法計議去後，屢催未據詳覆。茲奉諭旨，因臺臣條奏令臣等確議，仰見我皇上軫卹民番、一視同仁之至意。現在密將條奏情節寫明，專差嚴飭該道府縣，立速確查番人苦情，逐一妥議詳報到日，臣等再加悉心籌畫，即行具奏請旨外，又，如條奏更換通事勒索銀兩一事，在鳳山僅有八社，若諸羅縣番社甚多，向有新官到任致送花紅銀兩陋規。其通事之科派擾累土番，弊端甚衆。臣等每年嚴示飭禁，番困稍蘇，不敢公然肆行。而衙役串合通事暗中作弊，亦難信其盡無。今年春時曾據諸羅縣知縣孫魯又將花紅陋規、通事累番各弊詳明請禁。臣等隨批行道府，令勒石永禁去後，今吳達禮係在臺灣新回，必知果有其弊，方敢條奏，則臣等從前禁革恐多陽奉陰違。（［硃批］：朕之諭爾等若不陽奉陰違，則爾之屬員自然實心任事也。其身正不令而行，此皆朕一人之過也，所以致雖令不從也。實愧！）敬捧御批，不勝惶悚。隨嚴行該道府縣令將各弊再行逐一據實查明，並將作何實力禁革清理，方可杜絕一切弊端，永蘇番人苦累之處，悉心妥議去後，俟嚴催覆到，即行奏聞。所有奉到御批條奏二摺，臣暫行敬謹收存，於查明覆奏時再行一併恭繳。為此具奏。謹奏。

［硃批］：即便奏到，亦不過可觀耳！

四、閩浙總督滿保奏摺：請豁免臺灣八社番婦糧穀

［雍正三年四月初四日］，福建浙江總督臣覺羅滿保謹奏：為奏請聖裁事。

臣查臺灣徵收錢糧，北路諸羅縣土番止納社餉男丁銀兩，南路鳳山縣八社土番則照男丁女口納米，每米一石折穀二石。內男丁一千七百四十八丁，每丁徵穀二石以至二石六斗並三石四斗不等；番婦一千八百四

十四口，每口徵穀二石。此皆偽鎮鄭成功時所定之額，未經改正。伏思聖朝輕徭薄賦，愛養萬民，現在臺灣民丁每丁止徵銀四錢七分六釐，並無婦女完納米穀之例，即北路諸羅縣土番亦止男番完糧，並無女番糧額。此鳳山八社番婦尚循舊額每年納穀三千六百八十八石。土番之中惟鳳山八社更為窮苦，番婦俱隨男番終年捕鹿、耕種供賦，情殊可憫。我皇上天地為心，恩膏徧沛，普天之下無一物不得其所。臣仰體皇仁，謹將南路八社番婦納糧之苦據實密陳，伏乞聖明鑒察，可否特頒恩旨將八社番婦納糧之處準予豁免。出自皇上天恩，其所免之穀三千六百餘石係屬年額正賦，不便缺少。查有各番鹿場地土，或租與民人，或被豪強侵佔耕種。臣現在飭行清查，務令盡行查出著落。承墾之人納穀陞科，以補此額，則正賦無虧而八社土番男婦生生世世感戴皇恩矣。是否可行？伏候聖裁。為此密摺謹奏。

［硃批］：此等正爾等封疆大臣之所應陳奏者，朕豈與爾等爭此小譽乎？具題來候部議。

五、巡視臺灣吏科給事中赫碩色等奏摺：臺灣忽遭風雨情形

［雍正七年閏七月初十日］，臺灣地方，本年自春夏至今，雨水調勻，二麥豐收。目下早穀已登，晚禾正在需雨之時。七月二十六、二十七等日，大雨如注，四野沾足。惟二十六日夜間下雨之時，挾有大風，海水浪湧，港內船隻人口有被漂失者，海邊多年之房屋有被吹倒者，屋內民人躲避無損，其餘居民亦各安堵如故。臣等隨行文該府縣，令其履畝親勘田禾雨水情形。據稱：甘雨及時，全臺俱徧，早禾已經收割，晚禾正在佈種，已栽插者，得雨更茂，未栽插者，找水栽插。雨水充足，農民皆及時力作，今秋可望豐收等語。與臣等訪聞無異。至米穀價值自春夏以來，頗屬率減，現今每米一石，價銀九錢至一兩七八分不等，每穀一石，銀價三錢二三分至四錢不等。全臺地方，民食充腴，人情安帖，理合繕摺。

六、署福建總督吏部左侍郎史貽直奏摺：臺灣驟被風雨

［雍正七年閏七月二十四日］，同日又奏：為奏聞事。

雍正七年閏七月十七日，臣接臺灣巡察御史赫碩色、夏之芳手劄云：今歲春夏，臺地雨暘時若，惟七月終旬，望雨孔亟，二十五、六、七等日，甘雨大霈，霑足及時。惟二十六日夜大雨之中，颶風兼作，來自昏黑，猝不及防，商、哨等船，多吹送沙灘岸上，溺沒者亦有；積年頹敝之瓦厝、草房，亦有倒塌。查各處田禾，俱云早禾已割，晚禾才經插蒔，正在趁水栽種，甘雨及時。風過之後，地方安靜，人情帖然；至房舍、船隻，仍飭文武衙門清查確報等語。續據臺灣道、府、廳、縣報稱：臺地於七月二十六日夜，颶風大作，雨勢甚暴，海水漲溢數尺。二十七日卯時稍息。查田禾得雨甚為茂秀，並無損傷。惟大小商哨船隻、民居、營房、木城、鹽倉亦有損壞漂失，並淹死哨丁、民人、商漁水手等，現在確查另報。又據臺協水師副將稟報：七月二十六日酉刻，大雨颶風，查有擊碎哨、商船隻，並吹倒民居、營房、衙署房屋，潮水驟長數尺，軍工廠中桅木板料漂失澳中，交廠變價船擊碎三隻、破壞五隻，三營戰船亦有漂失桅椇、或擊傷船舦水底，俱堪修理，現在修整，以備哨防。惟定字十四號船，被風擊碎，淹死兵丁五名；澄字八號、十六號船防守鹿耳門，被風擊碎，淹死兵丁尚未查明，容俟另報。並據臺郡總兵、澎湖水師副將各稟報到臣，臣隨飛差臣標把總有往臺灣，確查田禾、民居、船隻及淹沒兵民實數，並加意安撫，設法賑卹。俟查明到日，另疏具題外，所有臺灣得雨被風情節，合先奏聞。謹奏。

［硃批］：查明傷損，加意撫卹之，候朕另為斟酌，更降諭旨。

七、巡臺御史赫碩色、御史夏之芳奏摺：臺灣被風與賑濟窮民情形

［雍正七年閏七月二十九日］，巡視臺灣吏科給事中臣赫碩色、兼

理學政監察御史臣夏之芳謹奏：為奏聞事。

竊照臺灣地方，於本年七月二十六日，海風大作，飄失船隻人口，吹倒房屋。經臣等飛飭詳查去後，茲據臺灣府彙報內稱：各處倉廒完固，禾苗茂盛無損。查得南北一帶海口，擊破民船一百餘隻，溺死船戶、水手二百餘名。又府治木城吹倒一百三十餘丈，臺灣縣各坊里吹倒瓦房二百餘間，溺死二人，餘者俱無傷損。鳳山縣吹倒草、瓦房七十五間。諸羅縣吹倒房屋三十八間，人口無損，擊碎民船一十隻，飄去塭丁六人，已經將被風窮黎設法賑濟，加意撫卹。其彰化一縣、澎湖一島，風小無損各等因到臣。又據臺灣鎮臣王郡咨開：安平鎮水師各營，擊碎營船三隻、大壞二隻、微損一十五隻、溺失兵丁一十一名，並砲位、軍器等物，又南北陸路墩臺、營房，倒壞十有五六，各造清冊細數到臣衙門。

臣等正在具奏間，又於閏七月二十三日，海風復起，府城以南，風勢尚小，據淡水同知報稱：府城外海邊擊破民船三隻，溺死水手十二名；北路海豐等港共損壞民船一十七隻，溺死十一人，各處吹倒房屋數十間。正在確查，又諸羅縣報稱：該縣禾苗無損，臨海地方吹倒房屋三十四間，壓死一人，擊碎民船十一隻，溺死水手三名。又彰化縣報稱：該縣禾苗、倉廒並無傷損，倒壞番房二十八座，壓死番婦二口，又城內外草房共吹倒八十餘間，人口無損。又澎湖通判報稱：本月十三日，風勢狂烈，民間房屋吹塌甚多，人口幸俱無損，商、哨等船灣泊澳內者，多被風擊壞，並飄出各處，正在查驗。又澎湖水師副將報稱：營船多飄散打壞，拖擱岸上，並營房、兵丁飄損之處，正在確查等因各到臣。臣隨飭令各該管衙門加謹料理安插，並一面移知督撫外，所有兩次被風情形，理合具摺奏聞。謹奏。

［硃批］：覽奏，知道了。臺郡被風情形，已據署督史貽直備悉奏聞矣！

八、福建巡撫劉世明奏摺：臺灣驟發颶風及酌量賑卹

［雍正七年八月初二日］，再，查台灣府屬於處暑前亦甚望雨，閏七月十七日接巡臺御史赫碩色、夏之芳手劄。續准據臺灣鎮王郡、臺灣道劉蕃長、署臺灣府沈起元、臺協水師副將祁進忠、澎湖水師副將陳勇等各咨報到臣。內稱：臺屬七月中旬望雨恐亟，二十五、六、七等日甘霖大沛，四野沾足。惟二十六夜驟發颶風，商哨等船猝不及防，多有衝擊擱淺、沉碎溺沒者，民間積年敝舊草房亦被吹倒，船廠、料物、木城、鹽倉等項不無各有損壞漂失，被水淹死哨丁、人民、商漁水手若干，現在確查另報等因。至於禾苗糖蔗俱稱秀茂異常，毫無損傷。臣即飛飭確查，酌量賑卹，務期仰體我皇上無一民一物不使各得其所之聖心，加意實力撫綏外。但臣俻查廣東、福建沿海等處，如是颶風，實乃歲所常有，此番不至損傷禾稼，更係格外仰沐天恩也。為此繕摺一併奏聞，伏乞皇上睿鑒。

九、管理福建海關事務郎中准泰奏摺：臺灣猝起風雨不致成災

［雍正七年八月二十五日］，奴才在福建省南臺稽查稅務，接派守厦門稅口筆帖士伊世泰送到七月至閏七月分收過稅銀報單，奴才逐項查核，見此目糖料船隻數目甚少，隨經飭查去後，嗣據伊世泰稟稱：聞得七月二十六日夜間臺灣鹿耳門內，忽起飄風，海水湧漲，擊損大小商船百余隻，舵水客商沉溺者，約有一二百人，以此糖船來少等語。奴才在南臺凡遇臺灣厦門來船，留心細詢，僉稱是夜風水漲，不但商船擊損，即戰船亦有撞擊破損者，又問其臺灣地方情形，據稱民間草房間有被風，吹損者無多，不致成災。

一〇、署福建總督吏部左侍郎史貽直奏摺：臺澎被風及捐銀賑卹並動項飭修營房

［雍正七年八月二十七日］，署理福建總督吏部左侍郎臣史貽直謹奏：為奏聞事。

竊照臺灣地方於七月二十六日，因雨驟風狂，擊碎商、哨船隻，淹斃兵丁，吹壞瓦草兵民房屋，臣據報即專差標員前往確查，並飛檄臺灣鎮、道文武各員，將損壞船隻、兵民等逐項查明具報，隨經繕摺奏聞。續據文武各員將七月二十六日被風情形逐一細查呈報前來。又於八月十七日，據澎湖副將報稱：七月二十六日，澎湖雖有風雨，卑職兩營哨船俱各平安，房屋無損。今於閏七月二十三日，東南風發，三更忽轉，颶風驟雨，人力難施。本營寧字四號、十五號戰船二隻，衝礁擊碎，片板無存，淹沒兵丁十名，沈失軍械等項；兵民房屋、商船多有損壞飄失，查明另報。並據臺灣鎮臣報同前由各等因到臣。

臣查臺、澎先後被風，兵民遭溺，情殊堪憫，且損壞房屋頗多，誠恐沿海兵民一時無力起蓋，不得不亟為籌畫安全。臣仰體皇上愛養兵民至意，即於恩賞臣養廉銀內捐銀一千兩，遣員齎銀前往，並飛檄臺、澎文武各員，將溺故兵民，及商船戶、水手人等格外厚加賑卹，吹壞之民房，分別有力、無力之家，逐戶給銀修整，務使各安寧宇。至於吹倒之營房、塘汛關係更屬緊要，尤須速行修葺。臣查臺灣耗羨銀兩，除酌派各官養廉外，尚有存公銀六百餘兩，原屬備貯公用之項。臣一面飛飭地方官動支，會同營員先行勘估修葺，如有不敷，再行詳請撥給。現在兵民俱各得所。除報損戰船、軍械等實在、飄失若干，容臣造具確冊，另疏題請動項興修外，所有據報臺、澎兩次被風情節及臣捐銀賑卹並動用公項飭修營房各緣由，理合繕摺奏聞。謹奏。

［硃批］：被災兵民亟應加意撫卹，捐賑之銀為數似少，如不敷散給，可於淮泰關稅盈餘內動用，一面奏聞可也。

一一、福建水師提督藍廷珍奏摺：臺灣連被風雨

［雍正七年九月初三日］，於閏七月內，接到臺灣巡察御史臣赫碩色、夏之芳手劄云：今歲春夏，台北雨暘時若，惟七月終旬望雨孔亟，二十五、六、七等日，甘霖大沛，甚快及時，惟二十六日夜間大雨之中，颶風兼作，來自昏黑，猝不及防。商哨等船，多吹送沙灘上溺沒者。積年頹敝之瓦厝草房，亦有倒塌。查各處田禾，俱云田禾已割，晚禾才經插蒔，正在趁水栽種，甘雨及時，風過之後，地方安靜，人情帖然。至房舍船隻，仍飭清查確保等語。續據臺灣水師副將祁進忠稟報：七月二十六日酉刻大雨，陡起東南颶風，查有擊碎哨商船隻，並吹倒民居、營房、衙署房屋，水驟漲數尺，軍工廠桅木板料漂失澳中，交廠變價。船擊破三隻，破壞五條。次早水退，卑職親到海邊查點，三營戰船，亦有漂失杠澳，或擊傷船皮水底，俱堪修理，現在修整，以備哨防。惟定字十四號，被風擊碎，淹死兵丁五名；澄字八號、十六號船，防守鹿耳門，被風擊碎，淹死兵丁，尚未查明，容俟另報。並准據臺灣總兵官臣王郡、澎湖水師副將陳勇各報到臣，臣一面備咨署督臣史貽直、撫臣劉世明、觀風整俗使臣劉師恕，委員確勘，仍一面移行臺澎鎮協，立將被風損壞戰船、營房、官署、墩臺尚堪修理者，作速修整，以資哨防。其船隻擊碎，淹死兵丁，亟宜撈拾收埋，其落水得生兵丁，加意撫卹，並飭逐一清查實數、見在情形，具文彙報，以便咨題。緣重洋阻滯，文移往還，動經月日，未見詳查確復，是以未敢摺奏。

迨此八月內，復據澎湖副將陳勇、臺灣副將祁進忠各報稱：閏七月二十三日夜大雨淋漓，秋潮驟漲，颶風復作，雖比前略小，但昏黑猝遇，人力莫施，至四更杪稍息。次早細查前報被風吹損頹壞各營房、官署、墩臺，一盡倒塌，所有再被擊損船隻，俱在修理。惟有擊碎澎協右營寧字四號、十五號二船，淹死兵丁共七名。又澎協左營綏字十六號斷碇，壓倒淹死兵丁共三名。至臺灣各處田禾無損，預慶有秋等情。並准臺灣鎮總兵官王郡咨報前來，臣隨再備咨督撫二臣暨移觀風整俗使，臣

查照復再飛移臺澎鎮詳細確查，先後擊碎戰船號數，及淹死兵丁實數，並速加意撫卹。具文飛復去後，俯俟查明到日，臣當即咨會督撫二臣，合詞繕疏具題。猶思臺澎，海外地方，每值秋潮節候，臺颶時有，今雖據報兩次被風，猶幸早禾已登，晚禾得遇時雨，大有可期，且現在沿海各處米價悉平，地方安堵。

一二、福建水師提督藍廷珍奏摺：臺郡連次大雨颶風及地方情形

[雍正七年九月初三日]，福建水師提督臣藍廷珍謹奏：為奏聞事。

竊臣叨聖恩深重，末由圖報，惟有著實整頓營伍，並嚴飭在洋舟師，相度天時，竭力哨捕，以仰副我皇上慎重海疆至意。節據出巡各員弁十日一報，欣逢聖主德威遠暨，海宇肅清，且年來收成有慶。臣所轄沿海地方，以及澎、臺米價平減，每石大斗只在一兩以內，兵民樂業，地方敉寧，實皆皇恩之廣被。

惟於閏七月及八月內，兩次接准巡臺御史來札，並澎湖、臺灣副將等稟報：七月二十六日夜間大雨颶風，閏七月十三日夜間大雨颶風復作，擊碎船隻，漂失廠中桅木、板料，並吹倒官署、民房、營房、墩臺，淹死兵丁，幸各處早禾已割，晚禾亦未傷損，各等由到臣。臣即一面備咨督、撫委員確勘，一面移行臺澎鎮、協，立將被風損壞戰船、官署、營房、墩臺，作速修整，被淹兵丁加意撫卹，並飭逐一清查實數現在情形，具文彙報，以便咨題去後。俟查明到日，臣當即咨會督、撫二臣合詞繕疏具題。伏思臺、澎海外地方，每值秋潮節候，颶風時有，今雖據報兩次被風，猶幸早禾已登，晚禾得遇時雨，大有可期，且現在沿海各處米價悉平，地方安堵。特恐尚廑聖衷，為此繕摺奏聞。謹奏。

[硃批]：颶風為患，臺郡每不能免，據該巡察御史等陸續奏到，已特命督、撫臣加意撫卹矣。

一三、署理福建總督印務吏部左侍郎史貽直奏摺：捐賑臺灣被風災民銀兩已足敷用

［雍正七年十一月十二日］，奏事。本年十一月初一日，臣標外委把總鄧文光賫捧奏摺回閩，臣奏報捐銀賑卹臺澎被災兵民一摺，蒙皇上硃批：覽。被災兵民加意撫卹之，此捐賑者，為數似少，若不敷用，可向准泰將稅務盈餘動用，一面奏聞。欽此。仰見我皇上德沛恩普，愛育黎元之至意，臣查臺澎兩處地方，孤懸海外，每遇颶風一起，即多吹壞民居，是以民間蓋屋多草房，以其價廉工省，每間所費不過三錢，即赤貧之家，旋吹旋蓋，亦易於為力。惟今歲之風勢較大，吹壞之房屋頗多，臣見兩次被風，唯恐民力不足，故特捐銀前往賑卹。然沿海居民皆以颶風為每歲恒有之事，絕不驚駭，風定之餘，各家早已自為修葺。臣於委員賫銀到彼時，臺澎兩處居民，業將房屋修整如新。臣檄飭地方官，復又分別有力、無力之家，量加賑卹，兵民喜出望外，無不感頌皇仁，其被溺身故之哨兵、番婦及淹故之商船戶水手人等，為數不多，亦用銀無幾，已按名賑卹，俱各得所。此一千兩銀，盡足敷用，實無庸再動稅務盈餘。至於吹倒之營房、塘汛、木城、煙墩等項，臣已動撥臺灣存公銀六百餘兩，飛飭該地方文武各員，作速勘估，補葺修整，如有不敷，再請撥正項動用。除用過銀兩數目容臣於題報戰船軍械疏內另行造冊具題外，所有臣捐賑銀兩已足敷用緣由，理合先行繕摺。

一四、巡臺御史柏修等奏片：請豁免臺灣難民舊欠耗羨穀石

［雍正十年五月］，巡臺御史覺羅柏修請免臺灣難民舊欠事。

竊查臺灣府彰化縣兇番擾害之處北自牛馬沙轆，南至貓霧捒柳樹南莊，沿山五十餘里，慘遭兇番焚燒房屋二千七百九十餘間，殺死民人共計一百五十餘名。所有慘黎悉皆逃散四方，無家可成，無室可棲，顛沛

流離殊堪憫惻，臣等飭令地方官加意撫卹，無致失所，已經具奏在案。但粟穀廬舍盡遭焚毁，牛馬農器盡被搶擄，今當冬作方具，田地尚屬荒蕪，雖地方官現在給稻招耕，□□兇番不時潛行出沒，傷弓之鳥未敢遽理舊巢，春耕既已失時，秋成安所有望。今據彰化縣知縣陳同善詳稱：被難之處逐戶造冊，查算尚欠雍正八年分未完穀一十五石五斗五升零，雍正九年分未完穀六千五百三十七石七斗五升零，雍正九年分未完耗羨銀一百二兩一錢二分零。茲值應徵之期，其未完穀石及耗羨銀兩委無可追，臣等受命巡察而體我皇上軫念元元至意，閭閻疾苦不敢壅於上聞，所有未完穀石耗羨等項，可否邀恩豁免，伏乞皇上睿鑒，特降御旨施行，臣等未敢擅便，謹具奏聞。

一五、福建總督郝玉麟奏聞事摺：蕩除北路兇番及賑卹被火災民

［雍正十一年六月二十七日］，同日又奏：為奏聞事。

竊照臺灣北路土番恣肆不法，仰蒙皇上指示機宜，官兵刻期蕩定，而逃竄餘孽務須盡其根株，免致滋事。經臣奏明酌留官兵駐防搜捕。續據各該文武呈報：官兵奉行搜捕以來，斬獲有名兇番一十九名，生擒一名。又據內山生番殺獻番首十顆、番耳九隻前來軍營請賞，餘番懾威膽落，逃匿深山，莫可蹤跡。臣思搜察愈急，潛匿愈深，若聽民番斬馘請賞，恐致冒濫妄殺之弊，非所以安良番而靖地方也。臣即一面出示，令其自行投出聽候審究；一面著令土官、通事入山曉諭。嗣據報稱：有大甲西等社逃番男婦一百零二名口，盡行投出，並無一名漏網。隨准巡臺御史臣暨提臣王郡各咨同前由到臣，所有搜捕臺番餘孽已淨緣由，理合恭摺奏聞。

再，據總兵蘇明良並臺灣道府稟稱：五月十九日夜，水仙宮前舖民陳實臘燭店內失火，文武各員齊往協力撲救，緣東南風盛，人稠地狹，風急火猛，人力難施，延燒三百餘間，除被火民人行司量加賑卹，並飭該地方文武不時誡諭居民，加謹小心防範外，合併奏聞，伏乞皇上睿

鑒。為此，謹奏。

［硃批］：前經有旨，防火之具不但臺灣一府，凡所屬地方皆應飭令預備，實力行之，毋忽。

一六、福建臺灣總兵蘇明良奏摺：臺灣遊巡目兵窮苦，請將餘剩息銀賞卹

［雍正十一年七月十五日］，福建臺灣總兵官駐劄臺灣府臣蘇明良謹奏：為謬陳管見、仰祈睿鑒事。

竊照臺灣乃海外要區，南北延袤千餘里，村社錯落，汛廣兵單，分設汛防多在衝衢，而窮鄉僻壤每有奸徒搭蓋茅屋，以種地樵採為名，夜聚曉散，窺伺竊劫，而汛防鞭長莫及。臣稔知臺地情形，是以履任之始即嚴飭各協營將備千把，按月輪流分為上下兩班，酌帶目兵在於所屬地方嚴加梭織，遊巡查察，庶宵小潛蹤，奸匪屏跡，而於地方實有裨益，是遊巡之官兵更加切要於汛防也。惟是目兵出巡徧歷村社，往返十有餘日，若借宿村社，難免騷擾番民，必須隨帶鑼鍋、帳房等物，不無攜帶維艱，所有番民應差車輛。又經臣會同文員禁革，不許苦累番民，如有公事差遣，務必按照里數給價，而遊巡目兵勢必自行捐雇車運。海外窮卒月支糧餉，內有室家之養，外有衣食之需，若責令捐雇車輛，實難支持。臣查營運生息銀兩遞年應留十分之二以備賞給，臣標叁營物故兵丁茲分撥十年，分息銀計有捌百伍拾貳兩肆錢零，以為本年開賞之用，但臣標士卒仰仗聖主鴻福遠庇，賞卹無幾，餘剩銀兩甚多，臣不揣愚昧，仰懇天恩，請將此項息銀酌量每年餘剩之多寡，計其往返之程途，賞給遊巡目兵，以為雇募車輛之費。再，查臺地兵丁例應叁年更換，間有未屆班期久病不能操防，務必革退，以實營伍，海外戍守不意遭病，一旦開糧押回，原營難免盤費拮据。臣請嗣後凡遇兵丁久病革退，即將餘剩生息銀兩酌量原營之遠近賞給，以資盤費，統於歲底將賞給過銀兩數目備造清冊，諮送督撫提臣查核奏銷。至於南北二路兵丁現在一體遊巡，其雇募車費以及革退久病兵丁，各該營俱有分領生息銀兩，亦應將餘剩

之項一體賞給。

再，照臺澎水師二協哨巡官兵現經督臣郝玉麟請將朋扣買馬剩餘銀兩賞給，毋庸議及，但革退久病兵丁亦應照例賞給，如是則海外戍卒感激皇仁於格外，愈加踴躍思奮矣。臣因地方起見，不揣愚陋，謬陳管見，是否有當，理合繕摺恭請聖裁，伏乞皇上睿鑒施行。

[硃批]：應如此辦理者，其督提商酌為之。

一七、福州將軍暫署總督印務阿爾賽、福建巡撫趙國麟奏摺：彰化縣風雨傷禾先行勘賑

[雍正十二年十一月初六日]，台灣府屬之彰化縣報稱：正當吐華之時，於八月二十九日，風雨驟至，田禾間有損傷，除臣等飛飭確勘，如果成災，先行撫卹。其有需用穀石，即於縣倉動給，需用銀兩，先就府庫酌撥，毋得遺漏，致有失所，亦不得絲毫浮冒外，緣臺灣遠隔重洋，臣等不敢不預為飭行查辦，其動用銀穀，俟冊報到日，臣等酌於藩庫存公銀內飭撥歸項另摺。

一八、閩浙總督郝玉麟、福建巡撫盧焯奏摺：彰化縣屬偶被風水並不成災，惟請緩徵業戶正粟

[雍正十三年四月十八日]，台灣府屬彰化縣地方，於上年八月二十九日颶風大作，田禾偶被風水，經署總督將軍臣阿爾賽調任撫臣趙國麟，會飭該道府詳加確勘是否成災，一面酌量動項賑卹去後。今據勘复：該縣所屬貓霧捒等村莊，並未遭風水，惟東、西螺兩保，偶被風水吹壓，未免稻穀受傷，收成稍歉，並不成災。查兩保應納秋糧五千七百八十一石有奇。茲據業戶王世恩等呈稱：恩等生逢盛世，仰沐皇恩，屢年豐收，今兩保被風水，冲壓田園，系恩等已業所有佃戶田租公議概行請讓，原非天年旱澇災荒可比，不敢仰邀題請豁免。惟是應納貢粟上闕國儲，自應照例完納。因田租已經讓佃，應納粟一時不能措辦，情願帶

至雍正十三年早稻時照數完納，以完正賦，詳請暫緩，等由前來。臣等查臺灣戶多係漳泉二府百姓，另民風刁悍，荷蒙皇上天恩，特頒訓旨化導，臣等欽遵敬謹刊刻，廣行宣佈，乃王世恩等咸能敦睦鄉情，並知國儲攸關，勉力急公，是亦仰蒙聖訓，移風易俗之效也。臣等除一面飭令該地方官查明獎勵，並行司道，俟今歲早稻時徵收外，所有業戶王世恩等尚義急公，緩至今歲帶徵緣由，理合繕摺具奏。

一九、福建布政使張廷枚奏摺：臺灣遭風並動撥社穀賑卹災黎

［雍正十三年十月十五日］，又，台灣府所屬地方於八月初九、初十等日颶風驟發，官署、營房、墩臺、望樓與商哨船隻、民房、禾稻等項俱有吹損之處，隨奉督撫檄行到臣，已經轉飭该地方官撥動社穀將被災民人加意賑卹，並令將吹損處所作速召匠勘估，修整完固，交營汛守外。臣謹據實奏聞，上慰聖懷。謹奏。

二〇、巡視臺灣給事中圖爾泰等奏摺：臺灣地動，民人傷斃，飭官加意撫卹

［雍正十三年十二月二十二日］，巡視台灣禮科給事中臣圖爾泰、巡視台灣兼理學政吏科掌印給事中臣嚴瑞龍謹奏：為奏聞事。

竊查台灣地處海濱，時有地動之事，茲於雍正十三年十二月十八日丑時地動，為時較久，臣等隨將有無倒壞房屋，損傷人口之處，徹行該府廳縣確查飛報去後。今據台灣府知府徐治民報，據台灣縣知縣林興泗報稱：徧查邑屬地方，僅有與諸邑交界之新化里及大穆降倒壞房屋一百四十二間，歪斜一十二間，壓斃男婦大口六十二名，小口四十四名，壓傷男婦大小口共九名。據諸羅縣知縣陸鶴報稱：徧查邑屬地方，僅有與台邑交界之善化里東西保，並新化里保，倒壞房屋五百五十六間，歪斜二百三十五間，壓斃男婦大口一百六十四名，小口一百零二名，壓傷男

婦大小口共一百二十名。其淡水同治今升台灣府知府徐治民據報：淡屬地方並未地動。又鳳山縣知縣錢洙、彰化縣知縣秦士望各報稱：該邑地方，地雖微動，人口房屋俱未損傷。各等因前來。除被壓人口房屋，飛飭該地方官，一面加意撫卹，並報督撫外，理合繕折奏聞，為此謹奏。

乾隆朝

一、浙閩總督郝玉麟等奏摺：臺灣諸羅縣地震差員賑卹

［乾隆元年正月二十四日］，浙閩總督臣郝玉麟、福建巡撫臣盧焯、福建水師提督臣王郡謹奏：為奏聞事。

據臺灣鎮、道各員報稱：雍正十三年十二月十七日夜間，有諸羅縣屬之木栅仔、灣里溪等處地震，傾倒房屋，壓傷民人三百餘名。道、府、各縣當經捐銀賞卹，其人口房屋數目查明另報，府城亦微動即止等情前來。臣查臺灣孤懸海外，地土鬆浮，震動亦所常有，但據報倒壞房屋、損傷民人甚多，理應隨時賑卹，且恐震動者不止諸羅一處，道、府捐賑不能徧及，檄飭該道、府即動庫項二千兩，確查被傷人口、倒壞民房，分別加意從優賑卹，仰體皇仁，務使得所，並令備細造冊另報。(［硃批：］向來近水之地頗少地動之事，以水氣為之舒暢也，豈有因孤懸海外而地土反鬆浮而常動之理？此等諱災之語不可出諸汝等之口，加意賑卹不可少忽。夫地方偶有此等災荒之事，朕豈肯諉過於汝等？若汝等視災為常，或匿而不報，或報而不實，與夫賑卹不盡其力，則朕之責汝等不可辭矣。）所有差員賑卹緣由，理合具摺謹差外，委把總周夢熊齎捧陳奏，伏乞皇上睿鑒。臣玉麟、臣焯、臣郡謹奏。

［硃批］：臺灣被災民人深可憫惻，可加意撫綏，從優賑卹，務令得所。其傾倒房屋，即動用公費速為整理，毋草草塞責。近日外省吏治尚自奉公守法，而經前奉行不善，間有一二苛細者，漸次改除，民情頗覺舒適。夫民可使舒暢，而吏不可不察，察吏即所以安民也。汝等外省大員豈無聞見？若視朕之寬而一任屬員欺瞞，百弊叢生，激朕將來有不得不嚴之勢，恐非汝等大員及天下臣民之福。誠使朕為寬大之主，而諸臣奉公守法，則朕可常用其寬，汝等可明知朕意，並與藩臬等時時留心吏治民生，毋急毋忽，共相策勵，以副朕望。

二、福建布政使張廷枚奏摺：閩省上年晚稻收成分數及糧價

［乾隆元年二月初二日］，福建布政使臣張廷枚謹奏：為恭報晚稻收成分數及米石價值、雨水情形事。

竊照閩省各州縣晚稻俱於十月間先後登場，臣隨通行確查收成分數並現在米石價值、雨水情形去後，今已陸續具報齊全，理合繕摺分晰，開明恭呈御覽。

福州府屬各縣收成勻計有九分以上，米價每石自八錢四五分至一兩四五分不等；興化府屬各縣收成勻計有七分以上，米價每石自九錢八九分至一兩五六分不等；泉州府屬各縣收成勻計有八分以上，米價每石自一兩四五分至一兩二錢一二分不等；漳州府屬各縣收成勻計有九分以上，米價每石自九錢三四分至一兩二錢三四分不等；延平府屬各縣收成勻計有九分以上，米價每石自八錢至一兩一錢不等；建寧府屬各縣收成勻計有八分以上，米價每石自七錢三四分至九錢不等；邵武府屬各縣收成勻計有八分以上，米價每石自七錢八九分至九錢四五分不等；汀州府屬各縣收成勻計有九分以上，米價每石自八錢八九分至一兩四錢不等；福寧府屬各縣收成勻計有九分以上，米價每石自六錢至八錢不等；臺灣府屬各縣收成勻計有八分以上，米價每石自八錢四五分至一兩八九分不等。

再，乾隆元年正月初四日，奉督撫檄行，據護理臺灣水師副將事遊擊林崇茂通報：雍正十三年十二月十七日夜丑時地震三次，初大震，次微震，次又大震，人衆難以站立。十八日寅時，地微震二次，午未二時微震二次。紅毛城新迸裂，衙署、城垛、牆垣各有倒壞。並聞北路之木柵仔、灣里溪一帶地震更重，地裂水漲，房屋倒壞，人口壓死數百，傷者甚多。其南路一帶陸汛地震稍輕，人口、房屋不至十分傷損等情到臣，又於正月二十一日督撫會行署布政使糧驛道胡宗文差把總李吉、毛仁祥赴臺查勘，並據任滿臺灣道張嗣昌稟稱：會同地方官捐銀七百兩，

分別給卹。再轉飭臺灣府動支庫銀一千三百兩加賑，就近委員酌量給卹。如有不敷量再酌動詳，統於司庫公項內撥抵等因，俱經隨即轉行遵照查明辦理在案。

永春州屬各縣收成勻計有八分以上，米價每石自一兩一錢七八分至一兩二錢三四分不等；龍岩州屬各縣收成勻計有八分以上，米價每石自一兩一二分至一兩七八分不等。

再，查去歲閩省早稻已獲豐登，晚稻又各成熟，現在米價平減，且入春以來雨水充足，二麥現在秀茂，地方寧謐，人民樂業，臣謹據實奏聞，上慰聖懷。

三、福建按察使倫達理奏摺：閩省雍正十三年晚稻收成及臺灣地震賑卹情形

［乾隆元年二月二十日］，再，據臺灣府報：雍正十三年十二月十八日丑時，臺灣地動數次，臺灣、諸羅二邑交界之善化里、新化里房屋倒壞，壓斃男婦大小共三百七十餘人，被傷者有一百二十餘人，其鳳山、彰化二邑地動尚輕，人口房屋不至十分傷損。督撫已差把總李吉等並帶銀兩赴臺給賑，並飭臺灣府動支庫項，委員賑卹，合併奏聞。謹奏。

［硃批］：知道了，賑卹被難貧民，該府等實力奉行與否，密訪奏聞。

四、福建按察使倫達理奏摺：察訪臺灣震災賑卹事宜

［乾隆元年六月初六日］，福建按察使奴才覺羅倫達理謹奏：為奏聞事。

奴才於二月間奏報閩省各屬雨澤米價，附陳雍正十三年十二月十八日臺灣地動，損傷人口，督撫差員飭動公帑賑濟情形，奉到皇上硃批：知道了，賑卹被難貧民，該府等實力奉行與否，密訪奏聞。奴才跪讀之

下，仰見聖主軫念窮黎已飢已溺為懷，唯恐一夫不得其所至意，時刻留心察訪。

五月初七日，據臺灣府知府徐治民報到文冊內開：於臺灣庫項、官莊項內動撥銀二千兩，其臺灣縣新化里、大穆降二處，並續查出廣儲東保、大西、仁德南北、長興、崇德、文賢、效忠等處，倒壞房屋，壓斃人口。督同臺灣縣知縣林興泗親赴各地方逐一按戶賑卹，壓斃男婦大口八十一口，每口給銀二兩，計賑過銀一百六十二兩；小口七十九口，每口給銀一兩，計賑銀七十九兩；瓦厝一百一十七間，每間給銀八錢，計賑銀九十三兩六錢；草厝一百二十間，每間給銀四錢，計賑銀四十八兩；共賑過銀三百八十二兩六錢。其諸羅縣原報善化東西保、新化里，並續查出麻豆、茅港尾等處倒壞房屋，壓傷人口，督同諸羅縣知縣陸鶴親赴各地方按戶散給，男婦大口二百五十四口，每口給銀二兩，計賑銀五百零八兩；小口二百八十九口，每口給銀一兩，計賑銀二百八十九兩；瓦房七百六十一間，每間給銀八錢，計賑銀六百八兩八錢；草房六百二十六間，每間給銀四錢，計賑銀二百五十兩四錢；共賑銀一千六百五十六兩二錢，造具花名、房屋清冊，加具印結，申送前來，俱係親身面給，並無假手吏胥，亦無扣剋諸弊。其鳳山、彰化二縣地雖微動，尚無傷人倒屋等情到司，奴才仰體聖心，加意稽察，而遠隔重洋，聞見未能深確。五月廿一日，巡臺御史圖爾泰任滿回京，路過省城，奴才密向親詢，據稱：此番窮民俱甚得所，該府縣賑卹各戶有一家得銀十餘兩及數兩不等，無不歡欣感戴皇恩等語。巡察臣在臺地就近之人，所言自無不實。伏念臺灣遠居海外，偶被災傷，今存歿均沐隆恩，既得枯骨掩埋，復得房間修整，家家戶戶咸歌帝德於無涯矣。至人口、房屋數目與前不符，緣有續查報出，並被傷重者嗣又身故，合併聲明。賑濟事宜係藩司專政，應候藩司核明詳請督撫二臣照例題銷外，緣奉御批密訪奏聞，合將該府縣賑卹事宜具摺奏覆，並將前奉御批恭繳。謹奏。

［硃批］：知道了。

五、起居注：諭令臺灣四縣丁銀照内地例酌減徵收

［乾隆元年八月初八日］，是日，總理事務王大臣奉諭旨：朕愛養元元，凡内地百姓與海外番民皆一視同仁，輕徭薄賦，使之各得其所。聞福建臺灣丁銀一項每丁徵銀四錢七分，再加火耗則至五錢有零矣。查内地每丁徵銀一錢至二錢、三錢不等，而臺灣則加倍有餘，民間未免竭蹶。著將臺灣四縣丁銀悉照内地之例酌中減則，每丁徵銀二錢，以紓民力。從乾隆元年為始，永著為例。該督撫可速行曉諭，實力奉行，若因地隔海洋，官吏等有多索濫徵等弊，著該督撫不時訪察，嚴叅治罪。

六、廵視臺灣監察御史白起圖等奏摺：臺灣、諸羅縣地震，被壓人口、房屋及賑濟災民用銀數目

［乾隆元年十月二十一日］，廵視臺灣掌陝西道監察御史臣白起圖、廵視臺灣兼理學政吏科掌印給事中臣嚴瑞龍謹奏：為據實奏聞、恭慰聖懷事。

查臺灣上年十二月十八日丑時地動，所有被壓人口、房屋情形，經臣嚴瑞龍同前任廵察臣圖爾泰繕摺具奏，奉硃批諭旨：令將地方官辦理如何隨便奏聞，欽此。欽遵。仰見我皇上仁育萬民、務令各得其所之至意。臣等細加察訪：臺灣縣原報被壓人口大小一百一十五名，房屋一百五十四間；諸羅縣原報被壓人口大小三百八十六名，房屋七百九十一間。經臣等於再行飛飭事案内行令將有無遺漏未報再加確查去後，據臺灣縣續查出被壓人口大小四十五名，房屋八十三間；諸羅縣續查出被壓人口大小一百五十七名，房屋五百九十六間等因詳報到，臣等隨飭通報督撫在案。嗣准督臣郝玉麟、撫臣盧焯知照動支庫銀二千兩，委員賑給。經臣等檄委臺灣府知府徐治民，督同臺、諸二縣親身散給，毋許假手吏胥致滋侵冒。酌定大口每名給銀二兩，小口每名給銀一兩，瓦厝每間給銀八錢，草厝每間給銀四錢。查得臺灣縣被壓人口通共一百六十

名，內大口八十一名，小口七十九名，共給過銀二百四十一兩；被壓房屋通共二百三十七間，內瓦厝一百一十七間，草厝一百一十間，共給過銀一百四十一兩六錢。諸羅縣被壓人口通共五百四十三名，內大口二百五十四名，小口二百八十九名，共給過銀七百九十七兩；被壓房屋通共一千三百八十七間，內瓦厝七百六十一間，草厝六百二十六間，共給過銀八百五十九兩二錢。統計二縣給過銀共二千零三十八兩八錢，除動支庫銀二千兩外，其餘銀三十八兩八錢，查係公項補給。茲據該府縣造報散賑清冊並出具並無侵冒遺漏印結前來，臣等覆加徧訪災民，果皆均霑實惠，房屋俱經整理。除賑過花名清冊並用過銀兩細數應聽督撫核銷外，合將辦理地動情節繕摺奏聞，伏祈聖明睿鑒。為此謹奏。

［硃批］：知道了。

七、巡視臺灣監察御史白起圖等奏摺：澎糧、淡防兩廳額編人丁徵銀，照臺灣四縣例一體減

［乾隆元年十一月初三日］，巡視臺灣掌陝西道監察御史臣白起圖、巡視臺灣兼理學政吏科給事中臣嚴瑞龍謹奏：為據實奏聞、仰祈聖裁事。

竊查臺灣北路一帶與生番境界毗連，伊等在山別無活計，惟設圍捕鹿藉以資生，且其地多產藤條，可爲繩纜之用，或採與通事熟番換易塩觔糯粟，而不法民人利用其所有，輒多潛入內山抽藤吊鹿，以致含憤被殺，屢經臣等嚴飭地方官弁勘立界碑，不許民人私越，違即重懲，並將踈防之員查究在案。茲於本年三月初三日，據北路副將靳光瀚詳據南北投外委把總沈然稟稱：巡遊至水沙連萬丹坑，內有棍徒搭蓋草寮，集衆數百人越界抽藤吊鹿等情。靳光瀚隨飭把總鄭成龍前赴查緝，果有抽藤草寮十間、吊鹿草寮三間，拏獲棍首余才、高就等及車夫陳遺等送縣訊究，據覆：高就等係該縣給照抽藤吊鹿完納水沙連，年納餉銀四百餘兩，所有藤觔准其運賣完餉等情。靳光瀚查水沙連社餉原令通事與番交易輸納，非令民人入山採捕完餉也。今通事藉口完餉，勾引棍徒深入內

山，汛弁緝拏送縣，而該縣又以餉之所出瞻顧開脱，設有意外之虞，咎將誰諉？請將該社餉銀題免，庶奸徒無自藉口，足跡不許入山，則稽查易而邊界清等情詳報前來。臣等查彰化縣屬水沙連生番自雍正四年歸化，即有每年認納鹿餉銀四百餘兩，何得稱係通事人等招引民人抽取藤觔變賣完納等因，檄行臺灣府將是否該番願納，抑或通事代輸之處，確查詳報。據該府徐治民稟稱：水沙連北港生番計十社，南港、中港生番計十五社，年納鹿餉銀共四百二十五兩五錢八分，另徵糯米二十三石，歸化之時係通事施贊賴敬認完，歷年以來係通事陳蒲催納等語。臣等復加細訪，該番等名雖歸化，實則斂跡深山，不知服役奉公為何事，所有應徵鹿餉銀兩歷係通事代納，而通事苦於賠墊，不得不招引民人吊鹿抽藤借完公事，以致殺戮時聞，受累安窮。在有司因課餉攸關，姑為容隱，以清帑項，而汛弁恐踈防干咎，必慫嚴禁，以顧考成。因之，彼此掣肘，尤多未便。我皇上加意海疆，現在各屬民丁社餉俱荷覃恩減免，似此生番鹿餉銀兩徒為虛名，實貽重累，合無仰請天恩飭令寬減，庶棍徒不致藉口輸將番境任其私越，汛弁得以實力稽察，地方因之肅清矣。

再，查鳳山縣屬之大竹橋舊有官地一所，向係民人佃種，因康熙六十年埤頭汛兵移駐鳳彈，將此地建築營盤教場，所有年徵餉銀四十四兩，地方官因其無着，歷年係派佃戶完墊。臣等巡歷所至，據佃戶洪西等以課累民輸等情控鳴，隨經行縣查明屬實。伏思課餉原從地派，今地已改建營盤，而課仍佃民輸納，雖數目亦屬無幾，歷年之賠累何堪？應否一體豁除，以廣皇仁。臣等訪聞確實，理合一併奏聞，伏祈聖明裁斷。為此謹奏。

[硃批]：著交與總督郝玉麟，聽其酌減。

八、福建總督郝玉麟奏摺：福建内地建寧等府縣大雨溪漲，臺灣被風，分別賑卹

[乾隆二年七月十五日]，閩浙總督銜專管福建事務臣郝玉麟謹奏：為奏聞事。

竊照閩省四、五月間，各屬地方雨水調勻，民間所種早禾俱極茂盛。至六月初八、初十等日，有閩縣、侯官、閩清、莆田等縣大雨溪漲，旋即消退無礙。又六月二十五、六等日，有羅源、連江二縣地方雨後溪水驟漲，漫進縣城，亦隨時消退。臣與撫臣盧焯星即委員查勘撫卹，於七月初四日恭摺回奏在案。嗣據委員查報：連江倒塌民房三十六間，渰斃民人二名；羅源縣倒塌民房七十三間，渰斃民人九名，田禾已經結實，不致成災，惟沿溪窪地沙壅無多。臣俱酌給銀米賑卹，俾各得所。續據建寧鎮報稱：七月初五、六日連朝霔雨，上流松溪、政和山水漲發溪水，一時不及宣泄，建寧府城之南門一面逼近溪河，水漫入城，城內南隅高處水深七八尺，低處水深一丈。自初六日未刻進水，幸於是夜四鼓水即退去。倒壞民房二百餘間，並壓斃民人一口，倉獄、衙署俱未被渰等語。其松溪、政和果否作何發水之處尚未據該地方官報到。臣隨即分委人員並飭布政使動支存公銀兩交令帶往，協同地方文武實力查勘，分別賑卹去訖。再，查汀州府永定縣地方亦據報稱：六月二十日以後大雨發水。又據福寧府霞浦縣稟報：七月初三日颶風大雨，有該縣吳家園地方番民藍姓八戶負山而居，於初四夜山土坍卸，將藍姓八戶男婦老少壓沒。

又據臺灣府彰化縣報稱：該縣地方五月二十三日，颶風吹倒番社草房一百餘間，壓死番婦一口、幼番一口等由前來，臣亦經分飭確查壓斃人口實數及田畝有無衝決、房屋坍塌若干，分別賑給銀米，務使窮黎不致失所。至城垣、臺寨、橋梁、道路多被衝壞塌倒，現在逐一估修查勘辦理外，臣查本年六月內到處陰雨連綿，下遊泉、漳二府及龍岩、永春二州收成比別處較早，早禾已經收穫均有八、九、十分不等，甚為豐稔。而福州、興化、福寧三府屬當被水之時，早禾亦收十之六七。惟上遊延、建、邵、汀之田節氣稍遲，正在結實，幸水退甚速，尚不為害。且自初七日起天色已經開霽大晴，農民未收之早禾，現在收穫，未種之晚禾，現在及時插種。且省城及各府屬於六月內青黃不接之時米價稍貴，臣已會同撫臣盧焯飭令開倉減價平糶。至臣標並各標、協、營兵丁，臣又酌借倉穀每名一石為之接濟，現在各處早禾又陸續登場，米價已平，年歲頗好，兵民安生樂業，地方寧靜。恐廑聖懷，臣合將內地各府屬大雨溪漲並臺灣被風情形及臣撫卹辦理緣由謹繕摺專差把總遊金輅齎捧據實恭奏，伏祈皇上睿鑒。臣玉麟謹奏。

［硃批］：知道了。賑卹被災之民當如己飢己溺，刻不容緩，若待奏報批示後始行，盡心料理已屬無濟矣。

九、福建總督郝玉麟等奏摺：撥項賑卹臺灣德化、後壠等社被水番黎

［乾隆二年十月二十日］，閩浙總督銜專管福建事務臣郝玉麟、福建巡撫臣盧焯謹奏：為奏明事。

竊照閩省內地各府屬先於六、七月內因大雨，溪漲間被水潦，至八月十五夜福州府屬之閩侯等六縣復被颶風，吹損兵民房屋，仰蒙皇上天恩，念竊痌瘝，兩頒諭旨，敕令加意賑卹，緩徵本年錢糧，俾各得所。臣等欽遵已經商酌辦理，恭摺奏聞在案。

茲十月十三日據臺灣淡水同知趙奇芳禀稱：據德化、後壠等五社通事林俊秀、社丁甘衆、土官烏牌等呈稱：該社等番衆自上年十月起至本年三月止，因剿捕歹番效力軍營，不能及時栽插，所種小米蟲食過半，收成歉薄，請乞籌劃接濟等情。該同知趙奇芳查明確實，即會同北路副將靳光瀚於起建營房案內及營運生息項下共撥銀五百兩，交林俊秀等具領回社，買穀存貯借給，俟來年芝麻收成之日照借繳還，並稱蓬山之苑里、貓芋二社亦屬歉收，現在飭查另報等由前來，臣等查臺灣孤懸海表，而德化等社番黎僻處極北，扶綏安頓更宜加意料理。茲該同知趙奇芳既經查明該社等先因效力軍營，栽種失時，種小麥又被蟲食歉收，自應仰體皇仁，亟行賑卹。但據報撥銀五百兩交通事買穀借給恐有不敷，且假手通事不無揑冒滋弊，窮番未必均霑實惠。再據稱俟來年芝麻收成照借繳還，亦未將極貧、次貧之戶分晰，作何借給催還尚屬遺漏。臣等酌議隨即檄行臺灣府再於存庫銀內撥銀一千兩，移交趙奇芳買穀，親身督同通事等查明五社番黎其實在，極貧之戶大口每名賑給穀一石，小口

每名賑給穀五斗，免其繳還；次貧之戶現已種植芝麻，來春可望收成者，四口以上每戶借穀二石，三口者每戶借穀一石五斗，二口者每戶借穀一石，俟來年芝麻收成後照數繳還，不必加息。至蓬山之苑里、貓芋二社，既稱亦係歉收，並飭查明一體分別賑卹，務須傳喚番黎親行具領，不許假手通事，致有冒領中飽。倘所撥銀兩不敷，即一面酌量添撥，務俾窮番均沐聖朝雨露之恩，以仰副我皇上番民一視同仁之至意，事竣冊報以憑查核咨部去後，所有臣等撥項賑卹番黎緣由理合繕摺奏明。

再，查臺灣府屬及澎湖地方於閏九月初六日起至初九日連日大風不息。據該府知府劉良璧禀報：府治及諸、彰兩邑官民房屋間有吹動，茅瓦俱無大恙。其田稻已收十分之六，在田四分未收者，子粒吹落約有三分之一。鳳邑風信比府治已小，民房田稻俱無損傷。又據澎湖通判曹顯庚禀稱：該澳兵民房屋並無倒壞，澳內小船及兩營哨船亦各平安，所種高粱、芝麻、綠豆等物業已收穫無礙，惟營房墩臺瓦片間有被吹損各等由前來，臣等亦經分飭查修加意撫卹在案，合併陳明，伏祈皇上睿鑒。臣玉麟、臣盧焯謹奏。

［硃批］：知道了。

一〇、巡視臺灣監察御史諾穆布等奏摺：臺灣被旱情形

［乾隆三年九月十三日］，巡視臺灣江南道監察御史臣諾穆布、巡視臺灣兼理學政工科給事中臣單德謨謹奏：為彙報被旱情形事。

竊查臺灣各屬每年播種晚禾，必於五、六、七等月得有雨水霑足，乘時播插，可望有秋。本年五月內連次得雨，經臣等摺奏在案。不意六、七月以來天時亢旱，雨澤愆期，有時得雨，各處多寡不齊，不能溥徧。查北路諸羅縣、彰化縣、上淡水以及南路鳳山縣之下淡水、港東西里、臺灣縣之羅漢門各地方俱時常得雨，並有埤圳可資灌溉，晚禾栽插秀茂。惟臺灣、鳳山兩縣沿海一帶高燥田區雨水缺少，並無埤圳，難以播插。又有已插而無水蔭注，現多枯槁成災之處。臣等據報，檄行該府縣確查去後，茲據臺灣府知府劉良璧轉據臺灣縣知縣殷鳳梧、鳳山縣知

縣方邦基詳報：各里莊並官莊未插田園、已插枯槁田園數目，隨經該府劉良璧親歷臺、鳳兩邑逐一查勘，已播未播田畝，除成熟田園外，總計臺灣縣各里莊被旱田園七千五百一十六甲八分零，鳳山縣各里莊被旱田園六千八百一十六甲六分零，官莊被旱田園五百七甲三分零，各偏災有五、六、七、八、九分不等，造具分數冊結前來。臣等一面咨明督臣、撫臣查核具題，一面飭令地方官分別加意賑卹，毋致失所。所有臺屬地方被旱情形繕摺奏聞，伏乞皇上睿鑒。為此謹奏。

［硃批］：知道了。賑卹之事雖地方官之責，汝等不可不用心查察，使災黎有不受實惠之歎也。

一一、閩浙總督郝玉麟等奏摺：臺灣、臺鳳二縣被旱，辦理賑卹

［乾隆三年十月初六日］，閩浙總督銜專管福建事務臣郝玉麟、福建巡撫臣盧焯謹奏：為奏聞事。

竊查臺灣府屬之臺、鳳二縣本年七、八月間雨澤未徧，海邊高阜一帶早稻收穫之後，有不能插種晚禾之處。前據該道府禀報，臣等隨飛飭確查，如有被旱情形，即令加意撫卹，並查明實在未種晚禾處所，一面諭令補種雜糧，一面飛報。臣等斟酌辦理，並經恭摺具奏在案。茲據臺灣道副使尹士俍、臺灣府知府劉良璧各報稱：查臺、鳳二邑自七月以來雖雨水時降，未能處處霑足，其低窪及有埤圳水源可灌之田，晚禾俱已佈種，目下現已收穫，所種甘蔗、地瓜等物亦皆十分秀茂。惟沿海一帶高阜田園內有未種晚禾之處，亦有已種無水灌漑復又枯干之處。今查臺邑被旱田園計七千五百一十六甲零，鳳邑被旱田園計七千三百二十三甲零，其被旱偏災各有五、六、七、八、九分不等。現在遵照前檄撫卹料理，並委令臺同知魏素會同覆勘造冊另報。

再，查被旱田園於九月初四日已得透雨，業已諭令補種雜糧。又，諸、彰二邑今年晚稻豐收，米價平減，地方安堵等由前來，臣等查臺、鳳二邑雖屬偏災，但田園既已被旱，晚禾未種無收，自應仰體皇上痌瘝

一體至意，亟予查賑。隨又飛飭將被災之戶如有乏食窮民，查明極貧、次貧，分别男婦大小名口，加意賑卹，無使一夫失所，其本年錢糧並請暫行緩徵，除另疏題報外，所有臺、鳳二邑被旱偏災情形並臣等辦理緣由，理合繕摺專差把總徐伯善齎捧奏聞，伏乞皇上睿鑒。臣玉麟、臣盧焯謹奏。

[硃批]：臺地遠處海外，賑卹之事更宜周詳，不可以素稱產米之區而稍有所忽也。

一二、巡臺御史諾穆布等奏摺：臺灣官莊賦重，宜減照民則徵收

[乾隆三年十一月]，巡視臺灣江南道監察御史臣諾穆布、巡視臺灣兼理學政工科給事中单德謨謹奏：為敬陳管見、仰祈聖鑒事。

竊臣等看得臺灣官莊賦重，宜減照民則徵收也。臺屬各見有官莊田園，向係業戶私墾不報，投寄文武衙門，蔭免傜役、田畝，完納馬料、粟石、園地新徵青白糖銀，更有另發採買糖粟，或令佃戶另納小糖，名色不一，各佃情願輸納者，緣有額外餘地可資耕種。至康熙六十一年奏報歸公，各衙門將各項私收糖粟名色報出，又徹底清丈，凡牛埔、牧場一概丈入無遺，並不查照民莊科則定額陞科，竟造為舂佃給種開墾，或造為僱民領資開墾，從前交納糖租、料粟及額外採買糖粟等須一例造入正供，按額追徵。雍正五年復加增耗羡，徵收紋庫，較之從前民戥番銀更重，又於田園内原有竪廍硖糖者，復加廍餉，各佃不能支，有逃往他邑関提皆返者，緣糧浮賦重，捨原佃之外，無人頂種，子孫世受其苦。臺灣縣官莊田園共二百八十六甲零，年徵正供粟石，又納糖粟租、糖廍餉等項共一千三十四兩六錢零，每甲攤算該有三兩六錢零，此照民莊則例應徵一千一百四十八石九斗零，每石照採買價四錢科算，每甲徵銀一兩六錢零，官莊每甲實多徵銀一兩九錢九分零。鳳山縣官莊四十二所，共田園二千三百三十三甲零，年納馬料粟、青白糖及廍餉等項共折銀六千五百六十九兩零，此照民莊中則田園該完粟九千九百九石九斗零，每

石四錢科算，共三千九百六十三兩零，各莊輕重不一，難以攤算，實多徵銀二千六百五兩零。諸羅縣官莊十二所，年徵糖粟廍餉每甲攤算徵銀三兩一錢零，民莊田園徵粟折價每甲徵銀一兩二錢零，官莊每甲實多徵銀一兩八錢零。彰化縣原係諸邑分出，官莊三所，共多完銀一百七十八兩零，俱現在督撫行查。臣等伏思各省浮糧俱蒙皇上天恩分別寬免酌減，今臺郡官莊倘荷聖恩與民莊則例一體徵收，海外黎庶永享蒙利於億萬斯年矣。謹奏。

［硃批］：該部密議具奏。

一三、巡視臺灣監察御史舒輅等奏摺：臺灣府屬被風情形

［乾隆五年七月十二日］，巡視臺灣協理山西道監察御史兼批本處行走臣舒輅、巡視臺灣兼理學政貴州道監察御史臣楊二酉謹奏：為奏聞事。

竊臺地雨水霑足，米價平減。經臣等具摺於六月十九日奏明後，茲於閏六月二十二、二十三兩日風雨交作，臣等即行飭查，據臺灣府臺灣縣報稱：郡城內外吹倒民房大小共五十七間，營房七間，經府縣查明賑卹。又據諸羅縣報稱：自二十二日起至二十五日止，颱風連作，縣城內外官舍、居民房屋均有損壞，其鹽水港、笨港二處山水驟下，溪流漲漫，浸倒房屋二百餘家，鹽水港倉厫盡行倒壞，被浸倉穀現在極力曬晾，人民無甚傷損，現在起蓋修理仍可安業等語。經臣等飭行臺道委海防同知魏素即帶存公銀兩星馳前往查勘賑卹，毋致失所。又據彰化縣報稱：自二十二日起至二十五日止亦遭風雨，城垣、衙署、軍民房屋均有損壞，亦飭臺道行令查勘，其鳳山一縣未聞被風無容查報外，臣等細查風雨雖大，幸臺灣、諸羅二縣早禾均已收穫，彰化一縣十收八九，間有一二未收者，損亦無多，晚禾暢茂尚未胎甲，將來尚望有秋。至倉穀曾否黴爛並賑卹過緣由，俟該府縣詳悉具報，應聽督撫辦理，臣等謹將被風情形具摺奏聞，伏祈睿鑒。謹奏。

［硃批］：所奏俱悉。

一四、福建水師提督王郡奏摺：臺灣府屬被風雨情形

［乾隆五年七月二十五日］，福建水師提督臣王郡謹奏：為奏聞事。

竊照閩省水師所屬地方，數年以來仰賴聖主洪福，雨水調勻，五穀豐稔，節經奏報在案。今查本年閏六月二十二、二十三兩日，臺灣府屬風雨並作，間有倒壞兵民房屋，並壓死鎮標左營兵丁一名，壓傷五名。而北路之鹽水港、笨港二汛加以溪水漲溢，浸壞房屋比之他處尤多，並淹死海邊漁民計有一十三人。更澎湖亦於是時連日風雨，其兵房民居雖被飄刮，但倒壞無多。臣據報隨即谘會督撫二臣飭行該地方官賑卹安頓，並將倒壞營房修葺配兵外，但查該地早禾已經收穫，而晚禾亦見茂暢，不至損傷，其在汛倉庫、戰船俱經各該營加謹防護，幸獲保固安全。臣因我皇上眷念地方，不敢以偶有天時遽置弗聞，謹將臺屬見被風雨情形繕摺具奏，伏乞皇上睿鑒施行。謹具奏聞。

［硃批］：所奏俱悉。

一五、閩浙總督德沛奏摺：臺灣本年閏六月被風被水

［乾隆五年八月初三日］，閩浙總督鎮國將軍宗室臣德沛謹奏：為奏聞事。

竊查閩浙兩省閏六月二十七日以前雨水，業經臣具奏在案，所有閏六月二十八日至七月三十日各屬報到得雨日期分寸，同六月分米糧價值一併另開清單，恭呈御覽。再，查本年閏六月二十二、三兩日，臺灣風雨大作，溪水漲滿，損折城竹，倒塌倉厫、營房，壓斃兵丁一名，淹斃漁民一十三口，此內惟諸羅一縣較重，其他尚屬無礙，且早禾俱已收穫，晚禾現在秀實，不致大損。臣隨飭布政司飛飭地方官逐一確查，即日動項分別賑卹，毋致失所。其城竹、倉厫、營房召匠興修，尅期完固外，擬合奏聞，伏祈皇上睿鑒。謹奏。

［硃批］：知道了。

一六、署理福建布政使喬學尹奏摺：臺灣、諸羅縣被災，賑濟並糧價、晚禾情形

［乾隆五年九月初二日］，署理福建布政使司布政使臣喬學尹謹奏：為奏明事。

竊查閩省自春徂夏，雨暘時若，二麥豐稔，茲據各府州陸續報到早稻收成分數，確係九分有餘，惟汀州府屬之上杭、永定二縣於閏六月內猝被水患，民居、廬舍亦有損壞，先後據報。臣仰體聖慈，遵即照例詳動公項銀兩委員星往查勘，分別賑卹，俾災黎毋致失所，業經具詳督撫二臣題報在案。續據臺灣府具報臺灣府治及諸羅縣之鹽水港、笨港二處於閏六月適遇颶風，兵民房屋間有損失。現在飭動庫銀查賑安頓，另詳題報。目下米價平減，晚禾秀茂，兵民安慶。臣謹恭摺奏聞，伏祈睿鑒。謹奏。

謹將閩省各屬地方米穀價值及晚禾情形開列於後：一福州、興化、泉州、漳州四府並永春、龍巖二州，各屬每食米一石價銀八錢至一兩三錢二分不等，穀每石價銀四錢二分至六錢六分不等，晚禾漸次吐穗；一延平、建寧、邵武、汀州四府，各屬每□□□石價銀七錢二分至一兩一錢五分不等，穀每石價銀三錢九分至六錢不等，晚禾將次收穫；一福寧府，各屬每食米一石價銀八錢七分至一兩三錢五分九釐不等，穀每石價銀四錢二分至五錢六分不等，晚禾秀茂；一臺灣府，各屬每食米一石價銀七錢三分至一兩零八分不等，穀每石價銀四錢至四錢八分不等，晚禾秀實。

［硃批］：所奏俱悉。

一七、巡視臺灣監察御史舒輅奏摺：臺地連年薄收，米價高昂，民生艱難，豁免未完銀粟

［乾隆六年三月十九日］，巡視臺灣外轉御史臣舒輅、巡視臺灣兼

理學政貴州道監察御史臣楊二酉謹奏：為奏聞事。

竊臺地上年秋間缺雨，收成僅七分有零，業經臣等奏明。入春以來米價日昂，每石至二兩有零，小民拮据難堪。臣等細查其故，緣臺地雖素產米之鄉，然既接濟漳、泉二府民食，又採買補倉等項歲運內地米粟約至數百萬石，而漳、泉二府上年亦值薄收，未免商運較倍平時，兼以連年遇旱，僅乾隆四年一稔，元氣未能驟復，民困尚未全蘇，而上年又值薄收，是以各縣俱鮮蓋藏。然向所以不至周章者，以臺地風氣與內地不同，冬日恒暖，如鳳山之淡水各處村莊，竟有冬月佈種禾苗至春收穫者，其餘各縣亦俱於冬月漸次收穫地瓜、土豆、甘蔗等物，源源接濟以為日食完糧之資，不意去冬天氣嚴寒，隕霜冰凍，禾苗雜籽一切罕收，而正、二兩月間又雨水稀少，不等耕種，所有應完新舊各項銀粟，小民實竭蹶難前。臣等目擊情形，因密飭府縣確查酌議。

今據臺府錢洙稟稱：米價高昂，小民完納艱難，但以上年收成雖薄不合詳請緩徵之例，而隕霜損物又不可言之，冬月之時格於成例莫可如何，惟有自甘處分稟商本道，暫行緩徵以紓民力等語。臣等身在地方，正月間見米價日增，業已劄商督臣停止採買，並嚴行禁止本地米粟出口，仍一面商之道府開倉平糶，現在暫行緩徵，民力似可少紓，但以雨水未霑，民心未安，一時米價總未能平減，雖六月間有一二縣早稻接濟，然此時尚未佈種，勢難懸待。臣等又將現在情形谘明督撫兩臣外，伏思臺灣關係重大，皇上是以命臣等巡察，凡以有緊要之事地方官不能辦理者，臣等得以據實奏聞也。況臺地五方雜處，人心易動難安，值此困迫情形，若不設法以培元氣，恐有簧惑多事者。我皇上惠愛元元，凡偏災所在無不勤加優卹，臺屬海外，尤廑聖懷。其乾隆三年被災以來，未完銀粟雖邀諭旨帶徵，但新逋既難全輸，舊欠焉能再納？閭閻徒苦催科之煩，而地方官終不免奏銷之處分，民生國計兩無裨益。如臺灣縣自雍正十三年起至乾隆三年止，未完人丁、正雜錢糧、餉稅銀合共二千二百一十六兩八錢零，未完供粟合共四萬三千七百一十石零；鳳山縣乾隆三年未完人丁、正雜錢糧、餉稅銀共三百五十六兩九錢零，又未完四、五、六等年帶徵三年分被災官莊銀四百三十六兩零，未完供粟五千一百四十七石零；諸羅縣乾隆元年起至三年止未完官莊銀共四百三十九兩零，未完供粟共二千六百三十二石零。三縣自雍正十三年起至乾隆三年止合共未完銀三千四百四十八兩七錢零，未完粟五萬一千四百八十九石零。伏乞皇上天恩概行豁免，使海外窮黎稍得釋肩。其自乾隆四年豐收以後未完銀粟，並乞恩允至本年十月新舊一併徵收，則小民均得免追呼之擾，安心東作以待秋成，閭閻既受福無窮，而地方亦得以寧謐永沐皇仁於無既矣。臣等為地方起見，不揣冒昧，謹繕摺密奏，伏乞睿鑒施行。謹奏。

［硃批］：知道了，有旨諭部。

一八、署理福建巡撫王恕奏摺：雨水苗情及臺灣平糶情形

［乾隆六年三月二十八日］，至現在米價惟臺灣較前頗昂，臣已與督臣飛飭該府縣即撥存貯倉穀減價平糶，務使海外小民並霑實惠，仰副聖懷。

乾隆六年四月二十四日奉硃批：所奏俱悉，欽此。

一九、協理戶部事務訥親等奏摺：閩浙總督德沛等奏臺灣米石暫停撥運

［乾隆六年四月二十五日］，太子太保議政大臣領侍衛內大臣鑾儀衛掌衛事禮部尚書協理戶部事務管理戶部三庫事果毅公臣訥親等謹奏：為請旨事。

據閩浙總督宗室德沛等奏，臺灣米石暫停撥運等因一摺，乾隆六年三月十六日奉硃批：該部議奏，欽此。欽遵於本月十七日內閣抄出到部，該臣等議得：閩浙總督宗室臣德沛奏稱，閩省下遊各府惟漳、泉二郡山海交錯，田地稀少，一歲所收不足供本地兵民之食，全藉海運客米接濟，是以前任撫臣黃國材於雍正三年間題請，每年動支臺灣倉粟碾米五萬石運赴漳、泉平糶，將價銀發臺買穀以備下年接運，續後奉有賞給

班兵眷米一萬二千餘石。又於雍正五年題請，撥給厦門、金門提鎮標折半本色兵米二萬一千餘石，俱在臺屬正供粟内碾米運赴内地給兵支領，毋庸買補。又於雍正八年經前署督臣史貽直題請，將臺灣應運平糶及眷米、兵米概免碾運，米石竟以原粟運赴福、興等府，易换各府屬舊存倉穀碾米，以為平糶、眷米、兵米之需，俾出陳易新，可盡易新穀存倉，並請將平糶粟十萬石價銀每年酌留五萬石充餉，可省臺屬買補之煩等因各在案。

是臺灣每年雖應有一十六萬六千餘石撥運内地之粟，然除去動用供粟及留價充餉外，實在只需買穀五萬石以備輪流撥用也。嗣因年歲有豐歉不等，供粟有完欠不齊，即船隻運載亦有便與不便之處，加以乾隆三年臺、鳳二縣被災歉收，遂至年復一年壓欠甚多，迄今計未運之穀尚有二十萬五百餘石之多。且查臺灣米石近年來因兵民雲集，食齒浩繁，其價值較前漸昂，而内地福、興、泉、漳四府並各屬尚存監穀積穀並江楚穀約六十萬餘石，現在監穀又源源捐貯，將來即需平糶，原不慮其棘手。現在情形可毋庸臺灣接濟，若不亟為變通，則既與臺地之民食有關，且積欠過多，終不能克期運足。臣等再四籌劃，内除應運厦門、金門提鎮標兵米並班兵眷米仍照常運補外，所有壓欠未完穀二十萬五百餘石請自本年為始每年帶運穀六萬七千餘石，作三年運完，若再加以年例應運之穀，未免入不償出，究屬有名無實，應請將漳、泉平糶穀十萬石暫停撥運，統俟臺運穀石完日，臣等酌量地方情形米價高下另行具奏請旨。如此一轉移間，在内地倉儲民食既不致虛懸缺乏，而海外要地留此十萬之粟平糶接濟，價值自必平減等因前來。

查閩省山海交錯，向因内地九府一州每歲所產米糧不敷兵民食用，原任福撫黄國材題請每歲碾運臺米五萬石赴内地平糶，又將班兵眷米一萬二千餘石並金、厦各營兵米二萬一千餘石，統於臺屬正供粟内碾米支給在案。嗣經前任署福督史貽直以内地福、興、泉、漳四府地居卑下，倉穀糶出甚易，買補最難，題請將臺灣應運平糶等項米石停其碾米，每歲運穀一十萬餘石赴福、興等府易换各倉舊穀，碾米以為平糶、兵米、眷米之需，歲歲更换出陳易新，並稱臺灣之米價賤，内地之米價昂，其平糶贏餘即為加添腳費之需。又據原任福督劉世明將福、興等府糶價酌定五錢一石，並請將應運平糶穀十萬石內採買五萬石，其餘五萬石在於臺灣額徵粟內酌動，每石照臺灣定價扣留三錢六分充餉，所有糶買贏餘銀兩為一切碾運之費等因，俱經臣部覆准遵行各在案。

是閩省臺屬素稱產米之鄉，而內地各府州屬食指繁庶，存倉米穀春月出糶較易，秋後買補為難，所以節據該管督撫題奏，撥運臺穀以資接濟。今若照該督德沛等所奏，將每歲平糶穀十萬石全行停運，不惟內地民食攸關，抑且福、興等屬舊存倉穀將來出陳易新仍恐艱於買補，況平糶之穀議停則贏餘無出，其一切兵糧眷米、撥運腳費勢必動用正項，轉致周章。是該督德沛等只以節年壓欠未運之穀多至二十餘萬石，一時採買繁難，奏請更定成例，但未通盤籌酌，尚非經久可行之法，共穀三十餘萬石（原文如此）。

再，每年撥給兵糧眷米而外，約計餘剩二萬餘石，歲歲相積，原屬充裕，應請嗣後班兵眷米以及金厦兵米仍照舊例撥運外，至每年平糶穀十萬石內，其在臺灣採買穀五萬石。該督德沛等既稱臺、鳳等縣因地方歉收，近年市價稍昂，應準其暫停買運，其應撥臺灣存倉粟五萬石，仍令按年撥運平糶，以濟民食，所有班兵眷米等項需用運費銀兩仍於此項糶價贏餘銀內酌量動給。如此則臺屬徵存粟石既免陳積黴變，而內地倉糧亦得按年易換新穀，即各項碾運費用仍可通融辦理，實於倉儲民食兩有裨益。再，查節年壓欠未運穀二十萬五百餘石，應如該督德沛等所請，分作三年帶運，並令俟全數報完之日，該督撫酌看臺灣米價情形，可否仍照向例按年買運以資平糶之處，另行請旨遵行可也。為此謹奏請旨。

太子太保議政大臣領侍衛內大臣鑾儀衛掌衛事禮部尚書協理戶部事務管理戶部三庫事御前大臣果毅公加一級紀錄五次臣訥親、太子少保內大臣戶部尚書兼管三庫事務內務府總管臣海望、經筵講官戶部尚書紀錄四次臣陳悳華、經筵講官左侍郎紀錄一次降一級留任臣岱奇、經筵講官左侍郎紀錄四次臣梁詩正、御前侍衛內務府總管右侍郎加二級臣阿里袞、右侍郎仍兼管刑部侍郎事加一級紀錄一次臣周學健。

二〇、福建水師提督王郡奏摺：會商辦理開倉平糶臺灣、厦門米價等情

［乾隆六年四月二十八日］，福建水師提督臣王郡謹奏：為奏聞事。

竊查臺灣一府向為產米之區，近因商販頗多，而生齒日繁，春間偶一缺雨，米價驟昂，於三月中旬外每石長至二兩上下。當經該地文武一面會同虔誠祈禱，一面會商開倉平糶，並緩徵撥運及嚴禁外販各事宜。臣風聞之下，當即飛致督撫二臣設法安頓，旋准督撫二臣會商採買潮穀六萬石赴彼接濟，而臺地已於四月初旬南路有雙冬粟熟運至臺府，兼知有內地接濟，其價亦遂漸減。且自四月以來，臺府各處陸續得雨，而彰化、淡水等處尤為霑足，可獲豐收。見在米價至一兩三錢有零，民情亦甚為寧貼。倘過此再得時雨徧及，仍可屬望有秋。此臺灣見在之情形也。

至臣駐紮之厦門雖系一區，而春來雨澤稀少，且因禁止臺運，米船無到，四月初旬其價驟長至二兩以外，民情未免拮据。臣已會同文員節次步行祈禱，及至米價驟長之際，經臣於上年穀賤時設法買貯倉粟悉行借給兵食，而厦門同知梁須梗亦遂開倉平糶。臣復恐不敷接濟，亦經劄商督撫二臣，隨准撥廳倉粟二萬石，並令同安縣運粟一萬石接湊平糶，民情殊覺帖然。迨此四月二十日起至二十三、四等日連朝得雨，田園已經透足，禾苗尚可有收，民心尤為喜悅。此厦門見在之情形也。再，厦門此番得雨，聞附近處所均有霑被。皇上念切民依無時或釋。竊恐海疆遙隔，未免更廑宸衷，合將臣就近見聞及會同商酌辦理緣由一併據實陳奏，庶幾稍慰聖心於萬一耳。臣謹繕摺恭遣臣標左營外委千總馬駿賫捧奏聞，伏乞皇上睿鑒施行，謹具奏聞。

［硃批］：覽奏殊慰朕懷，但得雨後方奏殊緩，此後若有水旱情形，先事預奏，則朕可時加修省，而人事亦得以有備矣。欽此。

二一、閩浙總督德沛奏摺：撥運粵省倉穀以濟臺灣民食

［乾隆六年四月二十九日］，閩浙總督鎮國將軍宗室臣德沛、署理福建巡撫臣王恕謹奏：為奏明撥運粵省倉穀以濟海外民食事。

竊照閩省臺灣地方原屬產穀之區，緣上年收成稍遜，內地搬運過多，又本年入夏以來雨澤愆期，米價驟長，是以臣等先經批飭將本年應完錢糧暫行停比，並令開倉平糶在案。但兵民雲集，食齒浩繁，誠不可不亟為設法接濟，俾得有備無患以安海外要區。查閩省內地各屬與臺灣水次相通者，惟福、興、漳、泉四府，乃各該屬地方亦因交夏後缺雨，米價日漸昂貴，在在俱請平糶，又何能兼顧其他？查今歲春間因汀州府屬之永定縣米價偶貴，曾准粵省督撫二臣咨稱，潮州定縣倉貯頗為充盈，可撥穀二、三萬接濟等因，今臣等再四圖維，粵省之潮州府由海道可直抵臺灣，且彼地倉貯既屬充盈，自應援照往例動帑委員星馳前往撥運平糶，以裕民食。臣等一面移咨粵省督撫二臣，檄飭潮屬附近水次縣分於存倉穀內就近撥發六萬石，候運臺地平糶。如今秋臺地豐收，即照數採買穀石運還粵倉，倘或豐歉不齊，即將穀價委員解粵就近買補。一面委令臺灣俸滿同知趙奇芳、俸滿彰化縣知縣劉埥、署都事陳高達、巡檢朱衣客前往領運，並委諳練水師千總郝光斗等在厦門先雇船三十隻，每隻以千石為率，酌量給與盤費，令其星夜管駕赴潮接運，以免稽延。一應運費每石酌給銀二錢，共銀一萬二千兩，又委員盤費銀三百兩，均在於留存江南漕米價銀內動支，統於糶穀價內歸還原款。其應用運費之處，聽潮屬官員照依該地定規給發。如有餘剩，即寄貯潮州府庫，湊作將來穀價，不必帶回，以省盤費。再，臺灣府縣各倉積穀與供粟除留給兵食外，尚有十餘萬石存貯，所有應運內地兵米免其撥運，留臺盡數平糶。目前可不慮其匱乏，而將來粵省源源接濟，兵民自無憂艱食矣。臣等謹先將現在辦理情形會摺奏明，伏乞皇上睿鑒飭部存案施行。謹奏。

［硃批］：該部速議具奏。

二二、巡視臺灣監察御史舒輅奏摺：臺灣得雨情形

［乾隆六年五月十一日］，巡視臺灣外轉御史臣舒輅、巡視臺灣兼理學政監察御史臣張湄謹奏：為奏聞近日得雨情形、仰慰聖懷事。

竊臺灣自去秋缺雨，收成歉薄，冬月嚴寒，雨霜傷稼。本年春間雨澤稀少，米價昂貴，小民應納銀粟竭蹶難前。經臣舒輅同漢御史楊二酉已將地方情形並現在緩徵之處，具摺奏明在案。嗣入夏以來尚未得雨，米價更增，人情惶急，戶鮮蓋藏。臣等伏思臺地孤懸海表，關係重大，與內地不同，目睹天時亢旱，民間急迫情形，是以公同文武齋肅設壇祈求雨澤，一面商之道府，飛行督撫二臣借運內地倉穀迅速來臺接濟平糶，以慰民情。茲准督撫二臣已經委員前赴粵省潮屬地方採買官穀六萬石，由海運糶，斷不致臺地兵民有乏食之虞等因谘覆到臣。適臣張湄於四月十二日蒞任，隨又會同鎮道諸臣虔誠叩禱，即於十四、十五兩日略得微雨，二十三至二十四等日連得大雨，隨急行臺府通查去後，據臺灣府知府錢洙稟稱：所屬各邑詳報，俱得大雨連綿，田園霑足，溪河漲滿，早禾暢茂，晚稻亦得播種，官民欣懷，四野歡騰等語。臣等伏思現在米價雖未驟減，通臺雨水霑足，耕種並舉，早稻可望有秋，又得粵穀不日到臺，以資平糶，其米價亦可不禁而自減矣。至將來雨水曾否繼續調勻，俟臣等勸農耕作之時另行具奏外，誠恐上厪宸衷，合將現今得雨霑足、萬民帖然歡樂情形據實先行奏聞，伏乞睿鑒。謹奏。

乾隆六年七月初七日奉硃批：此等事至今方奏，殊為遲緩，非朕念切民瘼之意也。欽此。

二三、上諭檔：諭令豁免臺灣未完舊欠錢糧餉稅

乾隆六年五月十五日內閣奉上諭：福建臺灣地方上年秋間缺雨，收成較常歉薄。今春以來米價日漸昂貴，小民謀食艱難，而納課尤為竭蹶。查臺灣縣自雍正十三年起至乾隆三年未完人丁正雜錢糧餉稅銀共二

千二百一十六兩零，未完供粟共四萬三千七百一十石；鳳山縣乾隆三年未完人丁正雜錢糧餉稅銀共三百五十六兩零，又未完四、五、六等年帶徵三年分被災官莊銀四百三十六兩零，未完供粟五千一百四十七石零；諸羅縣乾隆元年起至三年未完官莊銀共四百三十九兩零，未完供粟二千六百三十二石零。此皆多年舊欠，今若責償於儉歲之後，民力未免拮据。朕心軫念，特沛恩膏，概行豁免。至乾隆四年以後未完銀粟，統俟本年十月成熟之後再行徵收，庶追呼無擾，力量寬紓，海疆百姓共受蠲免緩徵之益。該部即遵諭行。欽此。

二四、戶部副奏：撥運粵米赴臺平糶

[乾隆六年五月二十六日]，太子太保議政大臣領侍衛內大臣鑾儀衛掌衛事吏部尚書協理戶部事務管理戶部三庫事果毅公臣訥親等謹奏：為遵旨速議具奏事。

據閩浙總督宗室德沛等以閩省臺地雨澤愆期、米價驟長、請撥廣東潮州穀石，接濟平糶等因一摺，於乾隆六年五月二十六日奉硃批：該部速議具奏。欽此。欽遵於本月二十六日抄出到部，該臣等議得：閩浙總督宗室德沛等奏稱，閩省臺灣地方，原屬產穀之區，緣上年收成稍遜，內地搬運過多，又本年入夏以來，雨澤愆期，米價驟長，是以臣等先經批飭，將本年應完錢糧暫行停比，並令開倉平糶在案。但兵民雲集，食齒浩繁，誠不可不亟為設法接濟，俾得有備無患，以安海外要區。查閩省內地各屬，與臺灣水次相通者，惟福、興、泉、漳四府，乃各該屬地方亦因交夏後缺雨，米價日漸昂貴，在在俱請平糶，又何能兼顧其他。查今歲春間，因汀州府屬之永定縣米價偶貴，曾准粵省督、撫二臣咨稱，潮州府縣倉貯頗為充盈，可撥穀二、三萬石接濟等因。今臣等再四圖維，粵省之潮州府由海道可直抵臺灣，且彼地倉貯既屬充盈，自應援照往例，動帑委員，星馳前往，撥運平糶，以裕民食。臣等一面移咨粵省督、撫二臣，檄飭潮屬附近水次縣分，於存倉穀內就近撥穀六萬石，候運臺地平糶。如今秋臺地豐收，即照數採買穀石運還粵倉。倘或豐歉不齊，即將穀價委員解粵，就近買補。一面委令臺灣俸滿同知趙奇芳、俸滿彰化縣知縣劉埥，署都事陳高達、巡檢朱衣客前往領運，並委諳練水師千總郝光斗等，在厦門先雇船三十只，每隻以千石為率，酌量給與盤費，令其星夜管駕赴潮接運，以免稽延。一應運費，每石酌給銀二錢，共銀一萬二千兩，又委員盤費銀三百兩，均在於留存江南漕米價銀內動支，統於糶穀價內歸還原款。其應用運費之處，聽潮屬官員照依該地定規給發，如有餘剩，即寄貯潮州府庫，湊作將來穀價，不必帶回，以省盤費。再，臺灣府縣各倉積穀與供粟，除留給兵食外，尚有十餘萬石存貯。所有應運內地兵米，免其撥運，留臺儘數平糶，目前可不慮其匱乏，而將來粵省源源接濟，兵民無憂艱食等因前來。

查本年五月十五日奉上諭：福建臺灣地方，上年秋間缺雨，收成較常歉薄。聞今春以來，米價日漸昂貴，小民謀食艱難，而納課尤為竭蹶。查臺灣縣自雍正十三年起至乾隆三年未完人丁正雜錢糧餉稅銀共二千二百一十六兩零，未完供粟共四萬三千七百一十石零；鳳山縣乾隆三年未完人丁正雜錢糧餉稅銀共三百五十六兩零，又未完四、五、六等年帶徵三年分被災官莊銀四百三十六兩零，未完供粟五千一百四十七石零；諸羅縣乾隆元年起至三年未完官莊銀共四百三十九兩零，未完供粟共二千六百三十二石零；此皆多年欠舊，今若責償於儉歲之後，民力未免拮据，朕心軫念，特沛恩膏，概行豁免。至乾隆四年以後未完銀粟，統俟本年十月成熟之後，再行徵收。庶追呼無擾，力量寬紓，海疆百姓共受蠲賦緩徵之益。該部即遵諭行。欽此。欽遵在案。

今該督德沛等既稱本年應完錢糧暫行停比，應令欽遵諭旨辦理。至該督等奏稱臺屬米價驟長，查今歲春間因永定縣米價偶貴，曾准粵省督、撫二臣咨稱，潮州府縣倉貯頗為充盈，可撥穀二、三萬石接濟等因，今一面移咨粵省，檄飭潮屬存倉穀內，就近撥給穀六萬石運臺平糶，如今秋臺地豐收，即照數買穀運粵，倘或豐歉不齊，即將穀價解粵就近買補等語，查閩省臺屬應需平糶穀石，該督德沛既經咨查粵省督撫，以潮州府縣倉貯充盈，可資接濟，自應准其撥給，但查粵省督撫咨內系稱可撥二、三萬石，今該督奏請撥運六萬石，其可否照數撥運之處，臣部無憑懸擬，應令廣東督撫俟閩省委員到日，酌量撥給運回，以資平糶，仍將撥過穀石數目，並作何買補還倉之處，逐一查明妥議，報部查核。其需運費一項，查雍正五年浙江省撥運閩省平糶穀石案內，每石准銷海運水腳銀一錢。又乾隆三年撥運江西穀石，據陞任福督郝玉麟題報，上海、乍浦二處僱船裝運穀□□□□□等府，每石給水腳銀四□□□□□□□□□□□□□核覆准銷在案。應□□□□□□□□□□□□□事竣之日核□□□□□□□□□□□□□□無准銷之例【原文殘缺—編者注】。

二五、協理戶部事務訥親等奏摺：閩浙總督德沛請撥廣東潮州穀石接濟臺灣

［乾隆六年六月初七日］，太子太保議政大臣領侍衛內大臣鑾儀衛掌衛事吏部尚書協理戶部事務管理戶部三庫事果毅公臣訥親等謹奏：為遵旨速議具奏事。

據閩浙總督宗室德沛等以閩省臺地雨澤愆期、米價驟長，請撥廣東潮州穀石接濟平糶等因一摺，於乾隆六年五月二十六日奉硃批：該部速議具奏。欽此。欽遵於本月二十六日抄出到部，該臣等議得：閩浙總督宗室德沛等奏稱閩省臺灣地方，原屬產穀之區，緣上年收成稍遜，內地搬運過多，又本年入夏以來，雨澤愆期，米價驟長，是以臣等先經批飭，將本年應完錢糧暫行停比，並令開倉平糶在案。但兵民雲集，食齒浩繁，誠不可不亟為設法接濟，俾得有備無患，以安海外要區。查閩省內地各屬，與臺灣水次相通者，惟福、興、泉、漳四府，乃各該屬地方亦因交夏後缺雨，米價日漸昂貴，在在俱請平糶，又何能兼顧其他。查今歲春間，因汀州府屬之永定縣米價偶貴，曾准粵省督、撫二臣咨稱，潮州府縣倉貯頗為充盈，可撥穀二、三萬石接濟等因。今臣等再四圖維，粵省之潮州府由海道可直抵臺灣，且彼地倉貯既屬充盈，自應援照往例，動帑委員，星馳前往，撥運平糶，以裕民食。臣等一面移咨粵省督、撫二臣，檄飭潮屬附近水次縣分，於存倉穀內就近撥穀六萬石，候

運臺地平糶。如今秋臺地豐收，即照數採買穀石運還粵倉。倘或豐歉不齊，即將穀價委員解粵，就近買補。一面委令臺灣俸滿同知趙奇芳、俸滿彰化縣知縣劉埥、署都事陳高達、巡檢朱衣客前往領運。並委諳練水師千總郝光斗等，在厦門先雇船三十隻，每隻以千石為率，酌量給與盤費，令其星夜管駕赴潮接運，以免稽延。一應運費，每石酌給銀二錢，共銀一萬二千兩，又委員盤費銀三百兩，均在於留存江南漕米價銀內動支，統於糶穀價內歸還原款。其應用運費之處，聽潮屬官員照依該地定規給發，如有餘剩，即寄貯潮州府庫，湊作將來穀價，不必帶回，以省盤費。再，臺灣府縣各倉積穀與供粟，除留給兵食外，尚有十餘萬石存貯。所有應運內地兵米，免其撥運，留臺盡數平糶，目前可不慮其匱乏，而將來粵省源源接濟，兵民無憂艱食等因前來。

查本年五月十五日奉上諭：福建臺灣地方，上年秋間缺雨，收成較常歉薄。聞今春以來，米價日漸昂貴，小民謀食艱難，而納課尤為竭蹶。查臺灣縣自雍正十三年起至乾隆三年未完人丁正雜錢糧餉稅銀共二千二百一十六兩零，未完供粟共四萬三千七百一十石零；鳳山縣乾隆三年未完人丁正雜錢糧餉稅銀共三百五十六兩零，又未完四、五、六等年帶徵三年分被災官莊銀四百三十六兩零，未完供粟五千一百四十七石零；諸羅縣乾隆元年起至三年未完官莊銀共四百三十九兩零，未完供粟共二千六百三十二石零；此皆多年欠舊，今若責償於儉歲之後，民力未免拮据，朕心軫念，特沛恩膏，概行豁免。至乾隆四年以後未完銀粟，統俟本年十月成熟之後，再行徵收，庶追呼無擾，力量寬紓，海疆百姓共受蠲賦緩徵之益。該部即遵諭行。欽此。欽遵在案。今該督德沛等既稱本年應完錢糧暫行停比，應令欽遵諭旨辦理。

至該督等奏稱臺屬米價驟長，查今歲春間因永定縣米價偶貴，曾准粵省督、撫二臣谘稱，潮州府縣倉貯頗為充盈，可撥穀二、三萬石接濟等因，今一面移谘粵省，檄飭潮屬存倉穀內，就近撥給穀六萬石運臺平糶，如今秋臺地豐收，即照數買穀運粵，倘或豐歉不齊，即將穀價解粵就近買補等語。查閩省臺屬應需平糶穀石，該督德沛既經谘查粵省督撫，以潮州府縣倉貯充盈，可資接濟，自應准其撥給，但查粵省督撫谘內係稱可撥二、三萬石，今該督奏請撥運六萬石，其可否照數撥運之處，臣部無憑懸擬，應令廣東督撫俟閩省委員到日，酌量撥給運回，以資平糶，仍將撥過穀石數目，並作何買補還倉之處，逐一查明妥議，報部查核。其需運費一項，查雍正五年浙江省撥運閩省平糶穀石案內，每石準銷海運水腳銀一錢，又乾隆三年撥運江西穀石，據陞任福督郝玉麟題報，上海、乍浦二處僱船裝運穀石赴漳、泉等府，每石給水腳銀四分五釐至五分不等，亦經臣部核覆准銷在案，應令該督撫查照向例辦理，俟事竣之日核實造冊報銷。至委員盤費，閩省向無準銷之例，迨乾隆三年撥運江西穀石，據陞任福督郝玉麟題報委員盤費，道府參遊每月給銀三十兩，通判守備每月給銀二十兩，千把每月給銀十兩不等。經臣部以乾隆二年直屬撥運河東二省米石，押運各員據原任直督李衛題請，每員每日薪水銀三錢，在於存公銀內動給，所有閩省接運江西穀石委員盤費行令該督確查分晰報部在案。今撥運粵省穀石應需委員盤費銀兩應令俟彼案查明報部酌定之日，統於存公銀內動支。又奏稱臺灣各倉積穀與供粟除留給兵食外，尚有十餘萬石存貯，所有應運內地兵米免其撥運，留臺盡數平糶等語。查先經該督等於請停撥運臺粟案內，臣部檢查臺屬應存粟穀尚有三十餘萬石，乃該督等此摺僅稱存倉十餘萬石，數目多寡懸殊，應令查明報部查核。至內地金、厦各營兵米向由臺屬撥運，今該督等以臺屬雨澤稍愆，請將應運兵米盡數留臺平糶。而摺內又稱，內地福、興、漳、泉各府亦因交夏缺雨，糧價昂貴，是內地兵米以關緊要，其應作何設法料理，俾兵民兩有裨益之處，摺內未據聲明，應令該督撫等一併妥議報部再議可也。為此謹奏請旨。

［硃批］：依議速行。

太子太保議政大臣領侍衛內大臣鑾儀衛掌衛事禮部尚書協理戶部事務管理戶部三庫事御前大臣果毅公加一級紀錄五次臣訥親、太子少保內大臣戶部尚書兼管三庫事務內務府總管臣海望、經筵講官戶部尚書紀錄四次臣陳悳華、經筵講官左侍郎紀錄四次臣梁詩正、御前侍衛內務府總管右侍郎加二級臣阿里衮、右侍郎仍兼管刑部侍郎事加一級紀錄一次臣周學健。

二六、巡視臺灣監察御史舒輅奏摺：臺灣五月以來雨水霑足

［乾隆六年六月二十八日］，巡視臺灣外轉御史臣舒輅、巡視臺灣兼理學政監察御史臣張湄謹奏：為恭報雨水霑足情形、仰慰聖懷事。

竊臺灣地方水旱田園、早晚禾稻均需雨澤霑潤，始獲有秋。今歲春間雨澤愆期，米價昂貴，臣等目睹情形，移咨督撫，借內地倉穀來臺接濟，並將四月望後連得大雨，地方寧謐，民番樂業之處，已經臣等奏聞在案。嗣於五月二十、二十一等日、六月初五、初六、初七、十八等日疊降甘霖，四野田疇霑足。臣等職任巡方，恐有惰農貽誤耕作，與鎮、道、府、縣各官前往郊外循行勸勞，以仰副我皇上務本足民至意。見各處早稻漸次收穫，晚禾及時播插，土融水足，高下青葱，官弁民番咸深歡躍。仍因道里遼闊或有偏雨偏晴之處，隨飛檄臺灣府通查去後，茲據臺灣府知府錢洙彙報：臺、鳳、諸、彰四縣及淡、澎二廳雨水霑足，早稻已經收割，晚禾現在蒔種，秋成有望等語。至借運內地之穀，經督撫二臣委員赴粵採買舶載，今已陸續抵臺，臣等將現到穀石接濟糶賣，而雨澤又復應時，故米價日見平減，現在郡城每石價值一兩四錢，各邑產米處所更覺平減。所有雨水霑足，民情歡洽情形，謹據實奏聞，仰慰聖懷，伏祈皇上睿鑒。謹奏。

［硃批］：欣慰覽之。

二七、巡臺御史舒輅奏摺：蠲免臺灣乾隆六年以前舊欠錢糧

［乾隆六年七月十一日］，巡視臺灣外轉御史臣舒輅、巡視臺灣兼理學政監察御史臣张湄謹奏：為恭謝天恩事。

乾隆六年七月初一日准督臣德沛、撫臣王恕咨准戶部咨開，乾隆六年五月十五日，內閣抄出奉上諭：福建臺灣地方上年秋間缺雨，收成較

常歉薄，聞今春以來，米價日漸昂貴，小民謀食艱難，而納課尤為竭蹶。查臺灣縣自雍正十三年起至乾隆三年未完人丁、正雜、錢糧餉稅銀共二千二百一十六兩零，未完供粟共四萬三千七百一十石零；鳳山縣乾隆三年未完人丁、正雜、錢糧餉稅銀共三百五十六兩零，又未完四、五、六等年帶徵三年分被災官莊銀四百三十六兩零，未完供粟五千一百四十七石零；諸羅縣乾隆元年起至三年未完官莊銀共四百三十九兩零，未完供粟共二千六百三十二石零。此皆多年舊欠，今若責償於儉歲之後，民力未免拮据，朕心軫念，特沛恩膏，概行豁免。至乾隆四年以後，未完銀粟統俟本年十月成熟之後再行徵收，庶追呼無擾，力量寬紓，海疆百姓共受蠲免緩徵之益。該部即遵諭行。欽此。欽遵抄出到部，相應移谘該督撫轉谘到，臣等即飛檄臺灣府飭各該廳縣徧行曉諭，宣佈皇上殊恩，務使小民共受蠲緩實益外，是日巽命初頒，闔郡士民歡聲雷動，咸稱天恩高厚，惠養臺民疊布鴻慈有加無已，令百姓淪肌浹髓，感激難名等語。臣等隨同文武員弁及士庶人等齊集萬壽宮，恭謝天恩並面諭士民咸知皇仁浩蕩，曠典難降，各宜敦行從善勉圖報稱，以仰副我皇上軫卹海疆至意。續據郡屬紳衿、耆庶陳邦傑等僉呈懇請題達以抒下悃事，內稱：伏惟帝德如天，愷澤協雨風之好；皇仁似海，恩波迴島嶼之春。蠲逋賦於歷年，窮簷起色；緩徵輸於全郡，蔀屋凝庥。惟玆臺地，僻處海隅，入版圖者五十餘年，隸屬編氓者百千萬戶，室廬相望，生聚日繁。承列聖之重熙樂育，與乾坤同久。迨我皇之御極照臨，偕日月齊明。酌減丁銀，喜溢塗歌巷舞；蠲除番餉，歡騰黑齒雕題。乃復以去歲收成偶歉，小民納課維艱，特沛恩綸，自雍正十三年以及乾隆元、二、三年之積欠，概行豁免，更加慈卹將四、五、六等年未完之正供，俱緩徵收，實亙古未有之殊恩，若降甘霖於大旱，為邊方希降之曠典，如沐滄海之洪波。千里桑麻物具懷新之象；萬家煙火，人餘鼓腹之吟。龍潭雨露增輝，鹿渚煙霞競爽。東溟西嶼，群遊化日舒長；茅港木崗，共樂光天浩蕩。從此野盈秉穗，卜豐歲於金穰；戶慶倉箱，詠康年於玉燭。億兆瞻帝廷而稽首，士民頌聖德而難名。敬達蟻忱，用申雀躍等情。又據臺灣道劉良璧、知府錢洙詳稱：據臺鳳諸彰四縣各紳士里民等公同題達等情同前由到臣等。欽惟我皇上心涵九有，德協三無，上下惠孚益，廣時行之道；東南暨訖恩，敷日出之鄉。多年逋賦全蠲，白叟黄童到處謳歌，盈野萬井京坻在望，光風瑞雨由來，和氣致祥。臣等身在地方，目覩士民歡欣感激誠切情形，理合繕摺代謝天恩，伏祈睿鑒。為此謹奏。

［硃批］：知道了。

二八、巡臺御史楊二酉奏摺：先實臺灣儲穀

［乾隆六年九月初七日］，任滿巡視臺灣兼學政工科給事中臣楊二酉謹奏：為具陳臺地現在情形、仰祈睿鑒事。

臣蒙皇上天恩，荷任巡臺兼理學政，於本年三月十五日二年任滿。嗣於四月初九日，御史臣張湄到臺接印受事，經各題明在案。再，本年三月內，經臣同滿洲御史臣舒輅將臺灣早稻、□雨、米穀價昂，並現在停徵、平糶各情形俱奏明在案。臣等仍回臺灣道府等官悉心商酌。每年臺倉所□祇供運赴內地。現今內地雖經停運，而臺倉平糴之穀僅足敷四、五兩月，倘再四月不雨，早稻□不能播插，勢至無穀可賑，關係匪小，因亟谘行督撫兩臣連檄內地渡海之穀接濟來臺，以示有備無患去後，嗣臣於四月十九日，冒雨祭舟；二十日放洋又雨，二十一日至厦門，知督臣正備得粵穀六萬石，將是速運臺矣。五月初五日臣至福州，又據攝臺灣□□郝霞稟稱：臺灣於四月十九至二十一等日連日大雨，早稻可望有收等語。大約臺地每年至四、五、六等月，雨水時有，各早稻既獲播插，又有粵穀接濟，一時米價自□平減。抑臣竊看請者臺地今歲雖經獲有秋，然亦當先實臺倉之穀以修民食，俟臺倉既盈，穀價果減，然後照前買運內地，以資漳、泉等方平糶民食之用。盖臺地孤懸海外，運載維艱，非差內地或有歉收，即可經給於鄰省之為便易也。再，臺地雖稱產米之鄉，自雍正十年來，連年歉收，穀價頗昂，即乾隆四年大獲豐收，每石當需四五錢不等，而內地採買穀價僅及三錢六分，或三錢不等。裝運脚費俱從此出，在從前穀賤之年，原是較固以內地，固不為難

等，向承買之臺屬四縣又安委辦於業戶，賠累之苦不能免。伏祈皇上敕諭督臣，先實臺儲以固其本，嗣遇穀果亦必依臺地時價運費等買，庶地方官民均有辦裨益矣。臣謹奏。

［硃批］：知道了，欽此。

二九、巡臺御史舒輅奏摺：添建臺灣府倉

［乾隆六年九月二十六日］，巡視臺灣外轉御史臣舒輅、巡視臺灣兼理學政監察御史臣張湄謹奏：為請建府倉，以補民倉、以因地方事。

竊查臺郡孤懸海外，雖一隅之地，實為數省藩籬，關係最為緊要。所恃以綏戢救寧者，全在倉廩實，實為□□民倉矣。民倉足而後人以安，故足食之道，惟經理蓋藏預籌儲蓄，庶可以待緩急不時之需，此直省常平倉之設，所以為國家愛養斯民第一良法也。查□省□□□莫不照地方之大小宅有積貯之類。數其□設□倉而又立□倉者，緣□□為一郡之都會，人煙聚集，食指更繁。設遇水旱不齊，應行賑糶，雖有附□之□倉，恐或不敷量，以另立府倉以廣蓄積，□在各處。然況海外尤非內地可比，乃臺郡自來並未設立府倉，向少積貯。現在僅有官捐等穀二千五百餘石，寄貯臺邑縣倉，細察由來，蓋緣臺地素稱産穀，從前每年所出，除支放臺澎兵米並運內地各項穀石外，尚屬充裕，各邑縣倉所貯盡足以備緩急，邇來煙戶日增，地無間曠，自開搬眷之例，生齒益繁，數倍疇昔，是出産有定而食費無窮，所以一遇歉收，民虞艱食。即如本年春夏亢旱，米價騰貴，郡治為五方雜處、商舶鱗集之區，待倉尤衆。附郭縣倉不敷平糶，即撥外縣倉穀協濟。又復借運粵穀，始免一時惶急。然遠涉風濤，□冒艱險，迨至粵穀到臺，三□不□□損棄十分之一，此所謂鞭長不及者，若使府治有倉，就近糶濟，□何至仰藉鄰□而求助於呼吸難通，重洋間隔之地哉？查閩省內地各處，府倉所積之穀自四五萬至七八萬不等。臺郡所係尤重，與內地不同，臣等愚見，請於府治建選倉廒，積貯穀十萬石，以備青黃不接平糶之用，則安地嚴疆，庶□有備無患。其買建倉等費應動用月庫正項錢糧，報部查，俟存案，照例入於

文盤查，冊內永遠□行，但積穀至十萬石，每年不能盡數出易，臺地卑濕，不無氣類，倉底耗□恐□乎之賢，難免賠累。伏查現在欽□諭旨將□積穀不至賠累之處，交部通行查議。此項倉廒穀石應如何採買、建選並交盤報銷、補墊折耗之處，統候部議，以便遵守。則粟類常充，地方有賴而官無賠累事，可永久矣。再，查臺地捐監穀□□□部准在收納，但□□現在報捐之人甚少，即令將來未足額其數，不過一萬石，屬無幾。且原議暫存府城□□內地，於臺郡積貯實無裨益。合併聲明，臣等為海疆民倉起見，冒陳請是否可採，伏乞皇上睿鑒敕部議覆施。臣為此謹奏。

［硃批］：該部議奏，欽此。

三〇、戶部抄出福建布政使護理福建巡撫張嗣昌奏摺：臺灣被風及發糶倉米情形

［乾隆七年五月十三日］，護理福建巡撫印務福建布政司布政使記錄四次駐劄福州府張謹揭：為稟報颱風情形事。據福建布政司布政使張嗣昌呈詳，奉前王撫院牌，乾隆六年十二月二十九日，准戶部咨，福建司案呈，戶科抄出福建巡撫王題前事等因。乾隆六年六月二十九日題，八月二十八日奉旨：“該部議奏。欽此。”欽遵。於本月二十九日抄出到部。

該臣等查得，福建巡撫王疏稱：諸羅縣乾隆五年閏六月內，颱風大雨，吹倒房屋、營房、城垣、木柵，倒壞倉廒二十四間，倉粟被水淹浸，經臣將被災情形題報。准到部咨，應令將浸濕谷石以及易還數目，分晰造冊，送部查核等因。行據署布政司事按察使張嗣昌詳稱：諸羅縣五年風雨為災，倒壞倉廒二十四間，被水淹浸三尺有餘，將倉內中間好粟盤收七千五百五十石，其淋濕發熱色變石隨即乘時曬晾，共粟二千一百餘石，尚堪做米發糶，其倉底水浸臭爛不堪粟共六千二十三石五斗零，出示減糶，無人承買，慾借給莊民，無人承領。經委臺灣海防同知郝霆親往查驗，倉廒倒塌，被水浸濕之內，有在倉頂起出者，雖被雨

濕，其中籽粒尚有一半堅實，可以賤價而沽，勉力變售，俟粟賤買補；其餘倉底臭爛粟三千六百八石五斗零，果係無用，不堪餵養豕畜，委難變易。被浸粟石，實出意外天災，非人力之失防，與不行加謹收貯者不同，相應請照從前連邑被災倉穀准免之例，詳請具題豁免等由。臣復查無異，除結送部外，謹會同署閩浙總督印務福州將軍臣策合詞具題等因前來。查諸羅縣乾隆五年夏被颱風大雨，先據福撫於提報被災情形案內附稱：該縣倉廒被風吹壞，其浸濕穀石設法曬晾，變易好穀還倉等因。經臣部議准在案。今該撫王疏稱：諸羅縣五年風雨為災，倒壞倉廒，被水淹浸，倉內中間好粟盤收七千五百五十石，其淋濕粟石乘時曬晾共粟二千一百餘石，尚勘做米發糶；其倉底水浸臭爛不堪粟六千二百三石五斗，內有在倉頂起出者，其中籽粒尚有一半堅實，可以減價變售，俟粟賤買補；其餘倉底臭爛粟三千六百八石五斗零，經委員查勘，實難變易，應請照連邑被災倉穀准免之例，詳請具題豁免等語。

三一、湖北巡撫范璨奏摺：撥運楚米接濟臺灣平糶

［乾隆八年正月二十日］，湖北巡撫臣范璨謹奏：為奏聞事。

竊照楚省素稱產米聚米之區，外省咸資運販，以濟民食。臣因爾年以來隣封買糴過多，米價未平，而本省添貯倉項又未充裕，不足供協濟之用，是以將各屬應補倉儲飭令赴川採買，使本省之米竟聽外省官商買運，免致競糴昂價，有妨民食。原以利隣封之辦運，得以通相接濟也。惟是楚省因外省糴貴而赴川採辦，川省有以隣封競糴而米價亦增，川省之米價既增而楚米亦因之加長，外省委員在楚採買者遂致價昂難辦，不能如數買回，以為青黃不接之需。臣再四思維，近楚之江、安數省往來購辦運載尚易，現在惟閩省差委臺灣府倖滿同治徐林齎銀二萬兩赴楚買穀四萬石，據委員以運穀倍費水脚，改議買米二萬石，業經到楚一月有餘，僅買得米一萬八百二十餘石，需用價銀運費一萬四千九百餘兩，下剩之銀寔難買足。而臣接准閩省督撫諸臣咨札，以必須辦足為詞，其待用情形似難濡緩。閩省相隔甚遙，由海運載，程期難定，倘不亟為通

融，殊失隣封休戚相關之誼。查楚省倉儲雖多缺額未補，幸蒙聖恩勅諭四川撫臣碩色奏撥沿江倉穀二十萬石接濟隣封，業經臣欽遵行司酌議委員領運，另行會摺奏聞。在楚省得有川穀平糶，民食已可無虞，所有閩省採辦不敷米石，隨飭行藩司查明，將武昌府倉添貯項下由川買回米九千七十七石二斗六升，全數撥給，令其作速運回，以濟春糶，應還原買價銀一萬二百兩，據將餘存銀三千二百兩現交還，款下欠銀七千兩移咨閩省督撫諸臣，照數解還，以便秋成買補貯倉外，緣事關借撥倉儲協濟隣封，理合繕摺奏聞，伏乞皇上睿鑒。臣謹奏。

［硃批］：好，知道了。

三二、巡視臺灣刑科給事中書山等奏摺：給臺灣班兵車價以卹番困

［乾隆八年四月初六日］，巡視臺灣刑科給事中臣書山、巡視臺灣兼理學政監察御史臣張湄謹奏：為請給臺灣班兵車價以卹番困事。

竊照臺灣地方遼闊，北路離府窵遠，自雍正十一年添設營制，每年換班兵丁一切行李俱係各番社撥車供應，三年大換，絡繹往來，番尤苦累。在兵丁無車輛運載行李，難以遠行，而番車當差並不給價，枵腹驅使，勞苦無休，甚可憐憫。是以除南路地近社遠，向無車輛當差，毋庸置議外，其北路諸社所撥車輛，歷經臺灣道府議，以每里應給銀五釐，請於該營生息盈餘銀內包封送縣，沿途給發。而營員以各營息銀動賞不敷，勢難支應，詳飭內地各營動支存公銀兩撥給，而內地又以無公銀可動，請仍飭臺灣府縣查議，往返移查經年累月，徒成畫餅。

臣等查臺鎮冊開：北路三營，中營駐劄彰化，至府治二百里，該營實兵八百三十二名，定例十兵一車，需車八十三輛，每車一里給銀五釐，按里該給銀一兩，共應需銀八十三兩；左營駐劄諸羅，至府治一百里，實兵七百五十七名，需車七十六輛，每車該給銀五錢，共應需銀三十八兩；右營駐劄竹塹，至府治三百五十里，實兵六百四十七名，需車六十五輛，每車該給銀一兩七錢五分，共應需銀一百一十三兩七钱五

分；淡水營至府治五百里，實兵四百六十二名，需車四十六輛，每車該給銀二兩五錢，共應需銀一百一十五兩。以上共銀三百四十九兩七錢五分，新舊班兵來回合計通共需銀六百九十九兩五錢，勻作三年，每年應需銀二百三十三兩一錢六分零。今營中既無生息銀兩可動，內地又無存公银两可支，換班兵丁行李每十人一車，既不可免，而窮番當差終歲勞役，誤弄廢業，日益貧困。臣等伏思番黎同屬聖朝赤子，屢蒙皇上減賦輕徭，加恩軫卹，而此項車價所費無多，所關匪細，凡屬地方文武官員仰體聖主愛育元元、一視同仁至意，所當悉心籌畫，以紓積累，以杜滋擾者也。現屆大換之年，臣等復飭道府酌議去後，茲據會詳，臺地有官莊項下徵收租粟銀兩撥充內地各官養廉，似可於此內每年扣出銀二百三十三兩一錢六分零，每逢三年共該銀六百九十九兩五錢，以為換班兵丁僱備車輛之費。是以臺地之公項而稍勻臺地之公用，支給既便，管理亦易。其內地養廉額內二百三十三兩一錢六分零，請於司庫另撥補項，如此一轉移間，則班兵行李無患運載之艱，而番黎應差亦可免飢驅之苦，全臺兵番皆感沐皇仁於生生世世矣。是否有當？伏乞皇上睿鑒勅諭施行。為此謹奏。

［硃批］：有旨諭部。

三三、福建布政使張嗣昌奏摺：閩省各屬本年早稻收成分數及米價

［乾隆八年七月二十日］，再，沿海之漳浦縣及臺灣地方五、六月內亦偶有颱風驟雨之處，據報衝壞客船、坍塌民房，地方官隨即照例賑卹。時值早稻登場，晚禾方插，經該管府縣查明，田禾均無傷礙，復飭確勘另報。

［硃批］：欣悅覽之。

三四、福建陸路提督武進昇奏摺：臺灣颶風情形

［乾隆八年八月初四日］，福建陸路提督奴才武進昇謹奏：為奏明事。

竊照臺灣一府非係奴才管轄，但以海外地方尤必上廑宸衷，奴才受恩慎重，時刻留心，初不敢以非所統屬而置之度外，惟是六月內事情直至八月初始接來稟，或為風信阻隔稽遲日久，而既據稟聞不得不達於聖主之前也。玆於八月初二日，據臺灣南路營參將郝琮稟：為具報事，竊本年五月二十三日辰刻颶風大雨，至戌時止。六月初四夜戌刻，狂風大雨，至初五日丑時止。俱經差查，本營及下淡水營各弁衙署以及營屋、塘房、望樓、旗杆等項雖兩遭風雨吹淋，歪斜倒壞者十中七八，而倒塌不堪者十中四五。惟六月十三夜颶風大作，暴雨淋漓，本營都司衙署前後兩進、川堂大堂六間、左廂廚房三間、署後草房三間盡行倒壞，右廂卷房三間、大門班房三間吹折崩塌，把總衙署三間、左右廂房二間上蓋瓦片吹折破碎，牆壁崩壞。

再，查山豬毛口汛額設瓦蓋營房四十三間內，原報倒壞營房二十二間，未經起蓋，現在瓦蓋營房二十一間、榭屋三間及各兵自蓋草房九十餘間一盡倒壞。平地闔汛，兵丁無處安身，誠為奇災。提標中營兵丁陳達章、前營兵丁駱養、邵武右營兵丁吳光縉三名被壓身故，其餘兵丁壓傷者甚多，惟提標左營兵丁胡德、前營兵丁黃苴、後營兵丁塗昆三、福寧左營兵丁林俊四名被壓傷重。各兵配執器械盡皆壓壞，軍器局二間楹桷斷折傾塌，瓦片破墜，牆壁損裂，盔甲、器械、帳房等項被雨淋濕，火藥局一間吹刮滲漏，倉厫二間瓦片被折破碎滲漏牆壁損裂，倉內收貯本年雙冬穀一百五十一石九斗五升，被雨漏濕。城竹折斷殆盡，城門倒壞，更寮三座吹倒。隨即照例各給白事銀四兩，發交把總王乞生率同各該營隊目即將壓沒兵丁陳達章、丁駱養、吳光縉三名收殮埋葬，仍即每名另賞銀一兩。至被壓傷重兵丁黃苴、胡德、塗昆三、林俊四名每名賞銀三錢，以資調理。仍令各兵丁搭蓋合掌草寮暫為安身，其倉局所貯息

穀甲械，因汛內署房倒壞殆盡，無處搬移，著令隊目小心遮蓋照管，毋致再被淋濕。參將衙署頭門外照牆灰土剝落，草蓋鼓亭二座並二門內東西兩邊丁役草房四間同周圍土牆俱被風雨倒塌。再，大堂右邊草房三間、二堂兩邊草房二間、大堂前卷篷一座、頭門內草房二間、後堂草房三間、書卷房二間俱已吹斜等情。該參將轉稟到，奴才據此相應據情奏明，伏祈皇上睿鑒施行。謹奏。

乾隆八年九月十三日奉硃批：交督臣聽其酌辦。欽此。

三五、閩浙總督那蘇圖等奏摺：漳泉及臺灣等屬被水及撫卹

［乾隆八年九月十二日］，閩浙總督臣那蘇圖、刑部左侍郎署福建巡撫臣周學健謹奏：為奏明事。

竊照閩省地方山海崇深，夏秋之間颶風狂雨，時時不免，其被風被雨之處雖不致於成災，而人民房屋間有傷損，必須隨時撫卹，酌量賑給被災貧民，始不致流離失所。本年六月二十二、三等日，據漳州府屬漳浦、長泰二縣、泉州府屬晉江、南安、同安三縣並厦門廳各稟報：六月十四、十五二日颶風大作，驟雨如注，山水漲發，溪流盈溢，城外大路水深二、三、四尺不等，居民房屋並城垣城樓垛口、馬路、營房俱有吹倒淋坍之處。並據漳浦縣稟報：人口間有壓斃，田畝亦有沙壅等情。又於七月十六、七等日據福寧府屬福鼎縣稟報：七月初四日大雨傾盆，至次日巳時稍息，溪水漫溢，大路上有水數尺，沿溪土路、城上馬道以及壇廟俱有倒塌等情。又據臺灣府屬臺灣、鳳山、諸羅三縣、臺防同知各稟：六月十三、十四二日颶風狂雨，民間廬舍草房並木城柵欄、營房、窩鋪、砲臺、望樓、倉廒多有吹倒坍壞，人口亦有壓斃，港口商漁船隻遭風擊碎，淹死水手多人。又臺防廳屬內有載運諸羅、彰化二縣倉穀船二隻被風打沉，飄失穀三百餘石。並據臺灣知府范昌治稟報現在道府廳縣各捐資賑給等情。臣那蘇圖、臣周學健先後接據稟報，隨經飛飭布政司分委人員會同地方官確勘情形，將倒塌民房、損壞船隻、壓斃淹沒人

口查明，即行動支存公銀兩照例賑卹，坍損城樓、城垣等項，立速勘估，設法修葺去後，臣那蘇圖、臣周學健於陳奏地方情形摺内節經奏聞在案。

兹據布政使張嗣昌轉據漳州、泉州、福寧三府勘覆，漳浦、長泰、晉江、南安、同安、福鼎等六縣並厦門廳各被水處所因驟雨所致，旋即消退，早稻先已收穫，晚禾甫經栽插，田畝並無傷碍。即漳浦縣屬有數處低窪沙壓田畝，俱已挑復補種，亦無碍秋成，實不成災，各具結轉报。其坍塌城樓等項現在勘估，分别工程大小詳報。至倒塌民房、壓斃人口，委員確查。長泰、晉江、南安、同安、福鼎五縣、厦門廳屬内間有吹損瓦片、坍卸土牆之處，民間隨即修整，並無應行賑卹之。倒壞民房一千九百九十餘間，壓斃大小人口一十三口，内除有力之家倒壞房屋不領賑外，其貧乏各户口倒壞大房每間賑給銀三錢，小房每間赈给银二錢，壓斃人口大口賑給銀一兩，小口賑給銀五錢，通共給過銀二百一兩八錢。據委員龍岩州知州張廷球會同漳浦縣知縣袁本潼核實，散給動支銀兩應請於乾隆八年存公項内撥給報銷。其臺灣府屬三縣二廳被災處所，先經奉檄飛飭委員確勘，並令照例動支存公銀兩按户散賑，其飄失倉穀查明撥運何倉，作何著落歸補去後，緣該郡遠在海外，風信靡定，尚未據勘明結覆，俟覆到日另請核奏等因，詳覆前來。臣等覆加查察，此次漳浦、長泰、晉江、南安、同安、福鼎等六縣並厦門廳被風被水原因，風猛雨驟，沿溪沿海房屋城垣致被損壞，此閩省時時所有之事，時值六月中旬以後，各屬早稻已穫，晚禾甫種，是以田畝雖間有淹沒，消退甚速，尚不致於成災。長泰等五縣一廳委員確查，並無應賑之倒壞民房、壓斃人口。其漳浦縣倒壞民房、壓斃人口據委員會同該縣勘報，隨飭布政使張嗣昌動支存公銀二百一兩八錢，按户核實散給，各皆得所。

其同時被風之臺灣府屬臺、鳳、諸三縣、臺防二廳，臣等據報，因臺郡遠隔重洋，文移往返動經月餘，如俟勘報然後酌定撫卹，被災户口恐致失所，隨經飛飭該道府就近酌量情形動支存公銀兩，一面核實散給，一面詳报在案。苐查臺郡各廳縣屬早稻收成先已據報八分、九分不等，被風在收穫之後，晚稻甫經栽種，自可不致成災。俯容臣等檄催該道府確加勘報，果否不致成災？賑卹過銀兩若干？臺灣同知所报沉失諸羅、彰化二縣撥運倉穀查明確數，應否豁免？詳報到日另行具奏。並將動用存公銀兩与漳浦縣賑給過災户銀二百一兩八錢彙造清冊，谘部核銷。至漳浦等六縣二廳並臺灣等三縣二廳各所屬境内被風損壞坍塌之城樓、城垣、營房、土路、壇廟、木城、柵欄、窩鋪、砲臺、倉廒等項，現飭委員確勘估計，分別工程大小，如需費無多，照例設法修竣。其工程浩大力難捐修者，臣等核實工料酌動款項，應題請者具題，應谘部者谘部，分別辦理。所有漳、泉、福寧、臺灣各府屬廳縣六、七等月被風被水情形，並賑卹過漳浦縣災户銀兩緣由理合恭摺合奏，伏祈皇上睿鑒訓示施行。臣那蘇圖、臣周學健謹奏。

乾隆八年十月二十六日奉硃批：知道了，其應賑之人加意撫卹之。欽此。

三六、閩浙總督那蘇圖奏摺：臺灣秋後缺雨及現在辦理情形

［乾隆八年九月二十二日］，閩浙總督臣那蘇圖謹奏：為奏聞事。

竊照臺灣地方自夏徂秋雨水勻調，米糧平減，惟六月間偶值颶風，經臣飛飭撫卹，黎民樂業，前已具摺奏聞在案。今於九月十六日據臺灣道府稟報：八月内缺雨，稻禾乏水灌溉多成黃萎。八月二十九日、九月初一日一晝兩夜僅得微雨，未能深透。現在四路查勘，如果旱象已成，即當悉心撫綏等語。九月十七日又據臺灣總兵官稟報：得雨之後，涸地已覺潤澤，雖有損傷，尚不至十分歉薄，蔗園、地瓜、麥豆等項仍然茂盛等語。臣查臺地稻種不一，收成早晚不同，六、七、八、九、十月俱是新穀登場之候，早禾、中禾俱稱豐稔，晚收之稻即有損傷亦屬間雜不齊。雖非一概被旱，但海外編氓收成失望，徒費工本，俯仰未免艱難。臣一面飭司委官確勘，照例查辦，一面劄致廵臺御史並令該處道府，如僅減少分數不致成災，酌給籽本，令其補種雜糧，新舊錢糧暫緩征收，如果成災，例當加意撫卹。

臺地遠隔重洋，文移往返難計時日，且海外貧民株守一隅，全賴耕鑿謀生，較之内地四通八達可往各處謀食者情形不同，即令將被旱村社星飛詳情題報，各項錢糧分别蠲免，除給籽本之外，再應加賑，酌動倉穀查實按户撫卹，不致失所。本地穀石倘有不敷，或撥鄰邑，或將年運壓運内地之穀，斟酌多寡詳明存留。至該地漁利外運客販，設法嚴禁，勿致滋擾。復密劄鎮臣督率官弁留心巡防，總期無遺無漏，黎庶安全，以副聖朝子惠元元寧謐海疆之至意。所有臺灣缺雨及臣辦理緣由，理合奏聞，伏祈皇上睿鑒。謹奏。

乾隆八年十月二十一日奉硃批：所慮甚屬周到也。欽此。

三七、福建水師提督王郡奏摺：臺灣雨水及收成並米價

[乾隆八年九月二十二日]，福建水師提督臣王郡謹奏：為奏聞臺地情形事。

竊惟臺灣為海外要區，其雨水情形以及收成豐歉時廑宸衷。臣身任海疆自當不時體察，以期仰副聖懷。惟查臺灣田畝俱屬雙收，專借五、六、七、八、九等月雨水及時則雙收皆可全穫，但地土稀鬆不能積水，故雖宿雨連綿而經旬不雨即漸枯涸，再旬不雨則憂旱干，此歷來之地勢使然也。今歲仰荷天恩，臺地自五、六、七等月雨水甚多，早收固已全獲，而晚禾加增佈插，以望有秋，乃臣自八月以來並未據臺地各員報有雨澤，正切憂心，適於九月初旬赴省與督臣面商軍政事宜，而督臣亦以臺疆缺雨為慮，旋經該地有司稟報乏雨情形，雖未據有成災字樣，然已虛鬆之土竟月不雨，不無歉收之處，且此後有無雨澤尚在未定，若不預為綢繆，恐海外遠疆難以猝辦。當經督臣那蘇圖酌定備災條規，飛行該地有司隨時妥辦。臣亦飛諭該處各營並專差員弁前往彼地及南北二路，確查現在曾否得雨及有無成災之處據實覆報間，覆准臺灣鎮臣張天駿飛函内開八月以來天氣亢陽，田禾望雨甚切，文武各員正在虔誠祈禱，八月二十九至九月初一日幸獲甘霖，連綿稠密，旱涸田畝見俱潤澤，秋成雖有損傷，尚不至十分歉薄，蔗園、地瓜、黍、豆等項得此時雨更為茂

盛等語。查雖經得雨尚有損傷，則其有無成災及應作何籌劃之處，容俟差員查明覆到之日，臣即當確覆機宜，諮商督撫二臣妥洽辦理外，合將臺地缺雨情形及見在查辦緣由恭摺陳奏。

再，查該處米價每石見賣一兩三錢零，民情尚覺寧貼，理合一併繕摺專差臣標左營把總柳成林齎捧奏聞，伏祈皇上睿鑒施行。為此具摺謹具奏聞。

［硃批］：知道了。

三八、閩浙總督那蘇圖奏摺：臺灣、鳳山二縣六月遭遇風災賑卹銀兩

［乾隆八年十一月初六日］，閩浙總督臣那蘇圖、刑部左侍郎署福建巡撫臣周學健謹奏：為奏明事。

竊照本年六月十三、十四兩日，臺灣府屬臺灣、鳳山、諸羅三縣並臺防同知所屬地方颱風狂雨，民間廬舍草店並木城、柵欄、營房、寮鋪、礮臺、望樓、倉厫多有吹倒坍壞，人口亦有壓斃，商漁船隻遭風擊碎，淹死水手多人。又諸羅、彰化二縣倉穀三百餘石載運前赴内地補還倉項，被風打壞二船，穀石沉失等情。先後接據臺灣道府各稟報。臣等因臺郡遠隔重洋，文移往返動經月餘，隨飛飭該道府就近酌量情形動支存公銀兩，一面核實散給，一面詳報，並於奏明賑卹過漳浦等縣六月十四等日被水賑卹案内聲明，俟檄催該道府確勘果否成災、過銀兩若干，詳報到日另行具奏在案。

茲據署布政司事按察使納敏轉據臺灣府知府范昌治勘覆：臺灣、鳳山、諸羅三縣並臺防廳屬内六月十三、十四兩日颱風驟雨雖勢甚猛烈，但維時早禾久已收割，晚禾甫經佈種，不致損傷。至芒蔗、菁子、地瓜、花生等項雜糧雖遭風吹，得雨滋養仍復暢茂，並無妨礙，實不成災，各具結轉報。其被風倒壞木城、柵欄、營房、堆房等項現在逐一勘估，分案詳報。諸羅縣及臺防廳屬並無打壞船隻淹斃人口，間有吹損民房，自行修葺完好，無庸賑卹。惟臺灣縣屬内倒壞大小房屋二十九間，

擊碎大中小船三十五隻，淹斃壓斃大小人口二名。酌量大房每間賑給銀三錢，小房每間賑給銀二錢，大船每隻賑給銀三兩，中船每隻賑給銀二兩，小船每隻賑給銀一兩，淹斃壓斃大口賑給銀一兩，小口賑給銀五錢，二縣通共賑給過銀九十四兩九錢，於乾隆八年存公銀内動支，按戶散給。其船戶李萬勝、李發財沉失諸羅、彰化二縣撥運内地漳、泉等府倉穀三百二十石，照例查取確結詳請題豁等因，詳覆前來。

臣等覆查臺灣等廳縣六月十三、十四兩日被風，正值早稻已收晚禾甫種之時，早晚二稻均無妨礙，此次被風田禾實不成災，除被風沉失諸羅、彰化二縣撥運内地補倉穀石俟照例查明，取具各官確結，臣等核明果與豁免之例相符，另題請豁外，所有臺灣、鳳山二縣風災賑卹過存公銀兩，理合繕摺奏明，俯容臣等彙同漳浦等縣賑過存公銀兩造冊咨部核銷。至臺灣等各廳縣被風倒壞之木城、柵欄、營房、堆房、礮臺、倉厫等項，應行動項修理各工程，現據陸續勘估詳報，查照臣周學健奏明被風被雨坍壞應修工程，動支司庫存貯捐墾餘存並存公銀兩分案咨部動支興修，俟工竣彙案題銷之處劃一辦理，合併陳明，伏祈皇上睿鑒訓示施行。臣那蘇圖、臣周學健謹奏。

［硃批］：所奏俱悉。

三九、閩浙總督那蘇圖奏摺：臺灣被風，撫卹已竣，營房等項已飭修葺

［乾隆八年十一月十九日］，閩浙總督臣那蘇圖謹奏：為覆奏事。

竊照乾隆八年十一月初三日，臣在浙江杭州查勘塘工，準福建陸路提督臣武進昇抄錄奏摺一件，内稱臺灣地方本年五月二十三日、六月初四、初五、十三等日被風，營房等項俱有損壞等情。欽奉硃批：交督臣聽其酌辦。欽此。恭錄密送前來。臣查臺灣五月二十三日至六月初四、初五兩日雖有大風，營房等項不致損壞，惟六月十三、十四兩日颱風狂雨，民間廬舍以及木城、柵欄、營房、寮鋪、倉厫俱有坍壞，船隻被風擊碎，人口亦有淹壓致斃。經臣於恭報情形摺内七、八月間兩次奏報，

又經會同撫臣周學健將各情由一面奏聞，一面查辦，嗣經查明大小房屋四十六間，擊碎大小船三十五隻，淹壓致斃大小口二十七名，照例動用公銀逐一撫卹完竣，復會同撫臣周學健具摺覆奏在案。現今該地居民商漁俱已安業，營房等項已飭有司確估修葺，毋庸再為置議。所有提臣武進昇恭錄硃批交臣查辦緣由，理合繕摺覆奏，伏祈皇上睿鑒。謹奏。

乾隆八年十二月二十日奉硃批：知道了。欽此。

四〇、閩浙總督那蘇圖等奏摺：辦理臺灣旱災賑卹

［乾隆八年十二月十三日］，閩浙總督臣那蘇圖、福建巡撫臣周學健謹奏：為奏明辦理臺郡旱災事宜、仰祈聖鑒事。

竊查臺灣府屬臺灣、鳳山、諸羅三縣境内秋禾被旱致成偏災，臣等節次將被旱情形、查賑緣由，附摺奏聞，並於十月初旬照例題報成災各在案。臣等因臺郡遠隔重洋，風汛靡定，賑卹事宜輾轉詳請必致稽誤，先經飭行布政司將應行分別極貧、次貧，按照成災分數撫卹加賑月分及應動倉糧款項、截留撥運内地粟穀預備糶借一切事宜詳加定議，飭行該處道府切實查明，一面賑卹，一面詳報去後，兹據署布政司事按察使納敏轉據臺灣道莊年、臺灣府知府范昌治勘明詳報前來。臣等查臺灣縣屬成災田園自五分至十分不等，共三千三百七十七甲零，除有力之戶不賑外，應賑極貧八戶，大小口二十三口，次貧一百五十四戶，大小口八百八十三口；鳳山縣屬成災田園自五分至十分不等，共三千八百二甲零，又官莊田園三百十五甲零，除有力之戶不賑外，應賑極貧四十六戶，大小口一百三十五口，次貧六十七戶，大小口四百五十八口；諸羅縣屬成災田園自五分至十分不等，共八百四甲零，除有力之戶不賑外，應賑極貧十三戶，大小口三十八口，次貧一百九十五戶，大小口八百三十四口。三縣合計成災官民田園八千二百九十八甲零，應賑極貧、次貧四百八十三戶，大小口二千三百七十一口，被災六分之極貧及七、八、九、十分之極、次貧均照例先行撫卹一個月。其加賑月分：被災六分者，極貧加賑一個月；被災七、八分者，極貧加賑兩個月，次貧加賑一個月；

被災九分者，極貧加賑三個月，次貧加賑兩個月；被災十分者，極貧加賑四個月，次貧加賑三個月。每大口日給米五合，小口減半。所需賑濟口糧動支各縣存倉正供粟穀，以一米二穀散給，每大口月給穀三斗，每小口月給穀一斗五升。其被災五分之極、次貧除照例請免錢糧外，於明春酌借社倉穀石以資佈種。以上各縣應賑戶口，臣等嚴加督飭道府確查實在貧乏之戶，核實開報。經該府知府范昌治親歷各縣被災村莊督率地方官按戶查點，各該縣被災村莊雖多農民，耕種之外或兼營運、或借手藝稍可自給者，均不願領賑，現在民人俱各得所。

至該郡被災之後米糧減少，明歲青黃不接之時自當預籌糶借，以濟民食，以平市價。先經臣等於題報情形案內業經聲明，請將歷年應撥運內地各府補倉穀石暫停撥運，以備糶借在案。今查臺灣一府並淡水澎湖二廳，臺、鳳、諸、彰四縣除番、社二倉積穀外，尚存歷年壓運應撥赴內地補還碾支兵米及平糶穀通計一十三萬二千九百餘石，現在暫緩撥運，以為賑卹動撥及明歲青黃不接糶借之需。又乾隆八年分各廳縣額徵供粟應運交內地各府碾支兵米及平糶穀共一十一萬六千餘石，內有支給金厦兵米穀四萬二千餘石，班兵眷米穀二萬四千餘石，係必需之項，仍應俟陸續徵收撥運外，尚有應撥運漳、泉等府平糶穀五萬石，雖係年額應運之項，但本年被災，田園有應行蠲免之糧額，且供粟向係十月開徵，正當成災之後，本年錢糧現在停緩亦難如期徵足，而漳、泉各府明歲所需平糶可於特恩截撥江浙漕糧二十萬石之內酌量派發，以資平糶。所有八年分應運內地各府平糶穀五萬石自應一併停止撥運，截留該郡以備糶借不敷之用，臣等現據布政司詳報批飭遵行在案。被災各縣應賑戶口業已依期散賑，明歲糶借亦可有備無患。臣等再行嚴加督察核實散賑，加意撫卹，有應隨時酌量辦理者，一面辦理，一面奏聞，務使海外災黎不致失所，以仰副我皇上視民如傷之至意。現在取具冊結照例題報外，合將辦理事宜繕摺具奏，伏祈睿鑒訓示施行。臣那蘇圖、臣周學健謹奏。

乾隆九年正月十五日奉硃批：覽奏稍慰，臺灣遠在海表，尤應稽查屬員，令其實力妥協為之。欽此。

四一、閩浙總督那蘇圖奏摺：閩浙所屬歲底得雨及米價

［乾隆八年十二月十七日］，閩浙總督臣那蘇圖謹奏：為恭報地方雨水情形，仰祈睿鑒事。

竊照閩省地方秋收頗稔，民生安帖，惟入冬以後連月不雨，地土乾燥，前經具摺奏聞在案。今於十二月初六、初七、初十、十六等日，省城連得雨澤，土膏滋潤，農民交慶，至今天色尚陰，若再得透雨，則春花可望大有矣。臣復查各屬有無同得甘霖，續據道府禀覆：延、建、邵三府初六、初七同日得雨，漳州府永春州初七日得雨，其餘府州尚未報到。省城米價因溪河水淺商運稍艱，時長時落，上米每石價銀一兩八錢七分，中米每石價銀一兩七錢五分。閩省民食業蒙聖恩撥截江浙漕糧二十萬石，臣已派撥員弁前往接運，大約歲底陸續開幫，一俟運到，市價定當平減。

至臺灣偏災縣分俱經逐一撫卹，民安耕作，並無失所，臣現在飭令加賑，並留運還內地穀石以為明春平糶之需。海外黎元莫不歌詠聖德。臣前聞十月初旬至十一月中旬北風甚盛，月餘海洋自厦過臺船隻寥寥無幾，遣員查覆及詢之臺來考拔員弁，僉言民廬田禾悉屬無恙，止有往來船隻守風不行，海疆寧謐，地方安靜等語。理合繕摺奏聞，伏祈皇上睿鑒。謹奏。

［硃批］：所奏俱悉。

四二、巡視臺灣給事中六十七等奏摺：澎湖突遇颱颶，委員辦理查勘並郡城及各縣米價情形

［乾隆十年九月初五日］，巡視臺灣戶科給事中臣六十七、巡視臺灣兼理學政雲南道監察御史臣范咸謹奏：為奏聞事。

竊臣等於九月初二日，據澎湖水師副將楊瑞及澎湖通判汪天來等報稱：八月二十五日辰刻，澎湖地方東北風作，巳刻突轉東南，狂風暴

雨，浪湧滔天，至戌刻颱颶尚無寧息，澎湖協兩營船隻及收泊澳內商船各椗索俱被風浪刮斷，衝礁擊碎甚多，至二更時候方得少止。副將等隨即前往海口查勘，目擊情形實在可憫，至文武衙署、倉厫及民居房屋俱有倒塌。現在逐一清查商船並淹沒人口、民房確數，另文具報外，其各澳杉板頭小船以及田園民居房屋亦被風雨衝損，現在另行查勘明確具報等情。飛稟前來。該臣等查澎湖地方本係海中島嶼，斥鹵沙磧之地向來不能種植禾稻，即有些少田園亦只種地瓜、雜糧等物，每年僅徵銀一百五十九兩六錢零在案。據報八月二十五日突遭颱颶風潮，營商收泊船隻擊碎甚多，其衙署、倉厫及民居房屋俱有倒塌，人口亦有淹沒等語。

臣等隨與署臺灣道莊年面商，飛委臺防同知方邦基星即前往，協同澎湖通判汪天來徧行查勘澎湖各澳擊碎商船及淹沒人口、民房確數是否成災，如有應行賑卹之處，臣等仰體皇仁，即令其在澎湖通判衙門備公銀兩內動用，照例撫卹，毋致失所。倘有應用米穀賑卹者，即令在澎湖存貯倉穀內動用，另行酌量撥補。至所報倉厫倒塌，其存貯米穀有無傷損，以及田園雜糧被風雨衝損之處，一併飭令查勘明確，造具清冊詳報。臣等一面飛咨督撫聽其酌量辦理外，理合將澎湖突遇颱颶及臣等現在委員辦理情形據實奏聞。

至臺灣離澎湖水程四更，計二百四十里，八月二十五日臺灣地方風潮甚小，一切田禾民居毫無傷損，現在四邑晚稻陸續登場，其未收刈者俱已秀穎結實，從此十日內不遇颱颶，豐收可必現。今郡城及各縣米價自一兩三錢零至一兩零不等。誠恐上廑聖懷，合行一併據實具奏。謹奏。

［硃批］：所奏俱悉。

四三、福建巡撫周學健奏摺：澎湖地方被風被水情形

［乾隆十年九月二十日］，福建巡撫臣周學健謹奏：為奏報地方情形事。

再，澎湖地方前於七月二十五、六等日與漳浦縣同被風水，正在飛

飭查勘，乃於八月二十五日自辰至戌異常颱颶，商漁戰船打壞漂沒者不可勝計，衙署民房亦多坍壞，沿海田畝堿潮淹浸。臣於九月初十日接據澎湖副將楊瑞呈報被風緣由，即會同督臣馬爾泰飭令布政司派委倖滿鳳山縣知縣鄒承垣齎帶司庫備公銀四百兩星馳前往，會同澎湖通判汪天來查勘，被風漂沒商漁船戶並倒壞房屋戶口，其田畝被水淹浸有無損傷，一併勘明，即與前次七月二十五日被風被水一起分別賑卹，統俟查勘賑給冊報到日，彙同漳浦縣被水賑卹一案會摺奏報。

至澎湖協損壞戰船二十四隻，臣現在酌量辦理，會同督臣另摺具奏。

再，查澎湖與臺郡密邇，八月二十五日臺郡各廳縣雖亦微被颶風，並無傷損民房田禾，現據該處道府禀報，雨水調匀、米糧平賤。合併陳明，伏乞皇上睿鑒施行。謹奏。

［硃批］：所奏俱悉。

四四、起居注：諭令臺灣府屬一廳四縣十一年額徵供粟全數蠲免

［乾隆十年九月二十日］，是日大學士查、陳奉諭旨：閩省丙寅年地丁錢糧已全行蠲免，惟是臺灣所屬一廳四縣地畝額糧向不編徵銀兩，歷係徵收粟穀，今內地各郡既通行蠲免，而臺屬地畝因其編徵本色，不得一體邀免，非朕普徧加恩之意，著將臺灣府屬一廳四縣丙寅年額徵供粟一十六萬餘石全數蠲免。該部即遵諭行。

四五、福建水師提督王郡奏摺：本年八月澎湖颱颶大作，船破房坍人亡

［乾隆十年九月二十二日］，福建水師提督臣王郡謹奏：為奏聞事。

竊照臣屬澎湖道府原係海中孤島，風濤與內海不同，數十年來仰荷聖朝德庇，海若效靈，具慶安瀾。本年九月初一日，忽聞該處於八月二

十五日颱颶大發，加以暴雨，戰艦商艘多被飄損，商民多有淹沒，署房倉局倒塌亦多，臣不勝駭異，即一面函致督撫二臣，一面飛諭該協確查，旋於九月初四日據該協副將楊瑞呈報：該標左營擊碎趕繒船四隻，損壞趕艍船八隻，右營擊碎趕艍船九隻，損壞趕艍船三隻，其擊碎寧字十六號船中原運給兵未領糧米三十三石六斗零並遭漂沒，船兵俱各浮水得生，船械多有沉失，一切衙署、營房、煙墩、礮臺多有倒壞等語。是其遭風屬實而未得詳細情形，登再谘明督撫二臣，並即專遣臣標候補守備許順星赴躧勘覆報，並飭該副將先行妥協料理各去後，覆思該地乃海外要區，防範不容稍疎，該協戰船既遭碎壞，巡防恐誤，且見在班程將屆，載餉需船，俱係必不容緩之事。臣隨檄飭臣標伍營飛撥趕繒船五隻，選派諳練舵水速駕澎交遣巡防，仍飭將該協遭風損壞未破各船隨時挪項修整應用，而所需載餉載兵各船亦經就內地臺協各標內調撥頂載，務俾無誤。而營房墩臺等項有應係營修者，亦令及時修整，以資汛守，俱各分谘督撫會飭查辦間，見准督臣谘經會同撫臣，委臺灣俸滿知縣鄒承垣賫帶銀兩前往該處確查妥辦各在案。

茲於九月二十一日差員許順回厦禀稱：澎湖八月二十五日風災自辰至戌，颱颶異常，船兵極力救護，人力難施，各船擊碎。時幸值白晝，兵丁得以扶板登岸，手足身體多有損傷。經該協借給銀兩留心調治，痊者已多，傷重者亦漸可全愈。除擊碎戰船十三隻照例查辦外，其括損戰船共十一隻，見經趕修完竣者八隻，其三隻見在加工，不日亦可全竣，以應巡防。局庫倒壞括損者亦經該協著令兩營先修完固，以資官兵棲止。其餘一切衙署、營房倒塌破損者，見在查辦。沉失兵米三十餘石，幸有左營運到九、十月兵米可以通融接濟，兵食無誤。船械漂失無存，商船擊碎三十七隻，淹死舵水一百六十二名。民房倒壞一百二十餘間，吹去瓦片者一千二百餘間，並無壓傷人命。見經臺防廳會同澎防廳分別查辦，五穀俱經收成，惟地瓜雖被風括而得透雨倍覺滋長等語。據此，臣見在谘請督撫二臣會覆辦理外，所有澎湖偶爾風颶情形不敢壅於上聞，臣謹具摺專差臣標左營立功外委把總李子正賫捧奏聞，伏乞皇上睿鑒施行。謹具奏聞。

［硃批］：所奏俱悉。

四六、福州將軍新柱奏摺：澎湖賑卹被風商民

［乾隆十年十月初八日］，福州將軍兼管閩海關事務臣新柱謹奏：為奏聞事。

竊照本年八月二十五日，澎湖被風大概情形並督撫二臣檄委俸滿鳳山縣知縣鄒承垣前往查勘緣由，經臣於九月十七日恭摺奏聞在案。臣旋飭厦門稅館委員筆帖士奇寵格細查被風確實情節去後，兹本月初五日據禀：查得澎湖離厦門水程七更，各澳孤懸海中，民居錯落。本年八月二十五日辰刻忽然颶風大作，海波激湧，至戌刻方息。民房吹去瓦片者一千二百餘間，倒塌者一百二十餘間，官署、營房並火藥軍械局庫以及倉厫多有坍損，擊碎澎協兩營戰船一十三隻，杉板頭船四隻，漁船四十三隻，承領閩海關關牌商船四十七隻。各澳在岸居民及兵丁人等幸無傷損，惟擊碎船隻內舵工水手諸人陸續撈獲報驗，共淹斃一百六十餘名。

再，查澎湖向無田禾，所種雜糧已於六、七月收割，地瓜雖被風刮，尚無大損等語。嗣據臺灣同知方邦基、澎湖通判汪天來先後禀報到臣，與上飭查情節大略相符。見在督撫二臣委員查勘，賑卹被風商民不致失所。所有查過澎湖被風實在情形，理合繕摺奏聞，伏乞皇上睿鑒。謹奏。

［硃批］：所奏俱悉。

四七、巡視臺灣給事中六十七等奏摺：澎湖地方被風及委員辦賑

［乾隆十年十月二十二日］，巡視臺灣戶科給事中臣六十七、巡視臺灣兼理學政雲南道監察御史臣范咸謹奏：為奏明事。

竊澎湖地方於本年八月二十五日偶遇風災，臣等聞報，隨與署臺灣道莊年面商，飛委臺防同知方邦基，星即前往徧行查勘，酌量賑卹，案

經臣等於九月初五日繕摺奏聞。繼經督撫二臣委令俸滿鳳山縣知縣鄒承垣協同澎湖通判汪天來查辦，並撥銀四百兩齎帶前往賑卹。茲據方邦基、鄒承垣、汪天來會詳內稱：澎屬園地斥鹵，不堪樹藝稻穀，所有雜糧俱於六、七兩月未經被風之前先已收割，頗稱豐稔，田園實未被災，毋庸賑卹。惟是居民廬舍被風損壞，其實在倒塌無力起蓋者計七十間，每間賑銀一兩，共賑銀七十兩；瓦片被飄無力修葺者計六百四十一間，每間賑銀三錢，共賑銀一百九十二兩三錢。俱各按照間數逐名給發，務使小民均霑實惠，並不假手胥役。其杉板頭船擊碎共四隻，每隻賑銀一兩五錢，共賑銀六兩；淹斃船戶舵水一十七名，每名賑銀一兩，共賑銀一十七兩；漁船共擊碎四十三隻，每隻賑銀一兩，共賑銀四十三兩，俱按名給發，均各得所等語。臣等覆查無異，除賑卹過銀兩該廳縣逐一分晰備造清冊，詳請督撫二臣核題外，所有臣等委員辦理賑卹已竣緣由，理合繕摺奏明，仰祈睿鑒。謹奏。

［硃批］：知道了。

四八、福建臺灣總兵張天駿奏摺：臺灣晚禾收成分數米糧時價

［乾隆十年十月二十二日］，鎮守福建臺灣掛印總兵官臣張天駿謹奏：為謹陳臺地晚禾收成、米糧時價、地方情形、仰祈睿鑒事。

竊照臺地春夏雨水早禾收成業經奏明在案，今晚禾登場，闔郡統計有九分收成，地瓜、雜糧等項均各豐收，比戶飽騰，蓋藏有慶。市賣米價臺灣首邑每石價銀一兩三錢，鳳、諸、彰三縣及淡水同知所轄之竹塹等處每石價銀九錢、一兩零不等，理合據實恭摺奏聞。

再，查本年八月二十五日臺灣府治四縣風雨雖大，一切田廬、人口俱無損傷，惟澎湖一處孤懸海中，颶風大作，民舍、營房、臺寨各有飄損倒塌，擊碎戰船一十三隻，損壞戰船一十一隻，船內弁兵幸各無損，商漁大小船隻俱有擊碎，舵工、水手俱有淹沒。臣經報明督撫提臣委員查勘分別賑卹在案。至澎湖沙土不宜禾稻，所植雜糧先期悉已收穫，地

瓜附土而生，風雨無礙，民間食米向係臺灣運往接濟，現在米價平減，民各得所。其擊碎戰船照例詳請修造，損壞戰船一十一隻，臣立即飭營趕修，以應巡防，已據營員報竣，合併奏明，伏乞皇上睿鑒。臣謹奏。

［硃批］：覽奏俱悉。

四九、巡視臺灣給事中六十七等奏摺：澎湖地方偶被風災，賑過銀數及擊碎商船應行賑卹

［乾隆十年十一月十七日］，巡視臺灣戶科給事中臣六十七、巡視臺灣兼理學政雲南道監察御史臣范咸謹奏：為奏明事。

竊澎湖地方於本年八月二十五日偶被風災，業經臣等節次奏聞。除田園並未成災無庸賑卹外，其居民廬舍被風損壞者共計七百一十一間，酌量輕重，賑過銀二百六十二兩三錢；擊碎杉板頭船四隻，共賑過銀六兩；淹斃船戶、舵水一十七名，共賑過銀一十七兩；擊碎漁船四十三隻，共賑過銀四十三兩；以上通共賑過銀三百二十八兩三錢。繼經委辦查賑之同知方邦基等報稱：尚有擊碎內地商船三十七隻，淹斃之船戶、舵水共計一百六十二名，緣先奉藩司駁查未敢造報，但查是日海洋之風猛於陸路，船戶之災甚於居民，此等商船人亡船破尤堪憫惻，議將擊碎內地商船三十七隻每隻賑銀三兩，共計銀一百一十一兩；淹斃之船戶、舵水一百六十二名每口卹銀一兩，共計銀一百六十二兩。現在逐一分晰備造清冊，詳報督撫請賑等語。臣等查商船遭風擊碎，片板無存，且船戶、舵水皆系朝廷赤子，既經淹沒，自應一體賑卹，以廣皇仁。惟是查賑之同知等既經通報督撫，應聽督撫二臣核實具題。臣等合將查出擊碎商船應行賑卹緣由續行奏明，伏祈睿鑒。謹奏。

［硃批］：知道了。

五〇、巡視臺灣給事中六十七等奏摺：緩徵臺灣官莊錢糧

［乾隆十一年閏三月初四日］，巡視臺灣戶科給事中臣六十七、巡

視臺灣兼理學政雲南道監察御史臣范咸謹奏：為奏聞事。

竊乾隆十年九月二十日内閣奉上諭：閩省丙寅年地丁錢糧已全行蠲免，惟是臺灣府屬一廳四縣地畝額糧向不編徵銀兩，歷係徵收粟穀。今内地各郡既通行蠲免，而臺灣地畝因其編徵本色不得一體邀免，非朕普徧加恩之意，著將臺灣府屬一廳四縣丙寅年額徵供粟一十六萬石全數蠲免，該部即遵諭行。欽此。欽遵在案。

臣等伏查臺灣一郡僻在海島，其田園徵納錢糧與内地迥異，欣逢我皇上大沛鴻仁，湛恩汪濊，更復睿慮精詳，旁燭海外，特詔蠲免臺灣府一廳四縣供粟，雕題鑿齒之倫，莫不歡聲動地，此誠亘古未有之盛典也。

臣等再查得臺灣一府供粟之外，尚有官莊一項，原係康熙年間在臺灣文武各官出自開闢田園，官收租息，名為官莊。繼於雍正三年原督臣滿保題報歸公，按照向日文武官所收租息歲徵銀三萬四千一百一十二兩四錢三分一釐零，嗣因閩省歲入耗羨不敷通省各官養廉之用，荷蒙世宗、憲宗皇帝將臺屬官莊租息賞給為各官養廉。此項田園名為官莊，其按畝徵納課銀，與民間佃戶完租無異。臣等竊見上年大學士等議準耗羨為地方一切公用，毋庸蠲免等語。此項官莊既為通省各官養廉，以公辦公事同一例，自不在蠲免之内。伏讀本年正月初四日上諭：朕愛育黎元，格外加恩，將各省錢糧普免一次，以為休養萬民之計，經大臣等酌議，國家每年一定之經費皆取資於正賦，應將各省分作三年蠲免，則經費有賴而先後之間萬民均霑膏澤。至於耗羨乃有司養廉及辦理公務之所必需，應命照舊輸納，朕已允行。今思朕之逾格蠲免天下正賦者，所以藏富於民，且使閭閻之間終歲不聞催科之聲也。今正賦既蠲免而耗羨又令完納，是官民仍有交關，猶不免有追呼之擾。若將蠲賦之年應徵耗羨一併緩至開徵之年按數完納，小民於交官之便完此，些須不必兩次伺候於公庭，亦體卹民情之意。著該部即遵諭行，並將公用不敷之處作何撥抵酌議辦理，各省督撫當董率有司善為之，勿因此有別生弊端也。欽此。欽遵。仰見我皇上浩蕩鴻慈，唯恐天下有一夫不被其澤，是以屢頒恩旨反覆周詳，普天率土，均霑厚澤，至於此極。臣等竊思臺灣官莊一項雖與耗羨同為養廉之用，而耗羨則為正供之餘，尚蒙聖主加恩緩至開徵之年按數完納，若臺灣官莊錢糧向照佃戶完租，即同正項錢糧，更與耗羨有別，每年舊例官莊皆緩至十月開徵。在此次通天下錢糧全行蠲免，實出我皇上格外隆恩，固非臣下所敢置議，但臣等既身在地方，深悉情形，合將臺灣官莊一項未經蠲免緣由據實密奏，伏祈睿鑒。謹奏。

［硃批］：該部密議速奏。

五一、協辦大學士劉於義等奏摺：臺灣官莊租息照例蠲免

［乾隆十一年五月初二日］，經筵講官太子少保協辦大學士吏部尚書兼管戶部尚書事務臣劉於義等謹奏：為遵旨密議速奏事。

內閣交出巡視臺灣户科給事中六十七、御史范咸等密奏，臺灣官莊租銀一摺，乾隆十一年四月二十九日奏奉硃批：該部密議速奏。欽此。欽遵於本月三十日交出到部，臣等查得巡視臺灣戶科給事中六十七等奏稱，乾隆十年九月二十日內閣奉上諭：閩省丙寅年地丁錢糧已全行蠲免，惟是臺灣府屬一廳四縣地畝額糧向不編徵銀兩，歷係徵收粟穀。今內地各郡既通行蠲免，而臺灣地畝因其編徵本色不得一體邀免，非朕普徧加恩之意，著將臺灣府屬一廳四縣丙寅年額徵供粟一十六萬石全數蠲免，該部即遵諭行。欽此。欽遵在案。

臣等伏查臺灣一郡僻在海島，其田園徵納錢糧與內地迥異，欣逢我皇上大沛鴻仁，湛恩汪濊，更復睿慮精詳，旁燭海外，特詔蠲免臺灣府一廳四縣供粟，雕題鑿齒之倫，莫不歡聲動地，此誠亘古未有之盛典也。臣等再查得臺灣一府供粟之外，尚有官莊一項，原係康熙年間在臺灣文武各官出自開闢田園，官收租息，名為官莊。繼於雍正三年原督臣滿保題報歸公，按照向日文武官所收租息歲徵銀三萬四千一百一十二兩四錢三分一釐零，嗣因閩省歲入耗羨不敷通省各官養廉之用，荷蒙世宗、憲宗皇帝將臺屬官莊租息賞給為各官養廉。此項田園名為官莊，其按畝徵納課銀，與民間佃戶完租無異。臣等竊見上年大學士等議準耗羨為地方一切公用，毋庸蠲免等語。此項官莊既為通省各官養廉，以公辦

公事同一例，自不在蠲免之内。伏讀本年正月初四日上諭：朕愛育黎元，格外加恩，將各省錢糧普免一次，以為休養萬民之計，經大臣等酌議，國家每年一定之經費皆取資於正賦，應將各省分作三年蠲免，則經費有賴而先後之間萬民均霑膏澤。至於耗羡乃有司養廉及辦理公務之所必需，應命照舊輸納，朕已允行。今思朕之逾格蠲免天下正賦者，所以藏富於民，且使閭閻之間終歲不聞催科之聲也。今正賦既蠲免而耗羡又令完納，是官民仍有交關，猶不免有追呼之擾。若將蠲賦之年應徵耗羡一併緩至開徵之年按數完納，小民於交官之便完此，些須不必兩次伺候於公庭，亦體卹民情之意。著該部即遵諭行。欽此。欽遵。竊思臺灣官莊一項雖與耗羡同為養廉之用，而耗羡則為正供之餘，尚蒙聖主加恩緩至開徵之年按數完納，若臺灣官莊錢糧向照佃戶完租，即同正項錢糧，更與耗羡有別，每年舊例官莊皆缓至十月開徵。在此次通天下錢糧全行蠲免，實出我皇上格外隆恩，固非臣下所敢置議，但臣等既身在地方，深悉情形，合將臺灣官莊一項未經蠲免缘由據實密奏等因前來。

查乾隆十年九月二十日内閣奉上諭：閩省丙寅年地丁錢糧已全行蠲免，惟是臺灣府屬一廳四縣地畝額糧向不編徵銀兩，歷係徵收粟穀。今内地各郡既通行蠲免，而臺灣地畝因其編徵本色不得一體邀免，非朕普徧加恩之意，著將臺灣府屬一廳四縣丙寅年額徵供粟一十六萬石全數蠲免，該部即遵諭行。欽此。欽遵在案。臣等伏查臺灣一郡僻在海島，其田園徵納錢糧與内地迥異，欣逢我皇上大沛鴻仁，湛恩汪濊，更復睿慮精詳，旁燭海外，特詔蠲免臺灣府一廳四縣供粟，雕題鑿齒之倫，莫不歡聲動地，此誠亘古未有之盛典也。臣等再查得臺灣一府供粟之外，尚有官莊一項，原係康熙年間在臺灣文武各官出自開闢田園，官收租息，名為官莊。繼於雍正三年原督臣滿保題報歸公，按照向日文武官所收租息歲徵銀三萬四千一百一十二兩四錢三分一釐零，嗣因閩省歲入耗羡不敷通省各官養廉之用，荷蒙世宗、憲宗皇帝將臺屬官莊租息賞給為各官養廉。此項田園名為官莊，其按畝徵納課銀，與民間佃戶完租無異。臣等竊見上年大學士等議準耗羡為地方一切公用，毋庸蠲免等語。此項官莊既為通省各官養廉，以公辦公事同一例，自不在蠲免之内。伏讀本年正月初四日上諭：朕愛育黎元，格外加恩，將各省錢糧普免一次，以為休養萬民之計，經大臣等酌議，國家每年一定之經費皆取資於正賦，應將各省分作三年蠲免，則經費有賴而先後之間萬民均霑膏澤。至於耗羡乃有司養廉及辦理公務之所必需，應命照舊輸納，朕已允行。今思朕之逾格蠲免天下正賦者，所以藏富於民，且使閭閻之間終歲不聞催科之聲也。今正賦既蠲免而耗羡又令完納，是官民仍有交關，猶不免有追呼之擾。若將蠲賦之年應徵耗羡一併緩至開徵之年按數完納，小民於交官之便完此，些須不必兩次伺候於公庭，亦體卹民情之意。著該部即遵諭行。欽此。欽遵。竊思臺灣官莊一項雖與耗羡同為養廉之用，而耗羡則為正供之餘，尚蒙聖主加恩緩至開徵之年按數完納，若臺灣官莊錢糧向照佃戶完租，即同正項錢糧，更與耗羡有別，每年舊例官莊皆緩至十月開徵。在此次通天下錢糧全行蠲免，實出我皇上格外隆恩，固非臣下所敢置議，但臣等既身在地方，深悉情形，合將臺灣官莊一項未經蠲免緣由據實密奏等因前來。

查臺郡官莊向係守土各員因臺灣地廣人稀招佃開墾，迨阡陌漸開，閩粵人民互相爭鬬，遂有倚勢投獻以求蔭庇，而武職大員私受收租，無異己業。至雍正二年間經原任福督滿保題報歸公，嗣因內地耗羡不敷各官養廉，於雍正七年以額徵官莊租息銀三萬餘兩撥充內地養廉之用，每年歲底將官莊租息入於內地公費養廉冊內報銷。此項官莊租息原非耗羡銀兩，亦非正項錢糧，實與雜稅無異，自應照舊徵收，不在蠲免之例，但查本年三月內奉上諭：朕子惠元元，將直省應徵錢糧輪年蠲免。查滇省有官莊地畝一項，向係文武各官招佃開墾，收租取息，又有各營生息田畝及義田等項，著照湖南城綏入官田畝之例，俱免租十分之三，使農民均霑恩澤。今歲係滇省免賦之年，該部即遵諭速行。欽此。欽遵行文在案。今臺灣官莊與滇省官莊事同一例，可否將臺郡官莊租息照滇省官莊之例蠲免十分之三，俾使海外群黎普霑惠澤之處出自聖恩。為此謹奏請旨。

［硃批：］依議速行。

經筵講官太子少保協辦大學士吏部尚書兼管戶部尚書事務臣劉於

義、太子少保內大臣戶部尚書兼管三庫事務內務府總管臣海望、經筵講官尚書加一級紀錄二次臣梁詩正、左侍郎內務府總管管理奉宸苑事務加四級紀錄四次臣三和、左侍郎署理正白旗漢軍都統事務兼佐領加二級紀錄三次臣李元亮、御前侍衛右侍郎兼内务府总管加一級臣傅恒。

五二、福州將軍新柱奏摺：臺郡所屬地方本年四月份雨水霑足

［乾隆十一年五月二十四日］，福州將軍兼管閩海關事務臣新柱謹奏：為奏聞臺灣得雨霑足並附陳被風情形事。

竊照本年閏三月以來，臺郡所屬之臺灣、鳳山、諸羅三縣雨水短少，臣業將設壇祈禱，並四月初八、初九兩日，臺邑得雨大概緣由，恭摺奏報在案。兹據署臺灣道莊年稟稱：本年四月十二、十三、十四、十五等日，臺、鳳、諸三縣及彰化一縣並同時疊沛甘霖，高下田園十分霑足，早禾已種者暢茂滋長，未蒔者皆得乘時翻犁補種等情到臣，嗣又據該道稟稱：四月二十一日夜四更時候，郡城風雨大作，至二十二日巳刻方止，吹倒民房五十四間，擊碎大小商漁船隻約數十餘號。又同日，諸羅縣笨港地方因面臨大海，被風較重，船隻並有飄失，衙署、倉厫、民房亦多吹損。見在撥支備公銀兩，分委府廳縣各員星赴被風地方查勘賑卹。再，查是夜被風，海洋最烈，陸路尚輕，故禾苗、雜糧幸無損壞，其遭風船隻有無淹溺人口，俟查明另報。又同日，彰化縣屬惟貓霧拺、西螺二處，禾穗、芝麻間有被風吹落。鳳山縣屬倉厫、田園俱無妨礙各等由先後並到，臣據此理合據由繕摺奏聞。

再，照閩省內地九府二州四月內各屬雨水霑足，省城五月上旬以來雨澤稍短，米價驟有增長。每石市賣一兩七錢五分至一兩六錢六分不等，見在二十一日於龍神廟設壇虔禱，並分厰平糶以平米價，合併附奏，為此專差家人二豁子齎捧恭進，伏乞皇上聖鑒。謹奏。

［硃批］：覽奏俱悉。

五三、福建巡撫周學健奏摺：臺灣被風

［乾隆十一年五月二十八日］，福建巡撫臣周學健謹奏：為奏明臺郡被風，現在辦理情形、仰祈睿鑒事。

竊查乾隆十一年五月初五日，接據臺灣道莊年、臺灣府知府褚祿稟報：四月二十一日夜四更時分，臺灣郡埠忽起颶風，兼以暴雨，至二十二日卯刻稍緩，巳刻止息，分頭查勘四郊，田禾無礙，惟年久朽壞民房倒塌數十間，海口商漁船隻及臺協戰船、衙署、營房等有擊碎坍塌之處，現在確勘另報等語。臣查臺郡二廳四縣及澎湖一島，皆為環海之區，颶風一起，沿海船隻、房屋難免坍損倒塌之處。今四月二十二日臺郡颶風疎發雖僅二三時，但二廳四縣境內是否同時被風，何處受災最重，未據道府查勘明白具報，僅據郡埠被風緣由稟報，至情形輕重難以□定，一面飛飭布政使飭委臺郡要員星赴被風地方切實查勘，如應賑卹，即就近動支公項照例行卹；一面嚴飭道府將被風處所及輕重情形據實飛稟去後，嗣於五月十三日接據臺灣道府詳報：現據臺灣縣查有沿海倒壞瓦、草民房數十間，擊碎沉沒商漁船數十隻，舵水亦有淹斃之處，就近酌動道庫備公銀五百兩，委令臺府同知梁須梗督同該縣知縣李閶權查勘賑卹。又，諸羅縣屬笨港地方面臨大海，被風最重，居民房屋多有倒壞，商漁船隻亦多飄失，現在知府褚祿攜帶府庫備公銀四百兩，前往督同該縣知縣周緝敬查勘賑卹。又於五月十九日接據臺灣道稟報：彰化縣亦於四月二十一日風雨徹夜，至次日午時方止，沿山各村社、田禾、民房並無傷損，惟貓霧捒、西螺各村社被風稍重，該處早禾成熟最早，今被大風，禾穗搖落，所種芝麻亦被吹壞，收成不無減損，是否成災，現在查勘另報。同日，又接據澎湖通判汪天來稟報：四月二十一夜颶風，商漁船隻在洋面者多被風飄入澳衝礁擊碎，現在查報共有七隻，淹死舵水十餘人，將生存舵水資給口糧，護送回籍。至澎湖內澳甚平，民房、船隻並無損壞。並據臺協水師護副將姚□呈報：四月二十一日夜，安平鎮城衙署、營房被風吹刮坍塌甚多，平字十四號，波字七號、八

號，定字九號、十七號、十八號，澄字四號、十六號戰船九隻，或擊碎尾樓船舷，或擺折大桅杠棋飄閣上岸，現在查勘估修。又，澄字六號趕繒船屆期應修駕廠，估報被風刮斷椗索飄流擊碎船底沉沒各等情到臣。

臣查查（原文如此）臺郡此次被風，細察文武各官稟報情形，風勢自北而南，洋面更為猛烈，是以在洋船隻以及瀕海口岸，如鹿耳門、笨港等處，損壞兵民房屋、商漁船隻居多，沿山一帶風勢少輕，居民廬舍、田園當無損傷。臺屬二廳四縣境内現在被風最重之臺灣縣鹿耳門、諸羅縣笨港等二處，業經知府褚祿、海防同知梁須梗動支備公銀兩親往督率查賑撫卹。其賑卹之處照向例：倒壞瓦房一間賑銀一兩，草房一間賑銀五錢，擊碎商船一隻賑銀三兩，小船一隻賑銀一兩五錢，漁船一隻賑銀一兩，淹斃舵水一名卹銀一兩，被飄得生舵水各給與口糧銀三錢，資遣回籍。統俟府廳縣各官查賑事竣，所費切實冊結核明具奏，動撥存公銀兩歸還道府庫備公原項。其彰化縣貓霧捒、西螺各村社早禾、芝麻被風刮損，現在飭令勘明實在減收分數，酌量借給籽種，各令補種晚禾，以望有秋。至澎湖地方，查據各至呈報，止有在洋飄擊入澳損壞商漁船隻，內澳官民船隻、房屋並未傷損。北路淡防同知與南路鳳山縣境内沿海地方現據知府褚祿稟報，各處風勢俱小，民間廬舍、田園與商漁船隻並無被災之處。第臺郡重洋遠隔，文移往返至一、二月之久不能通達。臣現在飭令道府再行委員確查，有應行撫卹資遣之被災難民，即以查照臺、諸二邑之例迅速辦理，並將彰化貓霧捒、西螺二處被風傷損田禾查勘確實情形詳報，統於賑卹案內彙摺具奏。其臺協安平鎮城被風吹坍之衙署、營房、飄擱沉失之戰船、器械，統俟查勘估報，容臣酌量情形，工料無多者著嚴文武設法修復，需費繁多者動支存公銀兩，奏明興修，均俟詳報到日另行奏聞。

再，查臺郡本年夏秋二季兵餉六萬六千餘兩，提收餉錢三千二百餘串，於四月十九日在厦港撥平字四號、定字三號、澄字一號、寧字四號、五號戰船五隻開駕赴臺，二十一日夜在澎湖縣洋遇風飄散。臣據報飛檄沿海探查，今查明平四、定三、寧五餉船三隻被風飄流，於二十二日已收泊澎湖內澳，澄一餉船在洋遇風，仍回厦門收泊，惟寧四一船被風打壞蓬桅，飄至南澳鎮屬地方，現在修理船隻，再駕往臺。本次餉船五隻雖在洋遭風飄流四散，幸俱平穩收泊，合併陳明。謹將臺郡被風實在情形及現在查辦緣由繕摺奏明，伏祈皇上睿鑒訓示施行。謹奏。

乾隆十一年六月三十日奉硃批：覽奏俱悉。欽此。

五四、閩浙總督馬爾泰奏摺：臺灣偶被大風批檄賑卹

［乾隆十一年六月初十日］，領侍衛內大臣福建浙江總督臣馬爾泰謹奏：為奏聞事。

本年五月二十五日，據臺灣道莊年稟稱：臺郡於四月二十一夜四更時分忽然風雨交作，至五更愈加猛烈，至天明二十二日卯時風勢稍定，巳刻止息。當即飭行府廳縣星飛查勘，得田禾甫經佈種無傷，田園並無衝壓，埤圳亦無崩塌，倉厫、衙署無損。惟民房內年久傾圮者，共倒壞四十七間，並無壓傷人口。隨即飭縣分別加意撫卹，毋至失所。其淡、澎二廳及鳳、諸、彰三縣有無被風，現在飛查，容俟覆到另報。至海澳各船，聞有損失及淹斃舵水人等，因一時驟然遭風，多有斷椗，吹出外洋，其有無擊碎沉溺，並俟各廳縣確查到日另稟等因到臣。臣查臺郡孤懸海外，據報被風事關民瘼，隨飛檄藩司，令其確查該地實在風雨情形，是否不致妨礙傷損，現在撫卹是否不致失所，至海澳船隻失損若干，有無擊碎淹斃之處，逐一查明分晰定議通詳。再臺、澎二廳及鳳、諸、彰三縣有無被風情形，一併飭查飛報在案。嗣於六月初二日，據臺灣府知府褚祿、海防同知梁須楩、臺灣縣知縣李閶權各詳稱：被風吹倒房屋四十七間，又續查出近海房屋七間，俱按照上年澎湖被風賞卹之例驗明賑給。其海澳船隻陸續查明，分別撫卹，所用銀兩經該道撥發備公銀五百兩，交縣照例查賑，俟查辦事竣實數報銷歸款等因。臣亦批司速即議詳飭遵，毋使海外窮民失所。又據臺灣鎮臣張天駿報同前由。所有臺灣偶被大風，批檄賑卹情由，理合恭摺奏聞，仰祈皇上睿鑒。謹奏。

［硃批］：覽奏俱悉。

五五、福建巡撫周學健奏摺：動項賑卹臺灣諸羅二縣被風災民

［乾隆十一年十月初九日］，福建巡撫今陞江南河道總督臣周學健謹奏：為奏明動支存公銀兩，撫卹臺郡被風災民。

竊照本年四月二十一日夜，臺地颶風大作，自北而南，洋面更為猛烈，在洋商漁船隻以及沿海兵民房屋俱有漂沒坍損之處。臣據報即飛飭速行查勘賑卹，嗣經臺灣道府詳報：臺郡二廳四縣地方雖同日被風，惟臺灣縣屬鹿耳門、諸羅縣屬笨港二處被風最重，隨經知府褚祿齎帶備公銀兩親赴諸羅縣，海防同知梁須榎齎帶備公銀兩親赴臺灣縣，照例督同該縣分別賑卹查賑，事竣造冊核銷等因，臣於本年五月二十八日具摺奏蒙聖鑒。

茲查勘賑卹已竣，據布政使高山詳報：臺灣縣鹿耳門一帶查勘，共倒壞瓦房三十八間、草房一十六間，擊碎商船二十八隻、漁船六隻、杉板等船二十八隻，淹沒人口二百三十六名口，淹斃柁水一十九名，漂流得生船戶、柁水二百三十六名。諸羅縣笨港一帶查勘，倒壞瓦房一百一十八間、草房一百七十間，飄損瓦屋七十間、草房一十四間，擊碎漁船一隻、杉板等船八隻，淹斃人口三名口，淹斃柁水四名。照歷年查賑之例：每倒壞瓦房一間賑銀一兩，草房一間賑銀五錢；飄損瓦房一間賑銀三錢，草房一間賑銀二錢；擊碎商船一隻賑銀三兩，杉板等船一隻賑銀一兩五錢，漁船一隻賑銀一兩；淹斃人口柁水每名口卹給銀一兩，飄流得生柁水一名賑銀三錢。臺灣縣屬賑卹過銀五百三十四兩一錢，諸羅縣屬賑卹過銀二百四十九兩八錢，二縣通共動賑過銀七百八十三兩九錢，賑過銀兩應請於乾隆十一年存公項內給領，歸還臺庫備公銀兩原項等因前來。

臣查此次風災原止臺郡沿海風勢受衝之處，船隻、居民被傷頗重，其沿山一帶風未猛烈，廬舍、田園並未受傷，節經文武官詳禀，並再四確查，情形相同。所有賑卹動撥過道府庫備公銀兩七百八十三兩九錢，

應於本年存公項內動撥歸還原項。其彰化縣貓霧捒、西螺等村社，先據道府稟報早禾、芝麻被風刮損，恐收成減損等情。續據勘覆，一村一社之內搖落無幾，天時節氣甚早，各農民已經改插補種，並不為災，無庸查賑，並借給籽種。至臺灣協安平鎮城被風吹坍衙署、營房，現據估報，歸於修理營房案內動項修復，飄擱擊損戰船業經修復駕駛，擊碎澄六號戰船，俟查勘確實，另案題請造補，合併陳明。謹將動項查賑過臺灣、諸羅二縣被風災民理合繕摺奏報，伏祈皇上睿鑒訓示施行。謹奏。

乾隆十一年十一月初五日奉硃批：覽奏俱悉。欽此。

五六、福建巡撫陳大受奏摺：臺灣各營生息田產官莊照例蠲免

［乾隆十一年十二月二十七日］，署理閩浙總督印務福建巡撫臣陳大受謹奏：為奏請恩鑒事。

案准戶部谘議處巡視臺灣戶科給事中六十七、御史范咸密奏，臺灣官莊租銀一摺，內開查本年三月內奉上諭：朕子惠元元，將直省應徵錢糧輪年蠲免，查滇省有官莊地畝一項，向係文武各官招佃開墾，收租取息，又有各營生息田畝及義田等項，著照湖南城綏入官田畝之例，俱免租十分之三，使農民均霑恩澤。今歲係滇省免賦之年，該部即遵諭速行。欽此。欽遵行文在案。今臺灣官莊與滇省官莊事同一例，可否將臺郡官莊租息照滇省官莊之例蠲免十分之三，俾使海外群黎普霑惠澤之處出自聖恩等因，乾隆十一年五月初二日奏，本日奉硃批：依議速行，欽此。谘行欽遵在案。

旋據護理臺灣鎮副將施必功稟稱：查臺澎水陸各營營運本銀購置民業，收取租穀、糖觔、稅銀，生息充賞作何辦理請示。適前督臣馬爾泰巡浙未回，經前撫臣周學健批明布政司查議。茲據布政使高山詳稱：臺灣官莊租銀已奉恩旨蠲免十分之三，其臺澎生息產業原與官莊一例，懇請一體蠲免十分之三，以廣皇仁。至將來賞卹如有不敷，即將現在存剩息銀內通融撥補，不致虧缺等情。臣伏查滇省官莊地畝及各營生息田

畝、義田等項，先蒙恩旨免租十分之三，嗣經戶部議覆巡臺給事中六十七等奏請將臺郡官莊租息照滇省例一體蠲免，仰邀俞允。所有臺澎各營生息田產實與官莊一例，可否一併照例蠲免租息十分之三，相應據情恭摺奏懇皇上恩鑒訓示。至此項生息如或賞卹不敷，有節年所存餘剩銀兩勘用，毋庸另籌，合併陳明。謹奏。

乾隆十一年十二月二十七日奉硃批：該部議奏。欽此。

五七、閩浙總督喀爾吉善等奏摺：酌免臺灣官莊多徵租息

［乾隆十二年三月二十日］，閩浙總督臣喀爾吉善、福建巡撫降二級留任臣陳大受謹奏：為密懇恩鑒事。

竊查臺灣官莊租息先經巡臺御史諾穆布等奏請照民莊一體徵收，又經前撫臣王恕暨布政使高山先後題奏，均未妥協。臣等現在另摺具奏，恭候諭旨。伏查此項官莊租息乃昔年臺地文武各官私產，向來各官耑事朘削苛取，是以額租較民租為重，又有本係民人開墾投獻勢豪蔭庇者，故亦有較民租稍輕之處，今若逐一清釐，殊多紛擾，且照民田科則更正，有減無增，當此公項未裕之時，所減者多，經費無出，恐致周章。此臣等再四思維而有仍其舊貫之請也。惟是該布政使高山原奏官莊租息較民租加多之處八十六所，多徵銀五千五百八十五兩零，租額實屬過重，竊惟蠲減額糧乃出聖主特恩，非臣下所敢擅議，但官莊重額租息，海外窮黎望恩已非一日，可否仰懇聖慈俯鑒，將前項多徵銀五千五百餘兩特頒諭旨酌免十分之一、二，蠲缺不敷辦公之數在於歸公鹽規項下撥補出自鴻恩，臣等謹會同具奏，伏祈皇上睿鑒。謹奏。

［硃批］：俟部議覆時酌量降旨。

五八、巡視臺灣監察御史白瀛奏摺：臺灣鳳山二縣被旱偏災

［乾隆十二年九月二十二日］，巡視臺灣兼理學政陝西道監察御史

臣白瀛謹奏：為彙報秋旱偏災情形、仰祈聖鑒事。

竊臺郡今歲春夏雨水調勻，禾苗暢茂，經臣陸續奏報在案。茲屆秋成，所有北路淡水廳、諸羅縣、彰化縣所屬各地方及鳳山縣屬之下淡水等處，素稱產米之區，雨澤充盈，禾苗現在結實，豐收在望。惟臺灣一縣及鳳山之北，地處高阜，水圳稀少，自八月初旬得雨後，經月不雨，恐有被旱之處。經臣檄飭各該縣親往查勘，務得確實分數，毋漏毋冒去後，茲據臺灣縣報稱：該縣共二十二里，通計田園一萬二千二百餘甲，內除永康等十二里園多田少，經有陂塘埤溝足資灌溉，禾苗現在青葱結實可獲豐收外，其仁和等十里，田園高低不一，內有黃萎漸枯不能結實者，約共一千一百餘甲。統計被災雖不及十分之一，但就仁和等各里，已成偏災等語。又據鳳山縣報稱：該縣官民莊田園共一萬三千餘甲，除有水園田一萬餘甲仍獲有秋外，其餘無水可溉者，約二千餘甲禾苗多半萎黃，偏災之象已成等因，各詳報前來。臣隨飛檄府廳輕裝簡從親往，分頭履勘明確，照例分別賑卹，勿得絲毫延漏，致令貧民失所。仍一面即將被災分數並酌量辦理情形飛谘督撫，聽其查核外，臣查現在米價平減，民情安帖，通郡合算，元氣本屬無傷，但被旱之處未免向隅，自應仰體皇仁，照例分別賑貸，以副我皇上愛民若子之至意。除收成分數統俟屆期查明另行奏報外，所有臺、鳳兩縣被旱偏災情形理合據實摺報，伏祈睿鑒。謹奏。

［硃批］：仍應督率地方官詳查辦理，務使均霑實惠可也。欽此。

五九、閩浙總督喀爾吉善奏摺：臺郡盈月不雨

［乾隆十二年九月二十四日］，至臺郡六月間，時雨連綿，水泉充盈，臣於八月十一日時恭摺奏聞。茲九月十三、十七等日，連據臺郡道府奏報：台灣亦邑自八月初二後，盈月不雨，該邑田園切望雨雲甚殷，現在竭誠祈禱。其鳳山、諸羅二縣雖亦缺雨，該二縣山泉、溪廬、田園，多有水圳。淡水、彰化二縣從前得雨甚足，泉源又廣，現在省可無慮等語。臣查台灣一縣，較之鳳、諸、彰、淡各處，地稍高亢，水田甚

少，旱地屬多，月餘不雨，即有旱象。該道府於九月二日奏報，彼時尚未得雨。至今又已兩旬，未識曾否得雨。緣臺郡遠隔重洋，一時未能查報，一俟查報確切情形，續呈奏報。再，內地臺灣兵民安靜，地方寧謐，會併奏明，伏乞聖鑒。謹奏。

六〇、巡視臺灣監察御史白瀛奏摺：臺灣各屬收成分數及糧價

［乾隆十二年十月十九日］，巡視臺灣兼理學政陝西道監察御史臣白瀛謹奏：為恭報臺屬收成分數、米穀價值確實情形、仰祈睿鑒事。

竊臺屬今年春夏雨澤調勻，入秋以來，淡水一廳，諸羅、彰化二縣，時沛甘霖。惟臺灣、鳳山二縣間有被旱成災之處，節經臣繕摺奏聞外，茲屆收穫之期，隨檄飭臺灣府轉行各屬，將收成分數確實開報，毋得粉飾去後，茲據該府褚祿查覆前來，內稱：除澎湖地方向不栽種禾稻，臺灣縣地方向不栽種早稻，無庸開報外，查臺灣縣晚稻連被旱偏災通勻計算，收成確有六分五釐；鳳山縣早稻收成確有八分，晚稻連被旱偏災通勻計算確有六分；諸羅縣早稻收成確有八分五釐，晚稻收成確有七分；彰化縣早稻收成確有八分五釐，晚稻收成確有八分七釐；淡防廳所屬地方早晚二稻收成俱確有八分；其各種雜糧收成分數，計澎、淡兩廳及臺、鳳、諸、彰四縣通計確有七分等語，臣復加查核無異。查本年臺郡所有早晚二稻及各種雜糧收成分數，雖臺、鳳二縣被旱偏災，而通郡勻算尚在七分之外。目下郡城米價每石一兩四錢有零，各屬米價自一兩一錢有零以至一兩六錢不等，地方寧謐，番民安帖。其被旱之家，臣現在督率有司照例賑卹，民情歡忻，委無失所。誠恐上廑宸衷，謹將收成分數、米穀價值確實情形繕摺奏報，仰慰聖懷。

其閱操巡歷事宜，容俟新任巡察臣伊靈阿到任後，臣即會同照例出巡。事竣之日，另行分析具報，合併聲明，仰祈睿鑒。謹奏。

［硃批］：知道了，被旱之處應加意撫卹，海外不比內地也。

六一、閩浙總督喀爾吉善奏摺：臺灣、鳳山兩縣被旱偏災並辦理賑貸

[乾隆十二年十月二十日]，兹屆秋成，所有臺北縣、淡水廳、諸羅縣、彰化縣所屬各地方及鳳山縣屬下淡水等處，素稱產米之區，雨澤充盈，禾苗現在結實，豐收可望。唯臺灣一縣及鳳山之北，地處高阜，水圳稀少，自八月初旬得雨後，經月不雨，恐有被旱之處，經臣檄飭各該縣親往查勘，務得確實分數，毋漏毋冒去後，兹據台灣縣報稱：該縣共二十二里，通計田園一萬二千二百餘甲，內除永康等十二里園多田少，且有陂塘埤溝足資灌溉，禾苗現在青蔥結實，可獲豐收外，其仁和等十里，田園高低不一，內有黃萎漸枯不能結實者，共約一千一百餘甲，統計被災雖不及十分之一，但就仁和各里，已成偏災等語。又據鳳山縣報稱：該縣官民莊田園共一萬三千餘甲，除有水園田一萬餘甲仍獲有秋外，其餘無水可灌者約二千餘甲，禾苗多半萎黃，偏災之象已成等語。各詳報前來，臣隨飛飭府廳輕裝減從，親往分頭履勘明確，照例分別賑卹，勿得絲毫延漏，致令貧民失所，一面將被災分數盖酌量辦理情形，飛咨督府，聽其查核外，臣查現在米價平減，民情安帖，通郡合算元氣本屬無傷，但被旱之處未免向隅，自應仰體皇仁，照例分別賑貸，以副我皇上愛民若子之至意。除收成分數統俟屆期查明另行奏報外，所有臺鳳兩縣被旱偏災情形，理合據實摺報，伏乞聖鑒。謹奏。

六二、閩浙總督喀爾吉善奏摺：臺灣、鳳山、諸羅被災賑卹

[乾隆十二年十月二十日]，閩浙總督臣喀爾吉善謹奏：為奏報閩省地方情形事。

竊照閩省各屬八九月間，雨澤不甚透足，晚稻收成不無稍減，經臣於九月二十五日具摺奏報在案。各屬晚稻今已收穫過半，收成七分者，

不過數處，八分者居多，亦有九分、十分者。通省刈獲尚未全竣之三十餘州縣，節據稟報，情形大略相同。內地被旱之長樂、福清、福鼎三縣，臣前次業經奏明，照例題報。續因委員查勘，福鼎一縣得雨之後，已經補種有收，不致成災，隨即扣除未入題案。臺灣府屬臺灣、諸羅、鳳山三縣，八、九兩月竟無雨澤，臣前摺內已將被旱情形奏聞。茲據臺灣道府詳報：臺灣、鳳山二縣，凡高阜無水源之村莊，田園晚稻俱已黃萎，二縣通計田園三千餘甲實屬無收，其有水源之處，仍屬有收，係屬偏災等語。臣現在會同撫臣照例題報情形，並飛飭道府查明被旱失收田園頃畝數目，分別應蠲應緩，照例辦理。其被災貧民雖屬一隅，或應借給倉糧接濟，或應量予賑卹，必須查勘該處實在情形，酌量辦理。而臺灣遠隔重洋，文移往返動經月餘，臣是以批飭道府務須確查斟酌，一面辦理，一面具詳，並知會巡臺御史就近督率妥協辦理。其諸羅一縣，據道府勘報，縣屬田園有水源灌溉之處居多，高阜田園零星無幾，不致成災。彰化、淡水二處陸續得雨，並未受旱。至各屬米價雖未能頓平，已漸減縮，省城旬日之內，每石較前已減三分。合併陳明，伏祈睿鑒。謹奏。

［硃批］：覽奏俱悉。臺灣既受偏災，不比內地，宜加之意也。

六三、福建巡撫陳大受奏摺：泉州等府秋收分數並臺灣府縣被災撫卹

［乾隆十二年十月二十四日］，福建巡撫降二級留任臣陳大受謹奏：為奏明事。

竊照閩省自十月初旬以來，晴多雨少，晚稻正在刈獲，於時頗為合宜。雖山麓沙塗從前得雨未透之處間或稍減分數，然大局可稱有秋，番薯、雜糧亦皆豐熟。就現在已據冊報者，如泉州、延平、汀州三府、龍岩一州，俱在八分以上，興化一府在九分以上，其餘尚未報到，統俟各屬詳報齊全即行彙疏題報。

至臺灣一府，八月以後雨澤稀少，除淡水、彰化二處田水無缺，及

諸羅一縣高阜田園微覺歉薄，不致成災外，其臺灣、鳳山二縣，各有被旱田地，以通縣合計，不及十之一二，第已屬一隅偏災。臣現在照例具題，並飭該地方官查勘確數，分別辦理，加意撫卹。至各屬地方俱稱寧謐，米價日漸平減，理合一併奏聞。

再，臣六月内奏摺五件、米價清單一件，奉有硃批欽遵訖，合併恭繳。謹奏。

[硃批]：覽奏俱悉。

六四、閩浙總督喀爾吉善等奏摺：撫卹臺灣諸縣災民

[乾隆十二年十月二十四日]，閩浙總督臣喀爾吉善、福建巡撫降二級留任臣陳大受謹奏：為奏敬籌撫卹窮番事宜以廣皇仁事。

竊照臺灣熟番田地久為漢民侵佔，以致生計維艱，而役使辦公，復多苦累。前經臣等奏明，荷蒙諭旨：務必擇吏振刷，使番民各遂其生，不致困苦含怨；漢民各安其業，不致侵擾窮番。聖訓備極諄詳，臣等惟當欽遵辦理。除切諭新任道府督率屬吏加意隨時調劑，如革除差派、嚴禁侵漁、杜兵役之苛虐、定漢番之疆界，一切應行事宜務期實力奉行外，伏思番民之窮困，實緣產業之不充，每歲耕其有限之田，所入無幾，一遇青黃不接，輒舉重利告貸於漢民，迨至秋收不敷償補，則漢民或盤算其房地，或准折其子女，故番民困苦日深。

查臺屬一廳四縣之中，惟鳳山縣向有留存倉粟一項，分貯八社，每年借給番民數千石，春借秋償，不取其息，甚於窮番有濟。其餘臺灣縣大傑巓等二社、諸羅縣大武壠等九社、彰化縣半線等八社、淡防廳蓬山等十三社，悉係窮番，並無接濟之項。臣等再四籌劃，查有前奏臺郡捐監案内附請加捐穀十五萬石，原議以十五萬石存貯臺倉，遇有額外需穀以之濟應，經部覆允，奉旨依議欽遵在案。今擬請於前項議存臺倉穀數内撥出二萬石，酌量分給臺、諸、彰、淡四屬，視道里之遠近、番社之大小，量為均勻存貯，遴選老成殷實之土目通事，公同經管專司，出入照依鳳山之例，每歲於春末夏初借給番民，俟秋成照數收補，不取息

穀。其不願借者，不必強派。年底令各該廳縣前往盤查，出結申報，務歸實貯。倘土目通事敢有侵漁需索及容漢人假名冒領虧缺等弊，即行革究著賠，如此則各社千萬窮番永沐恩施之浩蕩，得以遂生息物，可望其漸有起色矣。至前項議捐監穀甫經行文，若俟收捐足數，尚需歲月，此所請撥貯番社之穀如蒙俞允，容臣等谘明內部，一俟捐有成數，即先動撥分貯，俾得早霑聖澤，更為妥便。臣等為撫卹窮番起見，是否有當，伏祈皇上睿鑒訓示遵行。謹奏。

［硃批］：知道了。

六五、福州將軍新柱奏摺：臺灣道府所屬本年被旱並晚禾情形

［乾隆十二年十一月初六日］，福州將軍兼管閩海關事務臣新柱謹奏：為奏報事。

竊照閩省本年晚稻情形經臣節次奏聞，玆查自九月以來，晴霽日久，正值稻穀陸續登場之候，並無妨礙。見據報到：已經收穫者四十一州縣均在八分、九分上下，間有六分、七分者不過二、三縣，其餘未報到各屬聞皆豐熟，遠近米價漸次平減，地方寧謐。至臺、鳳、諸三縣，八、九兩月雨澤愆期，臣恐晚稻失收，飛劄移詢鎮道二臣，並於前摺奏明。近據臺灣道府先後具報：諸羅一縣勘不成災，臺、鳳二縣高阜田園俱有被旱之處，履畝勘明，共計四千二百二十甲零，應賑大小戶口七百九十七名口，现在照例先行撫卹。其近水田畝俱屬有收，彰化、淡水二屬可期豐稔，民番安堵，所有通省情形，理合繕摺奏聞。再，照臺郡田畝向以十一畝為一甲，合併陳明，伏乞皇上聖鑒。謹奏。

［硃批］：覽奏俱悉。

六六、福建巡撫潘思榘奏摺：查辦臺灣等縣災務

［乾隆十三年四月初六日］，福建巡撫臣潘思榘謹奏：為奏聞事。

竊查福州府屬之長樂、福清，臺灣府屬之臺灣、鳳山等四縣上秋晚禾被旱，經前撫臣陳大受題報情形，委員勘明成災分數分別蠲緩錢糧，先後題覆，請將臺、鳳二縣災民於撫卹一月口糧之外，照例加賑；其長、福二縣被災民人俟春耕時察看民情借給籽種、口糧，酌量辦理，附疏聲明在案。臣蒞任後察查，各縣被旱地方均屬一隅偏災，臺、鳳二縣應賑飢口冊報一百一十六戶，已飭動本處粟穀，按照災分給賑，海外災黎咸霑實惠。至長、福二縣被災貧民時屆春耕，米價稍昂，不無拮据，先經署撫喀爾吉善飭令有司查明災戶額田多寡，分別酌借籽種、口糧，此時正在查給。臣恐地方官辦理草率，胥役乘機侵扣，嚴飭躬親查實，按戶借領，俟秋收免息還倉，務使災民耕作有資，以廣皇仁，並及時開倉平糶，俾無食貴之虞。現在民情得所，盡力農功。所有查辦災務緣由，臣謹繕摺具奏，伏乞皇上睿鑒。謹奏。

[硃批]：知道了。

六七、閩浙總督喀爾吉善奏摺：台灣各屬被水情形

[乾隆十三年閏七月初六日]，臺郡自七月至今風汛不順，日久未接道府稟報，茲於閏七月初三日接據道府稟稱：彰化縣於七月初二夜半，狂風大作，初三日，水勢驟漲，城內水深數尺。城内城外頃刻倒壞民房三百數十間。附近大肚溪一帶村莊盡行衝淹。查勘來源，係因生番內山水沙連發蛟，水勢驟湧，堤防不及，受災甚重。諸羅縣笨港等處亦有衝壓田畝，倒壞民房之處尚屬無多。其餘臺、鳳、淡水各廳縣並未被水等語。臣查核道府各稟，彰邑被水情形較之沿海各邑被風更重。且海外災黎尤當加意矜卹。

六八、巡視臺灣監察御史伊靈阿等奏摺：彰化縣被水偏災、委員查勘分別賑卹

[乾隆十三年閏七月十一日]，巡視臺灣陝西道監察御史臣伊靈阿、

巡視臺灣兼理學政陝西道監察御史臣白瀛謹奏：為恭報被水偏災並查勘賑卹緣由，仰祈睿鑒事。

竊本年七月初七日據彰化縣稟稱：本月初二日半夜起至初三日酉刻，風雨大作，山水驟漲，沿溪一帶田園、廬舍俱有損傷等情。當即飛檄淡水同知曾曰瑛督同彰化縣知縣陸廣霖攜帶存公銀兩速往各村莊詳查覆勘，照例分別賑卹，務使災黎得所，毋漏毋冒去後，茲據該廳縣詳稱：查得被水各村莊衝倒瓦、草房屋共一千八百餘間，內除有力之家尚有另屋棲止，別業謀生，毋庸賑卹外，其餘分別瓦屋、草披間數、大小，按戶賑卹，共賑過銀四百七十六兩二錢五分，淹斃男婦一十八名口，照例賑給銀兩，飭令收埋。其臨溪傍河之田園內有沙土浮鬆被水衝崩者共八十餘甲，查明糧額照例請豁外，其餘被沙壓蓋者，或一、二畝，或二、三分不等，共計七十餘畝，現在勸令各業佃乘時挑復補種晚禾。

再，被水處所秋禾未種早稻方收，均有餘糧無須借給口糧、籽種等情前來。現在檄飭臺灣府知府方邦基輕裝簡從，速往被水各里莊詳確覆勘，加結申送到日諮明督撫，聽其察核題銷外，臣等伏查風水為患乃屬一隅偏災，本年七月初三日午時彰化縣山水陡長，大肚、虎尾二溪同時漲發，宣泄不及，以致沿溪一帶低窪民房被水坍塌，人口、田園間有損傷。臣等仰體皇仁，督率地方官詳細確查，分別賑卹，現今房舍及時修整，田園協力挑復，民情安帖，委無失所。合將被水情形並辦理緣由繕摺具奏，伏祈睿鑒。

再，查臺郡夏秋以來雨水充盈，禾苗暢茂，官弁肅清，民番寧謐，合併聲明。為此謹奏。

［硃批］：此事汝等所奏遲延，已有旨了。

六九、署理福建布政使永寧奏摺：閩省雨水苗情及賑卹彰化等被災州縣

［乾隆十三年八月二十一日］，署理福建布政使奴才永寧跪奏：為

奏報收成分數及地方情形事。

竊照閩省地方山海交錯，種麥稀少。本年夏麥收成通共七分以上，至各屬早稻因春月得雨稍遲，高阜之處栽插未齊，幸自四月十一日以後疊沛甘霖，到處普徧，農民及時播種，中、晚二禾雨澤頻霑，七月內早稻陸續告登。查興化、邵武、福寧三府收成俱八分以上，福州、延平、建寧、汀州、龍岩五府州俱七分以上，泉州、漳州、臺灣、永春四府州俱六分以上，合計通省收成七分以上。奴才先後詳報督撫二臣具題在案。

自夏入秋雨水均調，各屬中、晚禾現在秀實，雜糧亦各暢茂，可冀有秋。惟七月初二、三日臺屬彰化縣大肚溪山水驟發，衝壞民房一千餘間，淹損民人一十八口，諸羅縣笨港地方亦有衝塌民房數十間。至十七、八等日，正值潮汛之時，疾風驟雨，海潮上湧，福州、興化、泉州、漳州、福寧五府屬內閩縣、連江、閩清、羅源、長樂、福清、莆田、同安、晉江、南安、惠安、龍溪、漳浦、長泰、詔安、海澄、霞浦、福鼎、福安、寧德等縣沿海沿溪地方民房亦有被風刮損，民人亦有淹斃，低處田園亦有水淹沙壓，城垣、堤岸、營房、戰船均有損壞。隨經委員分往各處確勘被水情形，查明倒坍民房、淹斃人口，分別撫卹，水淹沙壓田地以及損壞堤岸，督率農佃挑復砌築，乘時補種，無力貧民酌借籽種工本，坍損城垣等項勘明分別修整。內惟臺屬彰化縣猝被山水，坍房數多，比之內地被風較重，海外災黎宜加矜卹。奴才稟商督撫二臣，飛飭臺灣道府就近動支庫項、倉糧，督率印委官查勘，被水衝淹田房乏食貧戶照例先行賑給一月口糧，不致失所，一面詳請題報，旋據道府移報：彰邑被水民人已經賑卹得所，僅有零星沙壓田園，現在查勘是否衝廢不能開復，另請豁糧。諸羅縣被水為輕，田園無礙。其內地被風各縣旋據查報，均止瀕海臨溪一隅之地，水長易消。本年逢閏，節氣較遲，即有被淹之田，正可補種，晚禾、雜糧現據委員會同有司陸續勘報，不致成災，容俟覆齊彙詳督撫二臣具奏，仍先飭有司將倒坍民房、淹斃人口分別撫卹，水衝沙壓田園以及坍塌之堤塍埭岸督率業佃挑復砌築，乘時補種，無力貧民酌借籽種工本，以免抛荒。其一切工程船隻等項，坍損擊壞者現在查明，應民修者勸民修整，其應官修之工，即令及時勘修。

至於各屬米糧市價，上米原少，民間所食中下米居多，先因春間缺雨，又屆青黄不接，市價漸昂。督撫二臣暨奴才督率有司勸令紳士富户出糶餘米，又開官倉接糶，目今福、興、延、建、汀邵、臺、福寧、永、龍十府州屬中下米價已平。只有泉、漳二府近因連旬缺雨，米價昂貴，倉儲有限，奴才現在稟商督撫二臣撥運別屬倉穀，以資糶濟，以平市價，以仰副我皇上勤卹民隱至意。謹據實繕摺具奏，伏乞皇上睿鑒。所有原奉硃批奏摺四扣另行敬謹封繳。謹奏。

［硃批］：覽奏俱悉。

七〇、福建巡撫潘思榘等奏摺：臺郡被水各所均照例賑卹

［乾隆十三年九月初四日］，臣等……查得本年七月内沿海郡縣，海潮乘風上湧，山水因雨驟漲，濱海沿溪民田廬舍均有被風被水吹坍淹浸之處……台灣府屬諸羅縣并漳州府續報之龍溪、漳浦、詔安三縣，此一十一縣或勘明濱海埭田鹹潮乘風漫淹禾苗，衝坍埭岸、陡門、兵民房屋，或勘明沿河村莊山水匯注，氾溢田畝，衝倒橋閘、民房，淹斃人口……諸羅縣倒壞民房二十九間……倒壞房屋者均……按間給與修房銀兩，淹斃人口亦按口給銀殮埋，俱各賑卹得所。惟臺屬彰化縣勘報，内山發蛟，異漲驟至，鄰近溪河之城市村莊，衝倒民房一千八百餘間，淹斃男婦一十八名口，水衝沙壓田園九百餘畝，已成偏災。臣等業經照例飭行撫卹一月口糧。

七一、户部題本：核準閩撫奏報臺、鳳二縣乾隆十二年晚禾旱災，按成災分數，將被災田園官莊應徵米石、租銀造册請免

［乾隆十三年九月初四日］，經筵講官太子太保協辦大學士事務議

政大臣領侍衛内大臣鑾儀衛掌衛事兼管吏部尚書事務戶部尚書暫行署理三庫事總管内務府大臣加一級臣傅恆等謹題：為彙報臺郡晚禾被旱情形事。

戶科抄出福建巡撫潘思榘題前事内開據署福建布政使司布政使永寧呈詳，奉前喀署撫院牌，乾隆十三年正月初六日，准戶部谘福建司案呈，戶科抄出陞任福建巡撫陳大受題前事等因，乾隆十二年十月二十五日題，十一月二十七日奉旨：該部速議，具奏。欽此。欽遵於本月二十八日抄出到部，該臣等查得：陞任福建巡撫陳大受疏稱臺灣一郡，遠隔海洋，地土浮鬆，全賴雨暘時若，田禾始得豐收，力耕民番，鹹藉資生供賦。茲據布政使高山詳，據臺灣府知府褚祿詳報：臺灣、鳳山二縣，本年入秋以來，雨澤愆期，晚禾乏水。自八月初二日得雨以後，匝月不雨，秋陽愈烈。附近埤塘，各里可以隨時戽灌者，俱得漸次秀茂，可冀有收；其無水源之田園，多已黃萎枯槁，偏災之象已成等情。除將該二縣被旱田園，批令移行道府委員，督同各該縣星速履畝確勘，取具成災分數冊結，將新舊錢糧暫緩催徵，一面查明被災輕重，將極貧戶口，照例先行撫卹一月，餘俟察看情形，應借給籽本者酌量借給，應加賑者酌量賑給，以卹災黎，另行分晰詳題外，所有臺灣、鳳山二縣晚禾被旱情形，臣謹會同閩浙總督臣喀爾吉善合詞具題等因前來。

查乾隆二年八月内，九卿議覆晏斯盛條奏内開：嗣後水旱災傷，該督撫一面題報情形，一面委員親至被災地方，酌量情形，先發倉廩，及時賑濟等因，又定例被災極貧之民，先行撫卹一個月口糧各在案。今據陞任福撫陳大受疏稱：臺灣、鳳山二縣，本年入秋以來，雨澤愆期，晚禾乏水。自八月初二日得雨以後，匝月不雨。其無水源之田園，多已黃萎枯槁。除將該二縣被旱田園新舊錢糧暫緩催徵，查明被災輕重，將極貧戶口照例先行撫卹一月，餘俟察看情形，應借給籽本者酌量借給，應加賑者酌量賑給，以卹災黎，另行分晰具題等語。應如所題，將該二縣被災里民，查明被災輕重，將極貧戶口，照例先行撫卹一月，餘俟察看情形，應借籽本者酌量借給，應加賑者酌量加賑，並令該撫速飭委員確勘成災分數，依限題報可也等因，乾隆十二年十二月初七日題，本月初八日奉旨：依議，速行。欽此。為此合谘前去，欽遵查照施行等因，谘院行司。奉此。

又為前事奉前署撫院批本署司呈詳：查得臺灣府屬之臺灣、鳳山二縣，乾隆十二年晚禾被旱情形，業經詳奉前陳撫院具題，並奉飭移該管道員，委令該府，率同各該縣前往各被災處所確勘田園，是否成災，取具勘過輕重分數各冊結，並里民災戶各甘結，核明詳送，一面查明被災輕重，應借籽本酌量借給，應加賑者酌量賑給，妥協辦理去後，茲準據臺灣道副使莊年轉據臺灣府知府褚祿率同臺灣縣知縣李閶權、署鳳山縣事本縣縣丞魯光鼎各覆稱：徧歷查勘被旱處所，除不及成災分數未合蠲免之例不開外，本署司逐一覆加確核，臺灣、鳳山二縣勘實被災十分、九分、八分、七分、六分、五分各則，田園共四千五十六甲二分八釐三毫零。內被災十分田園共二千五十二甲二分三釐五毫零，各則不等，照例應免十分之七；被災九分田園共七百三十六甲五分八釐五毫零，各則不等，照例應免十分之六；被災八分田園共七百六十甲五釐五毫，各則不等，照例應免十分之四；被災七分田園共二百六十九甲七分六釐四毫零，各則不等，照例應免十分之二；被災六分田園共一百二十六甲三分五釐一毫，各則不等，照例應免十分之一；被災五分田園共一百一十一甲二分九釐一毫零，各則不等，照例應免十分之一。又鳳山縣官莊，勘實被災十分、九分、八分、七分各則田共一百六十四甲四釐七毫零。內被災十分田共七十七甲九分六釐，各則不等，照例應免十分之七；被災九分田共二十五甲一分，各則不等，照例應免十分之六；被災八分田共五十三甲三分二釐七毫零，各則不等，照例應免十分之四；被災七分上則田七甲六分六釐，照例應免十分之二。並據各該縣聲明應免粟石租銀各數目，遵照定例，於兩月限內另行造報，將被災田園分數開造總數冊結，粘連里民災戶甘結，道府加具各結移送到司。

又據臺灣縣查報應賑極貧六戶，大小口二十二名口，次貧五十二戶，大小口四百二十六名口；鳳山縣查報應賑極貧共十九戶，大小口七十七名口，次貧三十九戶，大小口二百七十二名口，二縣合計應賑極貧、次貧共一百一十六戶，大小口七百九十七名口。被災六分之極貧及

七、八、九、十分之極次貧，均照例先行撫卹一個月，每大口日給米五合，小口減半。其加賑月分，被災六分者極貧加賑一個月；被災七、八分者極貧加賑二個月，次貧加賑一個月；被災九分者極貧加賑三個月，次貧加賑兩個月；被災十分者極貧加賑四個月，次貧加賑三個月。所需賑濟口糧穀石，動支各縣存倉正供粟穀，以一米二穀，按月散給。每大口月給穀三斗，每小口月給穀一斗五升。其被災五分之極、次貧並被災六分之次貧，除照例請免錢糧外，於明春酌借社倉穀石，以資佈種。均令該道府轉飭各該縣親行散給。倘有扣剋冒濫，即行據實揭參。仍俟賑務竣日，將撫卹加賑過米穀、戶口細數、需用紙張等項，另行造冊報銷。至於被旱田園，乾隆十二年應輸錢糧，官莊租粟，應照例緩徵。除飭令造具分徵、緩徵各冊，另行詳報外，合將被災分數，彙造簡明並總細各冊，詳送具題。再，查各縣查勘限期，應以乾隆十二年十月廿五日奉院題報情形之日起，扣限四十五日，計至十二月初十日限滿。今查臺灣道府並各該縣造送前項分數各冊結，於十一月二十六日出文，尚在限內。至十二月十五日到司，實由臺灣遠隔重洋，風信靡定，難拘例限。

又查鳳山縣粘連里民災戶甘結，鈐縫未經用印，若駁發補印，恐誤限期。但所報分數俱經該道府勘實，出具無捏印結，相應據結轉送，合併聲明等緣由，詳奉具題在案。茲准署臺灣道副使書成行據署臺灣府知府方邦基取具臺灣、鳳山二縣造具被旱分數各則田園應免粟石租銀數冊，移送到司。

准此，該本司署布政使永寧查得：臺灣府屬之臺灣、鳳山二縣，乾隆十二年晚禾被旱田園，業經本署司取其該道府縣冊結及里民甘結並彙造簡明總數各冊，詳奉前喀署撫院具題在案。茲準署臺灣道副使書成移據署臺灣府知府方邦基催據攝理臺灣縣事署臺灣府海防同知張若霳、鳳山縣知縣呂鏈琇各造具勘實各里莊並官莊被旱各則田園應免粟石租銀數冊移送到司。本署司逐一覆加確核：臺灣、鳳山二縣被災十分、九分、八分、七分、六分、五分，田園共四千五十六甲二分八釐三毫四絲一忽三微七纖三沙五塵一埃一秒，各則徵粟不等，共該徵粟二萬二千一百一十八石七斗七升六合五勺三抄五撮四圭七粟八粒六黍二稷，照例應免十分之七、六、四、二、一不等，共應免粟一萬二千五百九十一石四斗八升五勺八抄七撮九圭八粟七粒七黍二稷八糠，各則勻徵丁銀不等，共該徵勻丁銀二百二十四兩四錢五分一釐二毫二絲九忽一微六纖三塵三埃一秒六漠，照例應免十分之七、六、四、二、一不等，共應免勻丁銀一百二十三兩九錢六分三釐二毫四絲七忽九微五沙六塵五埃一秒六漠。又鳳山縣官莊被災十分、九分、八分、七分田，共一百六十四甲四釐七毫七絲五忽，每甲勻徵丁銀不等，共該徵勻丁銀五百九十七兩四錢九分三釐六毫三絲八忽八微七纖六沙一塵九埃八秒三漠，照例應免十分之七、六、四、二不等，共應免勻丁銀三百四十五兩一錢九分五釐四毫六忽八微五纖四沙二塵九埃九秒八漠。遵即彙造簡明總數各清冊，現在呈送，伏候察核題蠲，以廣皇仁。

再，查此案應以乾隆十二年十二月二十日詳奉具題勘實分數之日起，遵照定例，扣限兩月造報。除封印日期，計至乾隆十三年三月二十日限滿。今查臺灣道移到各該縣造送前項蠲免各冊，係乾隆十三年正月二十九日限內出文，至五月十五日到司，實由遠隔重洋，風信靡定，難拘例限。所有各該縣賑借貧民穀石，現在查催造報，到日詳請題銷。其分年帶徵銀粟數冊，另詳請題，合併聲明等因到臣。

據此，該臣看得：閩省臺灣府屬之臺灣、鳳山二縣，乾隆十二年晚禾被旱田園分數，經前署撫臣喀爾吉善具題，並聲明應免粟石租銀數目，遵照定例另行造報在案。茲據署布政使永寧詳稱：準署臺灣道副使書成行據署臺灣府知府方邦基催據攝理臺灣縣事署臺灣府海防同知張若霳、鳳山縣知縣呂鍾琇各造具勘實被災十分、九分、八分、七分、六分、五分，田園共四千五十六甲二分零，各則徵粟不等，共該徵粟二萬二千一百一十八石七斗七升零，照例應免十分之七、六、四、二、一不等，共應免粟一萬二千五百九十一石四斗八升零，各則勻徵丁銀不等，共該徵勻丁銀二百二十四兩四錢五分零，照例應免十分之七、六、四、二、一不等，共應免勻丁銀一百二十三兩九錢六分零。

又鳳山縣官莊被災十分、九分、八分、七分田共一百六十四甲零，每甲勻徵丁銀不等，共該徵勻丁銀五百九十七兩四錢九分零，照例應免十分之七、六、四、二不等，共應免勻丁銀三百四十五兩一錢九分零。彙造田園科則應免粟石租銀簡明總數各冊詳報題蠲，以廣皇仁。並聲明此案應以乾隆十二年十二月二十日具題勘實分數之日起，扣限兩月造報，除封印日期，計至乾隆十三年三月二十日限滿。各該縣造送前項蠲免數冊係乾隆十三年正月二十九日限內出文，至五月十五日到司，實由臺灣遠隔重洋，風信靡定。至各該縣賑借貧民穀石並分年帶徵銀粟數冊，分案詳報具題等由前來。臣覆查無異。除冊分送部科外，謹會同閩浙總督臣喀爾吉善合詞具題，伏乞皇上睿鑒，敕部核覆施行，謹題請旨，乾隆十三年六月初七日題，七月二十日奉旨：該部議奏。欽此。欽遵於本日抄出到部，該臣等查得福建巡撫潘思榘疏稱：閩省臺灣府屬之臺灣、鳳山二縣，乾隆十二年晚禾被旱田園分數，經前署撫臣喀爾吉善具題，並聲明應免粟石租銀數目，遵照定例，另行造報在案。兹據署布政使永寧詳稱：準署臺灣道副使書成行據署臺灣府知府方邦基催據攝理臺灣縣事署臺灣府海防同知張若霳、鳳山縣知縣呂鍾琇各造具勘實被災十分、九分、八分、七分、六分、五分，田園共四千五十六甲二分零，各則徵粟不等，共該徵粟二萬二千一百一十八石七斗七升零，照例應免十分之七、六、四、二、一不等，共應免粟一萬二千五百九十一石四斗八升零，各則勻徵丁銀不等，共該徵勻丁銀二百二十四兩四錢五分零，照例應免十分之七、六、四、二、一不等，共應免勻丁銀一百二十三兩九錢六分零。又鳳山縣官莊被災十分、九分、八分、七分田共一百六十四甲零，每甲勻徵丁銀不等，共該徵勻丁銀五百九十七兩四錢九分零，照例應免十分之七、六、四、二不等，共應免勻丁銀三百四十五兩一錢九分零。彙造田園科則應免粟石租銀簡明總數各冊，詳報題蠲，以廣皇仁。至各該縣賑借貧民穀石，並分年帶徵銀粟數冊，分案詳報具題等由。臣覆查無異。除冊分送部科外，謹會同閩浙總督臣喀爾吉善合詞具題等因前來。

查閩省臺灣府屬之臺灣、鳳山二縣，乾隆十二年晚禾被旱，先據陞任福撫陳大受題報，經臣部議令速飭確勘成災分數，依限題報。續據署福撫喀爾吉善勘實臺灣、鳳山二縣被災十分、九分、八分、七分、六分、五分各則，田園共四千五十六甲零，又鳳山縣官莊被災十分、九分、八分、七分各則，田共一百六十四甲零，造冊題報。經臣部議令將應免粟石、租銀數目，俟該撫遵照定例另行題報，到日再議在案。今該撫潘思榘疏稱：臺灣、鳳山二縣勘實被災十分、九分、八分、七分、六分、五分，田園共四千五十六甲零，照例應免十分之七、六、四、二、一不等，共粟一萬二千五百九十一石四斗八升零，勻丁銀一百二十三兩九錢六分零。又鳳山縣官莊被災十分、九分、八分、七分共一百六十四甲零，照例應免十分之七、六、四、二不等，共應免銀三百四十五兩一錢九分零。彙造田園科則應免粟石租銀數冊題蠲等語。查定例，民地錢糧，如遇水旱成災五、六分者應免十分之一，七分者應免十分之二，八分者應免十分之四，九分者應免十分之六，十分者應免十分之七等語。今臺灣府屬之臺灣、鳳山二縣，乾隆十二年晚禾旱災，既據該撫按成災分數，將被災田園、官莊應徵粟石、租銀造冊請免。臣部查與定例相符，應準其照數蠲免，仍令該撫將免過數目，於該年奏銷冊內開除，並出示曉諭，務使災民均霑實惠。倘有不肖官吏，將蠲免粟石、租銀私行徵收侵蝕等弊，察出立即指名題參。至疏稱各該縣賑借貧民穀石，並分年帶徵銀粟數冊，分案具題等語，除分年帶徵銀粟，現據該撫分案題報，應於彼案議覆外，其賑借貧民穀石，應俟該撫造冊題報到日查核可也。臣等未敢擅便，謹題請旨。

乾隆十三年九月初四日，經筵講官太子太保協辦大學士事務議政大臣領侍衛內大臣鑾儀衛掌衛事兼管吏部尚書事務戶部尚書暫行署理三庫事總管內務府大臣御前大臣加一級臣傅恆、經筵講官尚書世襲一等輕車都尉降一級留任加二級紀錄一次臣蔣溥、正藍旗漢軍都統仍兼戶部右侍郎辦理步軍統領事務加四級紀錄六十八次臣舒赫德、工部右侍郎兼管戶部右侍郎事務紀錄四次臣嵇璜、福建清吏司郎中臣陳士璠、福建清吏司員外郎臣譚柱、福建清吏司員外郎臣黃澍、福建清吏司主事臣王鋌、廣東清吏司主事兼辦福建清吏司事革職留任臣楊可鏡、福建清吏司額外主事上學習行走臣周照。

旨：依議。

七二、巡視臺灣監察御史伊靈阿等奏摺：臺灣乾隆十三年七月中旬糧價並臺、鳳、彰秋旱偏災情形

［乾隆十三年九月十一日］，巡視臺灣陝西道監察御史臣伊靈阿、巡視臺灣兼理學政陝西道監察御史臣白瀛謹奏：為彙報秋旱偏災情形、仰祈睿鑒事。

竊臺郡今歲入夏以來，雨水調勻，禾苗暢茂，經臣等據實奏報在案。茲屆秋成，所有北路淡防廳及鳳山縣所屬之下淡水等處，雨水充盈，禾苗現在結實，可望有收。諸羅縣水源充足，雖被風搖落，不無稍減，分數尚不致成災外，惟臺灣縣之中路、鳳山縣之北路及彰化縣之沿海一帶，地處高阜，水圳稀少，自閏七月下旬以來，連旬不雨，又兼八月十五、六等日，風霾大作，雖廬舍、船隻並無損壞，不致成災，而禾苗之正吐華者，間被搖落，地氣乾燥愈甚，當即親往郊外察看情形，詢之農民咸稱，旬日內若得時雨，尚無妨礙。臣等隨率領各屬虔誠祈禱，並檄飭各該縣一體虔求，以冀有秋，嗣越旬日仍無雨澤，亢旱更甚，災象已成，隨飛檄各該縣親往查勘，務得確實分數，毋漏毋冒去後，茲據臺灣縣禀稱：該縣田園共計一萬二千餘甲，內除依仁等五里向有埤溝陂塘可資灌溉，禾苗漸次收割，尚屬有秋外，其永康等十七里高阜田園半屬黄萎，不能結實者約共一千三百餘甲，統計被災在一分以上，偏災已成等語。又據鳳山縣禀稱：該縣官民莊田共有一萬三千餘甲，內除下淡水等處，俱有埤圳可以引水灌溉者，約一萬二千餘甲均無妨礙外，其高阜處所栽種極遲晚禾無水滋潤者，均屬黄萎，實共六百餘甲。合縣通計，雖被災不及一分，但就乾旱之處，已成偏災等語。又據彰化縣禀稱：該縣共計十一保，其沿山之半線等六保，俱有水源引溉，現在將次收割，尚屬有秋，沿海之馬芝遴等五保，額徵田園計三千二百餘甲，除開有水道可資灌溉者不至傷害外，實在被旱晚禾共一千九百餘甲，通縣勻算，被災幾及二分等因。各禀報前來。

臣等隨飛檄府廳輕裝減從，親往分頭履勘明確，照例分別賑貸，勿

得絲毫延漏，致令貧民失所。仍一面將被災分數並酌量辦理情形飛咨督撫聽其查核外，臣等查淡鳳諸三處，現在米價每石自一兩七八錢至二兩不等，惟彰化縣水旱頻仍，現在米價每石長至二兩二錢有零。郡城食指殷繁，北路接濟較少，以致米價每石亦長至二兩二錢有零。通臺計算，米穀雖不至缺乏，而被旱之處民食未免艱難，自應仰體皇仁，分別賑貸，以副我皇上軫念海疆，愛民若子之意。除收成分數俟屆期查明，另行奏報外，所有臺鳳彰三縣被旱偏災情形，理合據實摺報，伏祈睿鑒。謹奏。

［硃批］：一切賑卹事宜，督率地方官善為之。臺灣不比內地，更宜加之意也。

七三、巡臺御史伊靈阿等奏摺：彰化縣被水成災分數尚未查明

［乾隆十三年九月十一日］，巡視臺灣陝西道監察御史臣伊靈阿、巡視臺灣兼理學政陝西道監察御史臣白瀛謹奏：為覆奏事。

本年九月初六日，接到大學士伯張廷玉、協辦大學士尚書傅恒寄字內開乾隆十三年八月初一日奉上諭：臺灣府屬之彰化縣七月初二日夜半狂風大雨，初三日水勢驟漲，城內水深數尺，倒壞民房三百數十間。附近大肚溪一帶村莊盡行衝淹，因發蛟水勢驟湧，隄防不及，受災甚重。諸羅縣笨港等處，亦有衝壓田畝，倒壞民房之處，較之沿海各邑被風更重。現據該督撫等具摺陳奏，乃伊靈阿、白瀛此次所奏早稻收成一摺，即係七月初三日所發，而於此等重災並無一語奏及，可見伊等於地方事務全不留心辦理，其所奏事件不過虛文塞責，即如此次奏摺，既係初三日拜發，豈有不將彰化縣風災一事陳奏之理，必係將每年循例奏報之事先期書寫，預填月日，以應故事，殊非朝廷設立巡查之意，著傳諭申飭之。欽此。遵旨寄信前來。

臣等跪誦之餘，惶悚無地。伏念臣等至微極陋，蒙皇上天恩，畀以海疆重地，感激圖報，夙夜靡寧。本年七月初三日拜摺後，始聞有彰化

縣被水之事，即傳諭道府飛行確查，旋於初七日據該縣稟報大概情形前來，隨即飛檄淡防同知曾曰瑛攜帶存公銀兩就近查勘確實，照例先行分別賑卹。彼時自應預先奏報，臣等拘迂之見，以為未經查明確實分數，不敢冒昧瀆陳。茲蒙皇上傳諭申飭，如夢方醒，從前愚昧之咎實所難辭，惟有凜遵訓諭，力圖改過，以仰報高厚生成之恩於萬一耳，伏祈睿鑒。臣等不勝恐懼悚惶之至，謹奏。

［硃批］：覽。

七四、巡視臺灣監察御史伊靈阿等奏摺：臺灣各屬收成糧價

［乾隆十三年十月十一日］，巡視臺灣陝西道監察御史臣伊靈阿、巡視臺灣兼理學政陝西道監察御史臣白瀛謹奏：為恭報臺屬收成分數、米穀價值確實情形、仰祈睿鑒事。

竊臺郡今年入秋以來風旱交加，除淡水、諸羅不致成災外，其臺鳳彰三縣偏災情形業經臣等繕摺奏聞。茲屆收穫之期，隨檄飭臺灣府轉行各屬將收成分數確實開報，毋得粉飾去後，茲據該府方邦基查覆前來，內稱：除澎湖地方向不栽種禾稻，臺灣縣地方向不栽種早稻，無庸開報外，查臺灣縣晚稻連被災，收成確有六分；鳳山縣早稻收成確有七分五釐，晚稻連被災，收成確有六分五釐；諸羅縣早晚二稻收成俱確有七分；彰化縣早稻收成確有六分，晚稻連被災，收成確有五分；淡水廳早稻收成確有七分五釐，晚稻收成確有七分，通郡勻算，早稻收成確有七分，晚稻連被災，收成確有六分三釐等語。臣等覆加察核無異。查本年臺郡所有早晚二稻及各種雜糧收成分數，連被災計算在六分以外、七分之內，較之往年實屬歉薄，目下尚堪無虞，明春青黃不接之時，甚屬可慮。再四思維海外不比內地，惟有預為樽節之一法。現在出口船隻，臣等諭令各該管官員實力稽查，除照例攜帶食米接濟漳泉民食外，其額外增帶及整船販運者，概行嚴禁，庶幾稍留有餘，不至匱乏。目下郡城米價每石二兩零五分，各屬自一兩七錢至二兩零不等，較之初秋頗覺平

減，地方寧謐，番民安堵。其被災之處，臣等現在督率有司照例分別賑貸，務使窮黎均霑實惠，以仰副我皇上軫念海疆，愛民若子之意。所有收成分數米穀價值確實情形，謹繕摺奏報，伏祈睿鑒。其南巡事宜，臣伊靈阿另摺具報，至閩操北巡事宜，容俟事竣後另行分析具報，合併聲明。謹奏。

［硃批］：實力稽察妥辦，海外不比內地也。

七五、閩浙總督喀爾吉善奏摺：臺郡亢旱奏請格外加恩併先行令道府妥辦

［乾隆十三年十月十七日］，臺灣地方九月中旬據報尚未得雨，亢旱較久，且屬海外地方，其臺、鳳、彰三邑旱災戶口，更需仰體皇仁加恩格外，因重洋遠隔，往返需時，節經行令道府斟酌妥辦在案，統俟覆到彙奏。至省會以及上游各郡，九月下旬至今連次得雨，收穫現已告竣，二麥先後布插，民情俱各安帖。通省米價俱平，及漳、泉二府屬，亦止每石賣銀一兩六七錢，市價大減於前。惟臺灣米價，九月內尚未平減，每石在二兩以外，據道府稟稱：將來晚稻收竣，米糧充裕，可望平減等語。所有閩省地方情形，理合繕折恭奏，伏乞聖鑒。謹奏。

七六、福建水師提督張天駿奏摺：閏七月後臺郡被旱情形

［乾隆十三年十月二十七日］，再，查臺屬彰化地方，本年七月初三日，水沙連內山發蛟，溪流氾溢，支河疏洩不及，民屋、營房間有衝倒，人口亦有淹溺。臣即據報飛咨督撫二臣，委員分別軫卹修葺，不致失所。按查被水之處，早種甫收，晚苗方插，零星沙壓田畝，隨時墾復。續於閏七月後，雨澤愆期，風臺間作，臺郡高阜田園被旱歉收者，台灣縣約有一千三百餘甲，鳳山縣約有六百餘甲，彰化縣約有一千七百餘甲，經台灣府履畝確勘，今通府田園計算，被災不及二分，收成實有七分以上。現在臺、厦米價每石市戥番銀一兩七、八錢不等，地方寧

謐，兵民安堵。合併附摺恭奏，伏乞皇上睿鑒。臣謹奏。

七七、巡視臺灣監察御史白瀛奏摺：巡閱臺灣北路營伍並現在雨水米價

［乾隆十三年十一月二十一日］，巡視臺灣兼理學政陝西道監察御史臣白瀛謹奏：為恭報巡視北路情形、仰祈睿鑒事。

乾隆十二年准督撫谘開兩巡察於每年農隙時，分路各自巡查一次，經部議覆，奉旨依議。欽此。欽遵在案。

今年臣白瀛例應巡查北路地方，隨於十月二十七日輕裝減從，自備裹糧，由府治起程，經木柵茅港、尾下、加冬等處，至諸羅縣閱看北協左營操演，該營積玩已深，守備李景泌到任不久，兵丁隊伍技藝俱覺生踈，臣隨詳悉指授，嚴加訓飭，仍不時留心體訪，倘有違玩，即行谘条。次由該縣之斗六門渡虎尾溪，從東西螺、大武郡沿山一帶至彰化縣治，閱看北協全營操演，均各整齊熟練，防守嚴密。該協副將馬龍圖熟悉風土，馭兵有法，俱經量捐獎賞，以示鼓勵。復由彰化東北沿山一帶之貓霧捒、岸里社等處過大甲溪，至淡防廳所屬之蓬山、吞霄、後壠、竹塹等處，見其地勢遼闊，流寓繁多，而兵單官少，稽查難周，隨嚴飭新任淡水同知陳玉友將所屬各港口，並沿山各險要處所，竭力防範，毋許稍有怠玩。從竹塹循海而南，經過遷善、感恩等社，至鹿仔港、笨港、鹽水港，貨船停泊，客民叢聚之所，加意訪察，俱各安靜，間有一二不法之徒，俱就近密諭地方官嚴拏究處，不使稍有踈縱。其往返經過各莊社俱傳集耆老、通土、番衆人等一一宣佈皇仁，開誠撫諭，捐資備給煙、布、茶、紙、筆墨、針線等物，莫不歡欣鼓舞。沿途大小塘汛俱逐加訓飭，令其不時操防，毋許怠惰滋事，以仰副我皇上廑念海疆，惠養元元之至意。巡查既訖，於十一月十七日回署，所有巡視北路情形，理合據實奏聞，伏祈睿鑒。

再查臺、鳳、彰三縣，今秋被旱偏災，七月內彰化被水，俱經臣等節次奏報，並檄飭確查，照例賑貸各在案。茲臣於巡查北路之便，經過

臺、彰兩邑被旱被水處所詳加察看，其廬舍、房屋俱各修復整齊，田園溝圳並皆挑浚深通，徧種小麥雜糧等物，俱各秀茂。所有應賑人戶，實在按名散給，委無遺漏冒濫等弊。番民安堵，氣象恬熙，毫無被災景色。連年臺郡秋冬少雨，茲十一月初一日，暨初九、初十等日，連得透雨，沿途水圳充盈，土田滋潤，其麥苗、地瓜、芒蔗等項倍加秀茂，官弁番民歡呼載道，稱為數年僅見。現在米價郡城每石一兩九錢，各處自一兩六錢有零，至一兩八九錢不等，較前又加平減。臣等隨公同商酌，現在諭令鹿耳門照督撫奏準新例，每船增帶食米六十石，以濟漳泉民食，俟明春二月即行停止，其額外私帶並各處小口仍行嚴禁，不許私越滋弊。總之，隨時酌辦，不敢稍執成見，使過於壅塞歧視內地，或任其漏卮貽誤海外也。所有現在雨水米價情形，並酌量辦理緣由理合一併附聞。為此謹奏。

［硃批］：覽奏俱悉。

七八、閩浙總督喀爾吉善等奏摺：籌辦借給臺灣窮番穀石

［乾隆十四年正月二十三日］，閩浙總督降一級留任臣喀爾吉善、福建巡撫臣潘思榘謹奏：為籌辦借給窮番穀石以廣皇仁事。

竊照臺灣熟番田地久為漢民侵佔，以致生計艱難，役使辦差復多苦累。先經臣喀爾吉善會同陞任巡撫臣陳大受具摺奏明，欽奉諭旨：務必擇吏振刷，使番民各遂其生，不致困苦含怨，漢民各安其業，不致侵擾窮番。聖訓周詳，無微不燭。經查明，臺灣一廳四縣之中，惟鳳山向有留存穀倉一項，分貯八社，每年借給番民數千石，春借秋償，不取其息。其餘臺灣二社、諸羅九社、彰化八社、淡防廳十三社並無貯穀堪以接濟。又經議請於存貯臺郡捐監穀五萬石之內撥出二萬石，酌量道里遠近，番社大小，均勻存貯，照鳳山之例出借，免其取息，俟捐有成數，先行動撥。奏奉硃批：知道了。欽此。欽遵轉行妥辦在案。

續據臺灣道府酌議，淡防廳需穀四千一百石，諸羅縣需穀六千六百石，彰化縣需穀四千二百石，臺灣縣需穀五千一百石等情。批令布政司

妥確查議。今據署布政使永寧詳覆：諸羅縣先後報捐共存監穀一千五百六十六石，彰化縣現存監穀八百一十石，應儘現存監穀收貯以為借給窮番之需，但此時臺郡米價高昂，報捐俊秀甚是稀少，若待捐足再行撥貯，番黎望澤恐殷，一遇青黃不接，未免拮据，殊非仰體皇上一視之仁。請將不敷穀石審度程途之遠近，較量運費之多寡，於各廳縣存貯未運府倉穀內先行撥貯，俟監穀捐有成數歸還府倉備貯之欵等語。臣等查核所定各廳縣分貯數目，該司道等既按番社大小、番黎多寡計算，似應照議派撥。至借給窮番穀二萬石，乃係憫其困苦，奉旨允行。而府倉一項原屬運備糶濟之用，今原欵監穀現在未能足額，應請於府倉數內先行動撥，一俟監穀收有成數，照撥補還，不過移緩就急，畧分先後，可以安輯窮番，遂其生計。除俟撥足之日飭造分貯清冊同需用腳價照例辦理一併送部察銷外，理合奏明，伏祈皇上睿鑒施行。謹會奏。

［硃批］：知道了。

七九、署理福建布政使永寧奏摺：臺灣府屬雨水糧價及賑濟被災州縣情形

［乾隆十四年三月初十日］，署理福建布政使降二級留任奴才永寧跪奏：為奏明地方情形、仰祈睿鑒事。

竊照上年閩省泉州府屬之晉江、南安、惠安、同安、漳州府屬之龍溪、詔安、臺灣府屬之臺灣、鳳山、彰化等九縣潮旱偏災情形及分別賑貸緣由，業經奴才兩次繕摺奏聞，並據道府各縣勘明被災分數造具冊結詳請督撫二臣題報在案。所有漳、泉二府屬之晉江等六縣被災無力窮農酌借口糧、籽種；臺灣府屬之臺、鳳、彰三縣被災乏食貧民分別極、次加賑，俱已霑沐恩膏，無一失所。更蒙皇上截撥江浙漕米一十五萬石，自上年十二月至今陸續運到，派撥泉、漳府屬及省城儲備，俟青黃不接酌量地方情形糶濟民食，山海黎庶莫不感戴皇仁，懽忭無已。歷年平糶俱動倉穀，今歲凡有運貯漕米處所，詳明督撫二臣即將漕米動糶，留存倉穀備貯。

上冬十二月十一二等日各府屬俱得臘雪，自春以來雨水調匀，麥苗、雜糧青葱鬱茂，泉、漳氣候較早，麥穗俱已結實，可望豐收，現今上遊米船源源販運，頗有接濟，價亦平減。其臺灣、諸羅、彰化、淡水等處俱得雨澤，惟鳳山縣雨水略少，民情安貼，理合繕摺奏聞。各府州屬糧價開列清摺恭呈御覽，伏祈皇上睿鑒。所有原奉硃批奏摺十二扣另行敬謹固封恭繳。謹奏。

［硃批］：覽奏俱悉。

八〇、福建巡撫潘思榘題本：奏報乾隆十三年彰化縣被水偏災情形及賑卹事宜

［乾隆十四年四月初五日］，巡撫福建等處地方提督軍務都察院右副都御史紀錄二次駐劄福州府臣潘思榘謹題：為謹報彰邑被水偏災情形及賑卹事宜、仰祈睿鑒事。

據署福建布政司布政使永寧呈詳：乾隆十三年十月十三日，奉院准火票遞到戶部咨，福□司案呈，戶科抄出福建巡撫潘思榘題前事等因，乾隆十三年八月初五日題，九月初八日奉□：□□速議具奏。欽此。欽遵於本日抄出到部。該臣等查得福建巡撫潘思榘疏稱：臺灣一郡，孤懸海外，地土浮鬆，夏秋之交，時有風雨驟作，山水旋長旋消。本年自夏入秋，雨水均調，早禾已經收穫。茲據署布政使永寧詳據署臺灣府知府方邦基稟報：彰化縣地方，乾隆十三年七月初二、三兩日風雨狂驟，山水漲發，沿溪低窪民房，被水衝倒一千八百餘間，淹斃男婦一十八名口。逼近溪尾之石東源田園間有衝坍之處，若苳腳、德興等莊田園沙壓零星無多，壇廟、牆垣、營房等項亦有損壞，水勢已經消退，實屬一隅受災，現在查勘撫卹等情到臣。除將該縣被水衝塌、沙壓各田園，批令飛速移行道府委員督同履畝確勘，取具成災分數冊結，錢糧暫緩催徵，一面查明衝倒民房、淹斃人口各實數，動撥存公銀兩，分別撫卹安頓，坍房被水乏食極貧災民，動支倉穀，照例先賑一月口糧，以卹災黎，餘俟察看情形，分別酌辦，水衝、沙壓田園，督勸業佃挑復補種，無力貧

農，酌借社穀，以資工本，如有不能挑復者，勘明造冊請豁，其倒壞營房等項，修整完固，另行分案具題外，所有彰化縣被水偏災情形及賑卹事宜，臣謹會同閩浙總督臣喀爾吉善合詞具題等因前來。

查地方猝被水災，漂沒廬舍，經臣部於乾隆二年八月內議覆內閣學士凌如煥條奏案內，議令各省嗣後州縣水災驟至，量撥存公銀兩，會同地方官秉公確查被災之家，果係房屋衝塌，無力修整，酌量賑卹安頓在案。至淹溺人口，查乾隆二年八月內福建閩侯等縣偶被風水等災案內，經該撫奏明動項賑給亦在案。今臺灣彰化縣被水衝塌房屋、淹溺人口，該撫既經照例動用存公銀兩，委員分別撫卹安頓，應令俟事竣之日，據實造冊報銷。至疏稱被水乏食災民，動支倉穀，照例先賑一月口糧之處，查乾隆五年六月內臣部議覆都察院左都御史杭奕祿條奏內開，凡沿江海河湖居民猝被水災，雖不比旱災之以漸而成，該地方官亦必驗看確實，酌定分數，方可開倉賑濟，若令其一聞被水，立即開倉，恐頃刻之間，辦理未能允協，遺漏者多，濫給者亦復不少，倉糧耗散，災黎究未能均霑實惠，應行文各該督撫，凡沿江海河湖居民，有猝被水災者，令該地方官一面通報各該管上司，一面赴被災處所驗看明確，照例酌量賑濟，不得需遲時日，專候委員，亦不得冒昧開倉，至滋弊竇等因，通行直隸各省，遵照在案。今彰化縣被水災民，應令該撫潘思榘轉飭該地方官遵照定例，妥協辦理。至疏稱水衝沙壓田園，勸諭業佃挑復補種，無力貧農酌借資本，如有不能挑復者，勘明造冊具題請豁；其倒壞營房等項，修整完固，另行分案題報等語。應令該撫轉飭確勘，另行分案題報查覆可也等因，乾隆十三年九月十八日題，本月十九日奉旨：依議速行。欽此。為此合咨前去，欽遵施行等因，咨院行司。

奉此，又為前事奉本撫院批，本署司呈詳：該本司署布政使永寧查得臺灣府屬彰化縣，乾隆十三年七月初二、三兩日，風雨狂驟，山水漲發，業將被水偏災情形，詳報具題。奉準部覆，彰化縣被水衝塌房屋、淹溺人口，既經動用存公銀兩，分別撫卹，應令俟事竣之日，造冊報銷。至乏食災民動支倉穀，先賑一月口糧，應令遵照定例，妥協辦理。至水衝沙壓田園，勸諭挑復補種，無力貧農酌借資本，如有不能挑復者勘明造冊題豁。其倒壞營房等項，轉飭確勘，另行分案題報等因，業經移行遵照，並奉飭移該管道員，委令該府率同該縣前往被災處所，確勘田園是否成災，取具勘過被災田園各冊結，並里民災戶甘結，核明詳送去後，茲準署臺灣道副使書成移開，遵即飭委署臺灣府知府方邦基率同彰化縣知縣陸廣霖，履畝確勘，據各覆稱：當被水之時，早稻已收，晚禾甫插，偏歷查勘被水處所，除沙壓稍輕田園，業經勸諭業佃挑復補種，不至成災不開外，該縣將被水衝陷沙堆田園，造具總數冊結，黏連里民災戶甘結，該府加結，詳送到道。本署道查實，合就出具印結，移送到司，並聲明應免銀粟數目，遵照部行另行造報等由前來。本署司覆加確覈，彰化縣勘實被水衝陷沙堆田園共七十九甲四分七釐八毫零，内下則田二十甲七釐五毫，下則園五十九甲四分三毫零，難以墾種，應請全蠲。遵即彙造簡明並總數各清冊，現在詳送察照具題。至撫卹賑借災民動用銀兩、倉穀，俟賑借事竣之日，分晰造冊另詳請題。其倒壞營房等項，遵照部行轉飭確勘，另行分案詳報。再，查該縣查勘限期，應以乾隆十三年八月初五日奉院題報情形之日起，扣限四十五日，計至九月二十日限滿。今查臺灣道府並該縣造送前項各冊結，於九月十八日出文，尚在限内，至十一月二十五日到司，實由臺灣遠隔重洋，風信靡定，難拘例限，合併聲明等緣由，詳奉具題在案。該本司署布政使永寧查得：臺灣府屬彰化縣，乾隆十三年被水衝陷沙堆田園，業經取具該道府縣冊結及里民甘結，並彙造簡明總數各冊結，詳奉具題在案。茲準署臺灣道副使書成移據署臺灣府知府方邦基催據彰化縣知縣陸廣霖造具勘實各里莊被水衝陷沙堆各則田園，難以墾種，應請全蠲銀粟數冊，移送到司。本署司逐一覆加確核，彰化縣被水衝陷沙堆田園共七十九甲四分七釐八毫零，各則不等，共無徵粟一百四十一石七斗八升四合零，各匀丁銀不等，共無徵匀丁銀七兩一分三毫零，衝陷沙堆，難以墾種，應請全蠲，遵即彙造簡明總數各售清詳送察核題蠲，以廣皇仁。再，查此案應以乾隆十三年十一月二十九日奉院具題勘實分數之日起，遵照定例，扣限兩月造報，除封印日期，計至乾隆十四年二月二十九日限滿，今查該縣請蠲銀粟數冊，係十四年二月十九日限内出文，至三月二十九日到司，實由遠隔重洋，風信靡定，難拘例限，合併聲明等由到臣。

據此該臣看得：閩省臺灣府屬彰化縣，乾隆十三年被水衝陷沙堆田園，經臣具題，並聲明應蠲銀粟數目，遵照定例另行造報在案。茲據署布政使永寧詳稱：準署臺灣道副使書成移稱行據署臺灣府知府方邦基催據彰化縣知縣陸廣霖造具勘實被水衝陷沙堆難以墾種各則田園共七十九甲零，共無徵粟一百四十一石七斗零，共無徵勻丁銀七兩零，應請全蠲，彙造田園科則無徵銀粟簡明總數各冊，詳報題蠲，以廣皇仁。並聲明此案應以乾隆十三年十一月二十九日具題勘實被災分數之日起，扣限兩月造報，除封印日期計至乾隆十四年二月二十九日限滿。今查該縣請蠲銀粟數冊係十四年二月十九日限內出文，至三月二十九日到司，實由遠隔重洋，風信靡定，難拘例限等情前來，臣覆查無異。除冊分送部科外，謹會同閩浙總督臣喀爾吉善合詞具題，伏乞皇上睿鑒，敕部核覆施行。臣未敢擅便，為此具本謹題請旨。乾隆十四年四月初五日，巡撫福建等處地方提督軍務都察院右副都御史紀錄二次駐劄福州府臣潘思榘。

旨：□□議奏。

八一、閩浙總督喀爾吉善奏摺：閩省臺灣等府屬地方六、七、八月間被風被水

［乾隆十五年十月初七日］，閩浙總督臣喀爾吉善謹奏：為奏報閩省地方情形事。

竊照閩省七、八兩月連次被風，各屬雨水透足，經臣節次奏聞，均蒙聖鑒。臺灣府屬先接道府稟報：六月下旬雖雨水過多，尚不為災。又據臺灣道金溶稟：六月二十八、九等日連旬大雨，各廳縣田園均有衝壓，民舍、營房亦有坍損，正在查看撫卹，八月初八、九兩日又復狂風驟雨，查勘各廳縣續衝田園與倒壞官民房屋、衙署、倉厫、擊損船隻、壓斃人口，較前為甚，現在委員會同地方官確勘，照例即行動項分別賑卹等語。又據漳州府稟報：龍溪、海澄、南靖、詔安四縣俱於八月二十七、八等日大雨連綿，溪水驟漲，衝坍官民房屋，人口、牲畜亦被漂

流，低窪田畝均有水衝沙壓之處，收成不無減損各等情。臣現在飛飭布政司一面委員確勘詳報，一面即飭動項照例撫卹。至臺灣海外重地，民番尤宜加意安頓，務毋失所，以仰副聖主眷念海疆至意。今歲秋間，閩省沿海各郡連起颶風，雖不甚久而勢甚猛烈。八月初八、九風災，金、厦、臺、澎等處擊碎漂沒之商漁船隻竟至數百，人口亦多傷損，各營戰艦擊碎者四隻，現在嚴行確查，擊損砧漏者十隻，即飭速行修理配駕巡防。臺灣載運兵餉船四隻在洋犯風，幸俱收回。厦門内惟平四一船飄至澎湖砧破，餉銀錢文俱已撈存無失。擊碎漂沒官商船隻，現在飛飭沿海文武，生存者資助回籍，淹斃者撈獲掩埋。近海漁民以及防汛兵丁有撈獲失風船隻、貨物、行李者，嚴著文武追究給領以卹難民。至内地各府州雖亦時有狂風驟雨，晚禾不致受傷，收成可無減損。現在將屆收穫，得久晴霽更為有益。通省米價俱平，省城市價有減無增，尤於民食有濟。所有閩省地方情形，理合據實繕摺具奏，伏祈聖鑒。謹奏。

［硃批］：覽奏俱悉。有旨諭潘思榘，就近妥辦。

八二、福州將軍新柱奏摺：閩省臺灣等府屬州縣被風被雨及晚稻糧價

［乾隆十五年十月十一日］，福州將軍兼管閩海關事臣新柱謹奏：為奏聞晚稻成熟並地方情形事。

竊照本年七、八兩月閩省各屬被水遭風及米價平減、晚稻暢茂情形，經臣先後繕摺具奏在案。茲查得八月初八、九兩日臺灣府屬之彰化縣、淡防廳二處颶風大作，兵民瓦草各房吹倒甚多，衝壓田園彰化縣約共五六十甲，淡防廳十九甲零。經該廳縣勸諭業民挑築補種，吹坍房屋照例賑卹。撫臣委員查勘是否成災，尚未勘覆。該府八月分米價一兩一錢七分至一兩四錢五分不等，尚稱平減，民番皆極安靜。

八三、暫補臺灣鎮總兵林君陞奏摺：臺灣各屬乾隆十五年八月被災及糧價

［乾隆十五年十月十三日］，暫補福建臺灣鎮總兵官臣林君陞跪奏：為恭奏地方情形、仰祈睿鑒事。

竊臣欽奉諭旨暫補臺灣總兵，本年十月初一日抵臺任事。查臺灣水陸交錯，民番雜處，誠為海疆重地，時廑宸衷。臣茲身履其地，仰體聖懷，時刻留心，不敢稍懈。查本年八月內臺地兩遭風雨，田園水衝沙壓、瓦草房舍風吹倒塌者各縣皆有，而地方官資令修補，俱各安堵。更查鹿耳門被風擊破船二十隻，澎湖各澳口被風擊破船二十八隻，又哨船三隻，共斃舵水、人民六十餘名，兵丁七名，亦經地方官捐卹。其時早稻已收，晚禾甫插，不致成災。辰下晚禾將及登場，詢之鄉民，約有七八分收成。所有確實分數俯容收穫告竣另摺奏報。現在民間日食上米每石倉斗紋銀一兩四錢，中米每石一兩三錢，下米每石一兩二錢。民番樂業，地方寧謐。合將到臺所知地方情形繕摺專差家人王士玠恭齎奏聞，伏乞皇上睿鑒施行。謹奏。

［硃批］：覽。此等奏報惟應據實，不可稍存粉飾之意也。

八四、福建巡撫潘思榘奏摺：臺灣府屬雨水晚禾收成

［乾隆十五年十月二十八日］，福建巡撫臣潘思榘謹奏：為奏報地方雨水情形、仰祈睿鑒事。

竊照閩省八月二十七八等日，漳州府屬之龍溪、詔安、漳浦、南靖、海澄、平和等六縣、南澳一廳連日大雨，沿溪發水。又七月至八月初旬，臺灣府屬之淡防一廳及諸羅、彰化二縣大雨連綿，窪地被水。臣一面飭委道府星速往勘，一面照例分別賑卹，毋致失所。經臣具摺奏聞所需銀穀、請俟事竣造冊送部核銷在案。嗣據藩司暨道府稟報：臺灣、鳳山二縣同時窪地亦有被水之處，復經一體飭勘，加意撫卹，務使窮民

均霑實惠去後，今據布政使陶士僙據漳州府知府魏崿詳覆，委官確勘，龍溪、詔安、漳浦、南靖、海澄、平和、南澳等處並不成災，坍塌房屋無力之戶分別瓦房、草房逐一撫卹，實在力田無力農民酌借社穀，助其資本，另行造冊詳銷等情。又據臺灣道兼攝府事金溶申報委員確勘，淡防一廳、臺、鳳、諸、彰四縣俱不成災，倒塌瓦、草厝房三四十間至一千五百餘間不等，無力之戶俱分別撫卹；水衝沙壓田園自九甲、十甲至三百餘甲不等，現在勸令挑復，無力花戶暫緩催徵，無力農民分別借給籽種，明年秋收免息還倉；遭風船隻亦各撫卹安頓，飭令回籍，均無失所；營房、城垣等項現在設法飭修，另造撫卹銀穀冊送部查核等情。臣查漳屬一廳六縣暨臺屬一廳四縣於八月間先後被水，俱經委勘均不成災，但坍房各戶以及無力貧民未免艱難，業經飛飭該道府履畝勘明，逐一撫卹銀穀。現徵錢糧暫緩催徵，其餘田畝收成尚好，此時晚禾登場，米價甚平，民情寧帖。所有臺屬水衝沙壓地畝飭令設法翻犁，及時補種，如有實在不能墾復者，循例題請豁糧。

至於內地福州、福寧、泉州、興化、延平、建寧、邵武、汀州八府、龍岩、永春二州收穫之時天氣晴和，據各屬申報晚禾各有七、八、九分不等，米價每石自一兩一錢至一兩四錢，較前平減，比戶安居，海疆寧謐，相應詳悉奏聞，恭慰聖懷，伏乞皇上睿鑒。謹奏。

[硃批]：欣慰覽之。

八五、福建巡撫潘思榘奏摺：查辦乾隆十五年八月間臺灣漳州等府災情

[乾隆十五年十一月二十八日]，福建巡撫臣潘思榘謹奏：為遵旨覆奏事。

乾隆十五年十一月二十日兵部遞到廷寄內開大學士公傅字寄福建巡撫乾隆十五年十月二十五日奉上諭：據喀爾吉善摺奏，臺灣所屬各廳縣及漳州府屬之龍溪、海澄、南靖、詔安等四縣於六月、八月間猝被風雨，溪水盛漲，田園房屋均有衝塌，人口亦有損傷。金、厦、臺、澎等

處連起颶風，船隻多被漂擊等語。著該撫潘思榘詳勘被災情形，就近督率該地方官實力撫綏，毋致失所。其地畝應免錢糧，房舍應給價值及酌借籽種、修理船隻各事宜，一面查明奏聞，一面照例辦理，副朕軫念災黎至意。欽此。遵旨寄信前來。

臣查本年八月二十七八等日漳州府屬之龍溪、詔安、漳浦、南靖、海澄、平和等六縣、南澳一廳連日風雨，溪水漲發。又六、七月至八月初旬臺灣府屬之臺灣、鳳山、諸羅、彰化四縣、淡防一廳大雨連綿，田園、房屋均有衝坍，人口亦有損傷，金、厦、澎、臺等處連值颶風，商、漁、戰、哨等船俱有漂沒、擊碎。臣據各屬申報，立即飭委道府並遴委丞倅等官星往確勘，按照定例動支公項，淹斃人口大口給銀一兩，小口五錢；坍塌瓦房每間給銀五錢，草房、披屋減半；無力農民於社穀項下借給籽，本年秋收免息還倉，實在水淹之戶酌給口糧，毋致失所；難以墾復田地勘丈明確，入於年例題豁；遭風船隻先行資給路費，令其回籍，不使飄流異鄉；戰船、哨船查明分別題造著賠等情。經臣節次一面辦理，一面奏聞在案。今蒙我皇上念切恫瘝，特命詳勘情形，就近督率該地方官實力撫綏，此誠惠鮮懷保之聖心也。臣欽遵覆查，漳、臺二屬被水之處原係沿溪窪地，一時雨水過多不能宣洩，遂致被淹。臣委員親往履勘，俱不成災，已據道府轉據印委各官切實具結申報，並無失所。至淹傷民房、人口，經臣嚴飭實力撫卹。據報：龍溪縣賑過坍房銀二十兩五錢；南靖縣賑過坍房銀一百九兩，淹斃人口銀一十兩，借給過社穀一百四十五石五斗；海澄縣賑過坍房銀四十一兩五錢；平和縣賑過坍房銀十二兩零，淹斃人口銀一兩；諸羅縣賑過坍房銀四兩五錢，淹斃人口銀一兩五錢；彰化縣賑過坍房銀三百一十八兩，借給社穀七十七石；淡防廳賑過坍房銀五十一兩二錢五分。各屬僉稱俱已安頓妥協，毫無拮据情狀。其餘各縣未據冊報，現在查催，俟到齊送部，於公項内核銷。臣恐尚有應行撫綏之處，復劄諭道府詳細確查。今據各覆：龍溪、平和、詔安三縣晚禾收成各自有九分，漳浦、海澄、南靖三縣及南澳一廳晚禾收成各有八分，臺灣、鳳山、諸羅、彰化四縣、淡防一廳晚禾收成實有八分，均屬豐收，一、二沿溪低窪之地旋即補種雜糧，房屋亦經修葺，比戶安居，人民樂業等情。其金、厦、澎、臺等處商漁船隻已經各地方官逐案詳報，查明飄擊實情，將舵工水手人等捐發口糧，給護回籍，船照查銷，内有籍隸廣東者一體捐卹，移會原籍查考，戰、哨各船查明是否管駕不慎抑係人力難施，循例題報補造著賠，均經分晰查辦，並無遺漏。所有辦理情由理合覆奏。

至通省情形，晚禾豐登之後，現在隨土所宜播種二麥，市米充裕，價亦平減，每石自一兩數分至一兩四錢不等，肩挑負販以及傭趁小民皆得從容度日，洵屬比戶安恬，海疆寧謐。相應一併奏聞，恭慰聖懷，伏乞皇上睿鑒。謹奏。

［硃批］：知道了。

八六、閩浙總督喀爾吉善等奏摺：籌辦澎湖島米糧情形

［乾隆十六年五月十八日］，閩浙總督臣喀爾吉善、福建巡撫臣潘思榘謹奏：為籌辦澎湖米糧以資民食事。

竊照澎湖一島孤懸海中，山多田少，不產米穀。乾隆十四年間經臣等谘部請，於臺灣府屬之諸羅縣倉動撥潮穀二千石收貯澎湖，以資該島民食。嗣經部覆具題到日再議。復經臣等具題部議覆准：奉旨依議。欽此。欽遵在案。今據署臺灣府知府陳玉友詳准澎湖通判何噐移稱：澎地自上冬至今海風時作，米船罕到，市價漸長，當此青黄不接，兵民告糴無門。雖經開倉平糶，但存倉之穀為數無幾，已將糶完，若不預為籌畫，恐有匱乏之虞，應請撥穀運澎以便接續糶濟等語。隨查諸羅縣倉貯穀尚屬充裕，請於買補粵穀項下撥穀二千石速運澎倉，酌量情形，如果市米缺乏，碾米出糶，俟糶竣之日將價解府，冬成發縣買補等情前來，臣等伏查澎湖兵民雜處，食指雖非浩繁，而米糧自應預籌。今澎倉原貯穀二千石已將糶完。既據該府廳查明請撥，應如所議，於諸羅縣倉買補粵穀項下動撥二千石星飛運交澎倉收貯，量時平糶，以資接濟，仍解價還府，冬成發買歸款。所需水腳統於糶價内歸還。此時正值平糶之期，若俟具題覆准再行辦理，恐兵民口食緩急無備，自應速行撥濟。臣等公

同商酌，意見相符。所有現在辦理情由理合繕摺具奏，伏乞皇上睿鑒施行。謹奏。

［硃批］：知道了。

八七、福建巡撫陳弘謀奏摺：鳳山臺灣二縣被旱偏災

［乾隆十八年十月二十三日］，鳳山一縣據報得雨已遲，低窪處所晚禾仍具秀實，高亢田園被旱黃萎者一共有二千餘甲，每甲計田十一畝，通縣而計，約百十分之二，旱象已成。臺灣縣亦有被旱歉收之處，為數較少，臣等飛飭臺灣道府督率委員詳加確勘，如果成災，照例分別辦理，毋致窮民失所。

八八、福建布政使德舒奏摺：臺灣已有旱象現正查勘撫卹

［乾隆十八年十一月二十一日］，又，臺灣府屬之臺、鳳兩縣，雨澤愆期，凡地勢低窪、有溪澗埤圳可以引灌之田，尚無妨礙。內台灣縣之長興等保，與鳳山縣之興隆等里，地處高阜，已成旱象，業經奴才詳奉督撫二臣題報，一面移行道府，督同委員，履畝確勘，分別被災較重，照例撫卹，新舊錢糧暫緩徵收，仍俟察勘分數，或應借給資本，或應動項加賑，照例妥協辦理，務使窮黎均沾實惠，不使一夫失所，以期仰副聖主子惠元元之至意。

八九、戶部副摺：遵旨議奏畫一閩省各州縣窮民衣布銀兩

［乾隆十九年六月初十日］，經筵講官太子少保協辦大學士事務戶部尚書世襲一等輕車都尉加一級臣蔣溥等謹奏：為遵旨議奏事。

內閣抄出福建巡撫陳弘謀奏稱：竊照各屬設立養濟院，收養無告窮民，給予口糧衣布，使疲癃殘疾、鰥寡孤獨，咸得其所，實出朝廷矜卹之盛典。前因額內孤貧原編口糧銀兩有多有寡，偏枯不均，乾隆三年經

前撫臣盧焯題准通融裒益，每名每日給銀一分，已無不均之嘆。其衣布一項，亦有多寡不一，未經一併題明。如閩縣、侯官、莆田暨臺灣府屬之臺灣等縣，每名每年衣布銀自一兩一、二錢至一兩五、六錢不等。其羅源、閩清、永福、南靖、政和、武平、永定、寧德、壽寧、永春、大田、連江、寧洋等州縣，每名每年衣布銀自一錢二分至一錢七、八分，有僅止八分，三分有零不等者。其餘各縣，或四、五錢、或七、八錢，概未一致。在數多者，衣布有餘，或啟胥役侵扣中飽等弊；而數少之處，即敝衣尚不能蔽體，難免偏枯。今據布政使德舒查核通省地丁項下，內地各府州及臺灣所屬，每年額編衣布共銀二千二百八十五兩五錢六分零，額設孤貧四千一百八十九名口，通長勻算，每名每年應得衣布銀五錢四分五釐六毫零。請自乾隆十九年為始，照此支給，俾多寡適均，例歸畫一。各屬原編銀兩有餘者裁歸起運解司，不足者於起運地丁銀內撥湊等因，詳請具奏前來。臣查閩省額設孤貧支給口糧衣布銀兩，均於地丁項下支給。口糧已經均勻派給，衣布銀兩現有偏枯，亦應均勻派給，以昭畫一。於帑項既無增減，而窮民鹹沾實惠，永沐聖慈於無既矣。緣係地丁編款，臣謹會同閩浙總督革職留任又從寬留任臣喀爾吉善合詞具奏。謹奏。乾隆十九年五月二十二日奉硃批：該部議奏，欽此。欽遵於本月二十五日抄出到部。

臣等伏查乾隆三年十二月內，據前任福撫盧焯以閩省額設孤貧口糧銀兩各屬額載多寡懸殊，請照江南省安屬之例，每名口歲給銀三兩六錢，小建扣除，遇閏加增；有餘者裁充兵餉，不足者於地丁銀內撥給，於各年奏銷冊內分晰造報等因。臣部覆准在案。其各屬額設孤貧衣布銀兩，查歷年地丁奏銷冊內，每年給發銀二千二百八十五兩五錢零，其作何勻給，從前原未議及。今該撫既稱閩省各屬發給衣布銀兩現有偏枯，應均勻派給，以昭畫一等語。應如該撫所奏，將額設孤貧衣布銀兩，令各屬均勻派給。自乾隆十九年為始，每名歲給衣布銀五錢四分五釐六毫零，於額編地丁項下支給，俾無告窮民，均沾實惠。其各屬原編地丁有餘者裁歸起運解司，不足者於起運地丁銀內給發，仍於奏銷冊內分晰造報查核可也。謹奏請旨。乾隆十九年六月初十日奏，本日奉旨：依議，欽此。

乾隆十九年六月日經筵講官太子少保協辦大學士事務戶部尚書世襲一等輕車都尉加一級臣蔣溥、經筵講官吏部右侍郎署左侍郎事務降三級留任又革職留任臣裘曰修、經筵講官左侍郎降二級留任臣嵇璜、御前侍衛右侍郎兼管鑲黃旗滿洲副都統内務府總管署理步軍統領事務革職留任又革職留任紀錄三次臣阿里衮，經筵講官右侍郎兼管順天府府尹事務加一級臣劉綸。

九〇、福建臺灣鎮總兵馬大用奏摺：臺灣風災情形

［乾隆十九年九月十八日］，福建臺灣總兵官臣馬大用謹奏：為奏聞事。

竊照臺地今年自入春以來，雨暘時若，早稻豐登，晚禾又得及時播種，夏秋節沛甘霖，正期秋成大有，乃於七月三十日、八月初七、八及十二、三等日三次暴風，廬舍、船隻雖略被傷，幸田禾無恙。九月初二日復起颶風，勢甚猛烈，連宵達旦，於初三亥刻始息。臣隨一面會同道府出卹孺幼，一面分飭各屬確查，茲據先後具報前來。臣查臺、澎水師大小戰艦俱各防護無虞，惟各港商漁船隻或遭擊碎，或棄舵桅，間有飄失舵水、官粟、民貨等。當風之民房、營房亦有吹刮損壞，所有晚禾各值揚花結實之候，傍山處所高峰遠障受風畧輕，沿海一帶地勢寬敞被風較重。惟淡防所屬田園多在山後，鳳山縣屬被風稍輕，將來收成不無歉薄，現在不至成災。臺灣縣屬園多田少，以田而論，統計被災伍分。諸、彰二縣被災有七分、六分不等。深幸今年早稻豐收，民間尚有蓋藏，兼之番薯、雜糧陸續收穫，其被災之處當可翻犁補種二麥，以資來春接濟，目今米價雖賣二兩二、三錢，（［硃批］：米價甚貴，一切彈壓地方更當留心。），而民情甚屬安堵。臣仍會同臺灣道臣拕穆齊圖諄切訓諭，毋令囤戶居奇，並飭各口嚴緊稽查，不使奸稍透越有妨民食。所有損壞營房，經臣酌商有司設法脩理，以資棲止，以辦災務。現在道府飭縣查明復加覆勘，通報督撫二臣照例辦理外，合將臺地被風情形呈謹繕

摺，專差臣標左營把總蘇華國恭齎奏聞。所有通臺收成確數，俯俟登場之日，臣即查明具摺另奏，合併陳明，伏乞聖鑒。謹奏。

乾隆十九年十一月二十二日奉硃批：覽奏，俱悉。欽此。

九一、閩浙總督喀爾吉善等奏摺：臺灣風災賑卹情形

[乾隆十九年十月初九日]，閩浙總督革職留任又從寬留任臣喀爾吉善、福建巡撫降一級留任臣鐘音謹奏：為奏明臺郡風災現在辦理情形事。

竊照臺郡秋間雨水調勻，晚禾暢茂，惟因八月內連遭風雨，稻穗多被搖落，未免減損收成，臣喀爾吉善於九月二十八日附摺奏報在案。茲臣等於十月初五日接據臺灣道挖穆齊圖稟報：九月初二、初三兩日颶風頓作，較八月內更為猛烈，隨即委員分路查勘，郡城內外以及沿海官民房屋均有吹坍損壞，尚因有風無雨，坍塌無多，亦未傷損人口；其沿海商漁船隻，近府鹿耳門外一帶，查明擊碎沉失者三十餘隻，舵水、客商盡遭沉溺，現飭查撈掩埋；商船附載撥運內地兵眷米穀均已沉失，現在確查；其餘各廳縣沿海大小船隻亦有飄失，未據查明開報。至臺屬各廳縣晚禾，八月底九月初正在成熟之候，最遲之種亦已吐花結穗，八月連次風雨，各屬收成已遭減損，此次連日颶風並無雨澤，成熟之稻被乾風吹刮，穀粒大半搖落，捲入沙土，其吐花結穗者經風傷損，多不能成粒。據各廳縣勘報：臺灣縣屬被損多在沿海，近山遮擋之處所損無多，南路鳳山一縣風勢較輕，北路淡水廳屬與鳳山相同，此三屬約計收成尚在六分內外。惟諸羅、彰化二縣受風最重，就現在約看光景，收成止有三分上下，知府鐘德即日帶同經歷沈玉前赴諸、彰二縣親勘確實詳報，俟知府回郡，挖穆齊圖即親往督辦。又據臺灣鎮馬大用稟報：澎湖地方九月初連日颶風，各澳損壞大小商漁四十餘隻，現經地方官查撈撫卹。至臺、澎兩處戰哨船隻俱幸收泊垵澳，雖有損傷，尚無飄失，其在洋巡哨各船現在行查。各等情到。

臣等伏查臺郡懸處海洋，易受颱颶之患，今歲八月內疊遭風雨，猶

幸稍減收成，不致有成災之事，復於九月初二、三兩日颶風猛烈，適當晚稻成熟吐花之候，凡屬受風處所皆被搖落摧折。查據挖穆齊圖禀稱：諸羅、彰化二縣收成約止三分上下，是已屬成災，其臺灣、鳳山二縣及淡水廳屬亦難免收成歉薄。海外重地，民番被受災眚，俱當仰懇皇上廑念海外災黎至意，加意查辦撫卹，上慰聖心。臣等現經檄行布政司並飛飭道府速行確勘成災分數，一面據實詳報，一面照例撫卹。其沿海坍房、官民擊沉船隻、舵水，立即查明按間給卹坍房銀兩，按名酌給資斧口糧，被災田畝應徵新舊米糧供粟相應仰懇聖恩槩停徵收，以紓民力。臣等仍飭道府廳縣親行督查核實給卹，不得假手胥吏，稍滋冒濫扣尅之弊。再查與災地毗聯之臺、鳳各邑雖被風稍輕而收成歉薄，其在六分、五分之處例得在蠲免緩徵酌借接濟之列，臣等並飭該道府隨地並行勘實分冊另報。

至查臺郡印官原無多員，又兼臺防、淡水二同知雖已遴員題調，尚未奉准部覆，愈致乏員委辦。臣等因諸、彰二邑現以災祲見告，必得印官分頭督辦，隨即飛飭汀州府同知王錫縉、福州府理事同知傅爾泰即速束裝渡臺，王錫縉係請調淡水同知，傅爾泰係請調臺防同知，即令先赴調任辦事，並將原任諸羅知縣徐德竣現因降調送部引見，該員尚未離臺灣，亦暫至□留臺協辦災務，仍令臺灣道挖穆齊圖俟知府鐘德勘定災分回郡，伊即親赴諸、彰二縣董率彈壓。臣等更查臺郡雖係廣產米穀之區，但民間蓋藏甚少，且孤懸海外接濟無路，本年早稻收成僅在七分以上，亦非豐稔，而臺屬種植早稻十止二四，晚稻為多，今被風災歉收，將來民食缺乏，籌畫接濟甚難。本年漳、泉一帶收成頗豐，又兼外洋運到米十餘萬石，皆散佈二郡民間，臺灣餘米接濟漳、泉之事可以稍緩。又查內地各屬積儲尚屬充裕，臺屬撥運內地還倉兵眷米穀亦可停緩。臣等現在檄飭將橫洋船隻向係每船帶運餘米六十石之數暫行酌減，其撥運內地補倉穀石亦暫停運（［硃批］：甚妥。），使臺地官民積貯稍留餘蓄，庶幾有備無患，俟明歲早收後酌看情形再行照例辦理。其漳、泉二郡明歲青黄不接時應需接濟之處，臣等一面廣為招徠販洋商船帶運洋水回厦散賣民食，仍另行預籌轉運接濟事宜，容臣等隨時酌量辦理另摺奏聞，謹將臣等現在籌辦情形恭摺具奏，伏祈皇上睿鑒訓示施行。謹奏。

乾隆十九年十一月初三日奉硃批：覽奏。臺灣係海外之區，一切賑卹撫綏應加意調劑，並有旨諭部。欽此。

九二、福建將軍兼管海關事新柱奏摺：臺灣復遭颶風並各屬受風情形

［乾隆十九年十月十五日］，福州將軍兼管閩海關事臣新柱謹奏：為奏聞事。

竊照乾隆十九年十月初六等日，據臺灣鎮馬大用、臺灣道拕穆齊圖、知府鐘德、水師副將張勇、澎湖通判王祖慶等先後具報：本年八月內，臺澎地方節次暴風大雨，至九月初二日午後復起颶風，夜間連甚，至初三日亥時止息。除鳳山縣境東港以南風勢稍緩，並傍山之晚禾芒蔗等項受風稍輕，其沿海一帶，田禾廬舍官署營房多被飄刮損傷。鹿耳門外遭風去桅沉沒官粟飄失擊碎商船三十餘隻，澎湖各澳先後被風飄沒商漁各船四十餘隻。所有臺灣各汛戰哨巡船，因天時變異，俱各先收入澳，防護無虞。等由前來。臣即逐一札批，確查是否成災，並經督臣喀爾吉善、撫臣鐘音飛咨臺灣道府，轉飭履勘撫綏，分別辦理外，理合恭摺奏聞。

九三、福建水師提督李有用奏摺：臺灣被風情形

［乾隆十九年十月二十三日］，福建水師提督奴才李有用謹奏：為奏聞事。

竊照臺地入秋以來，雨水調勻，禾苗暢茂，正期晚稻稔收，乃聞八月內節次被風，誠恐廬舍、田園、商哨船隻不無損傷，奴才隨即差查去後，續據差員稟覆：八月被風，官屋民房間有損壞，晚稻不無有損，不至成災，等語。嗣聞本年九月初二、初三兩日復起暴風。奴才隨再差弁前往確查，旋接臺灣鎮總兵馬大用表紮，內稱：九月初二日復起暴風，

夜間更甚，至初三日亥時止息，實係颶風，較八月内所起之風更為猛烈，沿海一帶田禾不無損傷，民舍營房亦有被風吹刮，商漁船隻亦有破失，見在飛行查覆妥辦，等語。並接臺灣道托穆齊圖、臺灣府鐘德絫禀前情。又據署理澎湖副將事奴才標下中軍參將林貴禀報：九月初二日至初六日颶風暴雨，各澳商船斷桅衝礁擊碎有三四十隻，各汛營房、墩臺皆有坍塌損壞。又據臺灣水師副將張勇禀報：九月初二、三兩日颱颶大作，鹿耳門外隙仔等處商船飄沉擊碎者據報有三十餘隻，民居、營房、墩臺均有損壞，澎、臺各澳破船沉失、溺斃舵水，會同地方官打撈撫卹掩埋，營房、墩臺移明地方官脩葺。以資兵丁棲止。各等情。奴才隨即飛禀督撫二臣飭行查辦去後，玆據差員禀覆：臺郡地方九月二、三兩日，諸羅、彰化二縣受風較重，收成約三四分，鳳山及北路淡水各處較輕，收成約六分上下，洋中商船遭風去桅、人船無失者共一十九隻，擊碎淹沒船戶舵水、沉失官粟者共二十隻，又人船飄沒無蹤者共十隻。其營中戰哨船隻以及在洋廵哨各兵船俱皆收泊，被吹微損並無妨礙，與各處所報無虞。奴才切查臺地被風，收成歉薄，見在督撫二丞檄道府確勘成災分數，詳報撫卹，應履勘實查辦外，奴才謹差查情形，專差外委張宗敬齎持奏聞，伏乞皇上睿鑒。謹奏。

乾隆十九年十一月二十三日奉硃批：覽奏，俱悉。

九四、閩浙總督革職留任又從寬留任喀爾吉善奏摺：臺郡各縣受風大概情形及撫卹受災貧民口糧

［乾隆十九年十月二十八日］，現在據道府廳縣詳報勘過大概情形：諸羅、彰化二縣被災較重，臺灣一縣甚輕。以通縣而計，諸羅有七分災，彰化有六分災，臺灣止五分災，其淡水廳屬曁鳳山縣邊海一帶，雖亦受風，傷損之處其屬無幾。臣業經會同撫臣迭飭道府親行督勘，將被災貧民先行撫卹一月口糧，其新舊錢糧供粟暫緩徵輸，併經照例會疏題報，俟道府確勘成災田畝分數，併災戶切實情形，或應酌量賑卹，或應酌借籽本，容臣會同撫臣另行具奏。

九五、上諭檔：諭令臺灣遭風查明被災戶口本年地丁錢糧分別蠲緩

乾隆十九年十一月初三日内閣奉上諭：喀爾吉善等奏臺灣、澎湖等處颶風頓作，沉失商漁船隻，坍塌民房，田禾間有刮損，諸羅、彰化二縣被災較重等語。臺灣地居海外，貧民猝被風災，殊堪憫惻，著該督撫查明被災戶口，加意撫綏，所有本年應徵地丁錢糧照例分別蠲緩，乏食貧民酌借口糧妥籌接濟，其坍塌房間、擊沉船隻，查明給與脩費及掩埋之資，仍督飭屬員實力查辦，務使災黎均霑實惠。至應行撥運內地補倉米穀並著暫停起運，留備賑卹之用。該部即遵諭行。欽此。

九六、福建巡撫鐘音奏摺：臺灣諸羅等處被災撫卹情形

[乾隆十九年十一月十四日]，福建巡撫臣鐘音謹奏：為奏聞事。

竊照臺灣府屬於本年九月初二、三等日猝被颶風，前經臣會同督臣喀爾吉善恭摺具奏，並將辦理情形陳明在案。嗣據司道府禀詳：鳳山、淡水二廳縣勘不成災，其諸羅、彰化、臺灣三縣核實被災情形約計五、六、七分不等，復經會商題報外，臣伏念地方災祲，上廑聖懷，下關民瘼，臺郡孤懸海外，距省穹遠，臣初蒞茲土，深慮耳目難用，鞭長莫及，是以緊檄飭該道府尅期督同印委為員徧行察勘，查實成災戶口先行加意撫卹，臣復留心親察，務令據實辦理，因不得少有失實，俾真正災黎致有遺漏，尤不得假手胥吏反使地保奸蠹乘間冒濫，統俟道府確勘成災田畝分數並災戶切實情形到日，或應酌量賑卹，或止須酌借籽本，臣會同督臣即時察核，另行具奏。

前因諸、彰各邑被風歉收，業已令飭臺米暫停內運以資接濟，□近據臺屬禀報，米價每石制錢二千六七百餘文不等，查較往日頓昂，設或日漸增長，未免致艱民食，或於歲底明春應行酌減平糶以平市價，臣當與督臣察看情形商酌籌辦，不致緩急失宜，總期於災地民生實有裨益，

以仰副皇上保赤誠求之至意。目下時屆嚴冬，又值歲歉，民番雜處之區更虞宵匪竊逞，臣已紮檄該道府會同營汛加護防禦，並移諮提鎮各臣一體飭屬查巡以靖邊隅。合將察勘籌辦各事宜恭摺奏聞，伏祈皇上睿鑒。

再，臺屬具報先後均得雨澤，已翻犁種麥、芒、蔗雜植，仍屬有收，民情安帖，地方寧謐，合併陳明。謹奏。

乾隆十九年十二月初七日奉硃批：覽奏，俱悉。欽此。

九七、上諭檔：減撥臺穀撥運內地以平減米價

［乾隆十九年十一月二十二日］，又諭：聞得臺灣米價甚貴，每石至二兩三錢。臺郡素為產米之鄉，即內地之漳泉諸郡，方且資其接濟，價貴如此，該處民番雜居，風俗刁悍，一切彈壓地方尤當豫為留心，毋致滋生事端。可傳諭該督喀爾吉善，令將臺郡米價現在有無平減，民番情形是否安帖，併應作何設法調劑，及如何撫綏彈壓，以裕民食，以安海疆之處，一面辦理，一面作速據實奏聞。尋奏：查臺郡商船每歲帶運糴濟漳泉餘米二十萬石；又北路社船十隻帶穀回厦糶賣，亦有數萬石；又徵收供粟，運赴內地，支給各營兵穀八萬石。臣現將官穀停運，商船餘米減半，社船禁止，以裕臺屬儲備，至現在臺郡及鳳山、諸羅、彰化等縣米價，每石二兩二錢及五錢不等。總由民間積穀之家不肯廣糶，以致價未能平。至臺地災民現在撫卹口糧，足資民食。惟該處青黃不接，轉在隆冬，查各屬現積穀四十萬石，當批飭速於歲內開倉分廠平糶。並密飭鎮道大員董率稽查，節據稟覆，各邑被災後，民番寧貼，實無滋事。得旨：覽奏稍慰，臺穀既不撥運，則漳泉青黃不接之時，亦宜一併慮及。

九八、福建巡撫鐘音奏摺：閩省內地雨澤並臺灣被災辦理情形

［乾隆十九年十一月二十九日］，福建巡撫臣鐘音謹奏：為奏聞事。

竊查閩省內地府縣雨澤調勻，並臺灣被災辦理情形，經臣於十一月十四日恭摺奏聞在案。近據內地各屬陸續禀報，咸稱麥苗、番薯、菜蔬等項俱皆青葱長發，並無甘雨之處糧價亦減，屬中平，惟漳、泉二郡米價未能平減，現在辦糶並查禁囤積。

至臺灣地方據該道拕穆齊圖禀稱：正在需雨之時，於十一月初四日得雨一晝夜，二麥、番薯、雜糧俱加茂盛，民情安帖。所有應補內地兵眷米穀及採買補倉穀石者又暫行停運停買，出示曉諭之日，市價稍為平減等語。伏查臺屬此次風災，諸羅、彰化較重，臺灣次之；各邑之中，沿海村莊受災較重，近山又次之，該道府正在督屬查辦撫䘏事宜。臣與督臣會奏摺內於十一月二十八日奉到硃批"覽奏，臺灣為海外……（原文如此）一切賑䘏撫綏應加意調劑，並有旨諭部。欽此。"

又臣於十一月二十五日接到部，又欽奉上諭"令查明被災戶口加意撫綏各事宜。"仰見聖主廑念海外災黎、恩施優渥至意，臣與督臣欽遵，隨飛飭該道府督率屬員迅速遵旨辦理，勿濫勿遺，務使災民均霑實惠。所有內地並臺灣現在情形，臣謹恭摺奏聞，伏乞皇上聖鑒。謹奏。

乾隆十九年十二月二十六日奉硃批：覽奏俱悉。欽此。

九九、閩浙總督喀爾吉善奏摺：臺灣因災米貴撥運倉穀平糶

［乾隆十九年十二月初十日］，閩浙總督革職留任又從寬留任臣喀爾吉善謹奏：為遵旨據實陳明事。

乾隆十九年十二月初七日兵部火票遞到廷寄，內開乾隆十九年十一月廿二日奉上諭：聞得臺灣米價正貴，云云，欽此。臣伏讀諭旨，仰見我皇上萬歲在御宵旰靡寧之際，軫念海外災黎民食，無遠弗屆，無微弗至。臣不能知事詳籌上慰聖懷，實屬抱愧無地。

臣欽遵查得臺郡臺灣、諸羅、彰化三縣九月初間被風成災，道府禀報到臣。臣因臺灣孤懸海外，遇有荒歉，不特鄰近無可轉運接濟之路，即內地各郡向皆仰資臺粟，難以撥運濟臺。因思臺郡商船長年帶運糶濟

漳、泉之餘米每歲不下二十萬石，又北路社船十隻往來貿易，准帶穀石回廈糶賣，每歲亦有數萬石，此皆出之臺民餘粟者。又臺屬徵收供粟每年運赴内地支給各營兵眷穀八萬餘石，此則出之臺郡官倉者。臣急籌備濟臺灣之策，惟有將應運官穀槩停撥運，商船餘米酌減其半，社船禁止往來，則臺屬官民積粟悉留儲以資接濟，是不必轉運而官民皆有儲備矣。臣當經商之撫臣鐘音，一面飭辦，一面附摺奏聞在案。臺郡米價自風災之後即據道府禀報，市價日增，每石驟至二兩以上。臣查本年臺屬早稻收成在七分以上，晚稻收成除去成災田畝外，尚有五、六分不等，且臺屬傣有廣收穀石之富戶，民食以至即時缺乏，總因有穀之家一聞本地歉收，爭先閉糶以圖厚利，遂至市價頓昂。臣隨密飭道府嚴查囤販擡價奸民，加以懲處其閉糶富戶，一經出示曉諭出糶，恐啟刁民勒糶強搶之風，並令道府諭知有司善為開導，令富戶源源出糶，勿再閉糶病民。嗣於十一月望間據臺郡道府禀報九十月間米價竟長至三兩以上，臣亦經附摺奏明。近接道府禀報各屬自停運官穀停止採買之後，米價雖未能驟平，然已稍減，現在郡治每石二兩二錢五分，鳳山縣、淡防廳每石一兩九錢，諸羅、彰化二縣每石二兩五錢有奇，民間積穀之家尚多，再四勸導，雖不敢閉糶，尚不肯廣為出糶等語，是就臺地米糧而論，非實在缺乏以致價未能平也。至查臺地天時民食與内地大不相同，臺郡負販力穡之民大槩以番薯為食，不專藉米糧，天氣四時常暖，番薯隨時可種，南路下淡水一帶栽插雙冬稻，冬至佈種，次年三月收穫，各廳縣者種二麥，二月即屆成熟，明春接濟民食不患無資。現今災地撫卹口糧，貧民可資口食，且據臺灣道拕穆齊圖禀稱内地青黄不接在春夏之交，臺地青黄不接轉在隆冬之候，緣此時番薯、二麥甫經播種，寒冬歲暮米價又昂，窮民未免拮据，請於歲内開倉分廠平糶，並委府廳分督臺、諸、彰三縣彈壓稽查，道員親往廵歷督察，剔除弊竇，務使乏食貧民均霑實惠，且使居奇閉糶之民無所希冀，市價自可漸平，俟明春二麥、雙冬收穫即可停糶等語。

臣查臺郡各屬現有實存倉穀三十三萬餘石，更有停收供粟停運備儲，通臺約有積穀四十萬石，平糶不為無備，即經批飭速行開糶去訖，此臺郡現在情形與隨時籌辦事宜也。臣自臺屬被災，惟恐民番紛擾滋事，即經密飭鎮道大員董率稽查防範，節據鎮道禀覆各邑被災民番甚是安帖，毫無滋事之處。倖滿武職自臺來省，並諸羅縣知縣徐德峻查辦災務事畢到省領咨赴部，臣面加訪詢情形，亦復相同，即北路一帶每歲秋冬之間内山生番逸出焚殺為富商民，今歲鎮道督令文武於生番出沒隘口多搭寮舍，撥熟番防守，復於附近安設弁兵監督，以熟番防生番，以官兵制熟番，使不致互相勾結為患，總兵馬大用又派委遊守等官輪流遊巡，務察防守弁兵勤惰。秋冬之間，民番亦甚寧帖，就臺郡現在情形實無滋生事端之處，臣仰蒙聖訓，惟有時刻留心隨宜調劑，使海外民番口食不致缺乏，仰副我皇上軫念災黎綏靖海疆之至意，謹備細據實具奏，伏祈聖鑒。謹奏。

乾隆二十年正月初五日奉硃批：覽奏，稍慰。臺穀既不撥運，則漳、泉青黃不接之時亦宜一併慮及。欽此。

一〇〇、福建按察使劉慥奏摺：查辦臺灣賑卹事宜

［乾隆十九年十二月十一日］，福建按察使臣劉慥謹奏：為遵旨查辦賑卹事宜、仰祈睿鑒事。

竊照臺灣地方於本年九、十兩月疊被風災，業將被災情形彙報督撫二臣會摺具奏，荷沐皇仁，著令加意撫綏，俾遠地災黎均霑實惠。飭行到司，臣即備查賑卹定例，分條酌議，詳明督撫二臣，並飭行臺灣道拕穆齊圖、臺灣府知府鐘德，督率各縣確查。被災村莊在六七分以上者，乏食貧民先行撫卹一月口糧，被災較重至八九分之諸羅縣屬地方，俟來春察看情形，分別極貧、次貧，酌量加賑，被災稍輕之臺、彰各縣，無須加賑者仍酌借口糧，以資接濟。至坍塌瓦房，照例每間給銀五錢，草房減半；擊沉船隻，大船賑銀三兩，中船二兩，小船一兩，以資修葺；撈獲屍首，大口給銀一兩，小口五錢，以為掩埋之費。其被災田畝應徵錢糧供粟，均視被災分數輕重分別蠲免緩徵。凡應撥內地補倉米穀，悉行停運，以備賑借之用。再，賑給口糧應用本色者，即於常平倉穀碾

給，其僻遠之處應用折色銀者，若由藩庫解往，海洋風信靡定，需賑孔急，恐難懸待。查臺屬原有經徵官莊銀兩，臣稟明督撫二臣，即於所貯官莊銀內墊撥備用，統於藩司存公銀內撥發歸欵。仍嚴飭各屬親行查辦，不得假手胥役，致滋冒濫尅扣，務使災黎各霑實惠，無一失所，以仰副我皇上念切海隅誠求保赤之至意。除將辦理賑務條款事宜提交布政使德舒接辦，俟事竣造冊詳報督撫具題外，理合繕摺具奏，伏乞皇上聖鑒。謹奏。

乾隆二十年正月初十日奉硃批：好，知道了。欽此。

一〇一、閩浙總督革職留任又從寬留任喀爾吉善奏摺：臺郡風災賑卹蠲緩各項辦竣及諸羅加賑一月口糧

［乾隆二十年三月二十六日］，臺灣、諸羅、彰化三縣，上年風災，屢蒙聖心厪念。臣與撫臣鐘音督飭道府切實調劑安頓，體察民情，實屬安靜。惟米價未能平減，節經據實奏聞。先據道府稟報：撫卹災戶口糧，卹給坍房、壞船各項銀兩，並應蠲應緩錢糧供粟，俱經切實辦理完竣，正月底已造冊齎送，臣等至今尚未接閱。海洋風汛無常，恐係飄流他往，現在飭取另造確冊。至臺、諸、彰三縣內，臺、彰二縣被災較輕，即諸羅一縣，災民亦屬無多，惟該縣米價長昂，貧民未免拮据口食。臣與撫臣接閱道府稟報情形，仰體皇上軫念海外災黎至意，將諸羅縣被災貧民，於撫卹一月口糧之外，在賑給一月口糧，以資接濟，俟取送冊結照例題報。現在臺灣等縣平糶尚未報停，民情甚為安帖，合併陳明。

一〇二、福建巡撫鐘音奏摺：臺灣雨水調勻麥勢茂盛及諸羅加賑

［乾隆二十年四月初十日］，福建巡撫臣鐘音謹奏：為奏報臺地情形事。

竊照臺郡地方二月內雨水調匀及雙冬、二麥暢茂情由經臣具奏在案。嗣屆三月中旬，正值栽種早秧之候，望雨正殷，旋據臺灣道拕穆齊圖禀稱三月六日夜半起，甘霖大沛，至十九日寅刻方止，查看郊外田園入土有三四寸，正可蒔秧，甚為得濟，雨勢均匀將能遠近普霑，南路雙冬早稻已經登場，各縣二麥、地瓜亦陸續收穫，米價漸平等語。

又據臺灣府知府鐘德禀稱：上年風災案內擊壞船隻大小六十二隻，渰斃舵水一百六十六名，共賑卹銀三百一十五兩；吹倒瓦草房屋二百五間，壓斃男婦九名口，共賑卹銀七十五兩；船隻內飄失官粟二千七百八十五石，現在確查所結請奏，臺灣、諸羅、彰化三縣被災無力貧民查明大小男婦共二千七百一十七名口，照例撫卹一月口糧，共米三百一十五石一斗五升，即委各員躬親散給，皆霑實惠，臺屬安帖等語。臣與督臣喀爾吉善於未接臺郡報雨之先，會商諸羅一邑被災獨重，耕作之候難免拮据，仰體皇上軫念海外災黎至意，將諸羅縣被災貧戶撫卹一月之外，再給例賑口糧一月，則與臺、彰二邑稍有區別而災重貧民更能得所，統俟完畢之日分別造冊題報請銷。所有臺郡得雨及諸羅加賑情由，理合繕摺恭奏，伏祈皇上睿鑒。謹奏。

乾隆二十年五月初三日奉硃批：知道了。欽此。

一〇三、大學士兼管吏部戶部總管內務府大臣傅恆題本：詳報乾隆十九年七月至九月臺屬晚禾被風情形

［乾隆二十年六月二十一日］，為詳報臺屬晚禾被風情形事。戶科抄出福建巡撫鐘音題前事內開，竊查乾隆二十年正月初八日，准戶部咨，福建司案呈，戶科抄出福建巡撫鐘音題前事。等由。乾隆十九年十月二十六日題，十二月初四日奉旨：臺灣被風等處著該督撫查明加意撫綏，已有旨了，此奏著速議具奏，該部知道。欽此。欽遵。於本日抄出到部，該臣等查得福撫鐘音疏稱，閩省台灣府屬孤懸海外，常慮颱颶為患，乾隆十九年七月三十日併八月初七、八、九及十二、十三等日迭遭風雨，猶幸田禾不致大損，收成約計稍減，續於九月初二、三等日颶風

猛烈，適當晚禾成數吐花之候，凡屬受風處皆被搖落摧折，台灣縣被風各里莊地及附近海邊田禾，統計縣屬被災約計五分；諸羅縣被風官民房屋間有倒壞，晚禾結實者吹落，吐花者吹癟，統計收成約止三分，成災七分；彰化縣被風民房、營汛坍損，田禾俱被吹壞，統計收成約止四分，成災六分；其淡水同知所管併鳳山一縣同日被風尚輕，田禾幸不成災。近海當風處所，民房、營房及各港船隻損壞之處另行勘報。各等情到臣。

臣先經會同督臣喀爾吉善會摺具奏，一面飛飭委員確勘撫卹去後。茲據署布政使司事按察使劉慥呈詳，遵即星飛移行該道府委員並督同各該縣履畝逐一確勘，將被風各里田畝分數照例取具冊結，另行詳報，新舊錢糧暫緩徵輸，一面查明被災輕重，將實在乏食貧民撫卹口糧，照例先行撫卹一月口糧，餘俟察看情形，應借籽本者照例借給，如係必應賑卹者，酌量請給，其倒壞民房、擊破船隻、淹斃人口，照例加意撫卹，毋致失所，至損壞壇廟、城樓、營汛、塘房等項設法修理分晰另報，合將臺灣各縣被風情形先行詳請題報等由前來。除批飭委員查明被災輕重，分別悉心料理，加意撫卹，毋致窮黎失所，併將被風倒壞各壇廟、營房等項修理，其被災田禾畝數確勘造具冊結到日另疏題報，所有臺灣各縣被風情形謹會同閩浙總督革職留任又從寬留任臣喀爾吉善合詞具題等因前來。

查乾隆十九年十一月初三日，內閣奉上諭：喀爾吉善等奏臺灣、澎湖等處颶風頓作，沉失商漁船隻，坍塌民房，田禾間有刮損，諸羅、彰化二縣被災較重等語。臺灣地居海外，貧民猝被風災，殊堪憫惻，著該督撫查明被災戶口，加意撫綏，所有本年應徵地丁錢糧照例分別蠲緩，乏食貧民酌借口糧妥籌接濟，其坍塌房間、擊沉船隻，查明給與脩費及掩埋之資，仍督飭屬員實力查辦，務使災黎均霑實惠。至應行撥運內地補倉米穀並著暫停起運，留備賑卹之用。該部即遵諭行。欽此。臣部行文福督、福撫。欽遵辦理在案。

茲准臺灣道拕穆齊圖移稱，據臺灣府知府鐘德率同台灣縣知縣章士鳳、署諸羅縣事鳳山縣縣丞沈宗良、彰化縣知縣劉辰駿徧歷查勘，除不及成災分數、未合蠲免之例不開外，各該縣將被災田園分數造具冊結，粘連里民災戶甘結，道府加具各結移送到司，本司復加確核，臺灣、諸羅、彰化三縣勘實被災九分、八分、七分、六分、五分田園，共一萬七千五百六十五甲三分八厘九毫六絲。內被災九分田園，共一百八十六甲六分三厘，各則不等，照例應免十分之六；被災八分田園，共四千九百三十六甲四分二厘三毫九絲四忽八微，各則不等，照例應免十分之四；被災七分田園，共三千一百八十甲五分七毫五絲五忽二微，各則不等，照例應免十分之二；被災六分田園，共四千六百二十三甲三厘五毫七絲五忽，各則不等，照例應免十分之一；被災五分田園，共四千六百三十七甲七分九厘二毫三絲五忽，各則不等，照例應免十分之一。

又諸羅縣勘實官莊被災八分、七分、六分田園，共二千六百甲四分六厘六毫一絲二忽三微五纖。內被災八分田園，共六百四十六甲三分五厘二毫二絲四忽二微，各則不等，照例應免十分之四；被災七分田園，共九百九十四甲二分六厘五毫五忽九微，各則不等，照例應免十分之二；被災六分田園，共九百五十九甲八分四厘八毫八絲二忽二微五纖，各則不等，照例應免十分之一，合就分晰彙造簡明總數各冊一併詳送，伏候察照具題，所有應免粟石、租銀各數目照例另行早報，被風各里田園應徵新舊錢糧、粟石，飭令分別緩徵、帶徵，造冊詳題。被災貧民業經撫卹一月口糧，至應否加賑之處，現飭體察民情斟酌辦理，應借籽本貧戶，酌量借給，其坍塌房屋、擊碎船隻、淹斃人口，照例分別賑給，同各該縣勘災造冊，飯食、紙張等費均於乾隆十九年存公銀內動支，統俟賑務事竣核實，分別造冊報銷。損壞壇廟、城樓、營汛、塘房等項飭令設法修理。

再，擊碎船隻內有沉失運補內地兵眷兵米穀石，應否免賠，現在飭查另詳，此案查勘限期應以乾隆十九年十月二十六日具題情形之日起扣限四十五日，計至乾隆十九年十二月十一日限滿。今查臺灣道府並各該縣造送前項冊結，於乾隆十九年十二月初九日限內出文，至乾隆二十年二月二十八日到司，實因臺灣遠隔重洋，風信靡定，難拘例限。再查諸羅縣所繳里民甘結，粘縫雖未蓋印，但所報分數俱經該道府勘實出具印結可憑，相應據結轉送，免致駁換稽遲，合併聲明。等由到臣。

據此，該臣看得閩省台灣府屬臺灣、諸羅、彰化三縣乾隆十九年晚禾被風情形，經臣具題，准到部覆飭遵在案。茲據布政使德舒詳稱，准臺灣道拕穆齊圖移據臺灣府知府鐘德率同台灣縣知縣章士鳳、署諸羅縣事鳳山縣縣丞沈宗良、彰化縣知縣劉辰駿徧歷查勘，除不及成災分數例不開報外，勘實臺灣、諸羅、彰化三縣被災九分、八分、七分、六分、五分各則田園，共一萬七千五百六十五甲三分零，照例應免錢糧之六、四、二、一不等。又諸羅縣官莊被災八分、七分、六分各則田園，共二千六百甲四分零，照例應免錢糧之四、二、一不等，由司造具田園總細清冊，同該道、府、縣冊結，粘連里民災戶甘結，詳送請題並聲明應免粟石、租銀各數目另行造報，被風田園應輸新舊錢糧、粟石，飭令分別緩徵、帶徵，造冊詳題，被災貧民業經撫卹一月口糧，至應否加賑之處，現飭體察民情斟酌辦理，應借籽本貧戶酌量借給，其坍塌房屋、擊碎船隻、淹斃人口，照例分別賑給，同各該縣勘災造冊，飯食、紙張等費均於乾隆十九年存公銀內動支，統俟事竣核實，分別造冊報銷。損壞壇廟、城樓、營汛、塘房等項飭令設法修理。再，擊碎船隻內有沉失運補內地兵眷兵米穀石，應否免賠，現在飭查另詳，此案查勘限期實因臺灣遠隔重洋，風信靡定，難拘例限。等情前來。臣復查無異，除冊結分送部科外，謹會同閩浙總督革職留任又從寬留任臣喀爾吉善合詞具題，伏乞皇上睿鑒，敕部核復施行。為此具本。謹題請旨。乾隆二十年三月初一日題，四月初十日奉旨：該部議奏。欽此。欽遵。於本日抄出到部，該臣等查得福建巡撫鐘音疏稱，閩省台灣府屬臺灣、諸羅、彰化三縣乾隆十九年晚禾被風情形，經臣具題，准到部復飭遵在案。茲據布政使德舒詳稱，准臺灣道拕穆齊圖移據臺灣府知府鐘德率同台灣縣知縣章士鳳、署諸羅縣事鳳山縣縣丞沈宗良、彰化縣知縣劉辰駿徧歷查勘，除不及成災分數例不開報外，勘實臺灣、諸羅、彰化三縣被災九分、八分、七分、六分、五分各則田園，共一萬七千五百六十五甲三分零，照例應免錢糧之六、四、二、一不等。又諸羅縣官莊被災八分、七分、六分各則田園，共二千六百甲四分零，照例應免錢糧之四、二、一不等，由司造具田園總細清冊，同該道、府、縣冊結，粘連里民災戶甘結，詳送請題並聲明應免粟石、租銀各數目另行造報，被風田園應輸新舊錢糧、粟石，飭令分別緩徵、帶徵，造冊詳題，被災貧民業經撫卹一月口糧，至應否加賑之處，現飭體察民情斟酌辦理，應借籽本貧戶酌量借給，其坍塌房屋、擊碎船隻、淹斃人口，照例分別賑給，同各該縣勘災造冊，飯食、紙張等費均於乾隆十九年存公銀內動支，統俟事竣核實，分別造冊報銷。損壞壇廟、城樓、營汛、塘房等項，飭令設法修理。再，擊碎船隻內有沉失運補內地兵眷兵米穀石，應否免賠，現在飭查另詳等情。臣復查無異，除冊結分別送部科外，謹會同閩浙總督革職留任又從寬留任臣喀爾吉善合詞具題。等因前來。

查乾隆十九年十一月初三日內閣奉上諭：喀爾吉善等奏臺灣、澎湖等處颶風頓作，沉失商漁船隻，坍塌民房，田禾間有刮損，諸羅、彰化二縣被災較重等語。臺灣地居海外，貧民猝被風災，殊堪憫惻，著該督撫查明被災戶口，加意撫綏，所有本年應徵地丁錢糧照例分別蠲緩，乏食貧民酌借口糧，妥籌接濟，其坍塌房間、擊沉船隻，查明給與脩費及掩埋之資，仍督飭屬員實力查辦，務使災黎均霑實惠。至應行撥運內地補倉米穀並著暫停起運，留備賑卹之用。該部即遵諭行。欽此。臣部行文福督、福撫。欽遵辦理在案。續據該撫將臺灣各縣被風情形先行題報，經臣部行令遵奉上諭辦理，其應徵新舊錢糧，暫緩徵輸，查明被災輕重，將實在乏食貧民先行撫卹一月口糧，餘俟察看情形，應借籽本者照例借給，如必應賑卹者酌量賑給，其損壞壇廟、城樓、營汛、塘房等項設法修理，統俟事竣核實造冊題銷亦在案。今該撫疏稱徧歷查勘，除不成災分數例不開報外，勘實臺灣、諸羅、彰化三縣被災九分、八分、七分、六分、五分各則田園，共一萬七千五百六十五甲三分零，照例應免錢糧之六、四、二、一不等。又諸羅縣官莊被災八分、七分、六分各則田園，共二千六百甲四分零，照例應免錢糧之四、二、一不等，並聲明應免粟石、租銀各數目另行造報，被風田園應輸新舊錢糧、粟石，分別緩徵、帶徵，造冊詳題，被災貧民業經撫卹一月口糧，至應否加賑之處，現飭體察民情斟酌辦理，應借籽本貧戶酌量借給，其坍塌房屋、擊碎船隻、淹斃人口，照例分別賑給，勘災造冊，紙張等費統俟事竣核實造報，損壞壇廟等項設法修理，再沉失運補內地兵眷米穀，應否免賠，飭查另詳等語。除被風處所勘不成災分數毋庸議外，所有臺灣、諸羅、彰化三縣勘實被災九分、八分、七分、六分、五分各則田園，並諸羅縣官莊被災八分、七分、六分各則田園，應令該撫轉飭各該縣將應免粟石、租銀及應輸新舊錢糧、粟石分別緩徵、帶徵各數，另行分晰造冊題報，其被災貧民業經撫卹一月口糧，其應否加賑之處，應令體察民情，斟酌辦理，應借貧民籽本酌量借給，坍塌房屋、擊碎船隻、淹斃人口均令照例分別賑卹，統俟事竣一併分晰造冊送部查核，其各該縣勘災、造冊、飯食、紙張等費，該撫既稱均於乾隆十九年存公銀內動支，應令照例核實造冊報銷，至損壞壇廟、城樓、營汛、塘房等項應行設法修理之處，應令該撫估報工部查核，其沉失內地兵眷兵米穀石應否免賠，應俟該撫確查早報到日再行查辦可也。臣等未敢擅便。謹題請旨。

一〇四、福建巡撫鍾音奏摺：閩省各屬雨水糧價

［乾隆二十二年十月十六日］，福建巡撫臣鍾音謹奏：為恭報地方情形事。

竊照閩省晚稻收成分數及閩侯等十一縣歉收緩徵各緣由現經分摺具奏外，臣查延、建、邵、汀、福寧五府，永春、龍巖二州各屬獲稻之後，土膏滋潤，即便翻耕種麥，糧價平減，民情恬熙。福、興、泉、漳四府，九月以來或僅得微霑或未能普徧，現在需雨種麥苐，正當晚稻登場之時，番薯亦在新收，各處糧價較前稍減。九月內，洋米到厦者計有九千餘石，兼聞撥運臺倉官穀之舉，民情俱甚寧帖。

臺灣府屬之臺灣、鳳山二縣境內亦有缺雨之處，臣據該府覺羅四明禀報，即已飛飭該道府督率該二縣確加查勘，如致歉收，即行照例辦理。一面據實馳禀，另行奏報。理合將通省現在情形恭摺具奏，伏祈皇上睿鑒。

再，督臣楊應琚於九月二十六日起程赴浙，所有地方應辦事宜，臣

隨時諮商妥酌辦理，合併陳明。謹奏。

［硃批］：覽奏，俱悉。

一〇五、福建巡撫鍾音奏摺：臺灣府屬晚禾被旱查勘辦理撫卹

［乾隆二十二年十一月初九日］，福建巡撫臣鍾音謹奏：為臺邑晚禾被旱、奏聞辦理緣由事。

竊查臺灣府屬之臺灣縣秋雨未敷，臣前於奏報地方情形摺內附陳在案。今據臺灣道德文、臺灣府知府覺羅四明等詳稱：臺灣一縣自八月初旬以後，雨澤愆期，查勘境內田園，除附近水泉堪以灌溉之禾稻均屬有收外，至高阜易涸之地晚禾多有黄萎。查得永康等十四里内被旱無收者約田六百餘甲，其尚有薄收者約田八百餘甲等語。臣查臺灣為海外要區，民番襍處，雖屬一隅被旱，自應仰體皇仁照例查辦。臣與布政使德福詳加酌議，當即飛行該道府督率印委各員履畝確勘，分别被旱輕重造冊詳報，新舊錢糧暫緩徵輸。一面查明乏食貧民，先行撫卹口糧，酌量借給籽本以資得雨種麥。仍體察情形，如須加賑，即行據實通稟會核題奏，毋致稍有失所，以仰副聖主軫念海外農民至意。除照例題報外，所有辦理緣由臣謹會同督臣楊應琚恭摺具奏，伏乞皇上聖鑒訓示。謹奏。

［硃批］：覽奏，俱悉。

一〇六、福建巡撫吴士功奏摺：閩省各屬乾隆二十三年八九月份雨水晚收情形

［乾隆二十三年九月二十五日］，奏：為恭報田禾雨水情形、仰祈聖鑒事。

竊照閩省六十四州縣八月上旬前早稻收成豐稔、晚禾暢茂情形，經臣於九月初四日恭摺奏聞在案。兹據延平、建寧、邵武、福寧四府，龍巖一州開報，八月初二、三、五並十三、四，十六、七及二十二、三，

九月十五、六等日各得雨澤，晚禾滋培，顆粒結實，現在陸續登場，約計收成八九分不等。查延、建、邵等府素號產米之鄉，今晚禾俱獲豐收，下游福、興一帶均資接濟。汀州府屬據報於八月初二、三、五、二十三、三十及九月初一、二、三等日各得時雨，晚禾霑潤，通計八縣收成約在七分以上。福州府屬於八月初一、二、三、四並十四、五、二十二、三、四及九月十四、五等日各陸續得有雨澤，雖不無未經均沾地方，其向有水泉灌溉者皆獲豐收，今據報閩侯、連羅、古屏、清永等八縣收成約在七八分以上，惟長樂、福清二縣雨澤稍缺，濱海砂田收成不免少減。興、漳、泉三府，永春一州自八月初三、四等日得雨後，雖於中下二旬及九月十四、五、六等日亦各得有雨澤，但未能普徧透足，其平原近水之田可藉引灌，收成自屬豐登，高阜之區收成不無歉薄，其晚收分數未據報齊。

臺灣府屬於八月初一、二、三、初九、初十等日連得雨澤，晚禾霑潤，惟二十至二十三連日大風，據該道府稟報，田園、廬舍尚無損傷，但值晚禾結穗之時，恐於收成分數不無稍減之處。臣當即飛飭該道府確勘速覆，容俟查覆到日彙同通省晚收分數另行具奏。至八月分糧價較上月有減無增，地方安堵，民皆樂業，除糧價另開清摺恭呈御覽外，所有閩省雨水晚收情形理合恭摺具奏，伏祈皇上睿鑒。謹奏。

［硃批］：知道了。

一〇七、福州將軍新柱奏摺：臺灣道府乾隆二十三年八月被災撫卹蠲緩

［乾隆二十三年十月二十三日］，福州將軍兼管閩海關事革職留任臣新柱謹奏：為奏聞地方情形事。

竊照閩省九月中旬以前內地九府二州晚稻雨水米價情形經臣恭摺奏報，並臺灣府屬晚收分數未據報到，聲明附奏在案。茲據臺灣道府報稱：該府自八月二十日起至二十七日止各縣並發大風，晚禾雜糧被風吹刮俱有損傷，道府分路親行屢勘。臺、鳳二縣被災約有三分，諸羅稍

輕，彰化更輕，淡水廳所轄二保被風之時晚禾尚未吐穗，仍屬暢茂有收，現飭各縣造具冊結、照例查辦等情到臣。臣查臺灣雖稱產米之地，近年以來戶口殷繁，米價已不能如前平減，漳、泉一帶田少人多，向仰給於臺米，今歲漳、泉二府晚收未為豐稔，臺郡又遇偏災，來歲青黃不接之時民食自當預籌。臣面見督臣楊應琚、撫臣吳士功，告臣辦理情形，據稱下游民食現在設法次第籌辦，臺灣偏災之區業飭照例撫卹，被災分數俟冊報到日仰體皇仁分別題請蠲緩、以紓民力等語。再查晚稻收成分數，延平、建寧、邵武三府，龍巖一州據報有八分、九分不等，可稱豐稔；福州、福寧、興化、泉州、漳州、汀州六府，永春一州據報有七分、八分不等，內福州府屬之長樂、福清二縣，泉州府屬之同安、惠安、晉江、南安四縣，漳州府屬之漳浦、詔安二縣，地屬瀕海斥鹵鹹潮兼秋雨稍愆，收成只有六分，未免歉薄。十月初六、七及十六、七等日，省城及上下游俱得雨澤，蕷豆園蔬藉以滋培，甚為有益，二麥現在翻犁播種，農民樂業，米價照常，所有現在地方情形理合繕摺奏聞。

再，發閩駐防另記檔案各兵頭，起由江山一路赴閩者業於十月二十一日抵福州省城，沿途頗為安靜，其餘據報陸續踵至，統俟到齊之日另行具奏。又臣節次奉到硃批清漢奏摺十件合併恭繳，伏乞皇上聖鑒。謹奏。

［硃批］：覽奏，俱悉。

一〇八、福建巡撫吳士功奏摺：續報臺灣道府各縣地方偏災民不乏食

［乾隆二十三年十一月二十七日］，福建巡撫臣吳士功謹奏：為奏聞事。

竊照臺灣地方本年八月下旬晚禾望雨正殷，乃於八月二十一、二、三等日連遭颶風，不無損傷。臣與督臣楊應琚即飭該道府縣，速將被風田園各戶查明，照例先行撫卹，仍察看情形，或應加賑，或應借籽，據實妥協辦理，當即題報情形，並於十月二十三日會摺恭奏各在案。

嗣據臺灣各縣詳稱，現在被災各戶内有園地居多者均得收成，即零星小戶亦有另種蔗、薯、花生等項，已將成熟，里民生計尚不致形拮据，且詢據各業佃，僉稱止求將被災之田園按歉收分數減免正供，不求領賑等情。又據臺灣府詳稱，果否無庸賑卹，容再確查妥議。又據臺灣道禀稱，細查情形，臺屬田寬利厚，力田農民素非拮据，現又隨時補種地瓜，以資口食，委無窘迫情狀，似應勘明實在田園偏災分數，照例蠲免，毋庸議賑各等情，於十月底陸續詳禀到臣。據此伏查，臺灣地居海外，被災窮民有無失所，尤廑宸衷，應確察實情，加意撫卹，分別妥辦，不致遺濫，除飭將被災戶口查明，實在窮民照例先行撫卹一月口糧，仍飭令將勘不成災各戶口確切查明，果否不用加賑借籽之處，據實妥議，具詳籌酌另行題奏，務使邊海外地一隅偏災均沐恩膏，斷不敢稍有粉飾，或致失所，辜負我皇上軫念海外遠氓之至意。所有續據臺灣道府各縣詳禀臺地偏災民不乏食情形，理合恭摺奏聞，上慰慈懷，伏祈聖主睿鑒。謹奏。

［硃批］：覽奏，俱悉。

一〇九、福建巡撫吳士功奏摺：臺灣府屬乾隆二十三年八月被災撫卹

［乾隆二十三年十二月二十日］，福建巡撫臣吳士功謹奏：為奏聞事。

竊照臺灣府屬本年八月風旱相仍，高阜田園致成偏災，經臣會同督臣楊應琚於十月二十日題奏情形。嗣據臺灣道府縣禀稱：查明被災各戶内有園地居多者均得收成，即零星小戶亦有另種蔗、薯、花生等項，已將成熟，里民生計尚不致形拮据等情。經臣飭令確查，並將實在乏食貧民照例撫卹，於十一月二十七日恭摺奏聞在案。嗣於十一月二十九日據臺灣道府縣禀稱：彰化一縣被傷田園勘明並不成災無庸賑卹外，其臺、鳳、諸三縣，本道等當即督同印委各員分赴被災各里挨戶確查，臺、鳳、諸三縣實在被災乏食窮民共七百三十七戶，合計大小口共四千三百

五十二口，照例撫䘏一月口糧，俱經印委各官親加散給，並不假手胥役致滋侵扣，現在民皆得所，並無遺濫，均無窘迫之虞。但距夏收尚遠，應否加賑借籽，容俟察看酌辦等情到。臣伏查彰化一縣勘不成災無庸賑䘏外，其臺、鳳、諸三縣屬新化里等村一隅偏災據經撫䘏一月口糧，民力已紓，且有番薯等項接濟，自可無虞乏食。惟是臺灣一帶地居海外遠隔重洋，今距夏收為期尚遠，臣仍飭令察看情形，於明春青黄不接之時將偏災田園共七百三十七戶内確察分别，實在乏食貧民或應加賑口糧或應酌借籽種之處，核實妥辦，無濫無遺，務使一隅偏災均各得所，以仰副我皇上視民如傷軫念海外遠氓之至意。所有臺灣被災撫䘏酌辦情形，臣謹據實恭摺奏聞，伏祈聖主睿鑒。謹奏。

［硃批］：覽奏，俱悉。

一一〇、福建巡撫吴士功奏摺：臺灣偏災各戶酌借春耕籽種

［乾隆二十四年二月初八日］，福建巡撫臣吴士功謹奏：為奏聞事。

竊照臺灣府屬臺、鳳、諸三邑上年八月被風村莊經臣具疏題報，荷蒙聖恩撫䘏，隨飭核實妥辦。嗣據臺灣道府縣將撫䘏一月口糧辦理事竣毋庸加賑暨春耕籽種如果應借另行酌辦緣由具報。臣於上年冬暨今年正月二十五日節次奏聞在案。兹據臺灣道府禀稱臺境土鬆氣暖，一切地瓜、雜糧俱已隨時種植源源接濟，且已撫䘏口糧，實無乏食之虞，但既晚稻減收，貧民儲蓄有限，春耕不無拮据，現飭臺、鳳、諸等縣照例借給等情前來。臣留心察訪，該地原屬一隅，輕傷撫䘏之後，口食有資，番薯、雜糧長發又得接濟，被傷各戶均已得所，民間並無艱食之虞，惟春耕籽種應加酌借，除批令核實借給，務使貧農得資接濟，毋任胥役地保稍有冒領遺漏致幹嚴譴，仍令將實在貧農借給籽種數目造具冊結詳報察核，俾霑實惠以仰慰聖主惠愛斯民之至意。所有臺灣偏災各戶酌借春耕籽種緣由理合恭摺奏聞，伏祈皇上睿鑒。謹奏。

［硃批］：覽奏，俱悉。

一一一、閩浙總督楊應琚奏摺：臺灣偏災酌借籽種

［乾隆二十四年三月初三日］，閩浙總督臣楊應琚跪奏：為奏聞事。

竊照閩省漳、泉等府上年秋雨愆期，收成減薄，在歲内尚可支持，誠恐一至開春青黄不接之時，民食甚關緊要，必須預為籌備，始不至市糧缺少、奸徒乘勢居奇，經同會同撫臣吳士功查明上游延平、建寧、邵武、福寧四府暨廳倉内俱有年久未經出易之陳穀，亟須酌籌易貯以免霉變，會摺奏請動撥十五萬石，曉諭漳、泉二府殷實商民自備資本議定價值前赴各府廳官倉交價資糴運回漳、泉糶賣。該府廳所收價銀俟秋成後買補還倉，已奉聖恩俞允。臣等一面將招商給照買運，糶賣各事宜悉照臣前奏買運過臺倉穀章程，飭司即行各屬上緊妥辦。今查漳、泉等屬所招商人據藩司德福禀報俱於正月中旬前後起程，現已陸續前赴上游各府買穀回棹，約計三月内可運回漳、泉糶賣，此時正值青黄不接，得此官穀源源接濟，民食無虞匱乏。

又，臺灣府屬臺、鳳、諸三邑上年八月風旱歉收，經臣等節次奏報，荷蒙聖主加恩撫卹，已飭地方官核實妥辦在案。玆臣於回任後留心體察，該處原係一隅輕傷，自經撫卹之後，小民口食有賴，且隨地種植地瓜、雜糧獲資接濟，實可無需加賑，但既晚稻減收，農民儲蓄有限，春耕未免拮据，現據該道府禀請借給籽種以資力作，臣已與撫臣飭令核實實（原文如此）酌借，務使貧農悉得為力南畝，以仰副我皇上惠愛黎元有加無已之至意。所有漳、泉二府商運上游倉穀現在陸續運回糶濟，並臺灣偏災各縣民無乏食及酌借春耕籽種緣由，臣謹據實恭摺奏聞，上慰聖懷，伏祈睿鑒。謹奏。

乾隆二十四年三月廿一日奉硃批：覽奏，俱悉。欽此。

一一二、閩浙總督鐘音奏摺：請蠲免臺灣官莊租息

［乾隆四十二年四月二十日］，閩浙總督署福建巡撫臣鐘音謹奏：

為臺灣官莊租息應否蠲免、循例請旨遵行事。

竊照乾隆四十二年三月初八日准戶部咨開，欽奉諭旨：自戊戌年為始普蠲天下錢糧，仍分三年輪免。福建省應於庚子年全行蠲免。等因。行知欽遵在案，應俟屆當蠲免之期另行遵照辦理外，伏查臺灣府屬官莊租息一項向係駐守員弁招佃開墾，於雍正年間題报歸公，撥充內地養廉，歷年入於公費冊內造报。乾隆十一年普蠲案內，經前巡臺御史六十七等奏請蠲免，部臣議以此項銀兩与雜稅無異例應照舊徵收，其可否照雲南官莊之例蠲免十分之三？奉旨：依議速行，欽此。嗣於乾隆三十五年欽奉諭旨普蠲地丁錢糧案內，閩省三十六年屆當輪免之期，隨于該年緩徵耗羡，酌籌支放養廉等費冊內聲明照依前例徵七免三造報，經部以此項官莊租息從前蠲免十分之三乃係該省奏明，欽奉特恩俞允，未便援為常例。今未經詳查前案，奏明請旨遽于咨部冊內開造應免三分辦理，殊屬未協。請旨交部察議，並請將前項官莊銀兩可否亦照上屆之例准其蠲免十分之三。出自皇上天恩，奏請奉旨：依議，欽此。欽遵。各在案。茲又欽奉諭旨普蠲直省地丁錢糧，所有前項官莊租息乾隆十一年及三十五年普蠲各案內均蒙聖主施恩格外蠲免。今可否亦照上屆之例准其蠲免十分之三，俾海外羣黎普沾渥澤。據福建布政使錢琦具詳請奏前來，臣謹恭摺具奏，伏乞皇上睿鑒訓示施行。

再，閩浙總督係臣本任，毋庸會銜，合並陳明。謹奏。

乾隆四十二年五月十四日奉硃批：有旨諭部，欽此。

一一三、閩浙總督陳輝祖等奏摺：臺灣猝然被風潮

［乾隆四十七年六月初三日］，閩浙總督臣陳輝祖、福建巡撫臣雅德謹奏：為奏聞事。

據福建臺灣道穆和藺、知府蘇泰稟稱：四月二十二日寅刻至未刻猝被颶風，大雨狂猛異常，海潮一時驟漲，致衙署、倉廒、營房及民居廬舍多有倒塌，鹽場存倉課鹽亦多被水消融，其軍工廠內停泊應脩戰船十七隻內，飄失者二隻，擊碎者五隻，衝擊損壞者十隻，口內停泊商民大

船百有餘隻，打出飄漫者七十餘隻，內有載運內地福州等府倉穀候風尚未開行者沉沒五隻，計穀一萬餘石，未經進口大船飄沒者十餘隻，小船飄沒者更多。至各屬早禾，惟鳳山縣節候較早，收穫將竣，臺灣、諸羅、彰化、淡水等縣廳地方登場稍遲，遭此颶風恐收成不無稍減，現在詳細確查另行馳報等情。具稟前來。

臣等伏查臺灣孤懸海外，颶風向所常有，此次據報被風情形，似較往日為尤甚，除飛檄行司並該道府刻日分委妥員，確查損壞官民房屋、戰船民船並融消課鹽、沉沒官穀各實在數目，將衙署、倉廒、營房應行脩整者作速分別備料趕脩，戰船之飄失者上緊尋查務獲，擊碎損壞者應如何造補？課鹽、官穀應如何補運？其飄沒官民船隻、其淹斃人口若干與損壞廬舍、田禾是否業經成災？應否撫卹？逐一分晰查明，妥議詳覆到日，另行具奏外，所有臺灣猝被風潮情形，臣等謹會同恭摺奏聞，伏祈皇上睿鑒。謹奏。

一一四、上諭檔：諭令福建督撫詳查臺灣風災並實力撫卹

乾隆四十七年六月十三日內閣奉上諭：陳輝祖等奏福建臺灣地方於四月二十二日猝被颶風，海潮驟漲，致衙署、倉廒、營房、民居多有倒塌，田禾、人口亦有淹浸各等語。濱海居民猝遇風潮以致官民、房屋、田禾、人口均被傷損成災，該督撫務須督飭所屬詳加查勘實力撫卹，毋使一夫失所，以副朕軫念海疆之至意，其衙署、倉穀、課鹽、戰船等項有倒塌衝失之處，並著查明實在數目照例詳悉妥議具奏，摺並發。欽此。

一一五、福建水師提督一等海澄公黃任簡奏摺：臺灣府城猝被風潮已經確查撫卹

［乾隆四十七年六月二十六日］，至台灣府屬自入春以來，晴雨亦獲勻調，早禾秀發。府城於四月二十二日寅刻至未刻，猝被颶風大雨，

海潮驟漲，口內停泊商哨船隻多斷碇，飄出外洋擊碎。未進口之船，亦有漂沒，並沉失穀石，淹斃人口，衙署、民居、營房間有倒塌，現經文員確查撫卹，分別妥辦。海外素有風潮，而於此次為甚，但係附郭近地，其首邑臺灣一縣，向因土性浮松，原不栽種旱禾。此外鳳山、諸羅二縣同時風雨，並不猛烈，田禾廬舍均無損壞。淡水、澎湖、彰化三廳縣並未得有風雨，收成無礙，據臺屬據報，合計收成九分。

一一六、閩浙總督富勒渾等奏摺：查明臺灣各屬被風情形

［乾隆四十八年正月十九日］，閩浙總督臣富勒渾、福建巡撫臣雅德跪奏：查明臺灣府屬猝被風潮並不成災緣由、恭摺覆奏事。

竊照臺灣地方於乾隆四十七年四月二十二日猝被颶風，海潮驟漲，衙署、倉廒、營房等項多有倒塌，官商船隻、課鹽積穀各有損失緣由，經前督臣陳輝祖會同臣雅德恭摺具奏，欽奉上諭：海濱居民猝遇風潮，以致官民房屋、田禾、人口均被傷損成災，該督撫務須督飭所屬詳加查勘，實力撫卹，毋使一夫失所，以副朕軫卹海疆之至意。其衙署、倉穀、課鹽、戰船等項，有倒塌沖失之處，並著查明實在數目，照例詳悉妥議具奏，摺並發，欽此。當經轉飭臺灣道府詳查妥辦。旋據查明，臺灣等廳縣均照常有收，並不成災。又經陳輝祖附摺具奏聲明，損壞官民房屋、船隻，現飭確查妥辦在案。

嗣於十月初七日，據前任福建布政使楊廷樺轉據前任臺灣道穆和藺、臺灣府知府蘇泰申稱：衙署、民房修補完固，淹斃人口亦已掩埋，沉失積穀官鹽及擊碎戰船現在分別賠補等情。詳經前署督臣福長安以未將各項細數分晰聲敘，駁飭確查去後，臣等復又屢次覆催，始於本年正月十二日據署布政使譚尚忠轉據前任參革臺灣府蘇泰詳稱：臺灣縣內不種植旱禾，鳳山縣先已收穫，雖同經風雨，並不猛疾，田廬無損。淡水、澎湖、彰化三廳縣是日並無風雨，實不成災。惟臺灣縣地方經風吹損瓦房九十七間，倒塌草房四十一間，吹損草房九十四間，除有力修復外，無力之家每間經該縣捐給銀一兩及七錢、三錢不等。掩斃人口計撈

獲一百三十四名口，分別大小，捐給銀一兩及六錢不等。其擊破商船內有陳協發等十三號，各船載有每年額運內地給與班兵眷口官穀八十石，共計一千四十石，俱經沉失。又，陳崇利等五十九船擱汕損壞，內鍾茂發等共載積穀九千五百四十三石四升，亦經漂失。前項積穀即係應運內地官穀，因歷年積壓未運，責成前任臺灣府萬縣前及前任臺防同知劉亨基補運之項除年額穀一千四十石另請豁免外，所有積穀自應著落萬縣前等賠補。至鹽場坍損房三十六間，計清化鹽一千五百九十三石，鹽房卑府已捐資修葺，清化鹽觔亦已曬補歸倉等情。又准前任臺灣道穆和藺移稱：軍工廠停修船隻計擊損十五隻、漂失二隻，漂失之船續經撈獲船底並桅柁槓椇等項，應與擊損船隻添備物料趕緊修造，所添物料價值，本道情願賠補各等情。轉詳請奏前來。

伏查臺灣府屬猝被風潮，如果田禾傷損，應即照例賑卹，俾海外貧民勿致失所。今屢經查明俱各有收，並不成災，撈獲淹斃人口業已掩埋，官民房屋、船隻等項俱經該道府等捐資修補，自應毋庸再辦，至沉失年額官穀，實由風潮猛烈，人力難施，例得豁免，臣等已飭司照例辦理，惟積穀九千五百四十三石零早應運歸內地之項，前任臺灣府萬縣前等督運不力，經前撫臣楊魁奏明責成該參守等督運，今遭風漂失，總由督運遲緩之故，應照所請著落萬縣前、劉亨基二人名下照數賠補，以昭炯戒。再，事關海外，風潮成災與否，即應查辦，前任臺灣道府明知遠隔重洋，前次並不將損失房屋等項細數詳晰開報，以致往返駁查，久稽具奏，實屬辦理遲延，但查該道穆和藺已於另案奉旨革職，知府蘇泰亦於另案奏請革職，拏問在案。合併陳明，所有查明臺灣府屬並不成災各緣由，理合恭摺具奏，伏乞皇上睿鑒。謹奏。

乾隆四十八年二月十五日奉硃批：該部議奏，欽此。

一一七、臺灣林爽文檔：諭令切實採買浙江、江西米石運往閩省接濟

［乾隆五十二年五月十七日］，大學士和字寄閩浙總督李、浙江巡

撫琅。

乾隆五十二年五月十七日奉上諭：據琅玕奏，前准李侍堯扎會奏，撥浙省米石業于杭州等府屬酌撥倉穀碾米十萬石運赴閩省，茲又採買米六萬石，俟小暑節後風順，派員分起押送，有乍浦赴厦門、泉州二處交收，等語。所辦諸凡妥協已于摺內批示矣。前因閩省內地及臺灣支給口糧撫卹難民，均需米石應用，是以諭令琅玕于撥運米十萬石外，再行察看情形，寬為籌備。今該撫又於杭、嘉二府地方採買米六萬石，派員陸續運閩，是浙省所辦米石不為不多。現在臺灣剿浦逆匪，已可將此蒇事，且尚有江西採辦之米運往接濟，儘足敷用，况據奏閩省本年麦收豐稔，內人民人自不虞乏食。著傳諭李侍堯務須樽節辦理，不可恃有鄰省協助，無虞匱乏，致有糜費之處也。將此傳諭李侍堯，並諭琅玕知之。欽此。遵旨寄信前來。

一一八、臺灣林爽文檔：諭令再行起運江西備辦米石赴臺

［乾隆五十二年五月二十四日］，大學士和字寄閩浙總督李、兩江總督李、江蘇巡撫閔。

乾隆五十二年五月二十四日奉上諭：據李世傑等奏請，于蘇州、松江等處常平倉貯項下動撥穀二十萬石、碾米十萬石，由松太一帶海道運赴閩省泉州聽候撥用，以濟軍需一摺，固屬該督等因急公起見，但未慮及驚動人心，已于摺內批示矣。昨據李侍堯等奏：委員前往浙省購辦米石不拘多寡，一得捷音即令停止採買，是浙省續辦之米尚可備而不用，又何需江省動撥倉穀碾米運閩？李世傑等所辦未免止知急公，不自覺其跡涉張皇矣。惟是閩省糧米向藉臺灣接濟，今臺灣賊匪滋擾，小民耕種失時，不但該處所產之米不能運至內地，且漳、泉等屬因商販稀少，市價稍有加增，兼以臺灣支給口糧撫卹難民等事，需用浩繁，轉須由內地運往。此時或不妨寬為籌備，俾民食兵糈益資充裕。現在江省倉穀業經李世傑等動撥出碾，且毋庸配船起運，著傳諭李侍堯察看情形。如剿捕事宜將此可以完竣，兵糧民食足敷應用，不須鄰省協濟，即咨會李世傑

等停止起運。倘閩省糧米尚有未敷，必須廣為儲備，亦即一面咨會李世傑等，令其委員押運閩省，一面奏聞。將此傳諭李侍堯，亦用六百里加緊發往，並諭李世傑等知之。欽此。遵旨寄信前來。

一一九、臺灣林爽文檔：諭令兩江總督李世傑等速備米石發往閩省

［乾隆五十二年七月初六日］，大學士和字寄兩江總督李、四川總督公保、江蘇巡撫閔、江西巡撫何。

乾隆五十二年七月初六日奉上諭：據何裕城奏：碾運閩省米石原擬由海道分運，嗣准兩江督臣來咨，江蘇亦有協濟閩米，現在海船不敷裝運，咨商浙省撥船協濟，若江西亦由海運必致有誤，等因。隨將碾出米石全由五福陸路運送，等語。江西五福一路運送米石，既可不致稽遲，而江南海船不敷裝運此項米石，自應仍由江西陸路趕運。此時揔由何裕城往返札商辦理錯誤，又不將酌定何路早行具奏。業經將何裕城交部議處。此時該督惟當督飭所屬上緊查催，迅速儹運，毋致再有遲緩。至李世傑等前因江西米石應由江南海運，業經預備船隻，今江西之米既仍由該省陸路起運，毋需江南海船。前諭保寧將川米備辦二十萬石即由川江運至江南，正需海船撥運，現在江南預備分運江西米石船隻，將來即留為運送川米之用，可以星速配渡豈不一舉兩得？著將此傳諭李世傑、閔鶚元遵照妥辦，並著保寧將應運川米務即迅速運赴江南配船接運，以期迅速抵閩，得資接濟。將此由五百里發往，並諭何裕城知之。欽此。遵旨寄信前來

一二〇、臺灣林爽文檔：諭令再行採買米三十萬石速解閩省

［乾隆五十二年七月初十日］，大學士和字寄四川總督保、兩江總督李、江蘇巡撫閔。

乾隆五十二年七月初十日奉上谕：前因閩省軍糈需用糧米甚多，已諭令保寧將川米備辦二十萬石，即由川江迅速運至江南交李世傑等委員運赴閩省，以濟急需，但現在臺灣軍務尚未告竣，一切兵食及平糶撫卹等事在在急需，不妨多為儲備。川省素為產米之區，連歲收成豐稔，積儲較裕。著傳諭保寧再行採買米三十萬石，如或市糧不敷採辦，即于附近川江各州縣常社倉內碾動穀石，以足三十萬之數，接續運赴江南交李世傑等一併委員運往閩省，以資接濟。其碾動倉穀不妨暇時買補。此次運閩米數需用海船較多，著傳諭李世傑、閔鶚元將海船一項寬為預備，俟前次川米二十萬石抵江起運後，所有續辦米石已經運到江省，即接續配船起運，以期迅速抵閩，毋誤要需。將此由六百里傳諭保寧、李世傑、閔鶚元，並諭李侍堯知之。欽此。遵旨寄信前來。

一二一、臺灣林爽文檔：諭令江西巡撫何裕城等備撥米石飛咨舒常撥運閩省

［乾隆五十二年七月十三日］，大學士和字寄兩江總督李、湖廣總督舒、湖北巡撫姜、江西巡撫何。

乾隆五十二年七月十三日奉上諭：據舒常等奏，湖北省早禾豐收，秋成可卜大有，縣於鄰近水次州縣動支倉穀二十萬石、碾米十萬石，分作四起，委員由江西新城縣五福地方旱運赴閩，以備軍儲，等語。所辦好足見急公，已于摺內批示，並交部議敘矣。臺灣剿捕逆匪尚未告竣，一切兵糧及撫卹平糶等事所需米石較多，自應寬為預備。前據何裕城奏，江西運閩米石俱由新城县五福地方行走，現在自已陸續起運，所有該處山路及一切事宜，想已辦有章程。此次湖北所碾米石亦由江西運赴閩省，不過照該省程式料理自屬便易。著傳諭何裕城即將江西米石於何時可以運竣，其湖北米石接續由該省運閩道路便捷之處，一面酌定，一面飛咨舒常，令其速將碾就米石分起撥運，由江西五福一路前進，不可似前此推諉，以致遲延。如江西寔有碍難辦理之處，一面飛即知會舒常等令其將米石裝載剝船由水路運往江南交李世傑等，由上海出口運往閩

省。但前經先後降旨令保寧預備米五十萬石陸續由川將載赴江南交李世傑備船運閩，為數較多，恐江蘇船隻驟難添雇，轉恐有誤要需，莫若即由五福旱運為是。著何裕城即行定奪，一面辦理，一面具奏。將此由六百里各傳諭知之。欽此。遵旨寄信前来。

一二二、福建巡撫徐嗣曾奏摺：料理浙兵赴臺配渡及臺灣撫卹難民

［乾隆五十二年七月十六日］，福建巡撫徐嗣曾跪奏：為奏聞事。

竊照本月初一日欽奉諭旨增調浙江、廣東等處滿漢官兵共一萬一千名前赴臺灣會剿。督臣李侍堯現駐厦門，所有粵兵配渡事宜均經就近督辦。其浙江滿兵一千五百名，經督臣酌定，由浦城陸路送至蚶江登舟赴鹿耳門較為便捷。臣飛飭沿途將人夫船隻等項妥為預備，派委糧道凌廣赤及署臬司戚蓼生分赴建寧、延平等處往來彈壓。茲浙江滿兵分作六起趲行，其頭起兵二百五十名，據報于十三日已到延平，約十八日可抵省城，以後各起俱間日接續而至。臣接送一二起後即先馳赴蚶江料理配渡，以期迅速前進。至閩省、粵省先經預調兵四千名已經全抵臺灣，其續調粵兵五千五百名，本月下旬俱可到厦，乘風迅渡，統計八月上旬即可齊進鹿耳門及鹿仔港兩處。當此大兵雲集，糧餉、火藥等項甚關緊要，節經督臣悉心預籌，臣嚴飭各屬勒限轉運，不致遲悮。其浙江餉銀已過省二十萬米石，已到泉、厦者七萬有餘，火藥、鉛彈等項亦俱源源而至。臣於陸續到省時親加照料，迅飭押運前進。江西米石由光澤縣灘河撥載，現飭延建邵道元克中在該處專司督辦，設法趕運。竊計兵威倍加壯盛，軍需亦甚充裕。秋涼氣爽，定可剋日蕆功。伏讀節次上諭，捴以招撫脅從解散賊黨為第一要務，無論從賊打仗及被賊驅使者，一經棄械投誠即為良民，在軍營多一歸順，即賊匪少一黨惡，等因。仰見聖明指示機宜，無微不燭。臣查逆匪蜂屯烏合，雖云日積日多，其中因劫掠焚莊被脅強從者實居大半，即如淡水一路近據副將徐鼎士、淡防同治徐夢麟等稟報：訪知白石湖山內奸良錯處，官兵往捕始初竟敢擲石抗拒，

該副將等商同剿撫並用，先為剴切示諭，隨即派委文武員弁帶領兵役及泉州義民人等不行上山，開誠撫慰，即有扶掖歸順者三千餘人，細詢情形，始知賊本不多見，百姓下山，餘匪奔竄，當即擒獲要犯彭喜等數名。又于鹿藔、金包里等處招出難民千餘人，護送歸莊趕種晚禾。徐鼎士現已帶兵前駐大甲溪搜剿彰化賊匪。等情。經督臣飭撥餉銀五萬兩解往為賞卹義勇難民之用。兵糧寬裕，民心愈覺堅固。就淡水情形而論，已不出睿謨炳照之中。推之南路，如鹿仔港，難民聚集甚多，自五月初旬運到米薯設廠煮粥陸續賑給，所全活者不下數萬人，無不感頌皇仁，歡呼載道。復經提臣藍元枚就難民內勇壯者挑作義民以助戰守，實屬一舉兩得。至臺灣府城前將軍臣常青初到之時即獎賞鄉勇義民，廣為招募，至今防守協剿，深得其力。惟離城數里之外即有賊匪往來嘯聚，民人被脅者較多，情形與北路大同小異，招撫安插自應倍加慎重。今常青等疊奉上諭明切指示，自必遵旨妥為籌辦。臣于臬司李永祺起程時將現奉諭旨籌辦招徠之法諄切面囑，于到軍營時隨同將軍常青等細酌該處情形相機辦理，務使良民歸順，賊匪實孤力竭，指日就擒，以仰副我聖主諄諄誥誡之至意。所有料理官兵到省前赴蚶江配渡及臺灣撫卹難民各緣由，臣謹恭摺馳奏，伏祈皇上睿鑒。謹奏。

乾隆五十二年七月二十八日奉硃批：覽奏俱悉。欽此。

一二三、臺灣林爽文檔：諭令湖北、湖南運閩米石毋庸再等

［乾隆五十二年八月初一日］，大學士和字寄兩江總督李、署湖廣總督舒、江蘇巡撫閔、湖北巡撫姜、江西巡撫何。

乾隆五十二年八月初一日奉上諭：據李世傑奏，接准湖北咨會，擬將楚省所辦運閩米十萬石亦由長江運至江南海口轉運，等因。查現在江南尚須預雇川省米船七百隻，若再添雇楚省米船，未免竭蹶。若由江西新城五福陸路運至閩省水口止八十里旱路，即山徑崎嶇，亦計日可到。若照來咨即令楚米亦由海運，不特船隻一時難以應手，且恐欲速反遲，

等語。此皆該督等互相推諉之詞，朕甚不取，已于摺內批示此事。昨據姜晟奏稱：接准何裕城咨會，該省五福一帶溪河淺窄，須隨時爬挖流沙，且俟江西米石運竣已屆深秋，河水消涸，更難挽運，等語。當即諭令該督等以江西五福一路陸運溪河淺阻，寔有碍難辦理之處，欲速反緩，自以仍由江南及浙江乍浦等處出口海運為是，且以現在閩省已有江、浙、江西等省先運之米接續運到，無虞缺乏，此後止須源源接濟，原不必同時齊運。海口船隻亦毋庸全行封雇，俾商販亦得流通。馳諭該督等酌籌妥辦矣。今據李世傑奏：江南海口籌運川米尚須添僱船七百隻，若再添僱楚省米船一百七八十隻，未免竭蹶。此係指川楚兩省應運米六十萬石同時並運而言，殊不知川米亦不能同時運到，況運閩米石原係預為儲備應用，止須源源接運，本非必須同時起運。比如川楚米共六十萬石，若分三起撥運，則每起不過二十萬石，所需船隻較少即易於僱用。如此則商船可得往返流通，轆轤運載，而米石亦可接踵而往，足敷接濟。況江西陸運五福一帶溪河淺窄，將來時屆深秋，溪水乾涸，挽運維艱，自屬寔在情形。乃李世傑惟慮及江南海船難于雇覔，不思通融籌辦，請將楚米仍歸江西陸運，豈非存諉卸之見？即該督摺內稱江西、江南皆係伊統轄地方，不敢稍存推諉等語。此言殊不可信，將誰欺耶？除直隸、四川外，想來總督兼轄兩省者，雖同係所屬地方，往往就駐劄省份意存偏袒，此係外省習氣使然，朕不知乎？今該督現駐江南，未免意存推諉，豈能逃朕洞鑒耶？所有現在湖北及將來湖南運閩米石，著傳諭李世傑、舒常等，毋庸再籌江西陸運，均著由長江順流歸入江南及浙江等海口陸續轉運，並著李世傑悉心籌辦，止須隨到隨運，使之源源不絕，俾船隻流通足敷裝載，不必一時齊運，致船隻不敷僱用，轉恐累及商販，方為妥善。將此由六百里傳諭知之。欽此。遵旨寄信前來。

一二四、兵部“為內閣抄出奉上諭”移會

［乾隆五十二年十一月初二日］，兵部為移會事：職方司案呈，本月初三日內閣抄出前事一案，相應抄錄原奉上諭移會貴處查照銷案可

也。須至移會者，計連單一紙。右移會稽察房。乾隆五十二年十一月。

乾隆五十二年十一月初二日，內閣奉上諭：本年閩省勦捕臺灣逆匪，所有添調各省官兵經過地方，一切軍械供應，俱經發帑支給，絲毫不以累及閭閻。惟是運送糧餉、軍械等物，間以酌用民力，雖並給與口糧、脚價，而該處民夫向義，無不踴躍從事，實堪嘉尚。自宜（特）沛渥恩，以示優卹。除漳、泉二府本年被旱歉收，曾經降旨加恩，令該督查明緩徵，並臺灣府屬本年及五十三年應徵錢糧概行豁免外，仍著李侍堯等將福建通省承辦軍務各州縣，所有官兵經過地方，就其差務繁簡，出力較重，查明應如何酌量加恩，分別蠲緩之處，詳細核定，迅速奏聞，候朕另降諭旨。欽此。

一二五、上諭檔：諭令議卹解送軍糧遭風淹斃船戶及水手兵丁

乾隆五十二年十一月十二日奉上諭：據李侍堯奏：閩省委員王履吉解送糧餉，在洋遭風沉溺船隻案，尚有第六號米船一隻，載米九百石，遇礁擊碎，淹斃兵丁一名，水手五名，米石盡行沉失。又另起稟報，委員何中尊解運臺米內有鄭聖華一船，載米八百五十石，將進鹿耳門，遭風沉失米二白餘包。又閩縣船戶李生財，載運軍米赴厦門，遭風覆船，米盡沉失，淹斃兵丁水手七名；又船戶曾長瑛，運赴鹿仔港軍米一千石，在洋遭風船碎，惟尋獲該船水手二名，餘人不知下落，米船並無蹤影等語。此等解運軍餉米船，於外洋陡遭颶風，人力難施，以致船隻沉溺，淹斃數人，殊堪憫惻。所有沉失米石，均著免其賠補外，其前後溺斃之兵丁水手人等，均著該督查明，照陣亡例議卹，摺併發。欽此。

一二六、兵部“為內閣抄出福建巡撫徐奏”移會：臺灣撫卹難民與地方情形

［乾隆五十三年四月初一日］，兵部為移會事：職方司案呈，內閣

抄出福撫徐奏前事一摺，相應抄單移會貴房查照銷案可也。須至移會者，計粘單一紙。右移會稽察房。乾隆五十三年四月初一日。

乾隆五十三年三月二十四日，內閣抄出福撫徐跪奏為臺灣撫卹難民、及察看地方情形、恭摺奏聞事：竊臣於正月初八日抵鹿仔港，先從彰化一帶籌辦撫卹事宜，業經繕摺奏明。嗣臣在水沙連軍營，將一切賑貸及平糶章程，與福康安面為酌定後，福康安進勦南路，臣親往彰化，徧加查勘。縣城內衙署及民房被賊焚毀無剩，村莊被焚者亦甚多。

惟由鹿港至埔心數莊保守無失。該邑難民避遷鹿港者不下十數萬眾。業經該地方官遵奉恩旨查明，按月散給米糧、蕃薯，得以存活。臣以此時賊匪已平，諭令及早歸莊，俟查明戶口，將鹿仔港撫卹口糧，歸入本莊散給，以仰副皇上軫念災黎有加無已之至意。一面發銀苫蓋草寮，以資棲止。該民番等聞風陸續歸莊，已有十之六七。自大甲溪至淡水一帶，村屋無燬，惟上年播種無幾，收成歉薄；且該處義民出力者多，亦應查明酌量撫卹。於本月初旬，至嘉義地方察看城內民房，尚俱完固；遠近村莊亦多焚毀，惟鹽水港一處房屋齊全。由嘉義至南路臺灣縣，難民趕入府城居多。府城以外村莊，竟屬蕩然。鳳山城內與彰化相同，其村落多遭蹂躪。惟廣東莊義民田園廬舍，最稱完善。東港一處，先為逆匪佔據，後為官兵克復，難民搭蓋草寮，多集於此。查臺灣、嘉義城內及鳳山之東港三處，本有賑卹口糧，臣飭照鹿仔港之例，招諭難民各自歸莊，以待查賑，戶口亦漸次安集。統計全郡之難民而論，彰化為最重，臺灣、嘉義、鳳山次之，淡水為最輕，必須分別核實辦理，以期無濫無遺。臣遴委員分赴各處詳晰確查，凡賊匪經過之所，房屋未經被毀者，如系義民竭力保護之莊，即應量予獎卹；如系被賊脅從得以免毀之莊，此時邀恩予以自新，已屬格外寬典，不得再邀賑卹；其房屋雖已焚毀，而歸莊後尚能造蓋補修，力可自給者不賑；惟實系遭賊焚搶、流離困苦之難民，造具清冊，給予一月口糧後察看情形，如有尚須接濟之處，再當推廣皇仁，量為展賑。並因各路米價昂貴，設廠平糶，其無力耕種者，酌借籽糧，以平市價而急農務。節次仰沐聖慈，於各省撥濟軍需米石，本屬實裕。經督臣李侍堯隨時撥運過臺，源源接濟。但海洋轉運需時，現在臺灣存米，除給發軍糧外，所剩無多，僅敷平糶借貸之用，其辦賑口糧祇可折給銀兩。查閩省從前辦理折賑，每石至二兩而極。此時臺屬糧價，均在三兩以外，若照三兩折給小民，仍不免拮据。仰懇皇上格外施恩，每石准予三兩，則民食更為普濟。臣隨時留心，嚴密稽察，務使均沾實惠。至全郡甫經蕩平，尤當以搜拿餘逃、綏靖地方為要。逆黨內間有竄逃賊目，俱經福康安派撥兵弁，迅速按名查拿。臣嚴飭各屬四面協同訪緝，毋使一漏網，連日多有弋獲者，輿情倍加安貼。自二月初旬以後，甘雨優霑，凡經播種之田，禾苗暢發，早收可卜豐稔。臣現奉諭旨，以臺灣善後事宜諄諄訓勉，跪誦感激，莫可名言，益當殫竭血誠，實心實力，與福康安熟商妥辦，冀無負聖主委用隆恩。所有沿途查辦緣由，合先恭摺具奏，伏乞聖上睿鑑。謹奏。

乾隆五十三年三月二十一日奉硃批：這所奏情形，該部知道。欽此。

一二七、上諭檔：諭令賞卹淹斃兵丁水手並免賠沉失軍米

乾隆五十三年十一月二十五日奉上諭：據徐嗣曾奏：查明曾長瑛等運送军米船隻，於上年十月十一日內，先後駛到鹿港。實因風大浪湧，漂出外洋，擊碎船隻，致糧米全行沉失，淹斃水手兵丁。合之蔡球琳等六船，共沉失軍米三千六百七十餘石等語。海洋風信不常，船隻破溺，在所不免，且運送軍米，事屬因公，既據該撫查明實因猝遇颱風，人力難施，致遭沉失，淹斃多人，殊堪憫惻。所有各船內淹斃水手兵丁，著該督等查明，照例賞卹。其沉失軍米三千六百七十餘石，俱著全行豁免，以示軫卹。

一二八、兵部“為內閣抄出閩督福等奏”移會

［乾隆五十四年正月十七日］，兵部為移會事：當月司案呈，內閣抄出閩督福等奏前事一摺，相應抄單移會稽察房查照銷案可也。須至移

會者，計原奏一紙。右移會稽察房。乾隆五十四年正月。

臣福、徐跪奏：為臺灣應徵地丁銀穀及耗羨、莊租、雜稅等項、奏請分別蠲免、緩徵，仰祈聖鑒事：竊照臺灣府屬各廳縣，疊蒙皇上逾格天恩，將乾隆五十二、三兩年錢糧全行蠲免。其嘉義一縣，並免五十四年錢糧。節經刊發謄黃，徧貼曉諭。該百姓等感激皇仁浩蕩，踴躍鼓舞，載道懽呼。查臺屬應徵錢糧，向例分收銀、穀兩項。一廳四縣，每年額徵丁銀五千一百餘兩，額徵地穀正供粟十九萬九百餘石。合銀、穀兩款總設之地丁，與內地州縣地丁錢糧概行徵收銀兩者名同而實異。從前普免各省錢糧案內，所有臺灣一屬額徵供粟，俱奉特旨一體全蠲。上年督臣李侍堯會同臣徐嗣曾具奏請旨摺內，因臺灣所徵地穀係供支駐臺班兵及解運內地營兵口糧之用，遂作為五十二年應徵兵穀，同耗羨、莊租、雜稅等項一例奏請分年帶徵，仰蒙聖主隆恩，仍予全行寬免。但此項兵穀，即系地丁錢糧，因從前未經聲敘明晰，是以不敢遽行刊示，將五十三年臺灣府屬正供穀石及五十四年嘉義縣供粟一概停免。今臣等伏思臺灣所屬一廳、四縣徵收丁銀止五千一百餘兩，而額徵穀粟十九萬九百餘石，多寡之數甚屬懸殊。當此軍務告竣之餘，若將此項穀粟照常徵收，民人等安集未久，家室初定，情形恐不無拮据。仰惟我皇上軫念近黎口食，至再至三，合無仰懇聖恩，將臺灣所屬五十三年正供穀十九萬九百餘石、五十四年嘉義縣額徵供粟，照從前普免錢糧之例，一體全溪，則民人等沾浹皇恩，益得盡心耕鑿。恭候恩旨到日，飭知該地方官刊布謄黃，再行通諭。至正供之外，有應徵耗羨、、莊租、雜稅等項計銀六萬九千餘兩、粟一千八百餘石，不在應免之內。向例緩至次年徵收。第念民人安集以來，生計尚薄，即至次年徵收輸將，究為勉力。所有各廳縣耗羨銀穀，可否仰懇聖慈，俟明歲開徵後，准令分作兩年帶徵，俾閭閻益資寬裕。其嘉義一縣已邀恩多免正項一年，應仍照例將耗羨等項統於五十五年內一併徵完歸款。據布政使伊轍布轉據各臺灣道、府具詳前來，臣等合詞恭摺具奏，伏乞皇上睿鑒。謹奏。

乾隆五十四年正月十七日奉硃批：著照所請行，該部知道，欽此。十九日抄出到部。

一二九、福建巡撫徐嗣曾奏摺：澎湖被風無礙民食並酌量賑卹

［乾隆五十四年八月二十五日］，惟據台灣府及澎湖通判稟報：七月初三、四、五等日，颶風間作，臺灣府縣並無損礙，澎湖一廳被風較甚，官民房屋間有坍損，並碰碎哨船一隻，折桅損碇三隻，又擊碎商船二隻，沉溺彰化運澎兵米四百二十石。澎湖地係沙磧，向衹種植雜糧、番薯，今歲雜糧早熟，收穫者已有十之七八，番薯枝條蔓地，風不能損，於民食並無有礙等語。現飭該道府確查實在情形，將民間坍損房屋，酌量卹助，以廣皇仁。並將船隻、軍米查明，分別辦理。所有通省地方年景情形，理合恭摺奏聞，伏乞皇上睿鑒。謹奏。

一三〇、上諭檔：諭令澎湖臺灣等地遭颶風飭屬查勘災情

［乾隆五十四年九月二十七日］，大學士公阿、大學士伯和字寄閩浙總督伍、福建巡撫徐、傳諭臺灣鎮總兵奎林等。

乾隆五十四年九月二十七日奉上諭：據伍拉納奏，澎湖於七月初三、四等日颶風大作，擊碎該協營哨船一隻，折桅斷椗損漏三隻。又龍溪縣帶送各處公文商船一隻，彰化縣配載兵米商船一隻，俱在洋擊碎，米石沉失，惟舵水及縣役等泗水得生，餘俱不知生死。其沿海民房及衙署、倉廒，間有被風刮壞等語。此次海洋颶風大發，其勢甚猛，彰化係臺灣所轄，而澎湖地方亦相距甚近，何以奎林等於該處擊碎船隻及刮壞房屋之事未見奏報，想遠隔重洋，尚未馳達也。至沿海各處陡遭風暴，民田、廬舍自不無損壞之處，著該督撫等飭屬詳悉查勘，如有應行撫卹者，即奏明分別辦理，毋致失所，其船戶人口有無淹斃，亦著照例查辦。將此由五百里傳諭該督撫，並諭奎林等知之，仍著各行據實覆奏。欽此。遵旨寄信前來。

一三一、臺灣鎮總兵奎林、按察使兼臺灣道萬鍾傑奏摺：澎湖被風情形

［乾隆五十四年十月二十八日］，本年十月二十一日接奉軍機處字寄傳諭臺灣鎮總兵奎林等，乾隆五十四年九月二十七日奉上諭：據伍拉納奏，澎湖於七月初三、四、五等日颶風大作，擊碎該協營哨船一隻，折桅斷椗損漏三隻。又龍溪縣帶送各處公文商船一隻，彰化縣配載兵米商船一隻，俱在洋擊碎，米石沉失，惟舵水及縣役等泅水得生，餘俱不知生死。其沿海民房及衙署、倉廒，間有被風刮壞等語。此次海洋颶風大發，其勢甚猛，彰化係臺灣所轄，而澎湖地方亦相距甚近，何以奎林等於該處擊碎船隻及刮壞房屋之事未見奏報，想遠隔重洋，尚未馳達也。至沿海各處陡遭風暴，民田、廬舍自不無損壞之處，著該督撫等飭屬詳悉查勘，如有應行撫卹者，即奏明分別辦理，毋致失所，其船戶人口有無淹斃，亦著照例查辦。將此由五百里傳諭該督撫，並諭奎林等知之，仍著各行據實覆奏。欽此。臣等跪讀之下，仰見聖主軫念民瘼，無使失所之至意。伏查八月十一日據澎湖通判王慶奎詳報，該廳屬於七月初三日巳刻陡起風暴，至初五日午刻始息。該協營哨船擊碎一隻，損壞三隻。又有船戶黃錦發配載澎湖俸滿千總翁斌及眷口五人，該船遭風擊碎，僅存舵水九人，餘不知下落。（［硃批］：不知下落者應按例給卹。）又船戶陳萬發配載彰化縣兵米四百二十一石赴澎，在洋擊碎，米石沉失，舵水及押解縣役泅水得生，沿海民房及衙署、倉廒間有被風刮壞。至各澳種植雜糧，多已刈獲登場，地瓜、花生枝條蔓地，並無損壞等情，通詳督府在案。又據澎湖協副將潘韜稟，與該廳相符。臣等當經飛飭該協廳，將擊碎損壞哨船，亦即撈收，木料交廠湊脩，漂失千總翁斌及眷口屍身（［硃批］：可憫！）務多派人役尋覓打撈，有無蹤跡，即行具報。千總翁斌屍身打撈無獲，其損壞哨船三隻，已經駕廠照例脩理。臣等於八月十一日接據澎湖廳詳報，於七月初六日已經通詳督撫。所有澎湖被風緣由。

一三二、上諭檔：諭令本年八旬壽辰將臺灣應徵借票分三年輪免

乾隆五十五年三月十四日内閣奉上諭：本年朕八旬壽辰，業經降旨將各直省地丁錢糧普行蠲免。臺灣府屬有應徵借票及官莊租息銀兩，本不在蠲免之列，第念該省各府州縣錢糧俱已全行蠲免，臺灣瀕臨海外，若不獲一體邀恩，番黎等未免向隅。著加恩將台灣府屬一廳四縣應徵借票按照内地之例，分作三年輪免，其官莊租息銀兩亦著蠲免十分之三，以示嘉惠海疆至意。該部即遵諭行。欽此。

一三三、兵部“為内閣抄出福建巡撫徐嗣曾奏”移會：核報為收養難民等動用軍需款項

［乾隆五十五年六月初三日］，兵部為移會事：當月司案呈，五月二十八日，内閣抄出清漢摺奏事件共六件，相應抄錄移會貴廳查照可也。須至移會者，計粘單一紙。右移會典籍廳。乾隆五十五年六月初三日。

（上缺）石外，内地實新收軍需米六十萬三千□□□□□□。兹開除支應各起官兵、人夫一切口糧，及漳州、泉州二屬平糴解澎並盤耗米共二十七萬八千四百五十石零，尚實存米三十二萬五千三百八十一石零。又並無盤收軍米各員碾解臺灣米六百石，應付官兵裹帶人夫口糧，動支倉穀碾米一十二萬九千三百九十一石零，均應歸於倉穀冊内作餘造報。再查臺灣實新收内地解至軍需銀四百二十三萬七千四百三十兩，制錢九萬串。兹開除第一案至第二十八案動支官兵鹽糧、夫船、脚價及一切雜支各款，暨義勇難民口食等項，共計銀三百六十四萬二千三百三十九兩零，制錢五萬八千七百五十五串零，内臺灣各屬及糧站委員招募義民、鄉勇支給銀米、收養難民支給銀米薯乾，均系欽奉恩旨，妥為辦理，另行專摺具奏，仍循例具題。又賑卹歸莊難民銀兩，先經臣徐嗣曾

會同福康安奏明有案，亦一併循例具題，聽部查核。其餘支應各款，核與則例奏案相符，並報案底冊確有憑據，應請作正開銷。其與例案不符，而當時權宜應用者，如滿兵加給鹽糧，新兵支給鹽糧等十款，共支給銀一十萬四千九百八十五兩零，查系實經支給有據，未便著落承辦之員賠補，又未便紛紛著追，並請於通省司道府廳州縣各官養廉內分年攤扣歸款。統計開除以上各款外，臺灣實存軍需銀四十九萬一百四兩九錢零。又臺灣軍需米石項下一百四兩九錢零，又軍需米石項下計收內地抬運米共四十三萬六千一百六十七石，除在洋遭風失水一千三百七十四石零，內實收米四十二萬四千七百九十三石零。又收臺灣府縣碾動倉穀米一萬三千七百石，又採買米五千六百六十五石零，又收搜獲賊穀碾米三千一百三十四石零，又收廣東右翼等營兵解米一千二百四十九石零。通共實收米四十四萬四千五百四十一石零。內開除官兵、人夫口糧及義勇、難民口食等項米三十五萬七百一十七石零，又糧站盤耗米一千七百五十三石零，又除五十二、三等年臺灣澎湖戍兵月米七萬三千二百二石零，實現存米二萬二千八百七十七石零。又收內地撥解薯乾六十三萬四千四百一十八斤，內開除難民口食四十八萬七千七百九十斤，應將薯乾一十四萬六千六百二十八斤變價歸款在案。又查內地及臺灣動支軍米，俱經於各銷冊內遵照部咨銀米兼支者並案造報，統俟接准部覆，另造彙統收支銀兩米糧細冊，分晰攤銷、核減、追賠及收歸銀各款並尾案存剩銀兩報部。謹將閩省軍需動用款項分案核實報銷全竣緣由具奏，伏乞皇上睿鑑，敕部議覆施行。至省城所設報銷總局暨臺灣報銷局，即於五月初四日裁撤，以省糜費，合併聲明。謹奏。

乾隆五十五年五月二十四日硃批：該部議奏，欽此。

一三四、臺灣鎮總兵奎林等奏摺：澎湖一帶遭風致災受損情形並籌辦賑卹

［乾隆五十五年七月二十二日］，提督銜臺灣鎮總兵臣奎林、布政使銜按察使兼臺灣道臣萬鍾傑跪奏：為澎湖遭風情形、恭摺奏聞事。

竊臣等於本年六月二十八日據澎湖通判王慶奎、護理副將事遊擊黄象新稟報：六月初六日申刻陡起颶風，半夜風雨愈加狂猛，文武衙署、倉廒暨兵房、民房俱有損壞倒塌，壓斃兵丁一名，商哨各船亦有擊損等語。臣等即委原署臺灣縣羅倫配船赴澎湖協同該通判王慶奎、護副將黄象新確勘，星馳稟覆，以憑辦理。兹於七月二十日，該委員回郡稟稱：會同黄象新、王慶奎查勘確實造冊前來，内開：倉廒倒壞二間，其餘二十間瓦片全行掀落，鹽倉瓦片亦俱掀落，軍裝庫、火藥局及砲臺九座全行吹倒，文武衙署坍塌過半，城内及各汛兵房塌倒過半，餘俱損壞，壓斃兵丁洪國平一名，大小民房共倒壞一千六百五十六間，損壞九千五百六十二間，人口間有被傷，尚無壓斃。該協營哨船三隻篷索刮損，船身尚無損壞，又擊破商船三隻。再，查各澳栽種小米、膏粱業已收穫，番薯、花生現已補種等情。

臣等查倉廒、軍裝火藥庫局均關緊要，亟宜脩葺，未便俟詳明赴省領項，往返耽延。臣等飭臺灣府先行撥庫存銀一千兩解赴該通，即行脩理。其坍倒損壞兵房，應歸入臺灣建造兵房案内建蓋脩理，至鹽倉瓦片被風掀落，所貯鹽一萬一千餘石被雨消化若干之數查明，飭臺灣府通融酌補。所有砲臺、文武衙署、民房倒壞間數及壓斃兵丁洪國平，臣等造具細冊，詳諮督撫照例動項脩理卹賞，至哨船損壞篷索，已飭該營即行補換，理合將澎湖遭風情形恭摺具奏，伏乞皇上睿鑒。謹奏。

［硃批］：知道了。

一三五、閩浙總督伍拉納奏摺：澎湖一隅被風受損提取庫項委員勘辦

［乾隆五十五年八月十六日］，閩浙總督兼署福建巡撫臣覺羅伍拉納跪奏：為澎湖一隅被風委員勘辦、恭摺奏聞事。

竊臣於七月二十二日接據澎湖通判王慶奎、護副將黄象新等稟報：六月初六日申刻，颶風陡作，繼以大雨，至初八日晴霽。民間房屋多有倒塌，壓斃兵丁洪國平一名，衙署、倉廒、營房、庫局亦有坍損，哨船

三隻篷索刮損，船身無壞，擊碎商船三隻。該處不產稻禾，所種地瓜、花生滋長暢茂，間有損傷，即堪補種，秋成可望有收等情。

臣查澎湖孤懸海島，民人猝被風災，家室飄零，殊堪憫惻。查該廳協來禀，遲至月餘方始遞到，實由風帆不順所致，若再待覆查，已恐緩不及濟，且該處倉廒止有兵穀，亦無備貯閒欵，臣隨飛飭藩司提銀三千兩，派委署南勝同知曾中立管帶起程，配渡前往，並飭臺灣府楊廷理親赴澎湖，會同該廳協加意撫卹，給發坍房脩費，以資棲止，並查明秋成是否成熟，及此外有無壓溺人口，一體殮埋，務期仰體皇仁，不使一夫失所，以副聖主痌瘝在抱之至意，容俟撫卹事竣，核實另奏，並將衙署、墩房、船隻等項照例分別辦理外。所有澎湖一隅被風，提取庫項委員勘辦緣由，理合恭摺奏聞，伏祈皇上睿鑒。謹奏。

［硃批］：知道了。

一三六、戶部“為內閣抄出臺灣總兵奎林等奏”移會：奏報澎湖遭風情形

［乾隆五十五年九月十四日］，戶部為移會事：福建司案呈，內閣抄出臺灣總兵奎林等奏前事一摺，相應抄錄原奏移會可也。須至移會者，計單一紙。右移會稽察房。乾隆五十五年九月十四日。

提督銜臺灣鎮總兵臣奎林、布政使銜按察使兼臺灣道臣萬鍾傑跪奏：為澎湖遭風情形恭摺奏聞事。

竊臣等於本年六月二十八日據澎湖通判王慶奎、護理副將事遊擊黄象新禀報：六月初六日申刻陡起颶風，半夜風雨愈加狂猛，文武衙署、倉廒暨兵房、民房俱有損壞倒塌，壓斃兵丁一名，商哨各船亦有擊損等語。臣等即委原署臺灣縣羅倫配船赴澎湖協同該通判王慶奎、護副將黄象新確勘，星馳禀覆，以憑辦理。茲於七月二十日，該委員回郡禀稱：會同黄象新、王慶奎查勘確實造冊前來，內開：倉廒倒壞二間，其餘二十間瓦片全行掀落，鹽倉瓦片亦俱掀落，軍裝庫、火藥局及砲臺九座全行吹倒，文武衙署坍塌過半，城內及各汛兵房塌倒過半，餘俱損壞，壓

斃兵丁洪國平一名，大小民房共倒壞一千六百五十六間，損壞九千五百六十二間，人口間有被傷，尚無壓斃。該協營哨船三隻篷索刮損，船身尚無損壞，又擊破商船三隻。再，查各澳栽種小米、膏粱業已收穫，番薯、花生現已補種等情。臣等查倉廒、軍裝火藥庫局均關緊要，亟宜脩葺，未便俟詳明赴省領項，往返耽延。臣等飭臺灣府先行撥庫存銀一千兩解赴該通，即行脩理。其坍倒損壞兵房，應歸入臺灣建造兵房案內建蓋脩理，至鹽倉瓦片被風掀落，所貯鹽一萬一千餘石被雨消化若干之數查明，飭臺灣府通融酌補。所有砲臺、文武衙署、民房倒壞間數及壓斃兵丁洪國平，臣等造具細冊，詳諮督撫照例動項脩理卹賞，至哨船損壞篷索，已飭該營即行補換，理合將澎湖遭風情形恭摺具奏，伏乞皇上睿鑒。謹奏。

乾隆五十五年九月初四日奉硃批：知道了，欽此。

閩浙總督臣伍拉納跪奏：為澎湖一隅被風委員勘辦、恭摺奏聞事。

竊臣於七月二十二日接據澎湖通判王慶奎、護副將黃象新等稟報：六月初六日申刻，颶風陡作，繼以大雨，至初八日晴霽。民間房屋多有倒塌，壓斃兵丁洪國平一名，衙署、倉廒、營房、庫局亦有坍損，哨船三隻篷索刮損，船身無壞，擊碎商船三隻。該處不產稻禾，所種地瓜、花生滋長暢茂，間有損傷，即堪補種，秋成可望有收等情。臣查澎湖孤懸海島，民人猝被風災，家室飄零，殊堪憫惻。查該廳協來稟，遲至月餘方始遞到，實由風帆不順所致，若再待覆查，已恐緩不及濟，且該處倉廒止有兵穀，亦無備貯閒欵，臣隨飛飭藩司提銀三千兩，派委署南勝同知曾中立管帶起程，配渡前往，並飭臺灣府楊廷理親赴澎湖，會同該廳協加意撫卹，給發坍房脩費，以資棲止，並查明秋成是否成熟，及此外有無壓溺人口，一體殮埋，務期仰體皇仁，不使一夫失所，以副聖主痌瘝在抱之至意，容俟撫卹事竣，核實另奏，並將衙署、墩房、船隻等項照例分別辦理外。所有澎湖一隅被風，提取庫項委員勘辦緣由，理合恭摺奏聞，伏祈皇上睿鑒。謹奏。

乾隆五十五年九月初四日奉硃批：知道了，欽此。俱於本月初七日抄出到部。

一三七、閩浙總督伍拉納奏摺：委員會勘撫卹澎湖風災完竣

［乾隆五十五年十月初七日］，閩浙總督兼署福建巡撫臣覺羅伍拉納跪奏：為委員會勘澎湖被災情形撫卹完竣、恭摺奏聞事。

竊照澎湖地方六月初六日陡起颶風，民間房屋多有倒壞，經臣提取司庫銀三千兩，派委署南勝同知曾中立管解，併飭台灣府知府楊廷理親赴勘辦緣由，業經奏稟聖鑒在案。茲據該府楊廷理、署同知曾中立、澎湖通判王慶奎等詳稱：遵即會赴各澳，逐細查勘，共坍民房一千六百五十六間，內除有力之家已經起蓋者五百五十間，實在無力貧民計倒塌瓦房一千一百零六間，每間給予脩費銀五錢，共計銀五百五十三兩。此次吹壞瓦片者九千五百餘間，已據各戶自行修蓋。又壓斃戍守兵丁洪國平一名，未便遽照船隻遭風在洋淹斃之例賞卹，酌以十分之二給銀十兩，俾資歸葬。至查該處雜糧早經收穫，所種番薯、花生亦俱成熟登場，秋成並無妨礙，現在糧價平減，兵民亦堵實，係勘不成災，其餘衙署、倉庫、兵房、軍裝庫局等項，分別勘估另辦等情。具結詳報前來。臣查澎湖地方向來不產稻米，所種雜糧早經收穫，其花生、番薯又皆蔓地叢生，風不能損，既經該府廳會同履勘，秋收並無妨礙。坍塌房屋給予脩費，海外黎民自可不致失所。除飭將衙署、倉庫、兵房等項分別辦理，給過撫卹銀兩，飭令藩司造冊題銷，並檄行該委員曾中立將剩餘銀兩解還司庫歸款外，所有澎湖被風勘不成災及撫卹事竣緣由，理合恭摺具奏，仰慰聖懷。

一三八、兵部“為內閣抄出福水提兼臺灣總兵哈當阿等奏”移會：奏報嘉、彰二縣地震及現在籌辦並地方寧貼情形

［乾隆五十七年九月］，兵部為移會事：職方司案呈，內閣抄出福水提哈等奏前事一摺，並奉上諭一道，相應恭錄移會貴房查照銷案可

也。須至移會者，計粘單一紙。右移會稽察房。乾隆五十七年九月日。

福水提兼臺灣鎮臣哈當阿、福建臺灣道臣楊廷理跪奏：為嘉義、彰化二縣地震及現在籌辦並地方寧貼情形、恭摺具奏事。

本年六月二十二日申時，臺灣府城地震，其勢頗重。臣等當即飭委員弁分赴城廂內外查勘。據報倒壞民房五十四間，所幸動在日間，人多奔逸，僅止傷斃男婦三口。再查郡城城垣、衙署、監獄、倉廒均皆完好，惟城內及安平營房牆壁間有損壞等情。二十三日未時，風聞嘉義縣地方大震，有倒屋傷人之事。當委臺灣府楊紹裘星夜馳赴查勘去後，二十四日據鳳山縣營具報：二十二日申時地震，縣城內外及各莊房屋，俱無損壞，惟阿公店街倒壞營房三間，店屋三間，阿里港街坍倒草屋八間，傷斃民人一名。又據嘉義縣營稟報：二十二日未、申二時，連次地震，申末尤甚，東、西、北三門倒壞民房十分之八，南門倒壞民房十分之四，人口俱有壓斃。聞得近山一帶村莊，亦有震倒房屋，傷斃人口。現在分頭確查，並飭委營弁巡典各官，分赴各鄉查明另報。再倉廒倒壞七間，軍裝、火藥各局及堆卡兵房俱有倒壞，壓斃兵丁一名。其在監人犯，先因牆裂將人犯提禁在外，撥役防護，並無損失。二十五日，又據彰化縣營稟報：二十二日未時地震數次，其勢甚重。文武衙署、民房坍倒十居其六，壓斃兵丁二名。聞得遠鄉民廬，俱有震坍，以及傷斃人口。現在往查另報。至監犯先已防護，並無損傷。又據淡防廳營稟稱：二十二日未時地震，城鄉各處並無倒壞房屋，傷損人口等情。當即飛飭臺灣府督同嘉義、彰化二縣上緊勘明具報。並飭設立粥廠，逐日指米煮給，並多為搭蓋棚寮，俾安棲止，以卹災黎。茲於七月十二日，據該府楊紹裘查明回郡稟稱：嘉義、彰化二縣地震被災情形，近山村莊較重，沿海各莊稍輕。且自五十一年逆匪滋擾之後，民間新建房屋，類皆築土牆垣，木料細小，易於倒壞。並據開造各縣倒壞房屋，分別有力、無力及傷斃人口清冊前來。

臣等細加查核：臺灣、鳳山二縣倒壞民間瓦房五十六間，除查明有力之家計瓦房三十五間毋庸撫卹外，實應卹倒壞瓦房二十一間；又倒壞草房八間，壓斃男婦大口四名；又塌倒營房三間，先行就近賞卹外；嘉義城鄉共坍塌民番瓦房一萬四千四百二十六間，内除抄封翁雲寬、楊文輝、林爽文各案内入官房屋二百六十八間，及查明有力之家並尚未全行倒壞計房屋九千九百七十二間毋庸撫卹外，實應卹倒壞瓦屋四千一百八十六間；又倒壞草房四百三十八間，壓壓男婦大口三百十二名口，小口三十九名，壓傷男婦大小共四百十四名口；又塌倒各汛營房一百八十一間，壓斃兵丁一名，壓傷兵丁十八名；彰化縣城鄉共坍塌民番瓦房九千七百二十三間，内除抄封翁雲寬、楊光勳、林爽文各案内入官房屋五十三間，及查明有力之家並尚未全行倒壞計房屋五千九百一十九間毋庸撫卹外，實應卹倒壞瓦房三千七百五十一間；又倒壞草房五百零七間，壓斃男婦大口三百三十名口，小口二十二口，壓傷男婦大小共三百二十六名；又塌倒各汛營房一百七十八間，壓斃兵丁五名，壓傷兵丁二十三名。再嘉義、彰化二縣文武衙署、倉廒、軍裝、火藥局均有坍塌。查乾隆五十五年澎湖地方偶被風災，仰蒙皇上天恩，動帑撫卹。此次嘉義、彰化二邑地震，較之澎湖風災稍重，小民實形艱窘。且現值秋令，各戶野處露宿，實堪憫惻。臣等仰荷皇上念切民瘼，照例先行撫卹。所有震倒民間瓦房，每間給銀五錢，草房給銀二錢五分；壓斃人口，無論男婦，每大口給銀一兩，小口給銀五錢；壓傷人口，酌量給予藥資；傷斃兵丁，詳明督撫咨部請卹。惟是郡城重地，鎮道未便同時俱往，臣楊廷理現在先提府庫備公銀五千兩，帶同臺防同知清華，並遴調佐雜四員，於七月十六日親赴嘉義、彰化被災處所，督率各員覆加查勘明確，按戶分別散給，不敢假手吏胥，致滋弊竇，務使被災各戶不致一夫失所，以仰副皇上軫念災黎之至意。再查鳳山、嘉義、彰化三縣震倒各汛卡房三百六十二間，係兵丁棲宿之所，未便露處，飭令臺灣府先行動支府庫備公銀兩，給發各縣趕緊招匠修建，以資捍衛。其僅止損壞牆壁營房，責令地方官修補完好，以免糜費。至文武各員倒壞衙署、倉廒、軍裝、火藥各局，詳報督撫，分別加倍借給養廉，作速修整，俾得辦公。統俟查辦完竣，分晰造冊詳送督撫核明另行具奏外，所有嘉義、彰化二縣地震，臣等籌辦緣由，並地方現在寧貼各情形，理合恭摺具奏，伏乞皇上聖明睿鑒，謹奏。乾隆五十七年八月二十三日奉硃批：所奏遲，另有旨，欽此。

二十三日内閣奉上諭：據哈當阿等奏，六月二十二日，臺灣府城及鳳山、嘉義、彰化等處同時地震，所有民間倒塌房屋，壓斃人口，現在分别給銀，按數撫䘏等語。臺灣地方遠隔重洋，居民猝遭地震，倒壞房屋，壓斃人口，殊堪憫惻，所有該提督等具奏按數給銀撫䘏之處，俱著加恩加倍給予，以示體䘏。該提督等務宜督飭所屬，實力妥辦，俾被災户口均沾實惠，以示軫念災區至意。該部知道。摺併發。欽此。於本年八月二十七日抄出到部。

一三九、閩浙總督伍拉納奏摺：委員會勘澎湖被風情形撫䘏完竣

［乾隆五十五年十月十七日］，閩浙總督臣覺羅伍拉納跪奏：為委員會勘澎湖被風情形撫䘏完竣、恭摺奏聞事。

竊照澎湖地方六月初六日陡起颶風，民間房屋多有倒壞，經臣提取司庫銀三千兩派委署南勝同知曾中立管解，並飭臺灣府知府楊廷理親赴勘辦緣由業經奏蒙圣鑒在案。兹據該府楊廷理、署同知曾中立、澎湖通判王慶奎等詳稱遵即會赴各澳逐細查勘，共坍塌民房一千六百五十六間，内除有力之家已經起蓋者五百五十見，實在無力貧民計倒塌瓦房一千一百零六間，每間給予脩費銀五錢，共給過銀五百五十三兩，此外，吹壞瓦片者九千五百餘間，已據各户自行脩蓋，又壓斃戍守兵丁洪國平一名，未便遽照船隻遭風在洋淹斃之例賞䘏，酌以十分之二給銀十兩，俾資歸葬。至查該處雜糧早經收穫，所種番薯、花生亦俱成熟登場，秋成並無妨礙。現在糧價平減，兵民安堵，實係勘不成災，其餘衙署、倉庫、塘汛、兵房、軍裝庫局等項分别勘估另辦等情具結詳報前來。

臣查澎湖地方向來不產稻禾，所種雜糧早經收穫，其花生、番薯又皆蔓地叢生，風不能損，既經該府廳會同履勘，秋收並無妨礙，坍塌房屋給予脩費，海外黎民自可不致失所，除飭將衙署、倉庫、兵房等項分别辦理給過撫䘏銀兩飭令藩司造冊題銷並檄行該委員曾中立將餘剩銀兩

解還司庫歸欵外，所有澎湖被風勘不成災及撫卹事竣緣由理合恭摺具奏，仰慰聖懷，伏祈皇上睿鑒。謹奏。

［硃批］：該部知道。

一四〇、福建水師提督哈當阿等奏摺：本年六月二十二日臺灣嘉義、彰化二縣地震

［乾隆五十七年七月十五日］，福建水師提督兼管臺灣總兵事務臣哈當阿、福建臺灣道臣楊廷理跪奏：為嘉義、彰化二縣地震及現在籌辦並地方寧貼情形、恭摺具奏事。

本年六月二十二日申時臺灣府城地震，其勢頗重。臣等當即飭委員弁分赴城廂內外查勘，據報：倒壞民房五十四間，所幸動在日間，人多奔逸，僅止傷斃男婦三口，再查郡城城垣、衙署、監獄、倉廒均皆完好，惟城內及安平營房牆壁間有損壞等情。二十三日未時，風聞嘉義縣地方大震，有倒屋傷人之事，當委臺灣府楊紹裘星夜馳赴查勘去後，二十四日據鳳山縣營具報：二十二日申時地震，縣城內外及各莊房屋俱無損壞，惟阿公店街倒壞營房三間、店房二間，阿里港街坍倒草屋八間、傷斃民人一名。又據嘉義縣營稟報：二十二日未申二時連次地震，申末尤甚，東西北三門倒壞民房十分之八，南門倒壞民房十分之四，人口俱有壓斃，聞得近山一帶村莊亦有震倒房屋、傷斃人口，現在分頭確查並飭委營弁巡典各官分赴各鄉查明另報。再，倉廒倒壞七間，軍裝火藥各局及堆卡兵房俱有倒壞，壓斃兵丁一名，其在監人犯先因牆裂，將人犯提禁在外撥役防護並無損失。二十五日又據彰化縣營稟報：二十二日未時地震數次，其勢甚重，文武衙署、民房坍倒十居其六，壓斃兵丁二名，聞得遠鄉民廬俱有震坍以及傷斃人口，現在往查另報，至監犯先已防護尚無損傷。又據淡防廳營稟稱：二十二日未時地震，城鄉各處並無倒壞房屋傷損人口等情。

當即飛飭臺灣府督同嘉義、彰化二縣上緊勘明具報，並飭設立粥廠逐日捐米煮給，並多為搭蓋棚寮，俾安棲止以卹災黎。茲於七月十二日

據該府楊紹裘查明回郡稟稱：嘉義、彰化二縣地震被災情形，近山村莊較重，沿海各莊稍輕，且自五十一年逆匪滋擾之後，民間新建房屋類皆筑土牆垣，木料細小易於倒壞，並據開造各縣倒壞房屋分別有力無力及傷斃人口清冊前來。臣等細加查核，臺灣、鳳山兩縣倒壞民間瓦房五十六間，除查明有力之家計瓦房三十五間毋庸撫卹外，實應卹倒壞瓦房二十一間，又倒壞草房八間，壓斃男婦大口四名，又塌倒營房三間，先行就近賞卹外，嘉義城鄉共坍塌民番瓦房一萬四千四百二十六間，內除抄封翁雲寬、楊文麟、林爽文各案內入官房屋二百六十八間及查明有力之家並尚未全行倒壞計房屋九千九百七十二間毋庸撫卹外，實應卹倒壞瓦房四千一百八十六間，又倒壞草房四百三十八間，壓斃男婦大口二百一十二名口、小口三十九口，壓傷男婦大小共四百一十四名口，又塌倒各汛營房一百八十一間，壓斃兵丁一名，壓傷兵丁一十八名；彰化縣城鄉共坍塌民番瓦房九千七百二十三間，內除抄封翁雲寬、楊光勳、林爽文各案內入官房屋五十三間及查明有力之家並尚未全行倒壞計房屋五千九百一十九間毋庸撫卹外，實應卹倒壞瓦房三千七百五十一間，又倒壞草房五百零七間，壓斃男婦大口三百三十一名口、小口二十二口，壓傷男婦大小共三百二十六名口，又塌倒各汛營房一百七十八間，壓斃兵丁五名，壓傷兵丁二十三名。再，嘉義、彰化二縣文武衙署、倉廒、軍裝火藥局均有坍塌。

查乾隆五十五年澎湖地方偶被風災，仰蒙皇上天恩動帑撫卹，此次嘉義、彰化二邑地震較之澎湖風災稍重，小民實形艱窘，且現值秋令，各戶野處露宿實堪憫惻，臣等仰體皇上念切民瘼，照例先行撫卹，所有震倒民間瓦房，每間給銀五錢，草房給銀二錢五分，壓斃人口無論男婦每大口給銀一兩、小口給銀五錢，壓傷人口酌量給予藥資，傷斃兵丁詳明督撫諮部請卹，惟是郡城重地鎮道未便同時俱往，臣楊廷理現在先提府庫備公銀五千兩帶同臺防同知清華並遴調佐雜四員於七月十六日親赴嘉義、彰化被災處所督率各員覆加查勘明確，按戶分別散給，不敢假手吏胥致滋弊竇，務使被災各戶不致一夫失所，以仰副皇上軫念災黎之至意。

再查鳳山、嘉義、彰化三縣震倒各汛卡兵房三百六十二間，係兵丁棲宿之所，未便露處，飭令臺灣府先行動支府庫備公銀兩給發各縣趕緊召匠脩建以資捍衛，其僅止損壞牆壁營房責令地方官脩補完好以節糜費，至文武各官倒壞衙署、倉廒、軍裝火藥各局詳報督撫分別加倍借給養廉作速脩整，俾得辦公，統俟查辦完竣分晰造冊詳送督撫核明另行具奏外，所有嘉義、彰化二縣地震及臣等籌辦緣由並地方現在寧貼各情形理合恭摺具奏，伏乞皇上聖明睿鑒。謹奏請旨。

[硃批]：所奏遲，餘有旨。

一四一、福建水師提督哈當阿等奏摺：彰化縣大雨成災

[乾隆五十七年七月十五日]，臣哈當阿、臣楊廷理跪奏：再據臺灣府楊紹裘稟，據彰化縣稟稱：現據各業佃稟報，六月十三日起至二十一日連日大雨，溪水正在泛漲，加以地震，近溪之眉目義等莊民屯叛產田園被水衝壓約有二百餘甲，現在溪水未退，難以履勘，業經移委鹿港同知朱慧昌督同彰化縣勘明詳報等語。茲臣楊廷理親赴嘉義、彰化撫卹事竣後，當覆加履勘明確，詳報督撫照例辦理，謹附片具奏，伏乞皇上睿鑒。謹奏。

[硃批]：覽。

一四二、閩浙總督伍拉納等奏摺：本年六月二十二日臺灣府等處地震

[乾隆五十七年七月二十二日]，閩浙總督臣覺羅伍拉納、福建巡撫臣浦霖跪奏：為據報臺灣地震情形委員勘辦、恭摺奏聞事。

竊臣等於七月十七日據臺灣鎮道報稱，六月二十二日申時臺灣府城地震，當即查勘倒壞民房五十四間，因在白晝，民人奔避，僅傷男婦三口，城垣、衙署、監獄、倉廒均皆完好，惟城內及安平營房牆壁間有損壞。又鳳山縣亦同時地震，其勢尚輕，惟阿里港等街民房間有倒壞，餘

俱完好。至嘉義、彰化二縣連次地震，被災稍重，民房倒壞較多，人口亦有壓斃，衙署、倉廒、軍裝火藥各局及堆房、火房均有倒壞，在監人犯先經提禁撥役防護並無疎失，當即飛飭臺灣府前往督同嘉、彰二縣上緊查勘，並設立粥廠捐米煮賑，多搭棚寮，俾無力災黎暫為棲止，一面遴調佐雜並先提府庫銀兩由該道楊廷理親自帶往照例撫卹。至淡水廳地方同日微動並無損壞，體察民情俱屬寧貼等情具報前來。臣等查臺灣遠隔重洋，居民猝被偏災，殊堪憫惻，隨飭藩司於庫貯內提銀一萬兩飭委候補知府李偉帶同佐雜二員領解，即日配渡協同該道府廳縣加意撫卹，給發坍房脩費以資苫蓋，務期無濫無遺，不使一夫失所，以仰副聖主痌瘝在抱之至意。（［硃批］：詳妥為之，俾霑實惠。）除飭查明倒壞民房及壓斃人口實數同營房、衙署、倉廒、監獄等項造冊通報，照例分別辦理，另容具奏外，所有據報臺灣地震情形及臣等委員勘辦緣由謹合詞恭摺奏聞，伏祈皇上睿鑒。謹奏。

乾隆五十七年八月二十二日奉硃批：知道了。欽此。

一四三、上諭檔：諭令臺灣地震官員具奏遲延傳旨申飭

［乾隆五十七年八月二十二日］，大學士伯和字寄閩浙總督伍、福建巡撫浦、福建水師提督哈，傳諭臺灣道楊廷理。

乾隆五十七年八月二十二日奉上諭：伍拉納等奏，據臺灣鎮道報稱，六月二十日申時臺灣府城地震，倒壞民房，傷斃男婦三口；鳳山縣亦同時地震，其勢尚輕；嘉義、彰化二縣連次地震，被災稍重，民房倒塌較多，人口亦有壓斃。現於藩庫內提銀一萬兩，委員領解前往，協同該道府廳縣查明撫卹等語。

臺灣遠隔重洋，居民猝被偏災，殊堪憫惻，雖據該督等撥銀派員前往查辦，但該處民人猝遭地震，無力災黎未免更形失所，不可不加意撫卹，著傳諭伍拉納、浦霖督飭所屬查明被災戶口，分別輕重，實力妥辦，毋任吏胥等從中侵尅，俾災黎均霑實惠，不致一夫失所，方為妥善。至哈當阿、楊廷理駐劄臺灣，常有自行奏聞事件，今該處既遭地震

損傷民房人口，該提督等自應一面奏聞，一面具報撫卹，何以並未具奏，豈該提督等僅知查緝盜賊而於地方災祲竟諉之督撫，全不經心耶？哈當阿、楊廷理著傳旨申飭並令據實回奏，將此各諭令知之。欽此。遵旨寄信前來。

一四四、起居注：諭令臺灣府城及鳳山等處地震撫卹銀兩加倍給予

［乾隆五十七年八月二十三日］，乾隆五十七年歲次壬子八月二十三日己丑內閣奉諭旨：據哈當阿等奏，六月二十二日臺灣府城及鳳山、嘉義、彰化等處同時地震，所有民間倒塌房屋、壓斃人口，現在分別給銀按數撫卹等語。

臺灣地方遠隔重洋，居民猝遭地震，倒壞房屋，壓斃人口，殊堪憫惻，所有該提督等具奏按數給銀撫卹之處俱著加恩，加倍給予，以示體卹。該提督等務宜督飭所屬實力妥辦，俾被災戶口均霑實惠，以副朕軫念災區至意。該部知道，摺並發。

一四五、上谕档：台灣府城地震應一面撫卹一面馳奏

乾隆五十七年八月二十三日奉上諭：昨據伍拉納等奏，六月間台灣府城地震，倒壞民房，傷斃人口，當經降旨令該督撫加意撫卹，並將哈當阿等傳旨申飭，令其據實回奏。本日該提督等奏到地震情形一摺，系七月十五日由驛馳遞，本在伍拉納等差人具奏以前，或因遠隔海面而中途遲阻亦未可定。但該處一經地震既有傷斃人口倒壞民房之事，關係甚重，哈當阿等即應一面具報撫卹，一面由四五百里馳奏，乃僅照尋常呈進之摺由馬上飛遞，殊屬不曉事體輕重。嗣後，該提督等於地方緊要時間務宜留心，毋再遲緩。除另降諭旨將被災地方加恩賞卹外，將此諭令知之。欽此。

一四六、奏摺：加倍撫卹臺灣地震災民

［乾隆五十七年八月二十三日］，乾隆五十七年八月二十三日內閣奉上諭：據哈當阿等奏，六月二十二日臺灣府城及鳳山、嘉義、彰化等處同時地震，所有民間倒塌房屋、壓斃人口現在分別給銀按數撫卹等語。

臺灣地方遠隔重洋，居民猝遭地震，倒壞房屋，壓斃人口，殊堪憫惻，所有該提督等具奏按數給銀撫卹之處，俱著加恩加倍給予，以示體卹。該提督等務宜督飭所屬實力妥辦，俾被災戶口均霑實惠，以副朕軫念災黎至意。該部知道，摺並發。欽此。

一四七、福建水師提督哈當阿等奏摺：遵旨加倍賑濟臺灣地震災民

［乾隆五十七年十月十二日］，福建水師提督兼管臺灣總兵事務臣哈當阿、福建臺灣道臣楊廷理跪奏：為遵旨加賑災黎感激天恩、恭摺具奏、仰祈聖鑒事。

竊臣等於本年九月二十一日欽奉上諭：據哈當阿等奏六月二十二日臺灣府城及鳳山、嘉義、彰化等處同時地震，所有民間倒塌房屋、壓斃人口現在分別給銀按數撫卹等語。臺灣地方遠隔重洋，居民猝遭地震，倒壞房屋，壓斃人口，殊堪憫惻，所有該提督等具奏按數給銀撫卹之處俱著加恩加倍給予，以示體卹。該提督等務宜督飭所屬實力妥辦，俾被災戶口均霑實惠，以副朕軫念災區至意。該部知道，摺並發。欽此。

伏查臺灣地震，嘉義、彰化二縣被災稍重，經臣楊廷理先提府庫銀五千兩親赴被災處所覆加勘明散賑，業經恭摺具奏在案。嗣經督飭各屬照例按戶分別賑卹，共計臺灣、鳳山、嘉義、彰化四縣倒壞無力瓦房七千九百五十八間，每間賞給銀五錢，草房九百五十三間，每間賞給銀二錢五分，壓斃男婦大口五百四十七名口，每名口賞給銀一兩，小口六十

一口，每口賞給銀五錢，壓傷男婦大口六百一十一名口，每名口酌給藥資銀三錢，小口一百二十九口，每口酌給藥資銀一錢五分，以上各項通共賞給過銀四千九百九十七兩四錢。

又嘉義縣營壓傷兵丁一十八名，彰化縣營二十三名，共四十一名，按名酌給藥資銀五錢以資調治，以上共用過銀五千零一十七兩九錢。正在束裝回郡，適奉督撫檄委候補知府李煒帶銀一萬兩來臺賑卹，當同該府李煒由彰化、嘉義來郡，正將辦理緣由繕摺間，接奉諭旨，當將上諭敬謹謄黃頒發外，隨飭臺灣府楊紹裘會同候補知府李煒即將解來銀兩除還前項動支銀五千零一十七兩九錢外，尚剩銀四千九百八十二兩一錢，督同臺灣、鳳山、嘉義、彰化等縣查傳被災各戶，宣播皇仁，加倍給賞。茲據該府等稟覆遵奉諭旨逐一加賞，共用過銀五千零一十七兩九錢，所有不敷銀兩仍於府庫備共項下暫行動撥。

並據稟報各災黎均稱臺灣偶被偏災，業邀照例賑卹，已霑惠澤。茲又仰蒙皇上逾格天恩加倍賞給，我等身荷聖天子湛恩厚澤，惟有恭祝皇上萬壽無疆以伸報答等語。察其情形靡不出於至誠，感激歡呼同聲頌佛。臣等體察羣黎涵濡恩澤各有爭自濯磨勉為良善之象。從茲海甸益可日臻寧謐。臣等曷勝慶忭，合將災黎感激情形代陳，恭謝天恩。

再查被災各戶自晚稻登場，米糧平減，又荷聖恩加賑獲霑惠澤，地方極稱安堵。至壓斃兵丁應卹銀兩現在冊報督撫於內地查傳該兵丁親屬具領，合併聲明。除將前後給過銀兩造冊詳報督撫核明諮部外，理合將臣等遵旨辦理緣由恭摺具奏，伏乞皇上睿鑒。謹奏。

乾隆五十七年十一月廿三日奉硃批：覽。欽此。

一四八、福建水師提督哈當阿等奏摺：臺灣地震馳奏遲延著申飭據實回奏

［乾隆五十七年十月十二日］，福建水師提督兼管臺灣總兵事務臣哈當阿、福建臺灣道臣楊廷理跪奏：為遵旨據實回奏並恭申感激下忱、仰祈聖鑒事。

窃臣等接奉军机处字寄乾隆五十七年八月二十二日奉上谕：伍拉纳等奏臺灣鎮道禀報六月二十二日申時臺灣府城地震，倒壞民房，傷斃男婦三口；鳳山縣亦同時地震，其勢尚輕；嘉義、彰化二縣連次地震，被災稍重，民房倒塌較多，人口亦有壓斃，現於藩庫内提銀一萬兩委員領解，協同該道府廳縣查明撫卹等語。

臺灣遠隔重洋，居民猝被偏災，殊堪憫惻，雖據該督等撥銀派員前往查辦，但該處民人猝遭地震，無力災黎未免更形失所，不可不加意撫卹，著傳諭伍拉納、浦霖督飭所屬查明被災戶口分別輕重實力妥辦，毋任吏胥等從中侵尅，俾災黎均霑實惠，不致一夫失所方為妥善。至哈當阿、楊廷理駐劄臺灣，常有自行奏聞事件，今該處既遭地震損傷民房人口，該提督等自應一面奏聞，一面具報撫卹，何以並未具奏，豈該提督等僅知查緝盜賊而於地方災祲竟諉之督撫，全不經心耶？哈當阿、楊廷理著傳旨申飭並令據實回奏，將此各諭令知之。

又奉上諭：昨據伍拉納等奏六月間臺灣府城地震倒壞民房、傷斃人口，當經降旨令該督撫加意撫卹，並將哈當阿等傳旨申飭令其據實回奏矣。本日該提督等奏到地震情形一摺係七月十五日由驛馳遞，本在伍拉納等差人具奏以前，或因遠隔海面中途遲阻亦未可定，但該處一經地震既有傷斃人口、倒壞民房之事，關係甚重，哈當阿等即應一面具報撫卹，一面由四五百里馳奏，乃僅照尋常呈遞之摺由馬上飛遞，殊屬不曉事體輕重，嗣後該提督等於地方緊要事件務宜留心，毋再遲緩。除另降諭旨將被災地方加恩賞卹外，將此諭令知之。欽此。

臣等跪讀之下，不勝惶悚，伏查嘉義、彰化二縣地震倒壞民房、傷斃人口，臣等即經飭府往查，並經商明由臣楊廷理即帶府庫銀五千兩馳往覆勘，於七月十五日耑摺具奏在案，但未經由四五百里馳奏，仍由馬上飛遞以致遲延上廑宸衷，臣等實屬不曉事體輕重，仰蒙皇上天恩僅予申飭，並蒙訓諭嗣於地方緊要事件務宜留心，毋再遲緩，臣等既荷聖慈之寬宥，復蒙睿訓之諄詳，此後惟有益勉駑駘留心辦理，仰副訓誨成全之至意。理合凜遵諭旨並將感激下忱恭摺具奏，伏乞皇上睿鑒。謹奏。

［硃批］：覽。

一四九、閩浙總督覺羅伍拉納題本：題銷台灣賑卹難民各款

［乾隆五十九年六月二十日］，兵部尚書兼都察院右都御史總督福建浙江等處地方軍務兼理糧餉鹽課革職留任又免革任臣覺羅伍拉納謹題：為題銷事。

竊照臺灣逆匪不法，派調各省官兵前赴勦捕，動銷軍需銀米，由部議駁各款，應即遵照部行，轉飭確查，據實刪減，逐一分晰核銷。先據總辦臺灣局將臺灣軍需第二十八案内臺灣各屬賑卹難民折給口糧並發給搭蓋草寮等項銀兩，登覆部查各款，並取具印甘各結，詳請題覆，經臣會同撫臣浦霖核明具題請銷，復准部咨指駁，行令遵照確核，分晰另造妥冊，到日再議等因，轉行遵照去後，兹據布政使伊轍布、按察使錢受椿詳稱：會查得臺灣軍需第二十八案内應付各屬賑卹難民折合口糧併發給搭蓋草寮等項銀兩，奉部駁查各款，詳請題覆核銷，由部逐款核議具題，奉旨依議，行文閩省欽遵查照等因，咨院行局。本司等遵將奉部駁查各款，嚴行駁飭，據實刪減，以歸核實。節據臺灣府轉准，據各該承辦廳縣委員確查詳覆前來。本司等覆查：定例瓦披每間給銀二錢五分，草披給銀一錢二分五釐，系内地偶被偏災苫修民房之例。臺地當賊匪滋擾之後，民番莊社悉被蹂躪，屋宇均遭焚燬，各難民甫經歸莊，房舍全無，不能安居耕作，經將軍大臣檄飭地方官妥為撫卹，分別戶口，苫蓋草寮，以資棲止。兵燹之餘，一切物料，比之平時加昂數倍，每間止給銀二錢五分，亦不過拮据湊辦，斷無盈餘。今以内地苫修草披例價銀一錢二分五釐駁飭刪減，不特時地情形各別，而草披系屬半披，與夫草寮之整間苫蓋者，其中工料多寡，更難一例比論。況查將軍公福康安原奏内，業將搭蓋草寮九萬八千五十間，指明每間實給銀二錢五分，合計共用銀二萬四千五百一十二兩五錢之數，專摺具奏。其當時實發銀數業已奏明，是以未將草披例價不敷之處，分晰聲敘。前奉部駁，業將臺地物料加昂緣由，聲明題覆，並請嗣後不得援以為例，原以隨時奏辦之款，

難以例拘，彼時承辦各員並無以少報多情弊，所有用過草寮價銀二萬四千五百一十二兩五錢，業經奏奉硃批俞允，應請仍照原奏核銷。理合逐款聲明造冊，詳送察核具題等由前來。

臣會同撫臣浦霖覆查無異，除冊送部外，臣等謹合詞具題。伏乞皇上睿鑒，敕部核覆施行。為此具本謹題請旨。

旨：該部察核具奏。

一五〇、閩浙總督覺羅伍拉納題本：收養難民動支折給銀錢各款查明題覆

［乾隆五十九年六月二十日］，兵部尚書兼都察院右都御史總督福建浙江等處地方軍務兼理糧餉鹽課革職留任又免革任臣覺羅伍拉納謹題：為題銷等事。

竊照臺灣逆匪不法，派調各省官兵前赴勦捕，動銷軍需銀米，由部議駁各款，應即遵照部行，轉飭確查，據實刪減，逐一分晰登覆核銷。先據總辦臺灣局將臺灣軍需第二十七案內臺灣各屬收養難民動支米石、薯乾並折給銀錢等項登覆部查各款，並取具切實印甘各結，詳請題覆，經臣會同撫臣浦霖核明具題請銷。復准部咨指駁，行令遵照確核，分晰改造妥冊送核等因，轉行遵照去後，茲據布政使伊轍布、按察使錢受椿詳稱：會查得臺灣軍需第二十七案內應付各屬收養難民動支米石、薯乾折給銀錢等項，奉部駁查各款，詳請題覆核銷，由部逐款核議具題，奉旨依議，行文閩省欽遵查照等因，咨院行局。本司等遵將奉部駁查各款，嚴行駁飭據實確查。節據臺灣府轉准，據各該承辦廳縣委員確查詳覆前來。本司等覆查：臺灣各屬收養難民，動支米石、薯乾，以散合總數內多開米二十四石七斗七升六合，多開薯乾一千一百斤，折錢合銀一十九兩五分五錢五釐，遵經照數刪除，就承辦各官名下著賠歸款，俯俟全案報銷完竣之日，於彙總銀糧冊內登明造報。又臺灣接收內地撥解薯乾，同米均勻搭放，除支發外，尚存續解薯乾一十四萬六千六百二十八斤。每斤變價銅錢十六文之處，緣薯乾質本乾鬆，易於蟲蛀，原難久

貯；且天氣溫煖，地氣潮濕，更易霉變。本案存剩前項薯乾，系由江西省買解十萬斤，福鼎縣買解四萬六千六百二十八斤，均系陸續購買，涉歷重洋，且水陸盤駁，風雨浸濡，日潮蒸濕；加之自臺至厦，海船向裝魚鲖醃貨，前項薯乾收貯船艙，夾密無縫，潮氣不通，上蒸下濕；復又在洋守候，耽擱時日；抵臺交收，俱已味敗色變，買食稀少，每斤市價僅值銅錢十三、四文。地方官既不便收貯，更致朽壞不堪，而折錢已有成規，又難減少，是以即照每斤十六文變價，比之當時實在市價，尚有增多，斷難援照新鮮薯乾，以二十三、四文變繳。所有原變錢二千三百四十六千四十八文，每錢九百文合銀一兩，共合銀二千六百六兩七錢二分，並無變多報少情弊，應請照變歸款入於收支大總冊內彙報。理合登覆造冊，詳送察核具題等由前來。

臣會同撫臣浦霖覆查無異，除冊送部外，臣等謹合詞具題，伏乞皇上睿鑒，敕部核覆施行。為此具本謹題請旨。

旨：該部察核具奏。

一五一、戶部題本：議覆臺地收養難民動支折給銀錢並令造冊報部

［乾隆五十九年十月初三日］，經筵講官太子太保領侍衛內大臣文華殿大學士管理吏部戶部理藩院事務三等忠襄伯臣和珅等謹題：為題銷等事。

戶科抄出閩浙總督覺羅伍拉納等將臺局軍需第二十七案內收養難民動支米石薯乾折給銀錢等項駁查各款查明題覆一案，乾隆五十九年六月二十日題，七月二十九日奉旨：該部察核具奏，欽此，欽遵於本日抄出到部。該臣等查得：乾隆十九年欽奉上諭：外省動用錢糧及工程報銷，應准應駁，俱有定例，乃督撫往往於部駁後輾轉行查，不即剋期辦結，或據屬員詳稟，疊次聲覆請銷，而該部仍復往返駁結，以致塵案累積。迨歷年久遠，官吏迭更，徒滋拖累。嗣後報銷之案，例應駁查者至三次後，該部即具摺聲奏，或按例核減。飭交該督查明經手官員照數追賠完

案，或據情酌予豁銷，務令剋期速結，欽此，欽遵在案。今據閩浙總督覺羅伍拉納等將臺局軍需第二十七案内收養難民動支米石薯乾折給銀錢等項駁查各款，查明造冊，題覆請銷到部。臣部查核銷錢糧，全憑例案，況軍需動用浩繁，尤宜詳慎，是以福建軍需報銷各案，有與例案不符及情節稍涉浮糜者，均經臣部再三核駁，而該督或援地方情形，或按奏咨案據，疊次聲覆，已至四次，自應遵照欽奉諭旨，分別減銷，詳核辦理，以期案得速結，帑歸實用。所有議覆款項，開列於後：

一、奉部覆：此案收養難民用過口糧米、薯乾，按照原冊逐一核算，以散合總，内多開米二十四石七斗七升六合，多開薯乾一千一百斤，每斤折錢十六文，共折錢十七千六百文以每錢九百文，合銀一兩，共合銀十九兩五錢五分五釐，應照數刪除，行令飭追歸款報部等因。查本案總數内多開米二十四石七斗七升六合，多開薯乾一千一百斤折錢合銀一十九兩五錢五分五釐，遵經照數刪除，就於承辦官名下著賠歸款，俯俟完竣之日於彙總銀糧冊内登明造報等語。查此案收養難民動用米石薯乾，先經臣部按冊核算，以散合總，計總數内多開米二十四石七斗七升六合，多開薯乾一千一百斤，每斤折錢十六文，以每錢九百文合銀一兩，共折合銀一十九兩五錢五分五釐，行令照數刪除歸款在案。今既據該督等遵駁刪除，聲請在於承辦官名下著賠完項，應令該督等將多開米石核明應追銀數同多開薯乾折銀一併著追完結，入於彙總收支冊内，聲明報部查核。

一、奉部覆：前款收養難民薯乾，據該督原題内聲明，臺地經賊匪滋擾之後，米價昂貴，居民日食薯乾，以致市價加增，每斤貴至二十三、四文不等，採買維艱，是以照實在時價酌減，每斤折給制錢十六文。此項内地續解薯乾一十四萬六千六百二十八斤，於五十三年正、二月解到，已在各難民歸莊之後，毋庸搭放，自應照依市價二十三、四文據實變價歸款，何得照折給難民薯乾酌減之數，每斤止變錢一十六文，其中不無以多報少情弊，殊難核准，行令據實增變報部等因。查臺地收養難民時，正賊匪滋擾之際，商販不通，居民皆以薯乾為食，採買維艱，以致市價加增，每斤貴至二十三、四文不等。此項餘剩薯乾，在五十三年正、二月續行解到，已在蕩平賊匪、各難民歸莊之後，毋庸撥放。又時值天氣和暖，地氣潮濕，薯乾又俱已味敗色變，以致買食者稀少，每斤市價僅值銅錢十三、四文。地方官既不便收貯，更致朽壞不堪，而折錢已有成規，又難減少，是以即照每斤十六文變價歸款，比之當時實在市價尚有增多，斷難援照新鮮薯乾缺少時以二十三、四文變繳。所有原變錢二千三百四十六千四十八文，每錢九百文合銀一兩，共核銀二千六百六兩七錢二分，並無變多報少情弊，應請照變歸款入於收支大總冊內彙報查核等語。查臺地收養難民，接收內地撥解薯乾，隨同米石均勻搭放，除支發外尚存續解薯乾十四萬六千六百二十八斤，先據該督等題報在五十三年正、二月解到，已在各難民歸莊之後，毋庸搭放，應變價歸款，每斤變錢十六文等因。經臣部以前款折給難民薯乾，據該督等聲稱，因採買維艱，每斤貴至二十三、四文，現照市價酌減每斤折給錢十六文，此項餘剩薯乾自應照市價二十三、四文據實變價歸款，何得照折給難民薯乾酌減之數，每斤止變錢十六文，其中不無變多報少情弊，難以核銷，駁令據實增變在案。今據該督等題覆，當賊匪滋擾時商販不通，暑乾價值每斤貴至二十三、四文，迨各難民歸莊，已在蕩平之後，此項餘剩薯乾味敗色變，買食稀少，每斤市價僅值十三、四文，地方官既不便收貯，致朽壞不堪，而折錢已有成規，又難減少，是以即照每斤十六文變價歸款，比之當時實在市價尚有增多，並無變多報少情弊，斷難援照新鮮薯乾缺少時之價以二十三、四文變繳等語。臣部核其登覆薯乾價值，隨時增減，自屬實在情形，並據聲稱此項餘剩薯乾，味敗色變，難以久貯，照折給難民成規每斤變錢十六文，比之當時實在市價每斤十三、四文尚有增多之處，似無捏飾，所有餘剩薯乾十四萬六千六百二十八斤，以每斤十六文計算，共變錢二千三百四十六千四十八文，每錢九百文合銀一兩，共合銀二千六百六兩七錢二分，自應遵照諭旨，據情准其照變歸款，以結案牘。仍令該督等將變獲銀兩造入收支大總冊內報部查核。臣等未敢擅便，謹題請旨。

乾隆五十九年十月初三日，御前大臣經筵日講起居注官太子太保領侍衛內大臣文華殿大學士文淵閣提舉閣事管理吏部戶部三庫理藩院事務掌翰林院事教習庶吉士總理圓明園内事務大臣總管内務府大臣管理上駟院武備院事務總管圓明園八旗包衣三旗官兵管理健鋭營事務正白旗滿洲都統步軍統領世襲三等忠襄伯臣和珅、御前大臣内大臣太子少保戶部尚書鑲白旗滿洲都統管理鑾儀衛事管理御茶膳房造辦處總理工程處事務總管清漪園等處嚮導處大臣御船處統領管理鷹狗處事務總管内務府大臣臣福長安、經筵講官太子少保尚書臣董誥、左侍郎管理樂部兼管順天府府尹事務世襲一等輕車都尉革職留任臣蔣賜棨臣、右侍郎正黄旗滿洲副都統臣景安、右侍郎臣韓鑅、郎中臣德慶、郎中臣圖明阿、郎中玉麟、郎中臣趙三元、員外郎臣福參泰、員外郎臣蘇藩泰、員外郎臣福蘭泰、主事臣克誠、主事臣錢豫章、主事臣楊彦青、額外主事臣史積中、司務臣三多。

旨：依議。

一五二、奏摺：臺灣閏二月糧價及赴鄰省採買情形

［乾隆六十年三月］，再，向例上月糧價歸於下月核明具奏，此次奏報清單係閏二月分糧價，以銀合錢，其最貴處所每石尚不過四千文上下，至三月分價又增昂，經臣另摺奏明委員分赴鄰省採買以供糶濟，現在候旨遵行。兹仰賴聖主威福，臺灣賊首已經就擒，臺米照舊流通，價值自可漸就平減，合併附片奏聞。謹奏。

一五三、臺灣林爽文檔：諭令閩省常平倉存貯穀石交地方減價平糶

［乾隆六十年四月十一日］，大學士公阿、大學士伯和字寄閩浙總督伍、福建巡撫浦，乾隆六十年四月初九日奉上諭：伍拉納等奏臺灣賊匪陳周全糾衆滋事一案現已派出福康安前往督辦。此案陳周全自必係匪徒陳光愛、陳光秀一族，前次查辦時未能搜獲淨盡，以致復生事端，實為踈漏。現今哈當阿帶兵往剿，伍拉納又調撥各標兵丁分路赴臺策應，

所辦尚為妥協。福康安前此平定臺灣生擒逆首聲威素著，到彼後此等烏合之眾自無難即行撲滅，但伍拉納身為總督，接到稟報後自當一面調遣，一面即渡臺督辦。前次林爽文滋事，常青已屬年老尚於聞信後即親赴臺灣，何以伍拉納轉見不及此，僅稱在泉州、厦門一帶往來察探。今已派福康安前往，並令瑪爾洪阿馳驛回閩，伍拉納此時惟當倍加勉力，將應辦諸務預為妥辦以期迅速集事，不可專待福康安到彼坐失事機。

但據魁倫、哈當阿等同日奏到閩省自上冬以來，米糧昂貴，盜劫頻聞，二月內，臺灣因青黃不接又因內地米價昂貴，船戶買米過多，以致市價日長，每石賣四五千文，值銀五兩上下等語。臺灣一年三熟，為產米之區，向來福建內地俱仰給該處，本年內外米價何以如此昂貴，伍拉納等並未奏及。閩省俱有常平等倉，當此市價騰湧之時，即應將倉貯穀石減價平糶，若積而不用，又安用此常平等倉為耶？伍拉納、浦霖何以亦未籌及至此，著傳諭伍拉納、浦霖接奉此旨後即將該省所有倉貯穀石盡數發出，交各該地方官於米貴處所速行減價平糶以濟民食，毋得稍有遲緩。該督等於此事既未經奏明飭屬吏認真辦理俾小民均霑實惠，倘不能悉心查察致官吏胥役等有絲毫侵蝕剋扣等弊，甚或又借平糶為名短價勒買以致再有擾累別滋事端，試令伍拉納、浦霖自思當得何罪，勿謂教之不預也。仍將接奉此旨如何辦理情形迅速據實覆奏，毋得再有文飾遲緩致幹重戾。將此諭令知之。欽此。遵旨寄信前來。

一五四、臺灣林爽文檔：諭令前赴浙省採買米石委員速辦以濟民食

［乾隆六十年四月十四日］，乾隆六十年四月十四日內閣奉上諭：吉慶奏臺灣匪徒滋事，飛諮提臣及沿海各鎮多撥船隻揀派官兵在交界洋面截拏防範，而承德復奏預備滿兵千名、馬二百匹聽候調撥各等語。臺灣賊首業經就擒完事，此等匪徒糾眾滋擾，本處官兵僅敷剿捕，浙省相隔較遠，何止慮及賊匪竄入，紛紛調撥。又湖南剿辦苗匪，大功指日告蕆，廣西附近楚南前已撥解火藥，乃本日據長麟奏又由廣東省籌備撥

借，亦未免過當。外省督撫辦理地方事件非失之太過，即失之不及，往往意存畛域，於鄰省事務或竟置之不問，否則過涉張皇，不顧事體緩急輕重，惟知一味見長更或並未籌辦徒以空言入奏，即此等奏章亦不過聽之幕友胥吏率意臚陳，該督撫未必細加檢點，殊涉張皇，嗣後各督撫等務宜加意斟酌權衡輕重，固不可漫無措置，亦不得過事鋪張，方為允當。

至吉慶奏閩省漳、泉一帶米價昂貴，現飭沿海各縣遇有閩商來浙採買，無許居奇阻遏，並將各州縣倉穀碾米十萬石顧船運往等語。此事昨據浦霖奏請赴浙採買，已有旨，令吉慶等幫同辦理。茲該撫尚未接奉諭旨即預行籌辦，所辦尚是，惟當督飭委員迅速運往以濟民食之需，方為妥善。欽此。

一五五、臺灣林爽文檔：諭令臺灣義民擒獲亂民頭目出力一體豁免明年錢糧

乾隆六十年五月初六日奉上諭：據哈當阿奏拏獲附和賊匪首夥各犯審明一摺內稱：陳光愛等聚眾滋擾時，有匪犯李聰明糾人附和，經該處義民李登元、李必魁等並不袒護族人，將該犯設法拏獲，始得究出餘犯。並據魁倫奏：義民幫同官兵收復城池、拏獲首逆，甚為得力，各等語。此次臺灣賊匪陳周全等糾眾滋事，經義民等召集多人，誘獲賊首，業經降旨將該義民首查明加賞官職，並將本年應納錢糧概予寬免。李登元等於誘獲李聰明等犯並不回護本族，按名拏獲，不致漏網，實屬出力可嘉。所有該義民等明年應納錢糧著再加恩查明住址一體豁免。至貢生李登元、武生李必魁俱賞給六品職銜，以示朕獎勵良善、恩施無已至意。欽此。

嘉庆朝

一、福建水師提督哈當阿等奏摺：臺屬猝被風災確勘查辦（附奏片）

［嘉慶二年九月初十日］，福建水師提督兼管臺灣總兵事務革職留任臣哈當阿、署福建臺灣道臣季學錦跪奏：為臺屬猝被風災吹損晚稻民居，現在確勘查辦及地方寧貼情形據實恭摺奏聞、仰祈聖鑒事。

竊照本年八月二十八日申刻，臺灣郡城陡起東北颶風，勢甚猛烈，天色黃赤，熱氣薰蒸。至二十九日午刻，風勢愈大，屋瓦皆飛，壞垣拔木之聲晝夜不息，所有官民署舍營房倉厫頭停瓦片概行吹落，至戌刻，密雨交作，既而大雨如注，連宵達旦，風勢更狂。至三十日辰刻，稍止，察看城內竹木枝葉焦枯脫落，草茅亦俱黃萎，詢之耆民，咸稱此次颶風，實身所未經，臺地方言相傳為之火風。查本年季夏遇閏，節候較早，現在南路晚稻將次成熟，北路正當吐穗之時，遭此颶風，恐多損壞，其兵民房屋、文武衙署及沿海商哨船隻有無吹壞擊碎、傷斃人口之處當即飭查去後，旋於九月初三四五等日，據各廳縣先後稟據莊民紛紛呈報晚稻被風刮損倒壞房屋傷斃人口，惟沿海一帶最重，其近山處所受風稍輕，而嘉、彰兩屬地勢平濶，受災尤烈，各等情。

臣季學錦隨督同臺灣府知府遇昌親赴確勘。茲於九月初九日據查先赴附近府城之臺、鳳兩縣分頭逐加履勘，內臺屬之新昌等十六圖里及鳳屬之興隆等十二圖里均逼近海邊，被風甚重，田間晚禾盡皆焦斷，稻穗刮落無存，居民草屋俱被吹倒，瓦屋頭停亦多掀去，並有壓斃人口等事，情殊堪憫。其臺、鳳兩邑近山之羅漢門、港東等各圖里被風畧輕，晚稻雖有黃萎，尚冀薄收，地瓜、雜糧可期有獲，民番寮舍吹坍十之三四，情形較為輕減。現將傷斃人口隨地先給銀兩，飭令分別醫埋，妥為安頓。惟查南路田稻災象已成，而北路嘉、彰一帶據報被災更重，自應速為勘辦等情。並據臺、鹿兩聽及水師營將稟報：在口商哨船隻遭風擊碎，並斷椗飄流無蹤、淹斃兵丁舵水商民分別勘報各等情前來。臣查此次颶風業已成災，兼之坍壞民居、傷斃人口，殊堪憫惻，自應先將露處窮民酌給錢文使其搭蓋暫行棲止，妥為安頓。至目前民食去早收不久，被風後糧價雖有增昂，現已示禁，毋許市儈居奇擡價，並勸諭有穀之家多為出糶，民情踴躍，災黎均屬安靜。（［硃批］：應妥諭良民，毋怨毋尤，此皆朕過，惟有竭力賑卹，爾等妥為之。）惟是臺地情形早收不過十分之三，全藉晚冬以輸供粟兼資口食，而閭閻未經災荒，平素不知撙節，早收餘穀得價隨時糶賣，且內地商船轆轤搬運存穀現已無多，今晚稻猝被風災，收成失望，窮黎俯仰無資，自應仰懇天恩酌加賑卹，以甦民困。（［硃批］：自然。）臣季學錦與臺灣府知府遇昌分路督同委員前任臺灣府楊紹裘等各地方官確勘被災田畝及吹損民番房屋各若干，查明戶口並成災分數，分別蠲緩另行核實具奏，一面造冊詳諮督撫動撥藩庫銀兩速行解臺分別賑卹，總期無濫無遺，以仰副皇上軫念災黎之至意。仍俟冬盡春初，或米價高昂、民間買糴維艱，酌量情形，再將府廳縣存倉穀石（［硃批］：足否。）另請減價平糶，以期民食無誤。

再，澎湖廳屬因風暴之後，尚無船隻來往，該處是否同日被風，現已委員前赴確查，俟報到再行續奏，合併聲明。謹將臺屬猝被風災，及現在籌辦緣由，並地方寧貼各情形，恭摺先行馳奏，伏乞皇上聖明睿鑒。謹奏。

［硃批］：即有旨。欽此。

臣哈當阿、臣季學錦跪奏：再查內地福、興、漳、泉四府民食歷來仰藉臺米，今臺屬晚稻成災，本地民食已恐不敷，漳、泉等處更虞缺乏，臣等已將臺地情形詳諮督撫，請於上游各府豐收之處妥為籌備（［硃批］：是。）以期有備無患，倘明春臺地乏食兼可諮請接濟。至通臺祠壇、廟宇刮損甚多，營房、倉厫坍塌過半，衙署、監獄亦多吹損，現在分別緩急，照例勘估詳諮督撫轉請動項脩葺擊碎哨船、循例估造，合併附片奏聞。

嘉慶二年十月十七日奉硃批：覽奏俱悉。欽此。

二、閩浙總督魁倫等奏摺：臺灣所屬被風委員查勘賑卹

［嘉慶二年十月初二日］，閩浙總督臣魁倫、福建巡撫臣費淳跪奏：為接准臺灣鎮道呈報所屬猝被風災、臣等現委道員馳赴查勘並動項隨帶賑卹（［硃批］：好，早有旨矣。）及分別酌籌妥辦緣由、恭摺奏聞事。

竊臣等於本月初一日亥刻接准水師提督兼管臺灣鎮臣哈當阿、臺灣道季學錦呈稱：臺郡於八月二十八日颶風猛烈，致損晚稻民居，現經確勘被災情形，奏懇天恩量為賑卹，一面造冊詳諮動項解臺備用等因，並抄錄奏稿呈送前來。竊查沿海颶風每年遇夏秋時令或發一二次及數次不等，事所常有（［硃批］：此次過甚，已有旨。），未見成災，惟是此次南北兩路被災較重，既據該道府勘報屬實，自應仰體皇仁亟加撫卹。臣等隨飛飭該鎮道等先就府庫速行動項支給，一面遴委督糧道慶保酌帶委員星馳渡臺會同查勘賑卹，所需賑項銀兩數俟冊報撥往誠恐稽遲（［硃批］：好。），現於藩庫內動撥銀二十萬兩交糧道慶保齎帶東渡以期迅速接濟（［硃批］：是。）。一面飭令該道府察看情形，如果災後糧價稍昂，即將臺灣各屬現存倉穀先行減價平糶，不得拘泥原奏緩至冬盡春初始行辦理（［硃批］：是。），庶期賑糶兼施較與民食有益。至臺灣本年正屆輪纚供粟，惟查尚有應運內地兵米眷穀共三萬四千餘石，現亦先飭截留即作為賑糶之用（［硃批］：想得好。），所有內地兵米眷米穀石即由該廳縣倉動給，俟臺灣明歲春收之後另行補運歸欵。其本年內地買補倉穀案內，臣等原奏請於臺屬買穀八萬五千餘石，今應請一併停買（［硃批］：是極。），俾該地無食貴之虞似更有裨。再，該鎮道又稱本地民食已恐不敷，漳、泉更虞缺乏，請於上游豐收之處預為籌備，倘明春臺灣乏食以資接濟等語。查福、興、泉、漳四府民食全賴臺米，而泉、漳二府尤甚，向來只有內地待給臺灣，並無臺灣待給內地之事（［硃批］：此亦深知者。），即或內地籌備，臺灣尤應先行籌備，漳、泉現在各屬倉儲業有實貯穀五十餘萬石，足資備應。查漳、泉本年晚稻豐收，糧價亦平（［硃批］：幸。），臣仍隨時察看情形，如果糧價稍增，自當將本年

漳、泉二府並永春州屬一體督停採買（［硃批］：是。）以資民食外，至臺灣一歲三熟之區本係沃壤，今偶被偏災，想來不致大礙。統計現在核免買補及截留穀石已在十餘萬石以外，又加以恩施賑卹，並查明續請蠲緩各項，是海外災黎業已共沐鴻慈，應請無煩聖廑。（［硃批］：所辦皆同朕慮，可嘉之至，心實慰矣。）臣等仍當督飭該道府及委員糧道實力查明接卹，嚴禁吏胥丁役人等冒濫侵蝕（［硃批］：可是。），務俾均霑實惠，以仰副聖主軫念民依不使一夫失所至意。除被災田畝戶口、民番寮屋、傷斃人口以及鄉署、營房、倉厫、監獄並沿海商哨、船隻，飭俟查明冊報辦理，並究查澎湖廳屬有無同日被風另行奏聞外，所有接准臺灣鎮道呈報並現在委員動項查賑及分晰籌辦各緣由理合恭摺由驛具奏，伏乞皇上睿鑒。

再，查厦門、蚶江二口據報七八月分臺米進口共四萬八千餘石，至九月分尚未接據稟報臺米進口，蓋因颶風之後內渡船隻尚稀，除檄飭確查外，合併陳明。謹奏。

嘉慶二年十月十九日奉硃批：即有旨。欽此。

三、上諭檔：寄諭閩浙總督魁倫等臺灣猝被颶風著查明奏辦

［嘉慶二年十月十七日］，軍機大臣字寄閩浙總督魁、福建巡撫汪、福建水師提督哈。

嘉慶二年十月十七日奉上諭：哈當阿等奏臺灣猝被颶風吹損晚稻民居一摺，已於摺內批示。臺灣瀕臨海洋，颶風本所常有，此次風勢猛烈，致吹損禾稻、刮倒房屋、壓斃人口，殊堪憫惻，自應妥為撫卹。哈當阿等務須查明戶口並成災分數，如有應行蠲緩之處，即據實奏明辦理，其坍塌民房照例給與脩費，總期各使得所，不可靳費，所有應需賑卹銀兩，如有不敷，即著魁倫等於藩庫內動項撥解，以資接濟。至臺灣地方全藉晚收以資口食，今猝被颶風，糧價自未免增長，此或由朕政事少（硃批删“少”。）有闕失而（硃批增“或”。）該處小（硃批删“該

處”，“小”改為“愚”。）民等平日不能共敦淳厚感召祥和，致有此災，此時斷不可稍存怨尤之念（硃批增“惟當省過學淳。又”）。臺灣一歲三收，今北路嘉義、彰化等屬雖晚稻多有損壞，而南路臺灣、鳳山等縣受風較輕，地瓜、番薯、雜糧等項尚可有收，當再（硃批删“再”。）勸諭居民廣為播種，亦足以資民食，且風災過後勤於耕種，來春仍可望稔收，尤當及時力作，不可稍有怠惰。再，向來福、興、漳、泉四府夙藉臺米接濟，今臺灣既被風災，目下僅堪自給，明歲春收後或米穀充盈，可以運售內地，固屬甚善，倘無餘米可運，不可勉強。其福、興等四府，魁倫等惟當於各屬豐收之處預為籌備，並勸令百姓等撙節衣食，家有儲蓄，不可再將米穀花費致鮮蓋藏，預為明歲之備。

又，據魁倫等奏酌籌採買倉穀一摺，內有福鼎等廳縣應補倉穀請在臺灣酌量採買一節，自尚未知臺灣風災情形，今臺灣現被風災，是魁倫等擬在臺灣採買穀石勢所難行，竟當暫行停止辦理，即內地四府亦當勸諭上游豐收各屬有無相通，隨時販運，以期民食有資，不致缺乏，方為妥善。將此由六百里加緊又緊傳諭魁倫等，並諭季學錦知之。欽此。遵旨寄信前來。

四、上諭檔：寄諭大學士蔡新臺灣等地災後民情據實詳細覆奏

［嘉慶二年十月十八日］，軍機大臣字寄予告大學士蔡。

嘉慶二年十月十八日奉上諭：昨據哈當阿等奏臺灣猝被颶風吹損晚稻民居情形，已令該督等加意撫卹，並於閩省藩庫動項撥解以資賑濟矣。向來福、興、漳、泉四府民食皆藉臺米接濟，此時臺灣北路嘉義等屬晚稻既多損壞，而南路鳳山等處地瓜、番薯等項亦尚須補種，福、興等府來歲賑運較難，民間惟當撙節糜費以為儲蓄，業經傳諭該督撫等隨時勸導，務令家喻戶曉以期省過學淳。蔡新籍隸漳州，見聞較確，所有現在福、興等四府糧價能否平減，百姓等經此勸導後能否家有蓋藏，及輿論如何之處，據實（硃批增“詳悉”。）覆奏以慰廑注。欽此。遵旨

寄信前來。

五、上諭檔：寄諭閩浙總督魁倫等臺灣被災著道府官員實力撫卹

［嘉慶二年十月十九日］，軍機大臣字寄閩浙總督魁、福建巡撫汪、福建水師提督哈。

嘉慶二年十月十九日奉上諭，昨據哈當阿等奏臺灣猝被風災，業經降旨詳悉指示，令魁倫等妥為撫卹。茲魁倫等奏到分別籌辦情形，與昨降諭旨悉合，所辦甚屬可嘉，朕正為此事廑念，覽奏為之稍慰。此次臺灣風勢猛烈，被災較重，其吹損禾稼、刮倒房屋之處自應給予脩費，妥為賑卹。魁倫等現已委道員帶銀二十萬兩前往，並將臺灣應運兵米截留以備賑糶之用，其前請在臺屬採買米石一併停止，如此辦理想已足敷接濟。魁倫等務飭該道府及委員等實力撫卹，嚴禁胥吏侵漁，俾災黎咸霑實惠。臺灣一歲三熟，現在尚可趕種番薯、雜糧，來年春收若能豐稔，閭閻元氣自可漸復。至福、興、漳、泉等府向賴臺米，朕所深知，本年臺灣既被風災，即使來春稔收，僅堪自給，恐無餘米可以運售內地，是以昨諭魁倫等預為籌備，並勸諭小民撙節以裕蓋藏。茲據該督等奏稱，現在各屬倉穀實貯五十餘萬石，而漳、泉晚稻豐收，糧價亦平，是各該府屬倉穀足資儲備，而市集米糧不至缺乏，魁倫等再於上游豐收之處勸令百姓，有無相通，隨時販運，即臺米暫時不能內渡，民食尚可不致拮据也。將此傳諭魁倫等，並諭季學錦知之。欽此。遵旨寄信前來。

六、閩浙總督魁倫等奏摺：臺灣商販米船仍屬照常內運

［嘉慶二年十一月初七日］，閩浙總督臣魁倫跪奏：為巡閱營伍經過興化、泉州、厦門、漳州各府廳屬察看民情安貼並查明臺灣被風之後、商販米船仍屬照常內運（［硃批］：好。）足資接濟緣由、恭摺奏聞事。

竊臣前因臺灣府屬偶被風災秋收歉薄，誠恐商販稀疎於內地漳、泉一帶民食有礙，是以奏明改由興化、泉、厦、漳州一路巡閲營伍，以便沿途察看民情調劑糧價。茲臣於十月二十一日自省起程，於十一月初五日行抵漳州府城，除閲過水陸官兵容俟彙摺具奏外，所有臣經由之興化、泉州、厦門、漳州各府廳屬留心察看，地方民情均甚寧貼（［硃批］：好。），至各處糧價先因臺郡被風傳聞異詞，每米一石較前驟增二三百文及四五百文不等（［硃批］：民情日壞，可惡。），嗣經臣與撫臣出示嚴禁，不許行商鋪戶人等囤積擡價，並將臺灣因災歉收業已奏蒙聖鑒將來如遇市價高昂自當隨時調劑，官為平糶各緣由明白曉諭，兼自九月十六日起至十月二十八日止，厦門、蚶江二口共運到臺米五萬三千餘石（［硃批］：好。），小民知有接濟，市儈不敢居奇，現在糧價亦已日就減落。

再於途次接據臺灣鹿仔港理番同知吉壽禀稱：該處偶被風災，晚禾雖損而民間蓋藏尚裕，米價不致過昂，並詢之自臺回棹各船戶，據稱，月前鹿港海口因風積有沙磧一道，以致內渡船隻稀少，並非臺米缺乏，近日大潮汛起，已將積沙衝開，商販船隻照舊流通（［硃批］：好。），各等語，是臺米仍屬源源內運，漳、泉民食足資接濟，請□上廑聖懷，惟自省城以至泉、漳一帶二麥均已出土，因入冬以後雨澤稍稀，未能及時長發，如旬日之內得塲透雨即可一律芃茂（［硃批］：今得雨否?），臣謹恭摺奏聞，伏乞皇上睿鑒。再臣拜摺後即由漳州前赴汀州、邵武、建寧、延平各鎮協營查閲營伍，回省合併陳明。謹奏。

嘉慶二年十一月二十七日奉硃批：知道了。欽此。

七、福建巡撫汪志伊奏摺：妥辦臺灣風災後及時補種等項事宜

［嘉慶二年十一月初十日］，福建巡撫臣汪志伊跪奏：為遵旨將臺灣風災後各事宜分別妥辦、仰慰聖懷事。

竊臣於十一月初九日准督臣魁倫由漳州途次移稱准兵部六百里加緊

遞到諭旨二道，命臣等飭知臺灣道府及委員等實力撫卹，俾災黎咸霑實惠，諭令該處居民趕緊補種地瓜、雜糧以冀來年春收豐稔，元氣漸復，並勸諭內地福、興、漳、泉等府百姓撙節衣食，及上游豐收各屬有無相通，隨時販運，以濟民食等因。仰蒙聖明垂訓周詳，臣跪讀之下感佩實深，敬當凜遵指示各條，會同督臣魁倫、提臣哈當阿盡心辦理。況臣荷蒙聖主逾格鴻恩，初膺封疆鉅任，尤不敢不事事奮勉。

遵查前委督糧道慶保等帶銀二十萬兩赴臺查辦賑卹，據報於十月十九日由崇武口登舟出洋，連日風汛順利，實已早抵臺郡。臣現復飛飭委員督同各地方官將禾稼被災輕重及刮倒民房逐一查明，量給脩費，妥為賑卹，不使胥役人等稍有侵蝕，俾災黎實受皇恩，無致一夫失所。臣復檄飭各府屬大張告示，宣揚聖諭，遵奉勸令臺灣居民補種番薯、雜糧，及時耕作，以期春收豐稔，接濟有資，元氣即可全復，並曉諭漳、泉各府屬百姓不得將家儲之米穀釀酒熬糖，致有消耗，即衣食日用及婚嫁等事務，須均從節省，以裕蓋藏。仍一面飭令延、建、邵、武各府屬，勸諭殷戶乘時出糶，客商隨時販運，俾糧食流通，民食不致缺乏。現在上游風聞下南米價稍昂，商販貪圖獲利，米船多由溪河南下，且據厦門、蚶江二廳稟報，自九月望後至今，計陸續進口臺米共五萬三千餘石，糧食漸覺充裕，市價日就減落，所有各屬常平倉實貯穀五十餘萬石，此時竟無須動碾平糶，俟明春察看情形，酌量辦理。臣伏思閩省本年內地各府州收成本屬豐稔，而臺灣一歲三收，今不過一收失望，且近山被災輕處，尚屬有收，斷不致拮据過甚，現復仰蒙聖主恩加賑卹，設法調劑，臣等自當督飭各屬實心實力認真辦理，俾海疆內外足資耕作，共慶安寧。所有臣遵奉辦理緣由，謹恭摺覆奏，伏乞皇上睿鑒。謹奏。

嘉慶二年十一月二十七日奉硃批：即有旨。欽此。

八、福建巡撫汪志伊奏摺：臺灣府八九月份雨水糧價

［嘉慶二年十一月初十日］，福建巡撫臣汪志伊跪奏：為恭報雨水糧價情形。

竊照閩省九月分雨水糧價情形經臣恭摺奏報在案，臣查得省城十月初五、初九等日得雨一次，中末二旬陰晴相間，時當二麥出土，雖雨澤稍稀，未能及時暢發。而南方本卑濕之區，土膏滋潤，當無妨礙，並據各屬禀報大畧相同。至通省十月分糧價據藩司開報前來，臣覆加查核，惟興化、泉州、漳州三府屬因傳聞臺郡被風，每石較前驟增二三百文至四五百文不等，顯係牙行鋪戶人等藉端居奇高抬市價，當經臣與督臣出示嚴禁並將上游豐收可以隨時販運及厦門、蚶江二廳仍有臺米源源進口，漳、泉民食無虞缺乏情形一併明白曉諭，市儈知有接濟不能居奇，旋即日就減落，每石較上月僅增三四分至五六分不等，其餘福州、延平、建寧、邵武、汀州、福寧六府及永春、龍巖二州屬十月分糧價均與九月分相同，查上游民間蓋藏充裕，販運米船陸續由溪河南下，糧價甚平，民情極為寧貼，實堪仰慰聖懷。至臺灣府屬八月分糧價據報與七月相同，九月分糧價據報較八月貴一錢五六七分不等，至十月分糧價未據報到，俟報到同下月一併恭報，所有內地各府州十月分雨水糧價情形並臺灣府屬八九月分糧價，謹恭摺附驛具奏，並繕清單恭呈御覽，伏乞皇上睿鑒。謹奏。

嘉慶二年十一月二十七日奉硃批：知道了。欽此。

九、大學士蔡新奏摺：福建省臺灣府被風早晚稻收成糧價等情形

［嘉慶二年十一月初十日］，臣蔡新跪奏：為遵旨據實覆奏、仰慰聖懷事。

本年十一月初六日，督臣魁倫遞到軍機大臣字寄，十月十八日奉上諭：昨據哈當阿等奏臺灣猝被颶風吹損晚稻民居情形，已令該督等加意撫卹，並於閩省藩庫動項撥解，以資賑濟矣。向來福、興、漳、泉四府民食皆藉臺米接濟，此時臺灣北路嘉義等屬晚稻既多損壞，而南路鳳山等處地瓜、番薯等項亦當須補種，福、興等府來歲販運較難，民間惟當撙節糜費以為儲蓄，業經傳諭該督撫等隨時勸導，務令家喻戶曉，以期

省過學淳。蔡新籍隸漳州，見聞較確，所有現在福、興等四府糧價能否平減，百姓等經此勸導後能否家有蓋藏，及輿論如何之處，詳悉據實覆奏，以慰廑注。欽此。臣跪讀之下，仰見我皇上廑念民依，多方籌畫，鴻恩大來，教養兼施之至意。

伏查臺灣秋間，偶因颶風傷損禾稼，荷蒙聖主格外隆施，飭諭疆吏加意拊綏，該督撫等當即仰體皇仁，動撥藩庫銀兩運送過臺，以備撫卹，復截留內運兵米，以備賑糶，災民自必均霑實惠，感激皇慈，齊呼萬歲。閩省福、興、漳、泉等府向資臺米接濟，臺地素腴，一歲三熟，早稻收成有七八分，民間蓋藏本裕，所以未被災之區仍有餘米可以販運。九月間厦門、蚶江一帶米船未到，糧價稍昂，每斗在四百文之間，十月晚稻登場，漳、泉等府收成均有七分，又兼臺米陸續而至，市價漸減，每斗約三百餘文，視平時加增有限，漳屬諸縣雖低昂稍有不同，然亦大畧相似，福、興、泉三府，閩市價更平。近督臣魁倫巡閱營伍到漳，凡所經過地方，皆出示嚴禁奸商囤積，並宣佈聖諭，諄諄告誡，俾閭巷细民咸知撙節，厚自蓄儲，一時父老傳聞，莫不贊歎我皇上愛民如子之盛心，至於感泣者。現在民間並不乏食，羣情俱極寧帖，洵足上慰聖懷。謹就臣聞見所及，詳悉確實情形，繕摺差家人齎奏，伏乞聖鑒外，廷案有硃添二字，一併恭繳。謹奏。

嘉慶二年十二月二十六日奉硃批：呈奏稍慰知卿不為虚言也，並賞如意及近作覽之。欽此。

一〇、上諭檔：寄諭閩浙總督魁倫等臺灣災後米船照常內運

［嘉慶二年十一月二十七日］，軍機大臣字寄閩浙總督魁、福建巡撫汪。

嘉慶二年十一月二十七日奉上諭：前因臺灣猝被風災，恐糧價增長，民食不無拮据，曾降旨令該督等預為籌辦。今據魁倫奏，臺灣被風之後，民間蓋藏尚裕，米價不致增昂，商販米船仍照常內運，足資接

濟。又汪志伊奏，厦門、蚶江二口自九月望後，陸續進口臺米共五萬三千餘石，市價日就減落，無須動碾平糶各等語。

臺灣地方本係一歲三熟，此次偶被風災，晚禾雖損，而民間尚有蓋藏，商販船隻照舊流通，臺米仍屬源源內運，已無須再行籌辦，該督等惟當留心察看，隨時調劑，使小民益臻樂利，以副委任。至近日各省督撫等奏事往往多用夾片，見長取巧，最為惡習，已降旨通飭諭令，魁倫奏摺內仍用夾片二件，竟成俗例，殊為可笑。嗣後應遵照前旨，毋得效尤積習，再用夾片臚（［硃批］：重。）敘，以符體制。其覆奏降調守備端木林一員，已照部議，降一級調用矣。將此傳諭該督等知之。欽此。遵旨寄信前來。

一一、閩浙總督魁倫等奏摺：臺灣來春應否接濟已飭鎮道查勘

［嘉慶二年十一月三十日］，閩浙總督臣魁倫、福建巡撫臣汪志伊跪奏：為欽奉諭旨查明臺灣民食現在不致缺乏（［硃批］：好。）、來春應否接濟業、已飛飭鎮道詳查、俟覆到另行具奏緣由、謹先恭摺覆奏、仰祈聖鑒事。

竊臣等承准軍機大臣字寄，內開嘉慶二年十月二十六日奉上諭：福建臺灣地方近因猝被颶風吹損晚稻，該處間被偏災，秋收未能豐稔，明春青黄不接之時，民力恐不無拮据，著傳諭該督撫即行體察情形，如有應需展賑及量為接濟之處，據實詳查覆奏，候朕於新正酌量降旨加恩等因，欽此。臣等跪讀之下，仰見聖主軫念災區恩施無已至意，欽感難名。

伏查臺灣一郡素稱沃壤，每歲三熟，民間蓋藏充裕，本年晚稻因風歉收，不過偶被偏災，尚無大礙，且經臣等遵奉恩旨，飭令停止採買穀石，並截留應運內地兵糧十餘萬石，及動撥藩庫銀二十萬兩，派委道員賫帶赴臺，以備賑卹。現據泉州府禀報，詢據進口船戶供稱：該道慶保等發解餉銀船隻業於十月二十日全抵鹿仔港登岸等語。現在該處災民自

必早霑聖澤，共慶安寧。再，臣等現接臺灣廳縣於被風後稟報，糧價上米每石糶銀二兩二、三錢，中下米糶銀二兩及一兩九錢不等，較前不致過昂，地方亦甚寧謐。至商販米船，據厦門、蚶江二口報稱，仍屬源源內運（［硃批］：好。），漳、泉一帶皆資接濟。是就目下而論，臺灣民食實不致有缺乏，足堪仰慰聖懷。惟來春青黃不接之時，其被災較重之區，民力是否不致拮据，該郡遠隔重洋，難以懸擬，臣等業已遵旨飛飭臺灣鎮道及委員等就近確查具覆，容俟覆到察核情形，如有應需展賑量為接濟之處，臣等即當仰體聖慈，一面奏聞，一面酌量辦理，如或無需籌辦，亦即據實具奏，以慰廑注。臣等謹將遵旨查辦緣由先行恭摺覆奏（［硃批］：覽奏稍慰，餘有旨。），伏祈皇上睿鑒。

再，臣等前奏閩省入冬以後，雨澤稍稀，前臣魁倫閱兵經過汀州、邵武、建寧三府，業於本月十七、十八、二十六等日得有透雨，並查省城及延平、福寧各府屬具報，本月初四、五、六、七併十四、五等日均得雨澤，又據興化、漳、泉三府屬報稱，本月十七、十八等日亦已得雨三、四寸不等，二麥、雜糧獲此甘霖，足資培養，並堪仰慰聖懷，合併陳明。謹奏。

嘉慶二年十二月十四日奉硃批：知道了。欽此。

一二、上諭檔：寄諭閩浙總督魁倫等臺灣災後民食不缺米船依舊內運

［嘉慶二年十二月十四日］，軍機大臣字寄閩浙總督魁、福建巡撫汪。

嘉慶二年十二月十四日奉上諭：據魁倫等奏臺灣民食現在不致缺乏等因一摺。

臺灣猝被颶風吹損，晚稻間被偏災，屢經降旨，該督撫體察情形，量為接濟，今該督等專派道員，齎帶藩庫銀二十萬兩前赴該處，以備賑卹，災民自必早霑實惠。又，該地方糧價較前尚不致過昂，商販來船仍屬源源內渡，漳、泉一帶皆資接濟，是現在臺灣民食尚不至於缺乏，朕

心稍慰，至來春青黃不接之時應否展賑，仍著該督撫等遵照前旨，察看情形，酌量奏明辦理。至閩省洋盜近雖少息，但轉盼即交春令，風轉東南，亦難保其不從廣東洋面竄入閩省，魁倫自應在彼督飭水師將弁實力嚴查堵緝，其請將赴浙巡閲盤查等事，展至來年冬令，自當如此辦理。將此各傳諭知之。欽此。遵旨寄信前來。

一三、福建水師提督哈等奏摺：覆奏辦理臺灣廳縣風災賑濟事宜

［嘉慶三年正月二十九日］，福建水師提督臣哈、福建臺灣道臣季跪奏：為勘明臺灣廳縣被災應賑戶口實數、分別散給兩月口糧、（約缺三字）悦、地方寧貼緣由、恭摺覆奏、仰祈聖鑒事。

竊查本年八月二十八、九等日，臺地猝被風災，經臣（約缺六字）日恭摺奏聞後，臣季學錦督同該府遇昌，分赴各廳縣確勘被災輕（約缺五字）督臣魁檄委糧道慶保，攜帶賑銀二十萬兩來臺，確查（約缺五字）覆勘災分，面商核實賑卹，並已經墊給□理房費銀數，（約缺三四字）湖廳修理房費各情由，於十一月初七日恭摺陳奏在案。臣等先經督率該府遇昌，確查被災戶口，除業主有□□□分別蠲緩外，其實係種地貧佃，口食無資各戶（約缺五六字），該府彙冊詳報：淡防廳竹南保等鄉共應賑災戶九千八百八十八戶，内大口二萬二千四百口，小口一萬八千零八十二口；臺灣縣大穆降等鄉共災戶一萬五千三百五十九戶，内大口三萬四千二百五十二口，小口二萬□千口；鳳山縣竹山里等鄉共災戶一萬七千六百三十四戶，内大口三萬六千六百八十九口，小口二萬九千口；嘉義縣大槺榔保等鄉共災戶二萬一千九百八十一戶，内大口四萬三千零九十口，小口三萬九千口；彰化縣大肚保等鄉共災戶一萬九千一百二十戶，内大口四萬一千七百零一口，小口三萬三千一百口，取具印委各員切結，並加結前來。當經飭府將慶保帶到銀兩，鏨碎稱准包封，並碾動各廳縣倉穀，按照奏明半本半折一月口糧，分設城鄉各廠，於十一月初七、八、九等日，連日督同該府縣分頭給放，大口月給本米七升五

合，半折銀一錢五分，小口月給半本米三升七臺五勺，半折銀七分五釐。統計一廳、四縣，共應賑災戶八萬三千九百八十二戶，內大口一十七萬八千一百三十二口，小口一十四萬四千一百八十二口，通共應賑半本一月口糧米一萬八千七百六十六石七斗二升五合，半折銀三萬七千五百三十三兩四錢五分，按戶放訖。旋於十二月初七、八、九等日，將奏明再給一月折色口糧，大口月給銀三錢，小口月給銀一錢五分，統計賑銀七萬五千零六十六兩九錢，均經臣季學錦督同該府遇昌分頭親赴各廠，眼同印委各員，按戶計口，逐名散給，不許假手書役、地保人等，致滋弊端。臣哈當阿委派親信員弁，分往各屬訪查，委無克扣及冒領、漏領情弊。目睹各鄉男婦扶老攜幼，感激天恩，環跪歡呼，同聲頂祝，實出至誠。臣季學錦南北兩路往來，沿途察看各村莊風災後補種雜糧，不但彌望青葱，間有漸次成熟者。災黎深受高厚鴻慈，口食有資，從容度歲，實在足數接濟，景象恬熙，（約缺六七字）石自三千至三千四、五百文不等，不虞缺乏，洵堪仰慰聖懷。至各廳縣應需平糶米石，業經碾運齊備，俟市價增昂，即開廠減價出糶。除將被災應緩，應蠲錢糧供粟，飭府彙造細冊，詳請督撫臣照例具題，並扣回墊發修復房費及已撥給澎湖修費銀兩應存剩銀□萬五千餘兩，留貯府庫，詳明劃抵嘉慶二年兵餉外，所有（約缺六七字）卹兩月口糧清數、日期，並（約缺十餘字）奏，伏乞皇上睿鑒，謹奏。

嘉慶三年正月二十九日奉硃批：欣慰覽之，該部知道。欽此。

一四、上諭檔：寄諭閩浙總督魁倫等臺灣被風民食足資接濟著留心查察

［嘉慶三年三月初四日］，軍機大臣字寄閩浙總督魁、福建巡撫汪。

嘉慶三年三月初四日奉上諭：汪志伊奏雨水糧價情形一摺，閱所開糧價單內，臺灣府屬上年十月糧價較九月稍貴，該處上年秋間曾被風災，晚禾或有稍損，市集糧價不無增昂。嗣據魁倫等奏，臺灣被風之後，皆已賑卹得所，田地趕種，民間蓋藏尚為充裕，商販米船照舊流

通，臺米源源内運。是臺灣雖被風災，民食足資接濟，上年十月以後糧價，自可仍就平減。該督等惟當隨時留心查察，妥為調劑，以副軫念民依至意，［硃批：亦當將現在情形時時奏聞。］將此傳諭知之。欽此。遵旨寄信前來。

一五、上諭檔：諭令據實查明澎湖被風情形妥速辦理

嘉慶十一年二月二十七日奉上諭：據武隆阿等奏澎湖地方偶被風災，捐貲購買薯絲，前往接濟一摺。澎湖地方上年雨澤愆期，小米、高粱收成歉薄，自八月二十一日以後，颱風連作，花生又多被吹毀。該處孤懸海島，閭閻向鮮蓋藏，貧民口食維艱，前據汪志伊等奏到時，業經批交該督等將被災情形，及應如何酌量撫卹之處，查明速奏。著汪志伊、張師誠即遵照前旨，據實查明，妥速辦理。武隆阿等先行捐辦之薯絲二千七百石，著即作正開銷，毋庸該鎮道等捐廉歸補。該部知道。欽此。

一六、閩浙總督玉德奏片：遵旨蠲免臺灣地方地丁錢糧

［嘉慶十一年三月十二日］，再，欽奉上諭：閩省臺灣府所屬各地方，因洋匪蔡牽肆逆，間被滋擾，現在官兵雲集，即日殲除首逆，綏靖海疆，惟念賊氛所至，小民耕種未免失時，朕心深為廑念，著交該督撫查明該處曾經被賊蹂躪，各地方加恩將本年應徵地丁錢糧概行蠲免，其附近滋擾處所，并查明地方遠近，酌量應行蠲免錢糧分數，奏請加恩，以示朕軫念海隅黎庶至意。玉德等即行謄黄曉諭，俾眾知悉，欽此。臣當即恭錄恩旨，刊印謄黄一千張，發交臺灣道府，分發所屬廳縣各村莊，徧貼曉諭，宣佈皇仁，仍俟查明曾經被賊蹂躪地方，將本年應徵地丁錢糧概行蠲免，其附近滋擾處所，查明地方遠近，酌量蠲免，分數另行奏請加恩外，合先附片覆奏，伏乞皇上聖鑒。謹奏。

［硃批］：覽。

一七、戸部副摺：奏請撥補台灣撫卹難民動支各款

［嘉慶十三年六月］，大學士管理戸部事務臣宗室祿康等謹奏：為遵旨議奏事。

內閣抄出閩浙總督阿林保等具奏撫卹臺灣難民用過銀米、修蓋房費及籌款歸補一摺，嘉慶十三年閏五月十三日奉硃批：該部議奏，欽此。欽遵，據該督阿林保等奏稱：嘉慶十年冬間，蔡逆竄至臺灣，勾結陸路匪徒，圍擾郡城，蔓延南北兩路。各處民人被其蹂躪，流離失所，口食無資，節經賽沖阿、阿林保及升任撫臣溫承惠先後奏明撫卹。自十年冬間蔡逆竄往滋擾起，至十一年二月底止，所有收養難民，系地方官先行收養，該處鎮、道並未專摺奏明，自應以賽沖阿奏案為准，令其造冊報銷，以昭核實。茲據在省司、道轉據臺灣道府造送冊結請銷，臣等逐一查核，自十一年三月十一等日賽沖阿奏明撫卹起，至五月初十日止，臺灣、鳳山、嘉義、彰化四縣並鹿港、淡水二廳，共收養難民男婦大小四十四萬一千三百八十一名口，共用過口糧米五萬九千二百七石二斗四升七合五勺，內動各廳縣倉及價領府倉穀石碾米二萬四百三十八石一斗一升八合二勺五抄，又動項買米三萬八千七百六十九石一斗二升九合二勺五抄，照台地從前賑卹成案，每石折價銀二兩，共用銀七萬七千五百三十八兩二錢五分八釐五毫；又搭蓋草房八萬六千三百五十六間，每間照例給銀二錢五分，共用過銀二萬一千五百八十九兩。又自六月初一日起，至七月底止，臺灣四縣、二廳，共收養難民男婦大小三十一萬二百八十八名口。維時正值番薯成熟，每百斤僅賣錢八十文，可以和米煮食。當用番薯二兩抵米一合，配搭散給，較之全放米石，稍為節省。合計用過本色米三萬一千八百二十五石三斗二升六合，番薯五百九十六萬七千一百四十一斤十四兩，共用米價、番薯價銀六萬八千四百二十四兩三錢八分六釐四毫。以上兩次通共用過銀十六萬七千五百五十一兩六錢四分四釐九毫，用過本色米二萬四百三十八石一斗一升八合五抄。臣等恐尚有未能確實之處，先經移咨賽沖阿確查，嗣准賽沖阿咨覆，所開銀

米數目均屬相符。除將各細冊另疏具題外，現據署藩司慶保查明臺灣撫卹借動倉穀碾過本色米二萬四百三十八石一斗一升八合二勺五抄，内除内地續行解往軍需米一千石撥抵外，尚有一萬九千四百三十八石一斗一升八合二勺五抄，倉穀三萬八千八百七十六石二斗三升六合五勺，照台地採買例價每穀一石發銀六錢，應折銀二萬三千三百二十五兩七錢四分一釐九毫，連用過房屋修費、米石番薯價銀十六萬七千五百五十一兩六錢四分四釐九毫，共應發還銀十九萬零八百七十七兩三錢八分六釐八毫。查台郡孤懸海外，積貯最關緊要，前項撫卹銀兩、米石均系借動倉庫墊用，未便久懸。臣等公同酌議，必須早為撥還歸款。現在藩庫有本年春撥及年終報部冊内存貯銀兩，堪以照數動撥，恭候命下之日，臣等即當委員管解銀兩赴臺灣道府，就近督飭各廳縣分別收歸庫款，並買穀還倉，俾海外各廳縣銀穀均歸實貯。其動撥銀款，飭司另行造冊咨部查核等因。於本月十六日抄出到部。

查嘉慶十年冬間，蔡逆竄台滋擾，居民被其蹂躪，口食無資，節據福州將軍賽沖阿等先後奏明撫卹。今據該督等稱：自嘉慶十一年三月十一等日賽沖阿奏明撫卹起，至五月初十日止，又自六月初一日起，至七月底止，兩次共撫卹過難民除口糧本色米石外，其米穀折價並番薯價銀共十六萬九千二百八十八兩三錢八分六釐八毫，又搭蓋草房工費銀二萬一千五百八十九兩，兩次共用過銀十九萬零八百七十七兩三錢八分六釐八毫，確查承辦各員，並無浮冒等語。除將各細冊另行具題外，應令該督等即將從前該將軍賽沖阿及該督等原奏抄錄送部，並令將前項撫卹過折給銀兩米石，據實轉飭造具被難貧民花名、搭蓋草房做法工費清冊，取具承辦各員及道府切實印結，由該督撫藩司加結造冊具題，到日再行核銷。至奏稱前項銀米均系台郡倉庫墊用，必須早為撥還歸款，現在藩庫有本年春撥冊内造報及年終報部冊内存貯銀兩，堪以照數撥還歸款。並據另片奏稱先行撥解銀十萬兩，其餘銀兩續行撥解等語。臣等伏查臺灣係海疆要地，倉儲庫貯，本宜充裕，前因辦理撫卹借墊之項，自未便令其久懸，應如該督等所奏，在於該省藩庫存貯銀内照數動撥解赴臺灣，交與臺灣府就近督飭各廳分別歸款，並將動缺穀石速行按例給價採買還倉，以歸實貯。所有臣等議覆緣由，是否有當，伏乞睿鑑，訓示遵行。謹奏請旨。嘉慶十三年六月日，大學士管理戶部事務臣宗室祿康、戶部尚書臣德瑛、署尚書臣曹振鏞、署左侍郎臣英和、左侍郎臣趙秉沖、右侍郎臣蘇楞額、署右侍郎臣韓崶。

一八、上諭檔：寄諭閩浙總督方維甸彈壓臺灣械鬥及被災等項令查明具奏

［嘉慶十四年八月二十四日］，軍機大臣字寄閩浙總督方、福建巡撫張。

嘉慶十四年八月二十四日奉上諭：張師誠奏續接臺灣鎮道來禀，郡城有備無患，嘉彰等處械鬥分頭壓鎮，得有頭緒一摺。據稱伊前赴厦門，旋據臺灣鎮道於六月二十九及七月初十日所發禀稱，此案起於淡水，延及新莊、艋舺、彰化，經該鎮等分投彈壓，已逐漸安貼。五月二十外復有沿山之漳州匪徒與泉人尋鬥，在彰化近城地方攻莊焚搶等語，所奏殊未明晰。臺灣鎮道本有奏事之責，遇地方有械鬥焚搶重案，自當一面具奏，一面通禀，何以未見該鎮道奏報？若謂海洋阻隔，則該督撫禀報又何以不致延擱？況五月二十外既復有匪徒搶奪，則前此起於淡水延及新莊者究屬何人？因何搆釁？起於何日？且本日該鎮道附報奏到雨水糧價一摺，即係五月二十九日所發，其時該處械鬥已息，復起業經兩次，何以於此摺内並無一字提及？至該處漳泉民人既無積怨深仇，何以僅因姦情、割稻細故，遽爾彼此仇殺，延及彰化、嘉義兩縣地方，致令匪徒亦得乘機搶掠，恐情節不止於此。前已有旨令方維甸速赴新任，著接奉此旨，無分晝夜馳抵厦門察探，該處情形究竟如何？是否已就寧靖？官兵曾否與之接仗？擒獲匪犯，並著將該鎮道曾否繕摺馳呈報其所遞之摺？是否與所具督撫禀函同船渡臺？抑或兩起行走中途延擱？查明具奏。

又，據另片奏，朱渥之弟朱富現與朱渥匪船合幫，在鹿仔港開往大雞籠一帶，恐其竄回，已飭項統前往，會同南澳鎮胡于鋐相機攻捕。

又，王得祿欲跟追蔡逆過浙，恐蔡逆蹤跡無定，仍令王得祿先回閩洋，以防剿朱蔡二逆等語，朱渥與伊弟總在海洋遊奕，並未登岸呈繳器械，可見前此投誠之語全不可信，該逆等蹤跡詭詐，忽南忽北，時合時分，兵船斷不能專注攻剿，惟當嚴飭該提鎮等分投攔截，遇有竄至之賊，總當隨處剿辦，不必指定某一路兵船專剿某一股賊匪。現在臺灣械鬥搶奪之案，尚在未息，尤不可任該逆等乘間撲岸勾結，是為至要。

又，據另片奏，臺灣府城於六月初間風雨大作，城垣被水淹浸，雜糧間有損傷，彰化一帶更重。該處兼有蝗蟲等語，臺郡及彰化一帶猝被風雨，兼有飛蝗，張師誠係據臺灣道府稟報，何以亦未見武隆阿等奏報，究竟該地方是否成災？蝗蟲撲淨與否？並著方維甸到彼，即行詳細查明。將武隆阿等因何不行奏報之故，一併覆奏。如有應行撫卹事宜，並著據實核辦，不可諱飾。將此由五百里諭令知之。欽此。遵旨寄信前來。

一九、福建巡撫張師誠奏片：臺灣颶風大作蝗蟲飛出現飭各廳縣查明災情

[嘉慶十四年八月二十四日]，再，臣接據臺灣道志緒奏報：六月初四日，臺郡颶風大作，兼大雨如注，連宵達旦，至初八日風勢止息，密雨淋漓，該道率屬虔誠祈禱，直至十一日始獲晴霽，府治城垣被水淹浸，坍塌甚多，幸濱臨大海，積水宣洩甚速。查明城廂內外，及四鄉居民廬舍，并各處衙署、廟宇、營房、倉廒間有傾圮損壞，並無淹斃人口，晚禾尚未栽插，地瓜、雜糧微有損傷，尚無妨礙。除飛飭各廳縣查明有無同被風水，是否不致成災另行舉報外，合將郡城猝被風雨緣由，先行馳奏等語。查該道此稟係於六月十五日所發，今遲至八月初六日始行遞到，諒係在洋阻滯之故。又據臺灣府徐汝瀾稟報相同，惟稱六月初五、十八等日兩次颶風暴雨，彼時該府正在彰化，是以較府城更重。並稱，六月杪間有蝗蟲，自內山飛出，現已飛札行查是否撲打淨盡，另文詳辦等語。臣查該道府所奏當係大概情形，未接各府縣具報。臣已飛飭

過臺查辦械門之道員馮聲、知府楊廷理確切查明。如果成災，一面趕緊撫卹，一面據實具奏，俟覆到另行核辦具奏外，合先附片陳明，伏乞皇上睿鑒。謹奏。

［硃批］：另有旨。欽此。

二〇、閩浙總督方維甸奏片：臺灣彰化被風兼有飛蝗派員查明

［嘉慶十四年九月十一日］，方維甸片：再，臺灣及彰化一帶猝被風雨，兼有飛蝗，該鎮道因何未奏。臣飛飭赴臺之道員馮聲等就近查明稟報，如已成災，即行會同撫臣張師誠遵旨奏請撫卹，不被稍有詳飾。謹奏。

［硃批］：覽。欽此。

二一、閩浙總督方維甸奏摺：臺灣被風被水兼有飛蝗請酌加撫卹

［嘉慶十四年九月二十六日］，閩浙總督臣方維甸跪奏：為臺灣地方被搶難民仰懇聖恩、酌加撫卹事。

查臺灣六、七月間被風被水，兼有飛蝗，經撫臣張師誠據稟奏閱。臣於途次欽奉諭旨，令臣於到閩後確查，如已成災，即行奏請撫卹，仰見聖主廑念民依，恩覃薄海，人心既定，地方即可謐寧，跪誦德音，實為安輯海疆至計。茲據臺灣道府及派往道府等稟稱：查得鳳山至郡城以及嘉義、彰化一帶，先遭颶風，繼被霖雨，倒塌城垣、官兵房屋不少，間有飛蝗自內山飛出，即經隨時撲滅。近因天氣蒸熱，蝻子復生，由山至海約有一二十里，飭令捕捉淨盡，雖未成災，稻穀不無傷損，且因械門搶奪，田地抛荒，房屋焚毁，無家可歸，亟宜撫卹。已撥彰化縣知縣陳國麟，分別給予貧民稻穀一石及五斗不等，先資接濟等情。臣查臺地民情本屬浮動，匪徒焚搶之後，田地抛荒，資生無計，若不急為安輯，

不但流離可憫，且恐別滋事端，惟有仰懇皇上天恩俯准，將被蝗傷損田禾地方，酌量撫卹一個月口糧，被搶貧民撫卹三個月口糧，應否加展，容再察看情形具奏。其雨塌火焚房屋，日久難以區別，毋庸再給修費。如蒙俞允，臣即飛飭該道府督率廳縣，確查實在貧民，妥為散給，務期無濫無遺，民沾實惠，以冀仰副聖主痌瘝在抱，不使一夫失所至意。倘地方官吏稍有侵冒，即行嚴叅究辦。所有臣懇請撫卹緣由，撫臣張師誠在厦門時公同商酌，意見相同，謹會同張師誠恭摺具奏，伏乞皇上睿鑒訓示。謹奏。

[硃批]：即有旨。欽此。

二二、上諭檔：諭內閣臺灣地方被蝗傷損田禾令加恩撫卹

[嘉慶十四年十月十三日]，內閣奉上諭：方維甸奏臺灣地方難民酌加撫卹一摺。臺灣郡城及鳳山、嘉義、彰化一帶六七月間先遭颶風，繼被霖雨，間有飛蝗，自內山飛出，雖勘未成災，稻穀不無損傷，且因械鬥搶奪，田地、房屋拋荒焚毀之處，著加恩將被蝗傷損田禾地方撫卹一個月口糧，被搶貧民撫卹三個月口糧，該督等惟當督飭所屬確查妥辦，務期無濫無遺，民沾實惠，以副軫念災黎至意。欽此。

二三、閩浙總督方維甸奏摺：請將地丁稅課所收番銀定價摺銀解赴臺灣撫卹

[嘉慶十五年三月初八日]，再，閩省民間以番銀準作紋銀行使下游各屬，賦稅皆納番銀，傾銷交庫六成紋色。每屆傾銷易換之時，市上番銀較少，其價轉昂於紋銀，與他處情形迥異。臺灣全用番銀，尤比內地價貴。嘉慶十一年勦辦蔡逆時，易換番銀解臺，每庫紋一百兩，僅換番銀一百三十五六圓，輕重相權，尚少二兩七八錢；此次臺灣撫卹前，據知府徐汝瀾稟請，照向例易換番銀解往。臣即札商將軍慶成、撫臣張師誠，將閩海關稅課並福州下游各屬地丁所收番銀毋庸傾銷，以一百四

十圓作銀一百兩解臺，其交省城廈門等處地方官易換者，不得仍照時價，亦以庫銀百兩易換一百四十圓準之庫平，並較前換數目均屬有盈無絀。報銷時仍照例以銀數報銷。俟查明戶口，即先將需銀實數奏聞。合併陳明。謹奏。

［硃批］：覽。

二四、福建巡撫張師誠奏摺：撥解臺灣撫䘏銀兩

［嘉慶十五年三月初六日］，福建巡撫臣張師誠跪奏：為撥解臺灣撫䘏銀兩、恭摺奏聞事。

竊照上年臺灣地方因被風雨蝗蟲，稻穀間有傷損，并因械鬥搶奪，鄉村多被焚燒，仰蒙恩旨，將被蝗傷損田禾地方撫䘏一月口糧、被搶貧民撫䘏三月口糧，臣等奉到諭旨後，當即檄行臺灣道府及委員等確查妥辦。旋據該道府等稟：請先行撥銀十萬兩前往以資散給，如有餘剩，留為兵餉之用等情。當即飭司籌款去後，茲據藩司景敏查明司庫地丁正款內堪以動撥銀十萬兩，詳情具奏前來。查臺灣撫䘏銀兩係屬急需，督臣方維甸在廈門時與臣札商，即應如數解往。現在遴委妥員迅速解臺，并咨提督王得祿派撥兵船護送到臺之後，交該道府及委員等確切查明散給，不得稍有冒濫。督臣現在過臺可就近稽查妥辦，仍飭該道府等候事竣後，照例造具冊結核明題銷。如果此案用有餘剩，即留臺灣撥充本年兵餉，以歸核實。所有撥解撫䘏銀兩緣由，謹恭摺具奏，伏乞皇上睿鑒。謹奏。

［硃批］：戶部知道。欽此。

二五、閩浙總督方維甸奏摺：遵旨查明被蝗災之臺灣各屬毋需接濟

［嘉慶十五年三月初八日］，閩浙總督臣方維甸跪奏：為遵旨查明被蝗之臺灣各屬毋需接濟、恭摺覆奏事。

竊臣前奉谕旨本年閩縣、侯官二縣低窪田地被水，又長樂猝被颶風，旱稻收成歉薄。又臺湾府城及凤山、嘉義、彰化一帶被蝗，節經隨時加恩，分別賑卹，第念來春青黃不接之時，民力不無拮据，著傳諭該督撫等體察情形，如有應行接濟之處，迅即詳查，據實覆奏，候朕於新正降旨加恩等因。欽此。當經臣會同撫臣張師誠查明，閩縣等縣毋需接濟，並飛催臺灣详查，請俟覆到，據實奏聞緣由，先行具奏在案。兹據臺湾道張志緒等詳稱，欽奉恩旨，將被蝗損傷田禾地方撫卹一月口糧，業經核實，散給各貧民。生計有資，無不感頌皇仁，歡呼載道。現在民情十分寧謐，糧價亦俱平減，毋需接濟等情。臣覆加查核，現在雨陽，應俟春收，可期豐稔，民力不致拮据，應如該道等所詳，毋庸再行接濟。理合恭摺覆奏，伏乞皇上睿鑒。謹奏。

［硃批］：知道了。欽此。

二六、閩浙總督方維甸奏片：將閩海關稅銀并福州下游各屬所收番銀用於台灣撫卹

［嘉慶十五年三月二十九日］，再，閩省民間以番銀准作紋銀行使下游各屬，賦稅皆納番銀，傾銷交庫六成紋色，每届傾銷易換之時，市上番銀較少，其價轉昂於紋銀，與他處情形迴異，臺灣全用番銀，尤比内地價貴，嘉慶十一年勦辦蔡逆時，易換番銀解臺，每庫紋一百兩，僅換番銀一百三十五六圓，輕重相權，當少二兩七八錢。此次臺灣撫卹前，據知府徐汝瀾稟請照向例易換番銀解往。臣即札商將軍慶成、撫臣張師誠，將閩海關稅課，並福州下游各屬地丁所收番銀，毋庸傾銷，以一百四十圓作銀一百兩解台，其交省城厦門等處地方官易換者，不得仍照時價，亦以庫銀百兩易換一百四十圓准之庫平，並較前換數目，均屬有盈無絀。報銷時，仍照例以銀數報銷。俟查明戶口，即先將需銀實數奏聞，合併呈明。謹奏。

［硃批］：覽。欽此。

二七、閩浙總督方維甸奏片：嘉義彰化等地貧民被搶查核撫卹

［嘉慶十五年三月二十二日］，再，嘉義、彰化一带被搶贫民钦奉恩旨，撫卹三月口糧，臣遵即飭行该地方官確查，與被蝗撫卹之處分别查辦。兹據道府面禀：上年九月鬪息之後，逐加安撫，陸續歸莊，其無屋棲止之人，今春始行復業。應将嘉義、彰化及淡水境内，並未被蝗，衹係被搶之處一體挨查，核實散給等语。臣现赴南北两路巡查，顺道稽核，統计實用若干，專摺具奏，斷不容冒濫滋弊。謹奏。

［硃批］：覽。

二八、福建巡撫張師誠奏片：所發臺灣撫卹銀兩易換番錢解往

［嘉慶十五年三月二十三日］，張師誠片：再，據署臺灣府徐汝瀾禀稱：臺地向來行用番錢，每有銀兩解到，必須易換番錢，臨時長價居奇，損耗甚多。現發撫卹銀兩請換番錢解臺，便於散給等情。督臣方維甸在厦門時與臣札商，臺灣既需番錢，自當兑换解往，以期得用。查乾隆六十年、嘉慶十一年兩次軍需案内撥解銀兩，曾經酌易番錢解往，此次自可照辦。惟閩省通用番錢，其價較比紋銀昂貴，臺灣尤甚。現在内地市價，每庫平紋銀百兩換一百兩三十六七圓，最多者一百四十圓。今照最多之數兑换，與紋銀輕重權准，尚屬有盈無絀，因為數較多，一時不能全换。查閩海關税及福州興化、泉州、漳州、永春、龍岩等屬錢糧向以番錢交官，由官傾鎔紋銀解司。今臺灣應用番錢除向市鋪兑换外，不敷之數，督臣方維甸與將軍臣慶成及臣往返相商，即以海關及州縣所收番錢解往，應照市價最多之數，一律核奏，仍將司庫應發銀兩如數扣存，分别作數，兩欵如此一轉移間，不過暫為通融，關税錢糧恐免傾銷之煩，而撫卹銀兩解臺又不致損耗，洵為兩得其便，合併附片奏聞，伏

乞聖鑒。謹奏。

［硃批］：覽。欽此。

二九、閩浙總督方維甸奏摺：臺灣屯務廢弛請通行查勘體卹番丁以資調遣

［嘉慶十五年三月二十三日］，闽浙总督臣方维甸跪奏：為臺湾屯务废弛请通行查勘体卹番丁以资调遣事。

竊照臺灣熟番九十三社於林爽文滋事時隨同官兵打仗出力，經福康安會同前撫臣徐嗣曾奏請仿照四川屯練之例挑募番丁四千名於南北兩路分設大小十二屯，大屯四處，每屯四百人，小屯八處，每屯三百人，共設屯千總二員、屯把總四員、屯外委十二員，撥給近山未墾番地，賣斷與民者另行勘丈陞科。嗣經徐嗣曾飭委知府楊廷理、徐夢麟等丈出未墾番界荒埔地五千六百九十一甲零，每甲合內地民田一十一畝三分一厘，奏准分撥屯番、屯千總各給地十甲，屯把總各給地五甲，屯外委各給地三甲，屯丁每名分別距屯遠近各給地一甲至一甲六分不等，共給荒埔地五千六百九十一甲零，令各番自行開墾，免其納賦，禁止民人典買，尚剩六百二十一甲零，召墾成熟，按則科租，以充屯務公用，其民人已經墾熟番地，查照乾隆四十九年勘丈之案，核實覆丈，分別陞科。此外，復另行丈出民人侵耕番地三千七百三十五甲零，按則陞租，每年徵收番銀四萬一千三百四十一圓外，每年尚存番銀三萬九千二百一十一圓，奏准勻給屯弁屯丁，名為屯餉，每年例給之數屯千總每員各給番銀一百圓，屯把總每員各給番銀八十圓，屯外委每員各給番銀六十圓，屯丁每名各給番銀八圓，於二月、八月由地方官支發，每年共支三萬三千二百四十圓，尚存五千九百七十一圓，令各廳收貯，以備興修水利、紅白賞卹一切屯務之用。原定章程俱經部議覆准至為詳備。茲臣周歷臺灣南北兩路，經過各屯番社，體訪番情甚為艱苦，屯丁亦不足數，推求其故，總由番性愚直，民風刁頑，官給各屯未墾之地，多被奸民社丁等串通欺詐，誘令典賣，越界霸佔，剩有磽确荒埔，番丁亦無力耕種，屯務廢

馳，地方官並未清理。至應徵屯租，例應聽縣收發。嗣因間被水沖沙壓，徵收不齊。前署臺灣府楊紹裘等儀令屯弁自向民戶徵收，散給屯丁，不復官為經理，以致刁民抗欠，積累甚多，即有交納，亦為屯弁通事侵蝕，屯丁所得無幾，日形苦累，地方廳縣竟不過問，亦不按年報銷。所有屯弁自收屯租之議，衹係楊紹裘等自定章程，并未奏咨有案。現在各屯除臺灣一縣於嘉慶二年仍歸該縣徵收，其餘一聽三縣因循至今，並未改歸舊制。臣查熟番自歸化以來，極為恭順，嫻習鎗箭，奔走矯捷，如岸里等處社番，打仗尤為勇往，節年剿辦林爽文、蔡牽等逆匪，均經出力。該番等素性淳質，勝於臺灣民俗與漳泉民人，又無嫌怨，遇有分類械鬥之案，較之漳泉兵丁尚為得力。如果屯務修舉，即有四千名番丁可供調遣，用以協助班兵，實為捍衛地方之至計。且民人侵貪無厭，剝削番社生計日就困乏，若不亟為查辦，番黎無以資生於事尤有關係，臣現在飭委鹿港同知薛志亮查勘北路各屯，署鳳山縣顧朝棟查勘南路各屯，先將原給屯番埔地逐處履勘，幾有民人誘令典賣者，悉令自首，歸番官業。再將徵收屯租之熟地三千七百三十五甲，逐一清查何處水衝若干，墾復若干，現應徵租若干，仍歸地方官徵收支發，並查明積年民欠，分別辦理，俟查明具報後，再會同撫臣張師誠查照舊定章程，悉心會議，奏請訓示。所有委查屯地、屯租緣由，理合先行恭摺具奏，伏乞皇上睿鑒，謹奏。

[硃批]：另有旨。

三〇、閩浙總督方維甸奏摺：查明撫卹臺灣蝗災實用銀數及存項節餘番銀數目

[嘉慶十五年四月二十五日]，閩浙總督臣方維甸跪奏：為查明撫卹實用銀數並將存項及節餘番銀、恭摺奏聞事。

據臺灣道府稟稱：臺灣、鳳山、嘉義、彰化、淡水四縣一廳地方，上年仰蒙恩旨，被蝗地方撫卹一個月口糧，被搶貧民撫卹三個月口糧。該道府督率委員等各處勘查，凡上年鬪息歸莊及本年春間陸續復業者，

通行查明，除曾經附和爭鬬及本有田業生計各戶外，將實在平民分別撫卹。計被蝗應給一個月口糧者，共三千四百八十六戶，大口九千二十三口，小口六千二十五口；被搶應給三個月口糧者，共一萬三千一百七十六戶，大口二萬九千四百四十五口，小口一萬八千一百三十三口，共照例發給折色銀三萬七千八百八十五兩八錢零。因撫卹之項解到已遲，不及等候，先借庫項，照臺灣市價給番銀，每百兩折合番銀一百二十二圓，計合番銀四萬七千七百三十六圓等情。兹臣周歷南北兩路，順道稽查，均係按戶實給。查出番仔埔莊鄉保張私代領時得受制錢一千四百四十文，從重枷責，其餘各處傳詢貧民，皆稱吏胥並未經手，毫無克扣，無不歡欣鼓舞，咸頌皇仁。臣查此項撫卹，前據該道府等會商，奏請撥銀十萬兩，今既查明曾經附和爭鬬及實有田產者概不散給，實用撫卹銀三萬七千八百八十五兩八錢零，尚存銀六萬二千一百一十四兩一錢零；請即抵解十五年例給臺灣兵餉，以省司庫解送之煩。至於折合番銀之數，原係照每百兩合一百四十圓之數奏明，由內地折解，因解到已遲，該地方官先照上冬今春時價，將庫銀折合番銀給發，仍應照例以銀數報銷。但內地折解番銀較臺灣時價為多，每百兩多出番銀十四圓，核計已發撫卹銀數，應節存番銀五千三百四圓零，現在時價稍賤，每百兩易換一百三十圓；所有抵解兵餉之項，本係番銀，請即照此數支給，使各等均沾恩澤，不至短少。而計算原解每百兩折合一百四十圓之數，尚可結存番銀六千二百一十一圓零，兩項節存共有番銀一萬一千五百一十五圓零。此係額外余出之項，自應另欵存貯，或留為臺灣船隻工程之用，或作為班兵借支專款，容臣與撫臣張師誠酌商辦理，為此恭折具奏，伏乞皇上睿鑒訓示。謹奏。

［硃批］：知道了。欽此。

三一、福建巡撫張師誠奏摺：臺灣猝被風雨現已委員查辦

［嘉慶十五年九月二十六日］，兼署閩浙總督、福建巡撫臣張師誠跪奏：為據報臺灣猝被風雨尚不成災、現已委員馳往查勘分別著辦、恭

摺具奏聞事。

竊臣接據臺灣鎮總兵武隆阿、臺灣道張志緒、署臺灣府知府汪楠等先後禀報：臺灣郡城於六月二十五日午刻，猝起大風，繼以雷雨，自二十六日以後，風雨斷續相間，至七月初二日辰刻止息，郡中城牆坍塌七百餘丈，官民房屋、鹽倉俱有倒塌，海口停泊商哨船隻各有擊損，甫經收口之班兵亦有淹沒，田内早稻幸已收割完竣，晚稻甫經栽插，當可補種。飭據鳳山、彰化兩縣禀覆，雖同時亦被風雨，官民房屋損壞無多，田禾無礙，正在查催淡水、嘉義二廳縣，俟覆到核辦間。七月十一日至二十日，郡城復有密雨，惟十三、十八、十九、二十等日雨勢較大，城牆屋宇續有坍損，晚禾仍可補栽，附近府治不致成災，俟容查確另報等情。臣查鳳山在臺郡之南，彰化在臺郡之北，據禀所被風雨情形已較郡城輕減，是六月杪猝遭風雨祗係郡城一隅，其七月中旬郡城復遭連雨，該處本係土城，易於倒塌，惟各廳縣是否同時被雨，未據查確具報。且據稱，官民房屋均有坍塌，海口船隻擊損，班兵多有淹沒，應即委員前往，會同勘辦。查有奏請調補臺防同知朱爾申，誠實幹練，臣即委其馳往，隨同該道府查辦。仍飛飭該道府等督縣，先將坍塌城垣趕緊修葺，以資捍衛。其淹沒兵丁查明實數，照例請卹。仍確查郡城及各廳縣風雨輕重實情，飛速具禀。禾稻果否無礙，商民有無傷斃，如有即應撫卹之處，該處尚有留存銀兩。一面動支趕辦，一面據實馳報。俟覆到另行詳晰具奏，所有臺灣猝被風雨委員查辦緣由，謹恭摺奏聞，伏乞皇上睿鑒。謹奏。

［硃批］：查明速奏。

三二、福建臺灣鎮總兵武隆阿奏片：臺灣遭風雨秧苗受毁

［嘉慶十五年］，再，臺灣四面環海，每歲夏秋之交，率多風雨。本年六月二十五日，陡起東北颶風，繼以大雨連宵達旦，二十六日以後，斷續相間。奴才等率屬虔誠祈禱，至七月初二日始得晴霽。因風雨過大，口岸商哨船隻多有刮損擊碎，郡治土城及兵房署舍亦多坍塌。嗣

於七月十一日，又復密雨連朝，至二十一日開霽。奴才等先後飛行各屬，確查民田、廬舍有無被水沖失及傷斃人口等事，據實飛稟去後，茲據淡水廳暨臺灣鳳山、嘉義、彰化等縣覆稱：六月二十五日各屬同時風雨，居民草屋間有坍塌，嘉義土城亦有倒壞，因風雨過大，溪流宣洩不及，低窪田園不無淹浸，幸早稻全行收穫，晚禾插蒔未齊，雨止後水退甚速，被淹之處均已涸出。現在氣候當旱，堪以補種秧苗。察看大田情形，並無妨礙，亦無傷斃人口。其七月中旬，雨多風小，田禾無損，民情寧貼等由。奴才等復密派員弁，分投確勘，與所稟情形相符。

查臺地當分類之後，今歲雖早稻豐收，瘡痍未復，尤當加意培養，不使一夫失所，免啓釁端。此次風雨連綿，幸仰賴聖主鴻福，適在早稻盡登、晚禾初插之候，即少有淹浸。臺地天氣炎熱，補種不遲，收成可以無礙。現在天色晴霽，奴才等督屬查明低窪村落貧民，妥為安撫，並賞給補種秧苗工本，令其及時栽插，民情欣悅，地方十分寧謐。除將坍塌城垣、署舍、營房、橋道等項，督飭加緊修築，擊碎商哨船隻，循例勘訊查辦外，謹將臺地兩次風雨、大田無礙、糧價照常、地方寧貼緣由，附陳皇上睿鑒。謹奏。

［硃批］：成災即奏，不可諱飾。欽此。

三三、福建巡撫張師誠奏片：臺灣猝被風雨委員前往查辦

［嘉慶十五年十月十六日］，再，臣接據臺灣稟報：該處猝被風雨，其南北兩路情形實在若何，究竟應否撫卹，屢次札催，未據確查稟覆，特令厦門同知專差小快船飛往查探。茲正在繕摺間，厦門同知葉紹棻守牧前差特役自臺回厦，訊據供稱，臺灣六、七月間颶風大雨，府城房屋倒坍較多。那時早稻本已收穫，不致妨礙。現在府城米穀頗多、市價平減，南北兩路並不聞有大風大雨，民情俱甚寧貼等語。除仍催委員迅速飛渡馳往查辦外，合併附片奏聞，仰慰聖懷。謹奏。

［硃批］：覽。欽此。

三四、兵部“為內閣抄出署閩督張師誠奏”移會：奏報臺灣猝被風雨，尚不成災，現已委員馳往查勘，分別酌辦

［嘉慶十五年十月十六日］，兵部為移會事：職方司案呈，內閣抄出署閩督張奏前事一摺，相應抄單移會貴房查照銷案可也。須至移會者，計抄單一紙。右移會稽察房。嘉慶十五年十月日。

兼署閩浙總督福建巡撫臣張師誠跪奏：為據報臺灣猝被風雨、尚不成災、現已委員馳往查勘、分別酌辦、恭摺奏聞事。

竊臣接據臺灣鎮總兵武隆阿、臺灣道張志緒，署臺灣府知府汪楠等先後稟報：臺灣郡城於六月二十五日午刻，猝起大風，繼以雷雨。自二十六日以後，風雨斷續相間，至七月初二日辰刻止息。郡中城牆坍塌七百餘丈，官民房屋塭倉俱有倒坍，海口停泊商哨船隻各有擊損，甫經收口之班兵亦有淹沒。田內早稻，幸已收割完竣；晚稻甫經栽種，尚可補種。飭據鳳山、彰化兩縣稟覆，雖同時亦被風雨，官民房屋損壞無多，田禾無礙。正在查催淡水、嘉義二廳，俟覆到核辦。徇七月十一日至二十日，郡城復有密雨。惟十三、十八、十九、二十等日，雨勢較大。城牆屋宇，續有坍損。晚禾仍可補栽。附近府治，不致成災。餘容查確另報等情。

臣查鳳山在臺郡之南，彰化在臺郡之北，據稟所被風雨情形，已較郡城輕減，是六月抄猝遇風雨，係郡城一隅。其七月中旬郡城遭連雨，該處本係土城，易於倒坍。惟各廳縣是否同時被雨，未據確查具報。且據稱官民房屋均有坍塌，海口船隻擊損，班兵多有淹沒，應即委員前往，會同勘查。有奏請調補臺防同知朱爾申誠實幹練，臣即委其馳往，隨同該道府查辦。仍飛飭該道府等督縣先將坍塌城垣，趕緊修葺，以資捍衛。其淹沒兵丁，查明實數，照例請卹。仍確查郡城及各廳縣風雨輕重實情，飛速具稟，禾稻果否無礙，商民有無傷斃。如有即應撫卹之處，尚有留存銀兩，一面動支趕辦，一面據實馳報，俟覆到另行詳晰具奏。所有臺灣猝被風雨委員查辦緣由，謹恭摺奏聞，伏乞皇上睿鑒。

謹奏。

嘉慶十五年十月十六日奉硃批：查明速奏，欽此。

三五、閩浙總督汪志伊等奏摺：臺灣南北各廳州屬同時地震並不成災民情寧貼

［嘉慶十六年閏三月十一日］，閩浙總督臣汪志伊、福建巡撫臣張師誠跪奏：為據報臺灣南北兩路各廳縣屬同時地震並不成災、民情寧貼緣由、恭摺奏聞事。

竊臣等接據臺灣道張志緒稟報，奉委前赴噶瑪蘭查勘設官安汛事宜，於正月十五日進山，二月二十四日寅刻，噶瑪蘭忽然地震，旋即止息。飭查該地新蓋草房並無倒壞及壓傷人口等事。復飛行各屬確查是否同時地震去後，旋據淡水同知朱潮稟報：二月二十四日寅刻地震，倒壞南門城樓一座、倉廒六間、兵房八間、演武廳一座、居民瓦屋十二間、草屋七間，壓斃男、婦共十四口，壓傷五名。又據彰化縣知縣楊桂森稟稱：該縣地方亦於是日地震，城內倒壞民房二間，土牆一座，各保倒壞居民瓦屋四間、草房三間，壓斃兵丁一名并男、婦三名口，壓傷六名。又據署嘉義縣知縣周慎恭稟稱：該縣地方亦於是日地震，坍壞城上女牆四十九垛、軍裝庫一間、居民瓦屋七間、草房四間，壓斃男、婦三名口，壓傷五名。所有傷斃兵民人口，俱經該管廳縣分別收殮給卹。倒塌城樓、女牆、廒庫、兵房、演武廳等處，現在分別勘估修葺。又據臺灣縣知縣黎溶、鳳山縣知縣滿福稟覆：該縣等所屬地方是日略為地動，旋即止息。城廂內外均無坍塌房屋、壓傷人口等事。該道張志緒於出山後，順途確勘，均與該廳縣稟報相符，察看民情十分寧貼。並據稟稱：今春臺郡北路較往年寒冷，地氣淤結，不能上升，故地震自北而南，南輕北重。淡水、噶瑪蘭一帶陰雨連旬，直至地震後始行開霽。沿途留心田稻情形，淡水氣候較遲，田間均已翻犁放水，秧苗暢茂，早晚即可插蒔。彰化、嘉義二縣均已插蒔齊全，青葱滿目，大小二麥皆結實飽綻。際此青黃不接，米價稍為昂貴，已札飭各縣出示勸糶，嚴禁囤積，日來

糧價較前稍減各等情。并據臺灣府知府汪楠稟同前由。臣等伏查臺灣孤懸海外，時有地震之事，此次既經該道順途親歷確勘，並未成災。其傷斃兵民人口亦經官為收殮給卹，應毋庸議，均飛飭該道府速將城樓、女牆、廒庫、兵房等處，督同各廳縣查明建造原案，趕緊勘估修葺，以資捍衛棲止。一面出示勸糶，嚴禁囤積居奇，以平市價而便民食，并確查各廳縣所報，倒壞民房、傷斃人口是否實止此數？兵丁係何姓名？再行據實具報外，所有據報臺灣南北兩路各廳縣屬同時地震，並不成災，民情寧貼緣由，理合恭摺奏聞，伏乞皇上睿鑒。謹奏。

［硃批：］知道了。欽此。

三六、福建巡撫張師誠奏摺：臺灣各屬前被風雨委員查勘實不成災緣由

［嘉慶十六年四月二十四日］，福建巡撫臣張師誠跪奏：為臺灣各廳縣前被風雨據委員等確切勘明實不成災、恭摺覆奏事。

竊照上年六、七月間，臺郡兩次風雨較大，恐致成災，臣據接稟報，當即遴委同知朱爾申馳往，隨同該道府勘辦，奏蒙聖鑒在案。茲臣回任，查先後據臺灣鎮武隆阿、臺灣道張志緒、臺灣府知府汪楠報稱：臺郡上年六、七月風雨雖覺過大，幸值早稻全行收穫，晚禾栽插未齊，高阜田疇並無傷損，低窪處所間有被淹。旋即涸出，彼時氣候尚早，即可補種，均無妨礙。晚稻收成確有八分，官民房屋業已捐資修理，並將貧民逐一賞卹，毫無失所，亦無淹斃人口。惟相近大溪一帶，田園被水沖刷一時驟難修復，另行造冊詳請題豁。海口遭風，擊碎商哨船隻，淹斃弁兵，業經鎮道奏辦。至府城，為兩次風雨所浸，共倒塌一千二百餘丈，嘉義縣土城亦塌百餘丈。現在督飭趕緊捐修，以期一律鞏固，民情安堵，委不成災，斷不敢稍有諱飾等情。又據委往查勘之同知朱爾申稟覆相同。

臣查上年夏秋之交，臺灣兩次風雨，所有擊碎商哨船隻、淹斃弁兵，業經臺灣鎮武隆阿、臺灣道張志緒奏蒙聖恩咨部賜卹在案。至該處

地方情形，已據鎮道府及委員等逐一覆勘，彼時早稻已收，晚禾甫插，低田水涸之後，乘時補種，並無傷損，收成仍有八分，間有無力貧民，已據廳縣等捐資撫卹，官民房屋亦已分別修補，實不成災，自屬確切。至城垣攸關保障，現經該道府督屬捐修，但工程較大，誠恐捐修草率，不足以昭慎重，已札藩司飭查，如有應需動欵之處，即照例請詳題估辦理。如果捐修完固，無須動項，亦即詳明咨部，并令詳查。近溪水沖田園不能修築者共有若干畝數，即速造冊詳請題豁外，所有台屬風雨、委員勘不成災緣由，相應恭報覆奏，伏乞皇上睿鑒。謹奏。

［硃批］：知道了。欽此。

三七、福建臺灣鎮總兵武隆阿等奏摺：澎湖遭受風災捐資購買薯絲接濟

［嘉慶十六年十二月二十六日］，福建臺灣鎮總兵官革職留任奴才武隆阿、署福建臺灣道臺灣府知府奴才汪楠跪奏：為澎湖地方偶被風災、捐資購買薯絲前往接濟、恭摺奏陳聖鑒事。

竊照澎湖廳屬土性鬆浮，不栽稻穀。經奴才等於晚稻收成之數摺內聲明陳奏在案。該屬僅種雜糧，全藉地瓜、花生以資民食。嗣於本年十一月初一日據護理澎湖通判事試用知縣宋廷枋稟稱：九月初十日起九降風信大作，至二十九、三十及十月初一等日更加狂大，官民署舍間有吹倒，幸未傷斃人口等情。當即委員確查是否成災，據實飛稟去後，旋奉督撫臣行知。據該通判宋廷枋初稟：自本年八月二十一日起連日颱風，至九月初八日止，各澳所種花生均被吹毀，顆粒無收。已飭委督運臺穀之委員平潭同知韓熊林順道前往詣勘，飭行確查稟覆等因。奴才等復查宋廷枋九月初八日以前之稟，臺地各衙門均未接到，似海洋遺失，正在嚴催委員查覆間，十二月初一日又據宋廷枋稟稱：委員平潭同知韓熊林於十一月二十四日到澎，隨會同親赴各澳，查勘澎湖計一十三澳，大小六十八鄉，本年雨澤愆期，所種小米、高粱收成歉薄，花生雖已枯焦，因七月中旬連得甘雨，枯而復茂，迨八月二十一日以後，連日颱風，除

水垵、網垵、花宅、將軍澳等四鄉所種花生俱有收成外，其餘六十四鄉均被吹毁，即間有結生者，顆粒亦未能飽綻。既而地瓜出土，約計牽算尚有半收。該處環海居民多藉採捕，以資糊口，惟入冬以來，狂風不息，臺厦商船稀少，物價增昂，各鄉向鮮蓋藏，須俟來年五月始有收穫，半載之久乏食，貧民未免愈形竭蹷，請籌欵調濟。至兵民房屋，前次並無吹壞，緣九月初十以後風颱復作，至二十九、三十、初一等三日狂猛異常，廳署左側兵房倒塌八間、庫房倒塌一間，其署內房屋、科房、倉廒以及武營衙署、兵民房舍均有倒壞坍損。現在吹損者次第修葺，倒塌者購料興修，各鄉園地俱在翻犁，民情尚稱寧貼。惟三冬無雨，望澤甚殷等情。并據委員韓熊林禀覆情形相同。

奴才等查澎湖地方先因雨澤稀少，小米、高粱收成歉薄，今因花生復被吹毁，連地瓜牽算，僅止半收，現在甫交臘月，須至明年五月始有收穫，被災貧民生計未免拮据，自應設法接濟，俾海外窮黎不至失所。查澎湖十三澳通共五萬餘丁，除堪自給之外，極貧者約計二萬口，人數不多，且閭閻素以地瓜為糧，調劑尚易為力。奴才等會同妥商，借項先買薯絲七百石，並酌帶番銀錢文，飭委臺防同知朱爾申，帶同試用縣丞龐周、從九昌、徐文尉，即於初三日□□，由笨港配坐尖艚船隻飛渡澎湖，會同護通判宋廷枋按鄉確查，實在乏食貧民，按口散給薯絲，或折給銀兩，以資接濟，仍再買薯絲二千石，分由郡城、鹿仔港、笨港等處載往，預備續後散放，捻期災民速沾實惠，以仰副我皇上廑念海外民瘼，不使一夫失所至意。所有用過薯絲、銀錢，事竣後，奴才汪楠督同地方官捐廉歸補，不敢動借公項，仍飭朱爾申察看情形，應接濟若干月日，並應否平糶，併勘明坍塌官兵署舍作何修葺，據實詳復，俟朱爾申到地查辦，率屬到日再行陳奏外，合將澎湖地方偶被風災及委員前往接濟緣由，合詞恭摺具奏，伏乞皇上睿鑒。謹奏。

［硃批］：另有旨。欽此。

三八、閩浙總督汪志伊等奏摺：澎湖海島連被風災情形并專委道員前往查辦

［嘉慶十六年十二月二十六日］，閩浙總督臣汪志伊、護理福建巡撫布政使臣景敏跪奏：為澎湖地方據報連被風災、現在專委道員前往查辦、恭摺奏聞事。

竊照澎湖孤懸海島，不植稻穀，僅種小米、高粱、花生，以資民食，設遇歉收，民力即形拮据。先據護理澎湖通判事候補知縣宋廷枋具稟：該處自本年八月二十一日起連日颱風，至九月初八日止，各澳所種花生均被吹毀，顆粒無收。當經飭令督運臺灣米穀之委員平潭同知韓熊林順道前往查勘，旋據該護通判宋廷枋稟報：九月初十日以後大風復作，至二十九、三十及十月初一等日狂猛異常，衙署、倉廒、兵房、民舍均有倒壞，復經飭司，迅速移行臺灣道府督飭該護通判宋廷枋覆加確查有無傷斃人口、應如何分別撫卹修理，切實通詳核辦去後，兹復據宋廷枋稟稱：委員韓熊林於十一月二十四日到澎，該護通判隨即會同親赴各澳查澎湖地方十三澳，大小六十八鄉，本年雨澤愆期，所種小米高粱收成歉薄，花生雖已枯焦，因七月中旬連得甘雨，枯而復茂，迨八月二十一日以後連日颱風。除水垵、網垵、花宅、將軍澳等四澳鄉所種花生俱有收成外，其餘六十四鄉均被吹毀，即間有結生者，顆粒亦未能飽綻，既而地瓜出土，約計牽算尚有半收。該處環海居民多藉採捕以資糊口，惟入冬以來，狂風不息，臺厦商船稀少，物價增昂，各鄉向鮮蓋藏，須俟來年五月始有收穫，半載之久乏食，貧民未免愈竭蹶。該護通判於委員未到之先，已經稟請臺灣道府籌欵接濟。至兵民房屋前次並無吹壞，緣九月初十以後風颱復作，至二十九、三十、初一等三日更屬狂猛異常，廳署左側兵房倒塌八間、庫房倒塌一間，其署內房屋、科房、倉廒以及武營衙署、兵民房舍均有倒壞坍損。現在吹損者已經次第修葺，倒塌者亟須購料興修，各鄉園地俱在翻犁，民情尚稱寧貼。惟三冬無雨，望澤甚殷等情。并據委員韓熊林稟覆情形相同。臣等伏查澎湖地

方夏秋缺雨，小米、高粱收成歉薄，惟花生尚望有收，迨至八、九月間復連被颱風，六十四鄉所種花生均被吹毀，甚至衙署、倉廒、兵民房屋均有倒壞被災，小民須俟來年五月始有收穫，未免生計日迫，雖據宋廷枋禀稱，委員未到之先已經禀請臺灣道府籌欵接濟，但海洋風信靡常，遲速難以預定，待哺災黎誠恐緩不濟急，自應遴委大員速赴查辦，俾海外窮黎不致失所。臣等現已飭委駐劄厦門之興泉永道多麟代就近在於厦防廳庫酌帶銀三千兩，尅日雇船東渡馳赴澎湖，確查被風實在情形，或需開倉平糶，或應緩徵以紓民力，抑或量加撫卹，并坍塌官民房屋應否按例動項給資，俱令該道確實查明，妥速酌辦，一面據實詳報，務使災民均沾實惠，以期仰副我皇上軫念民瘼，不使一夫失所之至意。所有興泉永道事務，即委現署泉州府知府郭正誼暫行代辦。除俟該道查辦造冊詳覆到日再行具奏外，所有澎湖地方遭風情形及委員前往查辦緣由，臣等謹合詞恭摺具奏，伏乞皇上睿鑒。謹奏。

［硃批］：查明速奏。

三九、閩浙總督汪志伊奏片：臺灣噶瑪蘭地方被水勘不成災情形

［嘉慶十七年正月二十三日］，再，據前署淡水同知新授建寧府知府楊廷理禀，據委員胡桂禀報：本年九月初間，噶瑪蘭頂溪洲等處田園間有被水淹浸，該守隨即束裝馳往查勘等情。臣等隨飭該守速將勘過情形詳晰馳禀去後，旋據臺灣道張志緒、臺灣府知府汪楠禀，據該守楊廷理禀稱：於九月二十三日行抵蘭境，查得九月初二日大雨如注，山水陡發，又因東北風大作，海潮漲托，一時宣洩不及，五圍等處均有被水，並未淹斃人口，隨督同委員胡桂親赴查勘，緣濁水溪源從叭里沙喃繞員山流出，因水急併入清水溪，一直沖下至辛仔羅罕社止。沿海兩岸沖塌田園地畝一丈至四丈不等，又由下渡頭南岸橫沖一段，計長四丈馀，西來之水遂由七結地段繞過五結，滙於六結無尾港，迄今二十餘日，水未盡涸，形若小湖。又勘丈得蔡天福等各結內，沖失田共一十四甲零，沖

失園共二十五甲零，又被淹浸田共九十二甲零。其近溪茅屋被沖歪斜者一十六間，田禾損傷無幾，不至成災，業已量加撫卹，民情極為寧貼。倉廒收貯供穀當無妨礙，運到鹽觔已被淹浸，俟天晴再行盤量，其餘未被水各莊將次收割完竣，收成僅得八分有餘。并據該守楊廷理詳據各結首僉稱：此次七結一帶地畝被水沖失，皆由清、濁二溪合流所致，須於濁溪源頭堵築一壩，使清濁各歸故道，再於下渡頭高築堤堰，庶水勢不致歸併泛溢，七結一帶地畝可以無虞水患。惟建壩築堤約，需工費番銀四千圓，各農民雖各情願捐辦，但一時鳩湊未齊。茲先捐番銀二千圓，籲請於徵存租銀兩借給番銀二千圓，趕緊興築，分作四年捐繳歸欵各等情。

臣等伏查噶瑪蘭地方被水，雖勘不成災，業已量加撫卹，但沖失田園是否不能墾復，應予豁免？被淹田禾未免歉收，應否將十六年應徵正供餘租緩，至來歲早晚二季帶徵？各結首請借餘租番銀二千圓，是否十五、十六兩年續有徵存，堪以借給？均未據逐一聲明。該處係甫入版圖，一切章程均屬新創，未便草率辦理。除飭司移行臺灣道府確查，分別造具冊結繪圖，併查議詳覆到日，另行核實奏辦外，合將據報噶瑪蘭被水勘不成災情形，先行附片奏聞。伏乞聖鑒。謹奏。

［硃批］：確查速奏。新定地方務從優厚。欽此。

四〇、福建臺灣鎮總兵武隆阿等奏摺：澎湖被災貧民撫卹完竣

［嘉慶十七年四月初二日］，福建臺灣鎮總兵官革職留任奴才武隆阿、署福建臺灣道臺灣府知府奴才汪楠跪奏：為澎湖被災貧民撫卹完竣、地方寧謐、恭摺奏陳聖鑒事。

竊照澎湖地方上年冬間，偶被颱風，雜糧收成歉薄。前經奴才等購買薯絲二千七百石，委員星往該地會同護通判宋廷枋，按鄉確查實在乏食貧民，按口散給薯絲，以資接濟，仍於事後捐廉歸補各緣由，恭摺具奏在案。嗣奉督撫飭委興泉永道多麟代帶銀三千兩，由厦配船赴澎查

辦。奴才等復經劄飭朱爾申等，迅速查明災民戶口及應作何撫卹，就近稟請多麟代核實散給，庶幾乏食貧民早沾惠澤。續據委員朱爾申等稟稱：遂於十二月十八日押帶薯絲抵澎，會同護通判宋廷枋確查籌辦，緣澎湖六十八鄉因上年雨澤愆期，小米、高粱收成歉薄。自八月以後颱風連作，花生多被吹損，貧民戶鮮蓋藏，口食維艱。十一月間天時寒冷異常，討海貧民間有凍斃，經地方營員捐資收埋。現在督同該地貢生辛齊光、生員徐日新等分赴各鄉確查，除水垵、網垵、將軍澳、花宅四鄉勘不成災，毋庸議卹外，其餘六十四鄉實在乏食極貧民人一千二百三十九戶，大丁三千六百四十口，小口兩千一百二十六口，次貧民人二千一百七十二戶，大丁六千零一十九口，小口三千六百九十六口，揔共大小男婦一萬五千四百八十一丁口，均應量加撫卹。初擬設廠煮賑，因澎民散處各島，頗多隔水，老弱婦女就食維艱，恐難普徧，議將薯絲按口分給自炊，比令戶得以果腹。隨會同酌定大口每日給薯絲半斤，小口日給四兩，次貧撫卹一月，極貧加給一月。自十七年正月初一日為始，至二月底止，分別散給，當即示諭，保甲鄉耆人等核實造具花戶丁口清冊，發給賑單，填明應給薯絲數目，設廠支發。適興泉永道多麟代奉委到澎，稟商意見相同，委員復查丁口無誤。所有正月分應給貧民薯絲斤數，於正月十九日照冊給發完竣，其加給極貧二月分口糧，亦於二月初一日起接續散放。尚有先經渡臺謀食聞賑歸莊貧民大小男婦一千三百九十六口，紛紛具呈求賑，復加查核，委係避荒外出，續後歸來，自應一律補給，以廣皇仁。當即給予小建一月口糧，均於二月十八日全行散竣，窮民賴此糊口，靡不歡欣鼓舞。現屆春深，氣候溫和，二月以後，連得甘霖，莊民剩有餘糧，耕者及時布種，漁者照常採捕，均能自給。臺厦商船亦絡繹往來，糧價日減，無虞缺乏，毋庸再請平糶。惟查澎屬全年額徵地種等銀六百九兩零，所有十六年分應徵銀兩，除不成災之水垵等四鄉已經徵完，及各鄉先經完納外，尚有未完銀一百五十二兩零，及十七年分應徵銀兩，例二月內開徵。現在民力未紓，若照常催徵，雖為數無多，定至小民生計竭蹷，可否緩至本年秋成後再行徵收等情。並據護通判宋廷枋稟同前由，並稱興泉永道多麟代督辦事竣，現已配渡回厦，其帶澎銀兩無須動用等情前來。奴才等正在恭摺具奏間，三月二十九日欽奉硃批奏摺另有旨。

又，奉軍機處單開嘉慶十七年正月二十七日欽奉上諭。

據武隆阿等奏澎湖地方偶被風災，捐貲購買薯絲，前往接濟一摺。澎湖地方上年雨澤愆期，小米、高粱收成歉薄，自八月二十一日以後，颱風連作，花生又多被吹毀。該處孤懸海島，閭閻向鮮蓋藏，貧民口食維艱，前據汪志伊等奏到時，業經批交該督等將被災情形，及應如何酌量撫卹之處查明速奏。著汪志伊、張師誠即遵照前旨，據實查明，妥速辦理。武隆阿等先行捐辦之薯絲二千七百石，著即作正開銷，毋庸該鎮道等捐廉歸補。該部知道。欽此。轉行欽遵前來。奴才等跪讀之下，仰見聖主廑念海外災黎，不使一夫失所至意，不勝欽感。

伏查澎湖地方上年偶被風災，收成歉薄，貧民艱於口食，先經奴才等購買薯絲二千七百石，委員會同地方官確查撫卹，已據報查有乏食貧民大小男婦一萬五千四百八十一丁口，分別極貧、次貧辦理。自本年正月初一日為始，次貧給予一月口糧，極貧加給一月。又聞賑歸來大小口一千三百九十六丁口，補給小建一月口糧，總共給過薯絲二十六萬六千七百五十六斤八兩，均於二月十八日一律散放完竣。現在春深氣暖，二月以後，澎屬連得透雨，莊民藉有餘糧，耕者及時耕種，漁者照常採捕，均能自給，民情實稱寧謐。奴才等留心察看，此次撫卹之後，足資接濟，似毋庸再請平糶。惟查澎屬年額徵地種等銀六百九兩零，十六年分銀兩除先經徵完外，尚有未完銀一百五十二兩零及十七年分應徵銀兩，現屆開徵之際，若照常催徵，恐小民生計竭蹶，可否仰邀皇上天恩，俯將澎屬未完十六年分地種等銀一百五十二兩零，同本年分額徵銀兩，均緩至秋收後，分作兩年帶徵歸欵，以紓民力之處，出自聖主格外鴻慈。至上年被風吹損兵房、衙署，間數無多，先經護通判宋廷枋捐修完固，間有凍斃貧民，亦經該所給費收埋，均無庸動銷公項，除將給過極貧、次貧及聞賑歸來大小丁口薯絲數目同船載等項用過銀數，核實備造冊結，詳請督撫臣覆核題銷外，合將撫卹澎湖災民完竣及地方寧謐情形，恭摺具奏，伏乞皇上睿鑒。謹奏。

［硃批］：另有旨。欽此。

四一、閩浙總督汪志伊、福建巡撫張師誠奏摺：勘辦澎湖風災賑卹並請緩徵地種等銀緣由

［嘉慶十七年四月二十三日］，閩浙總督臣汪志伊、福建巡撫臣張師誠跪奏：為遵旨查明委員勘辦澎湖風災分別撫卹並請緩徵緣由、恭摺覆奏、仰祈聖鑒事。

竊照澎湖地方上年夏秋缺雨，小米、高粱收成歉薄，惟花生尚望有收。迨至八、九月間，連被颱風，六十四鄉所種花生均被吹毀，衙署、倉廒、兵民房屋均有倒壞，小民生計日迫。臣汪志伊接據報到，當即飭委興泉永道多麟代在厦防廳庫酌帶銀三千兩前赴確查，或需開倉平糶，或應緩徵，以紓民力，抑或量加撫卹，並坍塌官民房屋應否按例動項給資，妥速酌辦，據實詳報，一面會同護理福建巡撫篆務布政使臣景敏恭摺具奏。欽奉硃批：查明速奏。欽此。嗣復欽奉上諭：據武隆阿等奏澎湖地方偶被風災，捐貲購買薯絲，前往接濟一摺。澎湖地方上年雨澤愆期，小米、高粱收成歉薄，自八月二十一日以後，颱風連作，花生又多被吹毀。該處孤懸海島，閭閻向鮮蓋藏，貧民口食維艱，前據汪志伊等奏到時，業經批交該督等將被災情形，及應如何酌量撫卹之處查明速奏。著汪志伊、張師誠即遵照前旨，據實查明，妥速辦理。武隆阿等先行捐辦之薯絲二千七百石，即著作正開銷，毋庸該鎮道等捐廉歸補。該部知道。欽此。遵即恭錄移行，迅速查辦去後。

據興泉永道多麟代稟稱：澎湖孤懸海外，各島居民大半以海為田，雖有地畝，皆係沙土，夏種高粱、小米，冬植地瓜、花生，所食惟有薯絲，不慣粒食。上年八、九月間連此颱風，花生均被吹毀，地瓜欠雨，僅止半收，冬間寒冷異常，居民既難采補，又鮮蓋藏，食物昂貴，民力拮据，先經護澎湖通判宋廷枋就近稟請臺灣道府設法調劑、籌備薯絲，委員運澎，會同該護通判宋廷枋查明撫卹，除水垵、網垵、花宅、將軍澳四鄉勘不成災毋庸議卹外，其餘六十四鄉乏食貧民初擬分設粥廠煮

賑。緣該處民人散居各島，隔水就食，難以普徧，隨將運到薯絲計口分給，大口每日給與半斤，小口減半，次貧給與一月，極貧加給一月，以十七年正月初一日為始，至二月底止，督同該地貢生辛齊光等分赴各鄉按日散給，俾霑實惠，共需用薯絲計二千七百石。現屆春和，民間獲此餘糧，耕者乘時佈種，漁者照舊采補，均可自食其力。臺厦商船絡繹而至，糧價日就平減，毋庸再請平糶，惟澎湖十七年分額征地種、船網、滬繒等銀六百餘兩，又十六年分未完民欠銀一百餘兩，若照常催追，雖為數不多，究恐民間生計局促，應請緩至十七年秋獲之後再行徵解。至坍塌官民房舍，先經該護通判宋廷枋墊給銀兩脩葺完固，毋庸動項請銷，所有帶往庫銀三千兩無需動用，仍發還厦防廳收庫等情。又據護澎湖通判宋廷枋詳稱：澎湖地方上年八月中旬以後熱毒成瘟，沿鄉纏染，該員設局施藥，莫能徧及，自八月下旬起至十月初旬止，病斃男婦一百四名口，又十月初九日以後暴風三十餘天，寒冷倍於往昔，計先後凍斃男婦一十八名口，內有無力掩埋者七十二名，均經會同營員捐資埋葬，當時乏食貧民計其人口多寡，每名每日大丁給錢二十文，小丁給錢十文，至一月、半月不等，暫資糊口，此係地方官應辦之事，且所費無幾，是以未經通稟。查澎湖倉穀項下存貯各項穀石，若開倉賑卹，有盈無絀，緣澎民以海為田，向不栽種稻穀，而終年生計，夏藉高粱、小米，冬藉地瓜、花生，無論貧富，鮮食大米，前由台灣府委員押運薯絲七萬斤、食米三百石先行來澎接濟，亦係僅用薯絲，未用米石。上年除花生吹毀之外，其餘雜糧尚有半收，且極貧已散賑薯絲兩月，次貧散賑一月，聞賑歸來貧戶又已補賑一月，災黎已不致向隅，而時屆春融溫暖，得此餘糧，乘時耕種討海，均可自食其力。臺厦商販流通，糧價亦甚平減，無虞缺乏。況現在膏雨平施，所種各項雜糧極為暢茂，小米已次第揚花結粒，與往年氣候較早，約四月底即可收穫，固不必開倉平糶，亦毋庸再加撫卹等情。併據署藩司王紹蘭查明轉詳前來。

臣等查澎湖地方上年八月以後，瘟疫時行，冬初颱風連作，寒冷異常，所种花生、地瓜均被吹毀歉收，各鄉居民間有凍病致斃，先經該護通判宋廷枋查明乏食貧民，分別酌給錢文，俾資糊口，並將凍斃無力掩埋者會營捐資收埋，勿致暴露，並經臺灣鎮、道、府等籌備薯絲，委員會同查勘撫卹，按照大小丁口，次貧給與一月，極貧加給一月，分赴各鄉按日散給，災黎不致向隅，復經興泉永道多麟代前赴勘明，民間獲此餘糧，耕者乘時佈種，漁者照舊采補，均可自食其力。臺厦商船踵至，糧價日漸平減，現在雜糧暢茂，小米次第揚花結粒，四月底即可收穫，自無需再行撫卹平糶。其坍塌官民房屋既經該護通判分別給資脩整，亦應如該道所請，毋庸動項請銷。除飭將臺灣鎮道等捐辦薯絲二千七百石實在用過若干，核明價銀運費，同給過極貧、次貧各丁口名數，備造冊結呈送，欽遵諭旨作正開銷，另行撥項歸補，咨部核銷外，惟澎湖此次被風雖經量加撫卹，而海外窮黎生計總形拮据，所有嘉慶十七年分額征地種、船網、滬繒等項錢糧，及未完十六年分民欠銀兩，合無仰懇聖恩准其一併緩至十七年秋獲後徵收，以紓民力，仍飭將緩徵銀款數目分年造冊，具結詳咨。所有查明委員勘辦澎湖地方風災，分別撫卹並請緩徵緣由，臣等謹合詞恭摺具奏，伏乞皇上睿鑒。謹奏。

四二、上諭檔：諭令澎湖地方十六、十七年分地種等银緩徵帶徵

嘉慶十七年五月二十五日內閣奉上諭：武隆阿等奏請將澎湖被災應徵地種等銀緩徵一摺。據稱：澎湖地方上年雨澤愆期，續被風災，收成歉薄，貧民口食維艱，当經確查撫卹，其極貧、次貧各戶及聞賑歸來者，分別給予口糧，民情俱各寧謐。惟現屆開徵之期，若照常催徵，民力未免竭蹶等語。著照所請加恩，將澎屬未完成十六年分地種等銀一百五十二兩零，並十七年分額徵銀兩，一併緩至本年秋收後，分作兩年帶徵，以紓民力。該部知道。欽此。

四三、上諭檔：寄諭閩浙總督汪志伊等澎湖被災令地種等項緩徵

［嘉慶十七年五月二十六日］，軍機大臣字寄閩浙總督汪、福建巡撫張。

嘉慶十七年五月二十六日奉上諭：本日汪志伊等奏請將澎湖上年被災地方應徵地種等銀緩徵一摺。昨據武隆阿等奏報，與該督等所奏情形相同。已降旨加恩，將澎屬未完十六年分地種等銀一百五十二兩零，並十七年分額徵銀兩，緩至本年秋收後，分作兩年帶徵矣。該督等接奉後，一體遵照飭辦可也。將此諭令知之。欽此。遵旨寄信前來。

四四、閩浙總督汪志伊等奏片：臺灣噶瑪蘭地方被水委員前往勘辦

［嘉慶十七年九月初一日］，閩浙總督臣汪志伊、福建巡撫臣張師誠跪奏：為據報臺灣噶瑪蘭地方被水、委員前往勘辦緣由、恭摺具奏、仰祈聖鑒事。

竊臣等接據臺灣府知府汪楠禀，據彈壓噶瑪蘭委員胡桂禀稱：蘭境地方上年秋杪曾經被水，勘不成災。本年六月初九日起至十二、十三等日，風雨交作，濁水溪仍復陡發，并入清水溪，水勢比上年更急，直衝至辛仔罕尾，由下渡頭築造堤堰之上漲流，至民壯圍六七結滷窟，其形仍似上年之小湖，至今三、四日水未盡涸，大四鬮一結、三結、民壯圍二結、新興莊、流流莊、抵美福大三鬮等處未曾收割稻穀，被水浸沙蓋較重，四圍淇武蘭等處并五圍三、四、五、六、七結，被水淹浸較輕。又員山仔及四圍一、二、三、四等結，有無沖失田園，未據呈報。現查大四鬮、深溝、溪洲、鎮平莊五圍、三結等莊，田園均有被水沖失淹浸，有無淹斃人口，漂流房屋，飭差分查，先行撫卹。現在尚未晴霽，風颱已息，洪水漸退。俟一二日水涸，親往據報各處所，逐一勘丈，并

據該府聲明，現已禀請臺灣府委員馳往確勘，分別查辦等情。由署藩司王紹蘭詳情具奏前來。

臣等伏查噶瑪蘭地方上年九月間頂溪洲等處山水陡發，沖淹田園，委員勘不成災，經臣等附片奏蒙聖鑒在案。茲後據報，本年六月初九至十三等日，風雨交作，濁水溪仍復泛漲，併入清水溪，較上年水勢更甚，大四鬮等處田園禾稻均有被水沖淹。該處甫入版圖，一切規模初定。究竟被水淹浸稻穀若干，減收幾成，沖失田園若干，居民房屋、人口有無坍壞、淹斃，是否成災，亟應確切查勘，照例分別辦理，俾窮黎不致失所，仰副聖主軫念民瘼之至意。除飛飭臺灣道麇奇瑜、臺灣府知府汪楠就近催令督攝噶瑪蘭通判事建寧府知府楊廷理馳赴該處，督同委員胡桂趕緊逐一確勘情形，如須撫卹，立即照例妥辦。一面分別造具冊結繪圖，奉送到日另行具奏外，所有據報臺灣噶瑪蘭地方被水委員前往勘辦緣由，臣等謹恭摺具奏，伏乞皇上聖鑒。謹奏。

［硃批］：覽。欽此。

四五、閩浙總督汪志伊等奏摺：臺灣府屬被搶失各產租穀請准豁免

［嘉慶十七年九月二十六日］，閩浙總督臣汪志伊、福建巡撫臣張師誠跪奏：為臺灣府屬抄判各產租穀前於蔡逆竄臺之時被賊搶失、恭懇聖恩、請准豁免、以卹窮黎事。

竊查臺灣府屬之淡防廳暨臺灣、鳳山、嘉義、彰化四縣額徵逆匪林爽文、蕭雲憲、楊文麟、許國樑、陳國全等各案抄判產租穀七萬八千五百二十四石六斗三升五合七勺，每穀一石折徵銀七錢，其折銀五萬四千九百六十七兩二錢四分五厘。又額徵埔地租銀八百一十二兩四錢四分一厘。又額徵大小卓加莊、大里找等處租銀一百八十二兩五錢五分七厘八毫。通其額徵租銀五萬五千九百六十二兩二錢四分三厘八毫，内除嘉義縣嘉慶十年水沖無徵準豁銀一千三十七兩六錢五分七厘九毫外，實額徵銀五萬四千九百二十四兩五錢八分五厘九毫，係作戍兵加餉之用。十年

冬間洋匪蔡牽竄臺，勾結南北陸路匪徒滋擾，各處村莊均被蹂躪，臺灣一廳四縣承種抄判產佃戶十年分收穫晚稻，或存貯在家，或運存租儲，□原工未畢，尚未變價完官，盡被搶失。當據該管道府查報，即經前任督臣玉德、撫臣溫承惠節次批飭，委員勘訊實在被搶情形。並經臣等飭催確查，取造冊結詳辦去後，茲據署藩福建布政使王紹蘭、署按察使海慶、鹽法道覺羅麟祥詳據前任臺灣府張志緒移據臺灣府知府汪楠詳稱：嘉慶十年冬間蔡逆竄臺，滋擾所屬一廳四縣，抄判租穀被賊搶失。據廳各佃戶首紛紛赴府呈報，當經由府節次飭委各廳縣分往各處查勘，并提集各佃戶逐一確訊委緣，時值晚稻初獲，各佃戶所收稻穀有已運到公所者，有佃人已收在家未經運到者，至時洋匪蔡牽竄臺滋擾，各處匪徒聞風四起，沿莊焚搶，佃民四散逃亡，以致存館存家租穀概被焚搶，家業蕩然，實在無力完繳。又經親往查勘屬實。其淡防廳屬被賊搶失林爽文判產穀六千一十七石九斗，臺灣縣屬被搶林爽文判產穀五千三十八石七斗九升四合，鳳山縣屬被搶林爽文判產穀三千一百一十九石五斗七升二合，嘉義縣屬被搶林爽文判產穀二千七百四十六石八斗六升、蕭雲憲抄產穀八千四百一十七石四斗六升二合、楊文麟抄產穀一千六百四十七石二斗八合，彰化縣屬被搶林爽文判產穀五千四百四一十三石四斗二升八合、楊文麟抄產穀七百九十五石五斗七升五合、許國樑抄產穀一千一百四十三石、陳國全判產穀九百九十六石二斗八升五合，統其搶失抄判產租穀三萬八百三十六石八升六合零。每石照例折銀七錢，合折銀二萬一千五百八十五兩二錢六分一厘，取造冊結，由府加具印結，送道核明加結，經該司道等覆核詳請奏豁前來。

臣等伏查臺灣抄判產租穀經前撫臣徐嗣曾奏定章程，奉部議覆：臺灣入官判產多在近山，距縣城數百里不等，每戶完佃租穀有至數百石，肩挑車運，本為不便，況徵收本色，不無掯勒浮收之弊。今該撫奏稱，戍兵本係折給銀兩，現在入官判產，除照應完正賦仍徵本色外，其馀租穀一石折銀七錢，亦屬通賬籌畫，便民裕兵之意，應如所奏辦理等因，奉旨依議，欽此。移行欽遵在案。呈此項租穀惟應完正賦收佃本色外，其餘概以每石七錢折納，今十年分租穀尚未變價完官，悉被搶失。各該佃猝遭擾害，家室蕩然，無力完繳。既經臺灣道府節次委員勘訊明確，自屬實在情形，所有被賊搶失租穀合銀二萬一千五百八十五兩二錢六分一厘，相應仰懇皇上天恩俯准豁免，以卹窮黎。至此項租穀原為臺地次年戍兵加餉之需，茲十年分租銀除已徵一萬三千九百四十五兩九錢七分八厘，按數支給外，其餘不敷銀兩四萬九百七十八兩六錢七厘九毫，係由該府借款墊給，除飭該府縣速將該年佃欠銀一萬九千三百九十三兩三錢四分六厘九毫趕徵歸補外，其搶失穀合銀二萬一千五百八十五兩二錢六分一厘，如蒙恩准豁免，再行撥款歸補，分別造冊請銷，所有臺灣府屬抄判各產租穀被賊搶失懇準豁免緣由，臣等謹恭摺照奏，伏乞皇上睿鑒訓示。謹奏。

嘉慶十七年十月三十日奉硃批：另有旨。欽此。

四六、上諭檔：諭内閣臺灣府屬被搶失租穀照所請加恩豁免

［嘉慶十七年十月三十日］，内閣奉上諭：汪志伊等奏臺灣府屬抄叛各產租穀前經被賊搶失懇請豁免一摺，此項抄叛租穀係為臺地戍兵加餉之用，前因蔡逆竄臺未及變價完官，猝被賊匪搶失，其應徵折色銀兩，該佃戶等未能照額完繳，事在嘉慶十年。該督撫即飭屬往返行查，亦何以遲至七年之久始行具奏，實屬延緩。但既據查明被搶屬實，該佃等均係無力窮黎，所有十年分臺屬抄叛各產租穀應徵折色銀兩，除已徵之一萬三千九百餘兩仍飭令趕催徵歸補外，其搶失租穀應徵銀二萬一千五百八十五兩零，著加恩准予豁免，以示體卹。該部知道，摺併發，欽此。

四七、福建臺灣鎮總兵武隆阿等奏片：臺灣噶瑪蘭地方水災情形并辦理撫卹

［嘉慶十七年十月二十一日］，再，噶瑪蘭地方前據委員胡桂稟稱：

本年六月初九日起至十二、十三等日，風雨交作，濁水溪仍復陡漲，併入清水溪內，水勢比上年更急，直衝至辛仔罕尾，由下渡頭築造堤堰處所，漲流至民壯圍六七結滴窟，其形仍似上年之小湖，查大四鬮一結、三結、民壯圍二結、新興庄、流流庄、抵美福大三鬮等處，未曾收割稻穀，被水浸沙蓋較重，四圍淇武蘭等處，并五圍三、四、五、六、七結，被水淹浸較輕。又員山仔及四圍一、二、三、四等結有無沖失田園，未據呈報。現查大四鬮、深溝、溪洲、鎮平莊五圍、三結等莊田園均有被水沖失淹浸，有無淹斃人口、漂流房屋，飭差分查，先行撫卹。俟親往各處逐一勘丈等情。

奴才等查上年秋間噶瑪蘭被水，勘不成災，經詳明督撫，附片具奏在案。今據報：該地於本年六月初九至十三等日，風雨交作，濁水溪又復氾漲，併入清水溪內，水勢較上年更大，四鬮等處田園禾稻均有被水沖浸。該處甫入版圖，民番雜處，必須妥為撫卹，上緊勘辦，以廣皇仁。當即稟請督撫具奏，一面飛飭准補噶瑪蘭通判翟淦卸署嘉義縣篆馳赴新任，督同勘辦，并飭明被水輕重及田禾大畧情形，先行飛稟去後，兹據翟淦稟稱：遵於八月初十日抵噶瑪蘭任事，查得本年六月初九日起至十三日止，風雨交作，清、濁二溪水勢驟漲，一時宣洩不及，民壯圍、員山仔四圍、五圍等處，傍溪田園早禾被水淹浸，旋即涸出，並未成災，各莊均無淹斃人口之事。因久雨之後，田岸間有坍塌，佃戶人等即以沖失呈報，其實沖失有限，被水情形亦較上年為輕。惟新仔罕等六社歸化生番，前因久雨乏食，籲請撫卹。先經委員胡桂查明戶口，給予穀石，以資口食，共動用倉穀一百數十石，造有戶口丁冊存案。迨後播種晚稻，雨陽時若，十分暢茂，現在成熟登場，確加查核，收成實在八分有餘，將逐一勘丈沖失田園實數，及撫卹歸化番黎用還穀石，造冊另文詳報外，合將查明被水情形及晚收分數先行稟復等情。奴才等嚴查無異，隨飭催上緊勘丈被沖田園實數，應否請豁租穀，並用過撫卹番黎穀石，分別據實造冊，詳請督撫臣核辦外，合將噶瑪蘭被水後晚收豐稔緣由，附片奏陳聖鑒。謹奏。

［硃批：］覽。欽此。

四八、閩浙總督汪志伊等奏摺：查明臺灣噶瑪蘭地方水災情形并分別豁免緩徵錢糧

［嘉慶十七年十一月初一日］，閩浙總督臣汪志伊、福建巡撫臣張師誠跪奏：為遵查明噶瑪蘭地方被水沖失淹浸田園分別豁免、緩徵其捐築堤壩並請籌項借給、以資護衛事。

竊照臺灣噶瑪蘭地方稟奏：十六年九月間被水，經前署淡水同知新授建寧府知府楊廷理，督同委員巡撫胡桂親赴查勘，民人蔡天福等各結內沖失田共一十四甲零，沖失園共二十五甲零，又被淹浸田共九十二甲零，其近溪茅屋被沖歪斜者一十六間，田禾損傷無多，或不致成災，業經量加撫卹。并據各結首僉懇，在於濁溪源頭及下渡頭建壩築堤，約需工費番銀四千圓，情願捐辦，先捐番銀二千圓，請於徵存租銀兩內借給番銀二千圓，趕緊興築，分作四年捐還各等情。由臺灣道府轉稟，當經臣汪志伊以噶瑪蘭地方被水，雖勘不成災，業已量加撫卹，但沖失田園是否不能墾復，應予豁免？被淹田禾未免歉收，應否將十六年應徵正供餘租緩，至來歲早晚二季帶徵？各結首請借餘租番銀二千圓，是否十五、十六兩年續有徵存，堪以借給？均未據逐一聲明。該處係甫入版圖，一切章程均屬新創，未便草率辦理。除飭司移行臺灣道府確查，分別造具冊結繪圖，併查議詳屬到日，另行核實奏辦外，合將據報噶瑪蘭被水勘不成災情形，先行附片奏聞。欽奉硃批：確查速奏，新定地方務從優厚。欽此。移行欽遵在案。

兹據福建布政使積朗阿詳准臺灣道移據署臺灣府知府楊廷理詳准署淡水同知查廷華移據彈壓噶瑪蘭委員胡桂稟稱：噶瑪蘭地方稟奏，十六年九月初二日大雨如注，山水陡發，又因東北風大作，海潮漲溢，一時宣洩不及，五圍等處均有被水，幸人口並無淹斃，惟近溪田園間有沖損，禾稻被淹，緣濁水溪源從叭哩沙喃繞員山流出，因水急併入清水溪，一直沖下至辛仔羅罕社止，沿溪兩岸沖塌田園地畝一丈至四丈不等。又由下渡頭南岸橫沖一段，計長四丈餘，西來之水遂由七結地段繞

過五結，匯入六結無尾港，該處地勢本低，向遇發水，均由淺澳通出大溪合流歸海，因淺澳被沙壅成小埔，內低外高，水無可泄，以致日久未退。所有沖失蔡天福等各結內田一十四甲五分一厘三毫五絲四忽，每甲應徵正供穀一石七斗五升四合二勺三撮，餘租穀三石九斗九升七合二勺九抄八撮，年共應徵正供穀二十五石五斗二升一合六勺六撮，耗羨穀三石五斗六升六合六勺四撮，餘租穀五十七石九斗九升二合九勺四撮。又沖失園二十五甲三分四厘七毫四絲五忽，每甲應徵正供穀一石七斗一升六合八勺一抄一撮，耗羨穀二斗三升八合四勺，餘租穀二石零四升四合七勺六抄九撮，年共應徵正供穀四十三石五斗一升六合二勺三撮，餘租穀五十一石八斗二升九合六勺九撮。該巡檢再行履勘，實在不能墾復，應請照額豁免。又被浸田九十二甲八分六厘七毫一絲，晚稻歉收，民情拮据，應徵十六年分正供耗餘租穀五百五十七石二斗零二合六勺，應請俟奏□十七年早晚二季帶徵，以紓民力。其濁溪源頭應築立一壩，使清濁二溪各歸故道，不致□併。又於下渡頭高築堤壩，庶水不致泛溢，俾七結一帶地畝可以無虞水患。惟是立壩築堤約需工費銀四千圓，各農民雖情願捐辦，但一時鳩湊未齊，籲請於餘租銀兩暫借番銀二千圓興築，分作四年捐繳歸欵。查噶瑪蘭十五、六兩年分餘租銀原議應動用各項工程，除前次開報自嘉慶十五年十月初一日開徵起至嘉慶十六年五月止，共徵收銀八千二百六十七圓一角一瓣九尖六周八釐。今又自嘉慶十六年七月初五日開徵起至十二月二十四日止，共徵收十五年銀五百三十八圓七角七瓣五尖四周六釐。又徵收十六年分銀五千二百五十八圓八角三瓣兩尖七周以上，十五、六年分共徵收銀一萬四千零六十八圓七角二瓣七尖八周。所有各結首請借銀圓，應請有於續徵銀兩先行借給，仍俟各結首繳還，歸於工程項下報銷，理合造具冊結□□，轉請通詳等情由。該署同知暨該道府屬查各加印信送自轉詳前來。

臣等伏查噶瑪蘭地方甫入版圖，即被山水沖失，淹浸田園，自應欽遵諭旨，從優體卹。所有勘查林族蔡天福等各結內沖失田一十四甲零，共無徵正供穀二十五石五斗二升一合六勺六抄，耗羨穀三石五斗六升六合六勺四抄，餘租穀五十七石九斗九升二合九勺四抄。又沖失園二十五甲零，共應徵正供穀四十三石五斗一升六合二勺三抄，耗羨穀六石四升三合三勺三抄，馀租穀五十一石八斗二升九合六勺九抄。□據該道知府查明，實在不能墾復，應請即自嘉慶十六年起照例豁除。又被水淹浸歉收田九十二甲零，共應徵十六年分正供、耗羨、馀租穀五百五十七石二斗二合六勺，應如所請緩至十七年早晚二季帶徵，以紓民力。各結首建壩築堤，請借番銀二千圓，並請准其在於續徵十五、十六兩年馀租項内借給，飭令趕緊興築，以資護衛，所借番銀分作四年繳歸，於本欵造報。除所造沖失田園應徵正耗馀租數冊另行題咨辦理外，臣等謹合將恭摺覆奏，伏乞皇上睿鑒訓示。謹奏。

四九、上諭檔：諭令蠲緩噶瑪蘭被水田園正供等項並准其借項築壩

嘉慶十七年十二月初六日内閣奉上諭：汪志伊等奏查明噶瑪蘭地方被水衝失，淹浸田園，請分別豁免緩徵，併請借項築壩，以資護衛一摺。噶瑪蘭地方新入版圖，上年猝被水災，自應優加撫卹。著加恩將衝失田畝内應徵正供穀二十石五斗零，耗羨穀三石五斗零，餘租穀五十七石九斗零，衝失園地内應徵正供穀四十三石五斗零，耗羨穀六石零，餘租穀四十三石五斗零，俱自嘉慶十六年起，准予豁免。其被淹歉收田地，應徵十六年分正供各項穀石五百五十七石二斗零，併著緩至十七年早晚二季帶徵，以紓民力。所有該處應行建壩築堤，懇請借項之處，併准其於餘租項内借給番銀三千圓，飭令趕緊興脩，以資捍衛。所皆番銀分作四年繳還歸款。該部知道。摺併發。欽此。

五〇、閩浙總督汪志伊等奏摺：查明臺灣噶瑪蘭受災地方無需接濟

［嘉慶十八年五月二十六日］，閩浙總督臣汪志伊跪奏：為遵查明臺灣噶瑪蘭地方被水、晚收豐稔、無需接濟緣由、先行恭摺覆奏事。

竊臣于上年十一月初二日欽奉諭旨：本年福建閩縣、侯官、連江三縣村莊及武平縣巖前鄉被水，惟念來春青黄不接之時，民力不無拮据，著傳諭該督撫體察情形，如有應須接濟之處，速即查明，據實覆奏，候朕於新正降旨加恩。再，福建臺灣噶瑪蘭地方禾稻被淹，已據該督撫等奏明，查勘亦著迅速辦理，並將來春應否接濟之處一併查明具奏。將此諭令該督撫知之。等因。欽此。仰見我皇上軫念災區恩施無已之至意。臣當即飛飭確查去後，嗣據閩縣、侯官、連江、武平等縣詳覆：被水村莊均毋庸接濟。巡撫臣張師誠會同臣恭摺具奏，并察明噶瑪蘭地方被水是否尚須接濟。現又遵旨飭查，容覆到另行據實具奏在案。兹據福建布政使司王紹蘭詳准，據臺灣道糜琦瑜、臺灣府知府汪楠、督率署噶瑪蘭通判翟淦查明禀覆：十七年六月間，噶瑪蘭地方被水，勘明沿溪田園皆有沖壓，佃戶尚有餘田耕種，不過減收租米，並未成災，毋庸撫卹。惟水發之際，辛子罕等社番黎一時被水乏食，經委員□□撫卹口糧米一百七十餘石，現在晚禾收成豐稔，米價甚賤，戶有蓋藏，民力不致拮据。十八年春間毋庸接濟，等情具覆，經該道府覆核□□轉詳請前來。臣查噶瑪蘭地方甫入版圖，一切規模初定，該處于上年六月被水，自應遵旨詳查妥辦。既據台灣道府等查明該處被水並未成災，且晚禾收成豐稔，米價甚賤，戶有蓋藏，民力不致拮据，毋庸再行接濟，自屬實在情形。惟被水沖失沙壓田園，已據台灣道府委員勘明，詳請分別豁免緩徵，因未據造送應豁應緩各數冊，現在飛飭確查造送，容俟覆到另行具奏外。所有遵旨查明台灣噶瑪蘭地方被水，晚收豐稔，無需接濟緣由，謹恭摺覆奏，伏乞皇上聖鑒。謹奏。

嘉慶十八年七月初七日奉硃批：覽。欽此。

五一、閩浙總督汪志伊等奏摺：臺灣澎湖地方被風委員勘察未成災毋庸撫卹

[嘉慶十八年十一月二十六日]，閩浙總督臣汪志伊、福建巡撫臣張師誠跪奏：為臺灣澎湖地方被風委員勘察未成災毋庸撫卹並明春亦無

須接濟緣由、恭摺奏聞、仰祈聖鑒事。

竊臣張師誠前據臺灣鎮道錄送具奏片稿内稱：七月廿日申刻，臺地陡起颶風驟雨，郡城官民房屋間被刮損，尚無傷斃人口，早稻收割，晚禾栽種未齊，似不致於成災。惟營哨船隻均被風打出外洋，擊沉漂沒。澎湖地方風雨更大，兵船哨船均有擊碎等語。因查臺澎地方風雨交作，既經擊碎船隻、倒塌房屋不少，禾苗自必亦有損壞，因何該鎮道尚稱似不成災，尚覺含混，當即飭司詳委厦門同知明恒就近馳往澎湖、鳳山、臺灣等處，并委在臺之建寧府楊廷理馳往嘉義、彰化各處，會同該府廳縣分投逐一確查，如有應行撫卹之處，一面迅速辦理，一面據實馳報。業於本年七月分雨水摺内聲明具奏，奉到硃批：知道了。欽此。欽遵在案。兹接據委員署厦門同知明恒、會同代理澎湖通判李雲稟稱：澎湖地方本年七月廿日猝起暴風，通判衙署并倉廒圍牆椽瓦間有被風刮壞，業已修整。副將遊擊守備衙署及各汛營房庫局亦有吹壞，現已由營分別查勘詳辦。各澳民房間被吹刮損壞，並未坍塌，均各自行修補。該處向種高粱、小米，先已收穫，地瓜、花生甫經栽插，並未吹損，不致減收，並未成災，毋庸撫卹。至漂失商船，查有黄大興一船漂出外洋，沖礁擊碎，淹斃水手一名。又葉復興一船被刮斷椗，撞礁擊壞，舵水人等俱無淹斃。惟集字二號哨船由臺配載換班弁兵回厦寄泊澎湖，被風擊碎，遇救得生兵丁許有清等七名，督標跟丁一名，并撈獲屍身九十七具，其餘商漁營哨各船，均有漂撞損壞，除商漁船俱經自行修補外，其營哨各船現經會勘分別專案詳辦。

又據該委員明恒會同臺灣縣高大鏞稟稱：七月二十等日風雨郡城，文武衙署、倉廒、監獄、營房、廟宇、橋道等項間有被風吹刮，並無倒塌，四鄉民房亦有刮損，俱各修補完好。郡治城垣損壞廿餘丈，亦已趕修完固。各鄉居民瓦屋本無吹損，草房間被飄刮，已各自修整，均無壓斃人口。臺邑向不栽種早稻，被風在七月中旬，晚禾甫經栽插，並無妨礙。園蔬雜糧亦無被損。現在晚稻漸次結實，可望豐收，糧價平減，民情寧謐，委無災象，毋庸調劑。惟集字七號哨船被風吹至嘉義縣屬洋面擊碎，兵丁鳧水得生，另配歸營，尚有兵丁邵江海一名查無下落，砲械亦有沉失。又成字五號、六號、七號各船，亦漂至嘉屬洋面擱淺損壞，業經嘉義縣會營勘估修竣。又年字二號哨船亦被擱損，現在駕廠修葺。其餘港内擊損商漁各船，俱已自行修補，照舊駕駛，舵水並無淹斃。并據該委員明恒禀稱：安平協平字十二號、澄字六號、定字六號哨船遭風擱淺，水底砧漏；寧字八號哨船遭風擊碎，漂失兵丁方榮生、陳得伍二名，馀皆鳧水得生。

又據該委員明恒會同署鳳山縣顧朝棟禀稱：七月廿等日風雨，文武衙署、倉廒、監獄、庫局、壇廟各處間有墻垣倒塌、瓦片刮落，護城莿竹亦有吹損，均經該營縣自行修補完固。各鄉居民廬舍間被刮壞，亦各修整，並無傷斃人口，早禾先已被收割完竣，晚禾甫經插蒔，俱無妨礙。該縣海口係屬小港，並無大船往來，間有商魚小船被風吹損，業已修補照常駕駛，並無擊碎及淹斃舵水情事。現在晚稻豐收，地瓜雜糧均各茂盛，糧價平減，委不成災，毋庸調劑撫卹。

又據臺灣道糜奇瑜、臺灣府汪楠禀稱：該委員明恒周歷窮鄉僻澳，目擊情形，似無虛飾覆核。全台晚稻收成統計八分有餘，此次惟澎湖海澳及鹿耳門澳内受風較重，以致哨船吹損、淹斃兵丁人等，其陸路村莊來往熙皞，各安耕鑿，毫無災象。奉委在台之建寧府楊廷理先已病故，未及赴勘。前據印委各員禀稱：北路風雨情形較郡城更輕，淡水、噶瑪蘭二處有雨無風，於田禾更為有益。適新任臺防同知徐憲文赴任，復面加詢問，據禀：經過之彰化地方，田禾房屋均無妨礙，嘉義地方城廂道路間有吹刮損壞，業已隨時修補，早稻現經收穫，晚禾無傷，察看情形，委未成災各等情。并據藩司王紹蘭彙核具詳前來。

臣等查澎湖地方同時被風，既據該委員等勘明，除澎湖武職衙署、營房、庫局損壞照例由營確勘詳辦外，其餘官民房屋及臺灣、鳳山二縣文武衙署、城垣、倉廒、監獄、營房、庫局、廟宇、橋道及四鄉民房間有被風刮損，業經各自分別修整。損壞商漁各船，亦各自行修補，照舊駕駛。維時早稻、膏粱業已收穫，晚禾甫經栽插，同地瓜雜糧俱無妨礙。北路之嘉義、彰化二縣被風更輕，淡水、噶瑪蘭兩處有雨無風。現在晚稻收成統計八分以上，糧價平減，民情安貼，並未成災，毋庸撫卹，自屬實在情形。至擊碎損壞哨船內閩安右營集字二號一船，前據澎湖協副將陳夢熊據報，該船在臺配載閩安左、右營班兵九十六名，帶弁蔡扳龍、葉逢珠二員，附配連江營班兵二十九名，帶弁一員，跟丁許海一名，本船原配舵水目兵四十五名，共七十四員名，駛至澎湖洋面遭風擊碎，全船弁兵落水，軍械沉失，內遇救得生兵丁許有清等七名又跟丁許海一名，撈獲淹斃屍身九十七具，其餘弁兵漂失無著。又護餉赴台事竣跟鯮內渡之水師提標右營集字七號一船，前據水師提標後營遊擊陳元標呈報，該船在天津蓉外汕遭風擊碎，把總金振聲一員、兵丁蕭水生等九十九名鳧水得生，尚有無著兵丁邵江海一名。又澎湖右營寧字八號一船，在象岑外洋遭風擊碎，漂失兵丁方榮生、陳得伍二名。以上三船現據臺灣道聲稱，將各該船淹斃弁兵沉失砲械緣由，分案會同臺灣鎮具奏。又水師提標後營遊擊陳元標管帶兵船往臺，內有水師提標中、左、右三營成字五號、六號、七號等三船，漂至嘉屬卓茄港、紅霞港等洋面，遭風損壞，業據呈報，在臺修竣駕回。又水師提標前營年字二號哨船，并安平協中營平字十二號、右營澂字六號、左營定字六號等四船，在卓茄港、含棲港等洋面，遭風損壞，前據臺灣道具報，業經飭令趕修。又據澎湖協副將陳夢熊、并代理澎湖通判李蕓先後呈報，澎湖左營之綏字十三號、十四號、十七號三船，收風拋泊在澳，綏字一號、十一號、十二號等三船，屆限應赴廠交修。綏字五號一船，配載頭起換回海壇營班兵在港候風，均有遭風刮壞，輕重不等。又右營寧字十一號、十五號二船，跟隨出洋巡緝收泊媽宮澳，寧字九號一船，係屆修在港候風駕廠，寧字六號一船，係配載頭起換回銅山營班兵在港候風，均遭風浪飄刮損壞。又寧字一號一船，據代理澎湖通判李蕓詳報，因續經駕廠赴修，於八月二十五日在東鼻頭洋面遭風擊碎，所配各兵無失器械，全行撈獲，均經分別飭查，未據覆到。以上被風擊碎損壞各船、落水淹斃及遇救得生弁兵并沉失軍裝砲械，俟分案催取冊結圖說到日，另行照例具題，分別請卹修造製補。所有澎湖被風刮損之武職衙署、庫局、兵房、演武廳、箭道亭等項，並飭令分案詳請估修。至澎湖及臺灣南路一帶，此次被風，沿海各澳間有飄刮，岸上風勢較輕，陸地田園毫無妨礙。既該道府暨委員等切實勘覆，委無災象，毋需撫卹。現據藩司議請來春亦毋庸接濟，應如所詳辦理。

再，內地惠安、晉江、莆田等縣，本年七月二十一、二等日同時被風，並未成災。前經臣張師誠具奏，尚有惠安場溶化鹽斤，因未據場員報到，前摺未經敘入。續據惠安場大使吳懋德詳稱：七月二十等日狂風暴雨，海潮湧溢，堤岸沖塌，會同惠安縣鄭銈前赴各處逐一履勘，查訊委因。風雨猛烈各處倉堆水深數尺，椽瓦泥草飄蕩，上淋下濕，統計被水溶化鹽一十二萬七百九十七担零，又溶化秤頭鹽八担零，沖塌堤岸埕坎，已趕緊修築完竣等情。飭縣覆勘無異。其溶化鹽斤應飭鹽法道照例詳辦，所有臺澎地方被風勘不成災，毋庸撫卹，並明春亦無須接濟緣由，臣等謹合詞具奏，伏祈皇上睿鑒。謹奏。

［硃批］：知道了。欽此。

五二、閩浙總督汪志伊奏摺：查明臺灣嘉義縣等被水地方受災情形

［嘉慶十九年十月二十日］，閩浙總督臣汪志伊跪奏：為臺灣嘉義縣笨港地方被水並請籌項借給、勘不成災、已經道府捐廉撫卹、無須賑濟各緣由、恭摺奏聞事。

竊臣接據臺灣道糜奇瑜稟稱：臺郡本年七月十五、十六等日，風雨交作，始甚猛烈，繼則風勢稍息，雨尚纏綿不止，至十九日始晴。嗣據臺灣府知府高大鏞、鳳山縣知縣顧朝棟、嘉義縣知縣宋廷枋、彰化縣知縣錢燕喜、署鹿港同知張學溥、署淡水同知薛志亮先後稟報，各情形大畧相同。當經該道札委臺灣府知府汪楠馳赴各廳縣，督同各地方官查勘等情。并據該府具稟勘查被水及撫卹各情形，由福建藩司瑞麟詳請具奏前來。臣查臺灣府嘉慶十九年七月十五、六、七、八等日猝被風雨，經該道府飭據臺、鳳、嘉、彰四縣，鹿港、淡水二廳陸續稟報，內開：臺、鳳、彰三縣，鹿港、淡防二廳禾稻並無妨礙，間有損壞官舍、營房、橋樑、道路以及房屋損壞之貧民，已據該府汪楠查明，均經各該廳

縣自行修理撫卹。惟嘉義縣屬之笨港地方地勢最低，此次陡被風雨，大湖出蛟，內山水發，西風過緊，海水外托，以致縣丞衙署沖坍，民居草房共倒壞五百七十間，淹斃男婦共八十六名口，其南港汛房駐劄處所稍近海口，其地更低，新建汛房被水沖倒，軍械亦有遺失，汛弁兵丁落水，尚無淹斃。所有兵丁經都司崇文自行捐資安撫，報經臺灣道委令該府汪楠攜帶銀圓親赴嘉義縣之笨港一帶查勘，自府城以至嘉義沿途察看，橋樑、道路、民居草屋各有損壞。有力者自行修葺，無力者給費修理。近溪近海田園所種地瓜、花生，雖被水浸，幸為時未久，旋即涸出，地瓜尚無妨礙，花生恐有減收。細察民情均各安堵。該府復由嘉義前至笨港，督飭嘉義縣宋廷枋，并委員分投查勘，凡有淹斃人口者，每名給予埋葬番銀一圓半，草房每間給修費番銀半圓，無食貧民酌給口糧番銀壹圓，不使失所。旋查各處涸出田禾，均青蔥無損。其近溪沿海水流較急之處，或被沖入溪，或已經沙壓。現在鄉民各自挑墾，如或不能墾復，另行呈請詳豁。此外，嘉屬地方只有鹽水港一帶近海村莊，間有水淹，餘俱無礙。并據該道府稟稱：該處貧民以為此等偶被偏災，原不望賑，加以撫卹，已出望外，并有力量稍可者，不願承領。察看民情，均皆安堵如常。刻下天時晴霽，田水充足，晚禾暢茂，被淹地畝漸次挑復，仍可補種雜糧，毫無災象。其給過撫卹番銀，該道府情願自行捐廉歸補，毋庸動銷帑項，亦無庸議賑蠲緩。惟臺灣郡治土城坍壞若干丈尺，應動何項修葺。現飭該道府迅速趕辦，以資捍衛。近溪近海水沖沙壓田園，鄉民既已各自挑墾，如有不能墾復者，查明計有若干，即行委勘取結請豁。坍塌衙署、塘汛、營房并沖失軍械等項，飭令照例查明，分別捐賠，動項修製，專案詳辦。至澎湖、噶瑪蘭二處被水情形，尚未據道府續稟，應經批飭催查稟覆另辦外，所有嘉義縣屬笨港地方被水勘不成災，已經該處道府捐廉撫卹緣由，臣謹恭摺奏聞，伏乞皇上睿鑒。謹奏。

[硃批]：知道了。欽此。

五三、閩浙總督汪志伊奏摺：查明臺灣嘉義縣被水勘不成災明春無需接濟

［嘉慶十九年十二月十二日］，再，臺灣嘉義縣笨港地方於本年七月十五、六等日風雨交作，惟近溪近海田園被水，經該府汪楠前往，督同該縣宋廷枋，勘不成災，并經該道府捐廉撫卹，無須賑濟各緣由，因遠隔重洋稟報到省稍遲，經臣恭摺於十月二十日奏聞在案。復思向來雖一隅偶被偏災，亦上閔聖廑，必預期垂詢，來春應否接濟之處，飭令詳悉具奏，恭候元旦頒發恩旨。今臣體察嘉義縣一隅被水，實已勘不成災，無需賑濟，而明春更可無需接濟，理合附片奏聞，伏乞聖鑒。謹奏。

［硃批］：覽。欽此。

五四、閩浙總督汪志伊奏片：臺灣噶瑪蘭等處遭風被淹等情

［嘉慶二十年十二月二十三日］，再，臣等接據臺灣道府糜奇瑜等稟報，據噶瑪蘭通判翟淦稟稱：八月二十二夜起至二十五晚止，連日烈風大雨，山水驟發急流，海潮時來頂托，兩相衝激，以致噶瑪蘭東西境内各莊低窪處所被淹，兩岸傍溪田園亦多被沖刷。親赴查勘各莊田園，内多有力之戶尚不至於失業。其沖坍本年墾復者逐戶丈量實在甲數，分別已未陞科，另行造冊具詳。又據該道府糜奇瑜等稟報，據澎湖通判彭謙稟稱：澎湖孤懸海中，八月二十三夜起至二十四酉刻止，大風猛烈，并下鹹雨，二十七日晴霽，親詣各鄉查勘，地瓜、花生枝葉均已焦黑，詢之鄉農僉稱，此番鹹雨一日一夜之久，復經日曬，以致雜糧焦黑，現計收成不過四五分。其民房、橋梁、道路均無倒壞，業經該道府飭委署臺防同知趙逢源，帶同試用從九品邱煥馳赴澎湖，會同該通判勘辦各等情到省。臣等查海具四方之風名颶風，唐人有"池塘海雨鹹"之句，

由來已久，除飛飭臺灣道府速催該委員及地方官等迅即逐一確勘，何鄉損壞莊稼若干？是否成災？何鄉尚有收成幾分及應否撫卹接濟之處，迅速詳請奏明辦理，毋使一夫失所，不得稍有諱飾外，臣等謹先附片奏聞，伏乞聖鑒。謹奏。

［硃批］：覽。欽此。

五五、福建巡撫王紹蘭奏片：臺灣地震查明情形分別安撫民情寧貼

［嘉慶二十年十二月二十七日］，再，臣於嘉慶二十年十二月二十日接據臺灣道糜奇瑜、臺灣府知府汪楠禀報：臺灣郡城於九月十一夜亥時，地忽震動。十二日丑時，亦復微動。查明各廳縣均同時地震，內臺灣、鳳山二縣并澎湖廳城鄉房屋均無坍塌，亦無壓傷人口。嘉義縣城內官民署舍牆壁間有傾顫，土城坍塌三十餘丈，倒壞垛口七百餘座，倒壞夫店三間，壓斃小夫二名，斗六等保倒壞民房七十一間，壓斃男婦一十六名口，彰化縣城內暨鹿港南投地方共倒塌民房三十二間，壓斃客民幼孩二名，壓傷民人一名，演武廳及倉廒間有傾倒，淡水廳城內同竹塹地方倒塌民房十三間，壓斃男婦二名口，幼孩六名。桃澗等保共倒塌房屋一百一十二間，壓斃男婦八十五名口，倉廒、營署、兵房、軍裝局間有坍塌震損，滬尾水師砲臺牆垣倒壞一百餘丈，噶瑪蘭廳衙署、監獄、庫局、祠廟略有倒塌，并倒壞房屋十二間，壓傷一人，餘止牆壁傾圮。以上各廳縣有力之家，傷斃人口已自行收殮，房屋亦隨時修葺。至無力者經該廳縣量給番銀錢文以資收埋，并捐給修造房屋之費，民情寧貼。且與田稻無礙，不致成災，毋庸再為撫卹。倒塌城垣、衙署、倉廒、營房等處趕緊捐修等情。具禀前來。臣查本年九月十二日丑時及九月十二日戌時，省城微覺地動，即經通飭確查。旋據內地各府縣禀覆，亦有同時地動之處，於房屋、人口、田稻毫無妨礙。臺灣孤懸海外，土性鬆浮，地氣轉運，常有震動。此次台屬各廳縣九月十一、十二等日地動，為時稍久，以致嘉義、彰化二縣及淡水噶瑪蘭廳，間有倒屋傷人之事。經該

道府查明，無力之家已據該廳縣量給修資及收埋之費，貧民無虞露處，應否再酌加撫卹。臣已飭查臺灣道府察看妥辦，並將坍損官屋、兵房督飭趕緊修葺馳報核辦外，所有臺灣地動查明分別安撫民情寧貼緣由，臣謹附片奏聞，伏祈皇上睿鑒。

再，督臣汪志伊現赴浙江審案未及會銜，合併陳明。謹奏。

［硃批］：查明妥辦。欽此。

五六、上諭檔：諭令緩徵澎湖被災地方二十年分未完正糧等銀

嘉慶二十一年正月初八日奉上諭：武隆阿等奏澎湖地方於上年八月夜間大風，吹起浪花，散作鹽水雨點，旋即晴霽日曬，以致雜糧藤葉焦黑，收成僅止五分，懇請緩徵等語。臺灣澎湖地瘠民貧，此次被災，雜糧均各歉收，民力未免拮据，所有該廳二十年分額征地糧、正耗等銀，除已徵收外，其未完銀五百兩，著加恩緩至本年秋成後帶徵，以紓民力。該部知道。欽此。

五七、閩浙總督董教增奏摺：查明臺灣府屬二十一、二十二年應免錢糧數目

［嘉慶二十四年七月二十八日］，閩浙總督兼署福建巡撫臣董教增跪奏：為遵旨查明臺灣府屬嘉慶二十一、二兩年應免錢糧數目、恭摺具奏事。

竊閩省積年正耗民欠及緩徵銀穀前奉恩旨飭查，經前撫臣史致光會同臣分晰具奏聲明，臺灣遠隔重洋，嘉慶二十一、二兩年地丁耗羨供粟尚未奏銷，現無民欠，寔數應俟內地民欠奉豁，至何年為止，一律照辦。于嘉慶二十四年四月二十四日准戶部咨，欽奉上諭：朕本年六旬萬壽，前經降旨普免天下節年民欠銀糧，令各該督撫等查明開單具奏。據董教增等將閩省節年民欠地丁耗羨銀兩開單呈覽，并將內地糧米、臺灣

府屬供粟等項一併請旨辦理，當交戶部查核。茲據查明具奏，所有閩省內地各屬自嘉慶元年起至二十二年止，民欠地丁耗羡共銀一百九十萬五千九百三兩零。又臺灣府屬嘉慶五年起至二十年止，民欠地丁耗羡共銀六千九百三十四兩零，著加恩全行豁免。其內地各屬自嘉慶三年起至二十二年止，共未完糧米十八萬五千七百七十四石零。又嘉慶元年起至二十二年止，共未完米耗銀三萬六千五百八兩零。又嘉慶元年起至二十二年止，共未完租穀一萬七千六百九十八石零。臺灣府屬嘉慶十年起至二十年止，共未完供粟六萬八千三百八十一石零。除糧米項下多開米二百五十石零外，其餘俱著加恩一體豁免，所有應需兵糧，准其動項買補供支。臺灣府屬二十一、二十二年應免錢糧著該督等速飭查明確數具奏，再降諭旨，用副朕行慶施惠普洽寰瀛至意。欽此。當即欽遵敬謹謄黃，通頒曉諭，茆檐蔀屋莫不感頌皇仁淪肌浹髓。所有臺灣府屬二十一、二十二年應免錢糧確數復飭速行查覆去後，茲據布政使明山、督糧道馮鞏、鹽法道孫爾准核明會詳請奏前來。查嘉慶二十一、二兩年臺灣府屬奏銷，業經前撫臣史致光暨臣先後恭疏具題。茲查該府屬二十一年分未完人丁餉稅糧銀四百九十九兩零、耗羡銀六百七兩八錢零，二十二年分未完人丁餉稅糧銀九百五十七兩一錢零、耗羡銀七百八十一兩九錢零，計二十一二兩年共未完人丁餉稅糧銀一千四百五十六兩二錢零。又供粟項下二十一年分未完粟一萬四千二百二十三石零。二十二年分未完粟三萬一千九百六十一石零，計二十一二兩年共未完民欠供粟四萬六千一百八十二石零。據該司道查係寔欠在民，臣核對奏銷冊報未完數目，均屬相符，如蒙聖恩一體豁免，海外群黎普沾稠疊鴻施，感戴益無涯涘。所有未完供粟係撥湊兵糧之需，內有先經借碾倉穀墊發者，應請一併動項買補，以寔倉儲，除開造細冊咨送軍機處、戶部查核外，臣謹恭摺具奏，伏乞皇上睿鑒。

再，臺灣額徵錢糧向係解貯臺灣府庫，於請領臺餉時劃收司庫入撥充餉，所有二十一、二兩年錢糧民欠數內如奉旨以後文到以前，已據各糧戶輸納在官者，照例作為次年應完正賦，其有未奉恩旨以前徵存未解之項，按數扣收，分別報撥歸補。至閩浙總督係臣本任毋庸會銜，合併陳明。謹奏。

［硃批：］另有旨。

五八、戶部題本：豁除臺灣縣廣儲西里里民林和等水沖沙壓田園銀穀

［嘉慶二十五年六月十七日］，戶科抄出閩浙總督兼署福建巡撫董題報：嘉慶十四年六、七月間，臺灣縣廣儲西里地方里民林和等水沖沙壓田園請豁除銀穀一案，嘉慶二十四年十二月二十一日題，二十五年二月二十五日奉旨：該部議奏，欽此。欽遵。於本日抄出到部。

該臣等查得：閩浙總督兼署福建巡撫董疏稱：接准部咨：嘉慶十四年六、七月間，臺灣縣廣儲西里地方里民林和等水沖沙壓田園八十五甲二分七厘一毫，遲至十八年始行咨部。前以一隅偏災、未經詳報、旋經械鬥、未經勘辦為詞，今復以重洋遠隔，風信靡常，往返報查，以致稽遲。且此案沖壓田畝至八十五甲有餘之多，未據奏報有案，國賦攸關，未便准豁。應令該撫題報到部，再行核辦。至歷年無征供耗銀穀，轉飭在於地方官暨率轉之道府名下，照數著賠，並將歷任遲延職名查取送部核議等因，轉行遵照去後。茲據布政使明山詳，准護臺灣道蓋方泌移，據署臺灣府鄭佐廷詳，據署臺灣縣溫溶覆稱：查嘉慶十四年六、七月間廣儲西里地方里民林和等水沖沙壓田園八十五甲二分七厘一毫，先據該里民等赴縣呈報，前縣程文炘因係一隅偏災，當時未經通報。隨據該里民林和等赴府請勘，經蒙飭縣勘詳。前縣程文炘飭開甲數，繪圖請勘。該戶等正在開報間，旋值漳泉民人分類械鬥，未及勘辦。前縣程文炘旋於嘉慶十五年七月十五日病故。迨前縣黎溶接任，催據該戶等造具圖冊勘明，即於十六年七月初六日通詳。嗣蒙飭委署嘉義縣翟淦會同查勘相符，請自嘉慶十四年起豁除供餉。復蒙飭令於十七年起彙案請豁。輾轉駁查，重洋隔遠，風信靡常，以致遲至十八年始蒙詳咨，奉部駁查。隨經查明，據實具詳。復奉部駁，並飭賠歷年無征供耗銀穀，查取遲延職名。再四復查，此案實先因前縣程文炘拘於一隅偏災，未經通報，繼緣

查辦械鬥，未及勘詳。前縣黎溶接辦，復因往返駁查，重洋阻滯，彼此遲延，均屬實在情形，委無稍有揑飾。且查長興、仁德，此兩里佃民陳顏、黄榜等被沖田園，亦係一隅偏災，未經通報，已邀豁免有案。其林和等事同一轍，應請將該戶應免供耗銀穀，仍自嘉慶十七年為始，准其一體豁除，以甦民累。所有著賠歷年無征供耗銀穀，實非無故稽遲，懇請邀免賠完，並免開參等由，由府道核明轉移前來。覆查此案臺灣縣廣儲西里地方里民林和等嘉慶十四年六、七月間先後被水沖陷田園八十餘甲，該里民赴縣呈報，乃前縣程文炘拘於一隅偏災，不為轉報；該里民復赴府請勘，批縣勘詳，程文炘令各里民開明甲數候勘，適值查辦淡漳械鬥中止；程文炘旋於嘉慶十五年七月十五日病故。迨前縣黎溶接任，催據該戶等造具圖冊勘明，於嘉慶十六年七月間通詳，飭委署嘉義縣翟淦會同覆勘相符，請自嘉慶十四年起豁除供餉。復經駁飭，應自十七年為始彙案請豁。重洋往返，以致至嘉慶十八年始行詳咨。是此案已經歷任道府縣逐細查覆，被水屬實。惟奉駁查辦遲延，應將歷年無征銀穀分晰著賠。查原咨已有聲明十四、十五、十六等年應完銀穀，業已飭據各該戶照數補完，應毋庸議。尚有十七年分一年銀穀，現准臺灣道移覆，並未議賠。若再行令臺灣查覆，愈致稽遲，應行遵照部咨，一面詳請先行專案具題，一面移飭將十七年分銀穀在於地方官暨率轉之道府名下照數賠完，仍取現任道府縣無揑印結到日，另行核詳咨部。所有查辦遲延職名，亦經前咨開明，實係前縣程文炘，業已病故，應請毋庸置議。其嘉慶十八年起，案經咨報到部，應請援照該縣長興、仁德此兩里佃民陳顏、黄榜等嘉慶十四年間被水沖壓田園亦係一隅偏災，遲至嘉慶十八年始行請豁，已邀准自嘉慶十八年為始，援例請豁，並核與本年欽奉恩詔内開：各直省坍沒田地，其虛額仍相沿追納者，地方官查明詳請豁免之諭旨亦屬符合。相應查照原報冊結轉造司冊結，改請自嘉慶十八年為始，准其援案邀恩豁免，以甦民累。合就詳候察核會題請豁，並移令臺灣道轉飭將嘉慶十七年分銀穀分賠完解，仍取現任道府縣無揑印結，並將原送縣冊結改換請豁年分，另行咨部辦理等情。臣覆查無異。除冊結送部外，理合具題。再閩浙總督係臣本任，毋庸會銜，合併陳明等因前來。

查嘉慶十四年六、七月間，臺灣縣廣儲西里地方里民林和等水沖沙壓田園八十五甲二分七厘一毫，應征供穀四百五十五石二斗九升二合七勺，耗羡銀二十二兩七錢六分四厘六毫三絲五忽，勻丁銀四兩五錢一分一厘八毫九絲三忽零，丁耗銀四錢六厘七絲零。前據該撫請豁，經臣部核駁，並令將無征銀穀在於地方官暨率轉道府分賠在案。今據閩浙總督兼署福建巡撫董題報，查明臺灣縣廣儲西里地方林和等田園被水屬實，嘉慶十四、十五、十六等年應完銀穀，業已飭據各該戶照數完補，十七年一年銀穀移令臺灣道轉飭分賠完解，改請自十八年為始，該戶應完銀穀照數豁除等語。臣部查坍沒田地虛額錢糧，自應查明豁免。今臺灣縣廣儲西里地方里民林和等田園八十五甲二分七厘一毫，既稱嘉慶十四年間被水屬實，應請旨准其豁免。所有歷年應征銀穀，除十四、十五、十六等年業經該業戶照數補完，應毋庸議；其嘉慶十七年應征銀穀，應令該撫轉飭地方官暨臺灣道府著賠，並造具著賠各員姓名銀數報部查核等因。嘉慶二十五年四月十八日題，本月二十日奉旨：依議，欽此。

嘉慶二十五年六月十七日，福建巡撫部院韓准戶部咨。

道光朝

一、福建巡撫顔檢奏摺：淡水等廳縣倉庫銀穀被焚搶請分別豁免賠補

［道光元年七月二十八日］，福建巡撫臣顔檢跪奏：為淡水、嘉義、鳳山等廳縣倉庫銀穀前於蔡逆滋擾案內被賊焚搶、疊飭查勘明確、請旨分別豁免著賠以昭覈實、仰祈聖鑒事。

竊查嘉慶十年冬間，洋匪蔡牽竄赴臺灣，勾結陸路匪徒，乘機滋擾，毀署戕官，蔓延南北兩路。所有淡水廳艋舺倉廒被賊焚搶，鳳山縣城池失陷，倉庫搶失，毗連之臺灣、嘉義二縣，賊匪蠭起，道路不通。調撥官兵攻勦收復，經前任臺灣鎮道愛新泰等暨前督臣玉德并帶兵赴臺督勦之將軍臣賽沖阿於十年及十一年間先後奏報，聲明搶失倉庫銀穀，飭令查明實數辦理等因。隨據臺灣道稟報，即經前督臣阿林保、前撫臣溫承惠批司移行該管道府確切查勘，旋據前淡水同知胡應魁冊報，被賊搶失艋舺倉備貯穀五千三百三石，又正供穀五百一十九石，共五千八百二十二石。又據前嘉義縣知縣陳起鯤冊報，被賊搶失笨港倉供穀兩萬八千五百八十一石零，斗六倉存貯兵米合穀二百一十八石。由前臺灣道清華督飭署臺灣府錢霖委員會同確勘無異，造冊具結詳送核與交代奏銷冊案相符。其鳳山縣倉庫因案卷被匪焚失，經該縣陳起鯤赴府抄錄底案，逐款厘剔，將搶失錢糧、倉穀及屯租番銀分款造冊，呈送由司詳委該道府親詣查勘結，覆委被焚搶屬實，并據該府詳報，鳳山被搶穀內尚有漏報正供一款，呈請更正，經歷任撫臣、藩司查核所開，非與奏銷交代各冊互異，即核對院司衙門報案不符。重洋遠隔，輾轉飭查，未能准確。嗣經前撫臣史致光以事關倉庫被搶，凡已入交代者，應以報部冊為據，其向不入交代造報者，亦須以奏銷冊為憑，如與交代及奏銷冊案，均不相符，即應冊除，著賠未便牽混，飭令查造妥協，冊結另送核辦去後，疊催未據送齊。臣到任後復經分檄嚴催，茲據藩司孫爾准會同臬司唐仲冕、護督糧道方傳穟、鹽法道吳榮光詳稱，催據鳳山縣陳蒸逐一查明，按款改造確冊，由現任臺灣道府覆查加結移送到司。查鳳山縣庫款項下

搶失錢糧銀四百一十兩零，耗羨等銀六百五十九兩零。嘉慶八、九兩年補徵耗羨銀二十五兩零，官莊銀六千一百三十兩零，稅契銀三百一十六兩零。備貯穀五萬石，供粟一萬三千七十一石零，藉田穀三十六石，官捐穀一百八石，民捐穀四十五石，屯租番銀四千九百七十二圓零，以上各款銀穀核與該廳縣交代奏銷各案內造報數目相符，其屯租番銀一款亦經該管道府於清厘台屬倉庫案內徹底查明，并無揑飾，應請彙同淡水廳嘉義縣搶失米穀一併奏豁。此外，鳳山縣開報被搶嘉慶八、九兩年起科并補徵人丁餉稅帶徵節年廍餉錢糧銀一千二百一十六兩零，扣缺俸薪廩膳鄉飲銀一十一兩零；嘉慶八、九、十等年起科并補徵耗羨及各管養廉暨帶徵節年廍餉耗羨，共銀一百五十七兩零，代買漳泉兩府二限採買穀三千石，并領買臺灣府倉塾運浙商穀六千石，備貯穀六百石，新監穀八千石，以上各款銀穀或與交代冊報數目不符或未報司有案，未便請豁，應於原報之該縣陳起鯤名下著賠等情，詳請奏咨前來。臣查蔡逆滋事案內淡水、嘉義、鳳山三廳縣倉庫、銀穀被賊焚毀搶失，雖於蕩平後屢經道府層層查勘確實，自應仍以交代奏銷各冊案為憑。緣鳳山縣所開銀數、穀數未盡分晰，兼多錯漏不符，節次飭查。茲既據該縣按款查對分別刪除更正，由臺灣道葉世倬、臺灣府蓋方泌覆查被搶實數，加具切結呈送。經該司道核對冊案議請，分別賠豁。臣覆核無異，所有搶失淡水廳艋舺倉備貯正供各款穀共五千八百二十二石，嘉義縣笨港、斗六二倉正供兵米各款穀共二萬八千七百九十九石零，鳳山縣備貯正供籍田官民捐各款穀共六萬三千二百六十石零，錢糧耗羨、官莊稅契等銀共七千五百四十二兩零，屯租番銀四千九百七十二圓零，相應仰懇聖恩，俯准豁免。內除正供穀四萬二千三百八十九石零，歸於流存節年供粟內剔除造報。又藉田并官民捐款一百八十九石，係額外收捐，應行刪免外，所有搶失備貯穀五萬五千三百三石係屬額貯之款，應請另行籌項發臺買補以實倉儲，其核與冊案不符之鳳山縣搶失錢糧等款銀共一千三百八十五兩零，倉穀一萬七千六百石，應如該司道所議，於前署鳳山縣已故知縣陳起鯤名下著賠，移咨該故員原籍江西撫臣飭向該家屬嚴追完繳解閩歸補，以為造報錯漏者戒除，將冊結咨部并開具遲延職名附条外，所有淡水、嘉義、鳳山三廳縣蔡逆案内被搶銀穀分別應豁、應賠緣由，臣謹恭摺具奏，伏祈皇上聖鑒訓示。再，閩浙總督係臣兼署，毋庸會銜，合併陳明。謹奏。

［硃批］：戶部核議具奏。

二、上諭檔：寄諭福建巡撫顏檢奏摺令飭淡水等道府確查被風雨受損情形

［道光元年八月二十一日］，軍機大臣字寄，福建巡撫顏道光元年八月二十一日奉上諭：顏檢奏臺灣淡水廳地方於本年六月初五日猝被風雨，所轄艋舺、大加臘等處未割田稻被風吹損，民間廬舍及兵房衙署、倉廒各有倒壞，八里坌口哨船及僱募緝匪商船均被風浪漂擊無蹤。噶瑪蘭地方亦同時風雨，田廬有無沖損，現在飭查等語。淡水、噶瑪蘭二廳地方猝被颶風大雨，著顏檢即飭該道府遴委幹員，馳赴該二廳，會同分头確查。所有吹損田禾、倒壞官民房屋共有若干，被漂船隻，有無擊碎，及人口被傷情事，如有應行撫卹之處，該處遠隔重洋，文移往返，動需時日，該撫即飭知臺灣道就近妥速經理，勿稍稽遲，致任窮黎失所，一面據實奏聞可也，將此諭令知之。欽此。遵旨寄信前來。

三、福建巡撫顏檢奏片：臺灣北路猝被風雨現飭查辦

［道光元年八月二十一日］，顏檢奏片，再，臣正在繕摺間，接據臺灣府知府蓋方泌禀稱：臺屬淡水廳地方本年六月初五日戌刻烈風驟雨，至初六日寅刻方止，所轄艋舺、大加臘等處未割田稻被風吹損，民間廬舍及兵房、衙署、倉廒各有倒壞，八里坌口波字二號哨船及雇募緝匪之邱永興商船，均被風浪漂擊無蹤。噶瑪蘭地方亦同時風雨，田盧有無沖損，容飭查明另禀等情。臣查淡水、噶瑪蘭二廳均在臺灣之北，茲據該府具禀，六月初五日猝被颶風大雨，其時早稻尚未收割齊全，究竟吹損若干，收成是否歉薄，此外官民房屋實在倒塌若干間，被漂商哨船

隻，現在收泊何處，有無擊碎，及人口被傷情事，應即迅速確查核辦。除飭該道府遴委幹員馳赴淡水、噶瑪蘭，會同該廳等親詣各鄉分投確勘，據實馳禀，如有應行撫卹之處，即由臺灣道就近督飭妥辦，勿稍諱飾，仍俟勘覆到日，另行具奏外，所有臺屬北路猝被風雨，現飭查勘辦理緣由，臣謹附片奏聞，伏乞聖鑒。謹奏。

［硃批］：欽此。

四、福建巡撫顏檢奏摺：淡水、噶瑪蘭二廳前被風雨業經酌借籽種等分别辦理

［道光元年九月二十二日］，福建巡撫臣顏檢跪奏：為查明淡水、噶瑪蘭二廳前被風雨勘不成災、業經分别辦理緣由、恭摺覆奏、仰祈聖鑒事。

竊臣前據臺灣府知府蓋方泌禀報：淡水、噶瑪蘭地方本年六月初五日烈風驟雨，田稻吹損，官民房屋各有倒壞，商哨船隻被風浪漂擊無踪等情。當經分飭令該道府就近委員勘辦，一面附片奏聞，欽奉上諭：淡水、噶瑪蘭二廳地方猝被颶風大雨，著顏檢即飭該道府遴委幹員，馳赴該二廳，會同分投確查，所有吹損田禾，倒壞官民房屋，共有若干，被漂船隻有無擊碎，其人口被傷情事，如有應另行撫卹之處，該處遠隔重洋，文移往返動需時日，該撫即飭知臺灣道，就近妥速經理，勿稍稽遲，致任窮黎失所，一面據實奏聞可也，將此諭令知之。欽此。等因。臣遵又飛行臺灣道府迅速確查妥辦去後，兹據藩司徐炘具詳，據該府蓋方泌禀稱，飭據委員鳳山縣知縣准陞、噶瑪蘭通判陳蒸禀覆，馳赴各該處會同署淡水同知胡振遠、署噶瑪蘭通判姚瑩徧詣各庄，確加查勘淡、蘭二廳地方，其膏腴田畝所種早稻，未被風之前，業已收穫，惟淡屬之艋舺、大加臘，蘭屬之東勢、柯仔林及清水溝等處，尚有未收田稻，經此風雨，不無損折。該數處在各所境内不過一隅中之一隅，通盤計算，所損不及十分之一收成，不致歉薄。蘭屬壓斃兵丁俞洪一名，業經由營給銀收埋，營房被風吹壞者，有力之家均經自行建修。内淡屬沿海一帶

吹倒民房七十三間，蘭屬吹倒四十七間，查係貧乏之戶，經該廳等每間瓦屋捐給番銀四圓，草房捐給番銀二圓，以資搭蓋棲止。衙署、兵房、倉廒各有倒塌損壞，另行分別查明詳辦。所有雇募緝匪之邱永興商船，被風漂至滬尾招外衝礁擊碎，弁兵、水手人等鳧水依岸得生，沉失炮械俱已撈獲，其波字二號哨船尚無下落，此外並無壓斃人口，委不成災，等情前來。

臣查臺屬地方膏腴，禾麥登場均較早於內地，所有淡水、噶瑪蘭二廳早稻業於六月以前陸續收穫，其被風損折者皆屬零星未割之稻，現據委員等查勘，祇係一隅中之一隅，統計不及十分之一。至邱永興商船衝礁擊碎，弁兵人等俱經依岸得生，居民人口亦無傷斃，並不成災。其吹倒廬舍，無力之家，亦經該二廳按戶捐給之費，逐一修整，無虞失所。惟早稻損折之處，民力不無拮据，現飭該府廳，按其田畝酌借籽種，即由廳庫籌款給發，俾得及時栽插，以紓農力。一面造冊申報，俟秋收後按數繳還歸款，俾窮黎耕作有資，仰副我皇上惠愛黎元之至意。除飭將倒壞營房、衙署、倉廒查明間數年限，按例詳修，并核查波字二號哨船漂收下落另辦外，所有淡水、噶瑪蘭二廳風雨勘不成災，分別辦理緣由，由臣恭摺覆奏，伏祈禱皇上聖鑒。再，閩浙捴督係臣兼署，毋庸會銜，合併陳明。謹奏。

道光元年十月二十六日奉硃批：知道了。欽此。

五、福建巡撫顏檢奏摺：臺灣府嘉義、彰化二縣遭狂風暴雨農田房屋等受損

［道光元年十月二十六日］，再，現據臺灣府知府蓋方泌具稟：據署嘉義縣知縣龐周、彰化縣知縣吳性誠先後稟報：六月下旬連日狂風暴雨，該二縣早稻俱已收穫，並無妨礙，惟邊溪田園間有被水沖塌。又據署嘉義縣龐周續稟：七月二十八、九兩日風雨復作，吹塌民房共計一百餘間，有力之家俱已自行修整，無力貧戶，官為捐資給修。至城垣、衙署、營房及廟宇、倉廒、監獄亦間有坍損等情。除飭該道府督同查明被

沖田園，諭令各業戶、佃戶趕緊挑復。至損壞城垣等工，分別籌款修整，勿任傾圮外，臣謹附片謹聞，伏乞聖鑒。謹奏。

［硃批］：知道了。欽此。

六、福建巡撫顏檢奏摺：查明臺灣淡水、噶瑪蘭二廳勘不成災無須接濟

［道光元年十一月十八日］，福建巡撫臣顏檢跪奏：為遵旨查明淡水、噶瑪蘭二廳風雨業經勘辦暨來春無須接濟緣由、恭摺覆奏、仰祈聖鑒事。

竊臣接准廷寄欽奉上諭：福建淡水并噶瑪蘭二廳屬，田禾同時被風雨損傷。已據該撫奏明查勘，著迅速辦理，并將來春應否接濟之處，一併查明，於封印前奏聞等因，欽此。伏查臺灣淡水、噶瑪蘭地方本年六月初五日風雨，前經飭據該道府委員會同該廳等徧加查勘，各莊膏腴田畝，早稻先已收穫，惟淡屬艋舺、大加臘，并蘭屬東勢、柯仔林等數處零星未割，田稻不無損折，在各廳境內不過一隅之一隅，委實勘不成災，所有吹倒民房貧乏之戶，已據該廳等捐給修費搭蓋。至早稻損折之處，應飭該府廳按畝酌借籽種，俟秋收後照數征還，以紓農力。經臣分晰具奏在案，茲欽奉諭旨垂詢，來春應否接濟，仰見我皇上軫念民依，恫瘝在抱之至意。當即行司迅速確查去後，茲據藩司徐炘查明詳覆前來。臣查該二廳田禾被風損傷之處本屬無多，並不成災。前經奏請借給籽種，飭行臺灣道府督令妥為查辦，農民耕作有資，得以及時栽種，民力已無虞拮据。且該二廳早稻收成實有八分及八分以上，秋冬以來，晴雨調勻。臺灣地土膏腴，晚收亦不歉薄，以通屬之蓋藏，濟一隅之民食，實不至於缺乏。臣督同藩司體察情形，來春青黃不接之際，無須再行接濟。至臺屬嘉義、彰化二縣，六、七兩月內風雨至時，早稻已俱收割，並無損傷，更不致於妨礙，惟近溪田園間有被水沖塌，亦經臣附片奏聞，并檄飭諭令業佃等趕緊挑復，如內有水沖沙壓，難以墾復田畝，應由地方官查勘，明確將應豁糧額照例詳辦外，所有察核淡水、噶瑪蘭

二廳來春勿須接濟緣由，臣謹恭摺覆奏，伏乞皇上聖鑒。謹奏。

道光元年十二月二十一日奉硃批：知道了。欽此。

七、上諭檔：寄諭閩浙總督孫爾准移知許松年督飭臺灣地方官撫民

［道光六年六月十七日］，軍機大臣字寄閩浙總督孫。

道光六年六月十七日奉上諭：據孫爾准奏交卸撫篆，馳赴厦門督辦臺灣械鬭一案，並陳現在辦理臺匪各情形，覽奏俱悉。臺灣地曠路歧，人情浮動，現據義首王雲鼎、頭圍縣丞丁嘉植拏獲烏面章即陳新喜，係首倡謠言、勾結番民派飯斂錢及攻莊督陣主謀要犯。該犯業已就擒，匪徒聞風奔竄。惟嘉、彰二邑地方遼闊，分散藏匿難保不乒過復來，自應隨處搜捕以淨餘孽。臺灣額兵不敷調遣，該督前已調總兵陳化成等帶兵防堵，兹又調省標興化、延平等處兵丁交候補副將崇福等管帶渡臺，足敷應用。提督許松年久歷行間，素稱能事，該提督現由嘉義馳抵彰化一帶，得此兵力，自可刻日蕆事。孫爾准著即在厦門駐劄調度策應，不必親往臺灣，即移知許松年督飭該鎮等出示曉諭，開陳利害，散其黨羽，俾義勇志盡成城，良民不為煽惑，此為至要。至被焚各莊無家可歸尤可憐憫，著飛飭該道府等即於府庫緝匪項下動撥息銀遴員妥為撫卹，老弱計口授糧，壯健收為義勇，該民等志切同仇，自必勇氣百倍。倘或臺灣辦理未協，致有拖延，孫爾准必須渡臺督辦，亦著先行據實奏聞，候旨遵行。將此由四百里諭知孫爾准，並諭許松年知之。欽此。遵旨寄信前來。

八、閩浙總督孫爾准奏片：籌款解赴臺灣撫卹災民供支軍需

［道光六年七月初三日］，孫爾准片：再，據臺灣府知府陳俊千稟稱：各廳縣防堵緝捕、雇募義勇、調撥屯番及兵丁口糧等項費用甚鉅，

指日內地調兵東渡需用尤緊，請司庫撥銀交統兵官順帶來臺，以供支應，事竣核實報銷。並准撫臣韓克均函稱：據稟業飭藩司惠顯籌款撥銀五萬兩委員解厦，俟其到時，臣即攜帶過臺，以省另撥兵船護送。臣又查節次稟報，彰化、嘉義兩縣被焚粤莊不少，而淡屬之竹塹、後壠、中港一帶粤民較多，閩莊亦被焚搶，其良民之蕩析離居者急需撫卹，俾無失所，為數難以預計，自宜寬為儲備。現在臣又移咨撫臣飭藩司再籌銀五萬兩續解過臺應用，事竣之後如有贏餘即留臺灣府庫，於明年應解兵餉內扣除。理合附片具奏，伏乞聖鑒。謹奏。

道光六年七月初三日奉硃批：知道了。欽此。

九、閩浙總督孫爾准奏摺：九月臺地忽發颱風正行確查

[道光六年九月二十九日]，臺地自七月以來，雨澤稀少，大田望雨甚殷。兹於九月初三日起至十三日止，連獲甘霖，極為深透，晚禾正當結穗，藉以滋培，近海田疇前此未及栽插者，亦俱補種地瓜，甚屬相宜。惟二十六日晚，忽發颱風，勢甚猛烈，至二十八日早始得止息。隨即飭查淡屬北路，晚禾收割者已十分之四五，其未經收割者已成熟，可無慮損傷；南路佈種稍遲，尚未刈獲，收成不無稍減。他處情形是否相同，業經飛札飭查，應俟覆到另行具奏，伏乞聖鑒。謹奏。

一〇、閩浙總督孫爾准奏摺：恭報臺灣晚稻收成分數

[道光六年十一月初十日]，閩浙總督臣孫爾准跪奏：為恭報臺屬晚稻收成分數、仰祈聖鑒事。

竊照臺郡自七月以來，雨澤稀少，大田望雨甚殷。至九月初間，連獲甘露，晚禾正當結穗，藉以滋培，頗形暢茂。惟九月二十六日晚間，忽發颱風，勢甚猛烈，至二十八日早始得止息。當經臣委飭通查晚禾有無傷損，並經附片具奏在案。

兹據全臺各廳縣陸續覆到，臺灣、鳳山兩縣氣候較早，多經收割，

間有未全收割者，稻已成熟，不致損傷。惟淡水、嘉義、彰化、噶瑪蘭四處，沿海一帶田疇佈種稍遲者，收成不無減損，近山各處俱屬無礙。現在晚稻均已成熟，陸續刈獲登場。除澎湖向不產穀外，其餘各廳縣晚收分數均據分晰開報，由臺灣道孔昭虔復核，併差人分赴各屬密查，與該廳縣所報相符，彙開清摺，稟請具奏前來。臣復加確核，全郡二廳四縣，晚稻收成統計勻算六分。刻下糧價未減，地方安靜。所有臺屬晚稻收成分數理合恭摺，由驛具奏，併繕清單，敬呈御覽，伏乞皇上聖鑒。謹奏。

一一、福建臺灣鎮總兵劉廷斌等奏摺：澎湖地方被災情形及委員前往查勘

［道光十一年十二月十九日］，福建臺灣鎮總兵官劉廷斌、按察使銜福建臺灣道臣平慶跪奏：為澎湖地方疊被風災秋收歉薄、委員前往查勘並攜帶銀錢、地瓜乾先行接濟、恭摺具奏、仰祈聖鑒事。

竊照澎湖地方土性鬆浮，不產稻穀，向止栽種小米、棹粱及地瓜、花生以為民食。本年九月十七日據澎湖通判蔣鏞稟報：本年早收雜糧本屬歉薄，八月十六日該屬地方陡發風暴，海水隨風刮起，盡成鹹雨，秋植地瓜、花生有無傷損等情。臣等當即批飭確查各鄉是否一律均被風災，秋收有無妨礙，星飛稟覆去後，嗣因風訊不明，澎屬船隻難以往來，文報不通，前又據該廳蔣鏞先後稟稱：九月十五至二十，連日北風大作，又復刮起鹹水，飛灑如雨，地瓜、花生枝葉萎爛，晚收大減。現在逐加查勘，澎湖一共十三澳大小六十八鄉，內除東南一帶湖東、湖西、良文港、菓葉、南寮、北寮等鄉被災稍輕，其餘六十二鄉受災俱重。該廳先經辦理義倉，與澎湖協副將吳朝祥首先倡捐並勸諭民人，共捐有製錢三千四百餘千（串），現將此項借給貧民以資買食，諭令俟收成後再行歸款，民情甚為安靜，年前尚可無虞等情。

查澎湖地方四面皆海，素鮮蓋藏，男婦半屬捕魚為業，時將冬令，風動水寒，不能下海採捕，務經該廳將捐輸義倉製錢三千四百餘千

(串)，先行借給資其餬口，但恐不敷周濟，臣等督同臺灣府知府呂志恒籌商就於府庫生息項下提借銀三千兩，趕緊購買地瓜乾十萬觔，餘銀易換番銀製錢，飭委都署臺灣縣事、鳳山縣知縣徐必觀並鳳山縣興隆司巡檢沈長棻、嘉義縣大武壠巡檢施模管解配船飛渡澎湖，會同該廳親赴被災各鄉，確查實在乏食貧民，先行散給。一面造具極貧、次貧丁口清冊分別輕重，或應緩徵以紓民力，或照例動項賑卹，據實稟報。臣等詳明督撫照例辦理，以仰副我皇上軫念災民，不使一夫失所之至意。所有籌借府庫生息銀三千兩，俟事竣後，臣平慶督同知府呂志恒捐廉歸補。合將澎湖被災情形及委員前往查辦緣由恭摺具奏，伏乞皇上聖鑒訓示。謹奏。

道光十二年四月初六日奉硃批：依議妥辦。欽此。

一二、福建巡撫魏元烺奏摺：澎湖地方連被風災現已委員前往查辦撫卹

［道光十二年正月初十日］，福建巡撫臣魏元烺跪奏：為澎湖地方連被風災、現已委員前往查辦、恭摺奏祈聖鑒事。

竊照澎湖地方孤懸大海之中，地皆沙土，不能栽植稻穀，惟春種小米、棹粱，秋植花生、地瓜以資民食。上年十一月三十日據澎湖通判蔣鏞稟報：春間雨澤愆期，及至夏間始獲播種，氣候較遲，早收已歉。交秋之後，八月十六日並九月十五至二十日連日暴風大作，隨浪刮起鹹水，飛灑如雨，花生尚未飽綻，地瓜尚未長足，受此鹹水，枝葉萎焦，晚收更減。該處地瘠民貧，素無蓋藏，其環海居民雖有討海為生，惟入冬以來，北風不息，不能採捕，生計日蹙，困苦倍常等情。臣當飭該廳查勘何鄉何澳，分別最重、次重，作速詳報。一面行司飛飭該管臺灣道府逐一確查，妥速籌辦。去後，因北風時發，文報稽遲，又經札催在案。

茲於本年正月初五日據該廳蔣鏞具稟：澎湖一共十三澳大小六十八鄉，現已逐加查勘，東南之湖東、湖西、良文港、菓葉、南寮、北寮等

鄉被災稍輕，其餘六十二鄉受災俱重。該廳先經辦理義倉，與澎湖協副將吳朝祥首先倡捐並勸諭民人，先後共捐有錢三千四百餘千，現將此項借給貧民以資餬口，諭令今歲秋收再行歸款，民情甚為安靜。並據臺灣鎮劉廷斌呈稱：商同道府於府庫生息項下提銀三千兩，購買地瓜乾一千石，餘銀易錢委員解赴接濟等情。臣查澎湖地方上年早收已經歉薄，八九兩月連被暴風，晚收又減，民情更形拮据。雖經該廳將所捐義倉錢文先行借給。又據臺灣鎮道府委員齎帶銀錢、雜糧前赴接濟，惟被災貧民須俟本年五月以後始有收穫，為日正長，海外重地自應預為籌備，俾窮黎不致失所。現已飭委駐劄厦門之興泉永道周凱，就近先在厦防廳庫酌帶銀二千兩，又另賣地瓜乾一千石，尅日雇船前往澎湖先行接濟。一面確勘被災實在情形，分別輕重，或應緩徵以紓民力，抑或照例動項撫䘏，俱令該道查明妥速酌辦，務使災民均霑實惠，以仰副我皇上軫念民瘼之至意。除俟該道查明詳覆到日，再行具奏外，所有澎湖地方遭風情形、委員前往查辦緣由，謹恭摺具奏，伏乞皇上聖鑒訓示。再，閩浙總督係臣兼署，毋庸會銜合併陳明。謹奏。

［硃批］：查明據實奏聞。

一三、福建臺灣鎮總兵劉廷斌等奏摺：查勘澎湖風災撫䘏完竣地方靜謐

［道光十二年六月二十日］，福建臺灣鎮總兵官臣劉廷斌、按察使銜福建臺灣道臣平慶跪奏：為委員查勘澎湖風災撫䘏完竣、地方靜謐、恭摺具奏、仰祈聖鑒事。

竊照道光十一年八、九月間，澎疊被風災，秋收歉薄，貧民生計日蹙。經該廳蔣鏞將捐存辦理義倉製錢三千四百餘串，先行借給貧民暫資餬口，臣等惟恐不敷周濟，當即督同臺灣府知府吕志恒籌借府庫生息項下銀三千兩，先行購買地瓜乾十萬觔，易換製錢一千串、番銀一千圓，飭委都署臺灣縣事、鳳山縣知縣徐必觀帶同巡檢施模、沈長棻管解配船飛渡澎湖，同該廳蔣鏞親赴各鄉查勘撫䘏緣由，業經恭摺具奏。於道光

十二年五月初五日奉到硃批：依議妥辦，欽此。

臣等查委員徐必觀等管解銀錢及地瓜乾配船放洋後，旋奉撫臣行知奏委興泉永道周凱放廈防廳庫酌帶銀二千兩，又另買地瓜乾一千石赴澎湖，一面確勘被災實在情形妥速酌辦等因。並據臺灣府知府呂志恒申報：據該廳蔣鏞牒稱，此次撫卹災黎約計次銀七千餘兩，請即趕緊續發以資散給。現又由府庫動支生息銀兩易錢三千四百六十八串解交該廳。又據該廳蔣鏞稟稱：各澳素鮮蓋藏，加以上年入冬以後，北風勁發，商艘不通，乏食貧民愈形困頓，不得已暫將碾備兵米借給殷實舖戶定價出糶，俾得隨時買食。現在商船俱已源源進口，當將借糶米石截數停止，計共借出倉米九百石，已據各舖戶，具限兩月內買運還倉各等情。臣等復經札飭該廳蔣鏞暨委員等迅即隨同興泉永道周凱查明實在被災丁口妥為撫卹。去後，旋據該廳蔣鏞節次稟報：委員徐必觀等於本年正月二十五、二月初九日先後至澎登岸，興泉永道周凱亦於二月十九日抵澎，收到徐必觀等管解地瓜乾十萬觔、製錢一千串、番銀一千圓，隨將番銀按照時價易錢一千零三十串。又興、泉、永道應買地瓜乾一千石，因廈門一時無從採買，攜銀三千兩至澎湖，按照時價共換製錢四千二百八十串零六百四十文，並由府先後所發，合共製錢九千七百七十八串六百四十文。當即查明被災各處大小六十二鄉，極貧大口一萬一千二百五十五丁，小口五千三百五十六口；次貧大口一萬三千六百六十八丁，小口六千七百七十一口，援照嘉慶十六年該處辦理災案稟程大口按日給地瓜乾半觔，小口四兩，極貧散給兩月，次貧散給一月。又聞賑歸來大口六百五十八丁、小口三百六十四口，各給小建一月口糧，統共應給地瓜乾六十七萬八千九百三十一觔。除委員徐必觀等帶到地瓜乾十萬觔外，不敷之數，查鹿耳門、笨港處商販，因聞澎湖歉收，均各販有地瓜等項雜糧前往售賣，是貧民得有錢文即可就近買食。經該廳按照市價每觔折給製錢十六文，均勻搭放，共計用錢九千二百六十二串八百九十六文，已於三月初七日一律散竣，餘五百一十五串七百四十四文俟核明由廳散放腳費，分別造冊具報。現春深氣暖，連得透雨，耕者及時布種，漁者照常採捕，均能自給，民情甚屬歡悅。並稱澎湖全年額徵地種、船網、繒等項九十三兩一錢四分八釐，十一年下任未完二百九十六兩五錢七分四釐，現當開徵之際，若照例催返，民力尚形竭蹷，請緩至（本）年秋收後徵解。又據臺灣府知府呂志恒詳稱：上年買運地瓜乾十萬觔，計價錢一千五百一十二串三百三十八文，連該廳蔣鏞等搭放錢文，統共一萬零七百七十五串二百三十四文，以臺澎時價合折庫平紋銀七千五百二十四兩六錢七分三釐六毫。又該府購買前項地瓜乾由笨港運至澎湖，共用船價腳費銀六十一兩四錢二分八釐五毫二，共用銀七千五百八十六兩一錢零二釐一毫各等情前來。

臣等覆查無異，並密加確訪，此次辦理撫卹實屬無濫無遺，貧民均已普霑實惠。刻下該處小米、棹粱將次收穫，民氣恬熙無缺乏。惟查澎屬十一年未完地種、船網、滬繒等款銀二百九十六兩五錢七分四釐，若照常催返，民力實有未逮，可否查照被災七分以下之例，仰懇皇上天恩，依准緩至本年秋收，分作兩年帶徵，以紓民力之處出自聖主鴻慈。所有臺灣府庫動用生息銀兩，除前經奏明由臣平慶暨該府呂志恒捐廉歸補三千兩外，餘銀由廳造冊具報，作正開銷。至興泉永道周凱動支厦防廳庫紋銀三千兩，俟本案准銷之日，在于（原文如此）應領臺餉銀内照數造除，劃存司庫，發還厦防廳領回項款。該廳借糶倉倉米是否業已買還，飭令查明具覆，並將借動捐存，辦理義倉錢文，察看民力如數催收。除再飭廳迅將撫卹戶口、給過銀數及腳費等項核實備造細冊加結詳請督撫臣覆核題銷外，合將委員查勘澎湖災民撫卹完竣緣由恭摺具奏，伏乞皇上聖鑒。謹奏。

道光十二年八月十四日奉硃批：欽此。

一四、福建巡撫魏元烺奏摺：遵旨查明澎湖風災分別撫卹並請緩徵本年錢糧

[道光十二年六月二十四日]，福建巡撫臣魏元烺跪奏：為遵旨查明委員勘辦澎湖風災、分別撫卹並請緩徵緣由、恭摺覆奏、仰祈聖鑒事。

竊照澎湖地方上年早收歉薄，八九兩月連被大風，晚收又減，民情拮据，經臣飭委興泉永道周凱在厦防廳庫酌帶銀二千兩，又另買地瓜乾一千石，雇船前往先行接濟，確勘被災實在情形，妥速酌辦詳報，一面恭摺具奏。欽奉硃批：查明據實奏聞，欽此。遵即恭錄移行迅速查辦。去後，兹據興泉永道周凱詳稱：澎湖四面環海，大小六十八鄉，地皆沙土，不能栽植稻穀，僅種槔粱、小米、地瓜、花生以資民食。上年早收既薄，八月十六並九月十五至二十等日颶風連作，隨浪刮起鹹水，飛灑如雨，晚收更減，交冬以後，北風不息，採捕又難，民間生計日蹙。東南一帶之湖東、湖西、良文港、菓葉、南寮、北寮等鄉被災稍輕，其餘六十二鄉受災俱重，雖經澎湖通判蔣鏞會同澎湖協副將吳朝祥將倡勸民人原捐義倉製錢三千四百五十五千文，又續捐錢一百三十千文，借給貧民，寬令今歲秋收歸款，而日食尚形竭蹷，須加撫卹。該道周凱督同澎湖通判蔣鏞並帶委員逐鄉查勘確核戶冊，極貧大丁一萬一千二百五十五口，小丁五千三百五十六口；次貧大丁一萬三千六百六十八口，小丁六千七百六十一口。大口日給薯絲半觔，小口減半。次貧給與一月，極貧加給一月，以本年二月初一日起至三月底止。又聞賑歸來大丁六百五十八口，小丁三百六十四口，照次貧撫卹一月。計口而授，扣除小建，共需薯絲六千七百八十九擔三十一觔，每觔按照市價，合錢十六文。該道由厦起程時帶銀二千兩，因星速啟行，不及待買薯絲，又多帶銀一千兩，連同臺灣府解到薯絲一千擔並銀錢，督同該通判蔣鏞及衿耆呂作屏等親赴各鄉，按戶搭放，不假書役之手，毫無遺漏。現屆暮春，風日晴和，耕漁皆可自食其力，商販亦通，糧價日減，堪以停止撫卹，所有銷冊已由該通判蔣鏞造送臺灣府，核轉各鄉民舍、田廬均無損壞，間有病斃人口無力掩埋者，亦經官為資助，民情甚為安靜。惟查澎湖應徵道光十二年分地種、船網、滬繒等銀五百九十三兩零、耗羨銀七十一兩零，十一年分未徵下忙銀二百九十六兩零、耗羨銀三十五兩零，若照例催追，雖屬為數無多，究恐艱於輸納，應請將舊糧緩至本年秋獲之後徵收，其本年錢糧俟十三四兩年帶徵。至該地民人陳均哲等所捐義倉錢文係屬急公好義，應由廳員詳請獎勵以昭激勸等情。由藩司惠吉轉詳前來。

臣查澎湖地方因風歉收，民食拮据，先經該通判蔣鏞借給義倉錢文以資餬口，並將病斃窮民給資收埋，並經興泉永道前赴勘明，將所帶銀兩同臺灣府解往薯絲、銀錢確查大小丁口次貧散賑一月，極貧加給一月，聞賑歸來貧戶又已補賑一月，民間得有餘糧，耕漁均可乘時自食其力，商販亦通，糧價平減，日食無虞缺乏，自可無需再行接濟。所有臺灣府解往薯絲、銀錢業經臺灣道平慶恭摺奏請，由該道府捐廉歸補銀三千兩。其餘實在動用若干同給過丁口名數，除催府核明廳造冊結呈送另行諮部核銷撥項歸補。至貧民所借義倉錢文，應令俟今歲秋收繳還，其捐輸之民人陳均哲等應如何獎勵，飭查辦理。此次澎湖被風，雖經撫卹，而海外窮黎生計總形拮据，其應徵道光十二年分地種、船網、滬繒等項錢糧及上年未完下忙民欠銀兩，合無仰懇聖恩准其將舊糧緩至本年秋獲後徵收，本年錢糧緩俟道光十三四兩年帶徵，以紓民力。仍飭將緩徵銀款數目分年造冊具結詳諮。合將查明委員勘辦澎湖地方風災分別撫卹並請緩徵緣由，臣謹恭摺具奏，伏乞皇上聖鑒訓示。再，閩浙總督係臣兼署，毋庸會銜合併陳明。謹奏。

［硃批］：另有旨。

一五、上諭檔：諭令補銷賑卹澎湖風災所用銀錢並緩徵錢糧

道光十二年七月三十日奉上諭：魏元烺奏勘澎湖風災，分別撫卹，併請緩徵一摺。上年澎湖地方早收歉薄，又被颶風，晚禾更減，業經該通判借給義倉錢文，以資糊口。併與興泉永道帶銀，同台灣府解往薯絲、銀錢，確查極次貧民，散賑俵補，小民自可無虞失所。其臺灣府解往薯絲、銀錢，除該道豐慶等捐廉歸補銀三千兩外，其實在動用若干，同給過丁口名數，著照例造冊，咨部核銷，撥項歸補，所借養廉錢文，仍俟本年秋收繳還。至捐輸民人陳均哲等，著該署照例獎勵。所有澎湖應徵道光十二年分地種、船網、滬繒等項錢糧，及上年未完下忙民欠銀

兩，著加恩准其將舊糧緩至本年秋收以後帶徵，本年借糧著緩俟道光十三年、十四年兩年帶徵，以紓民力。該署督即刊刻謄黃，徧行曉諭，勿任吏胥影射滋弊，以副朕軫念海外窮黎至意。該部知道。欽此。

一六、臺灣總兵劉廷斌等奏摺：查勘澎湖風災撫卹完竣

［道光十二年八月十四日］，福建臺灣鎮總兵臣劉廷斌、按察使銜福建臺灣道臣平慶跪奏：為委員查勘澎湖風災撫卹完竣、地方靜謐、恭摺具奏、仰祈聖鑒事。

竊照道光十一年八、九月間，澎湖疊被風災，秋收歉薄，貧民生計日蹙。經該廳蔣鏞將捐存辦理義倉制錢三千四百餘串，先行借給貧民，暫資餬口。臣等惟恐不敷周濟，當即督同臺灣府知府呂志恆籌借府庫生息項下銀三千兩，先行購買地瓜乾十萬斤，易換制錢一千串，番銀一千圓，飭委暫署臺灣縣事鳳山縣知縣徐必觀，帶同巡檢施模、沈長棻管解，配船飛渡澎湖，同該廳蔣鏞，親赴各鄉查勘撫卹緣由，業經恭摺具奏，於道光十二年五月初五日奉到硃批：依議，妥辦，欽此。臣等查委員徐必觀等管解銀錢及地瓜乾配船放洋後，旋奉臣行知奏委興泉永道周凱，於厦防廳庫酌帶銀二千兩，飭買地瓜乾一千石赴澎接濟，一面確勘被災實在情形，妥速酌辦等因。並據臺灣府知府呂志恆申報：據該廳蔣鏞牒稱：此次撫卹災黎，約計須銀七千餘兩，請即趕緊續發，以資散給。現又由府庫動支生息銀兩易錢三千四百六十八串，解交該廳。又據該廳蔣鏞禀稱：各澳素鮮蓋藏，加以上年入冬以後，北風勁發，商艘不通，乏食貧民，愈形困頓，不得已暫將碾備兵米，借給殷實舖戶，定價出糶，俾得隨時買食。現在商船俱已源源進口，當將借糶米石截數停止。計共借出倉米九百石，已據各鋪戶具限兩易買運還倉各等情。臣等復經札飭該廳蔣鏞暨委員等，迅即隨同興泉永道周凱，查明實在被災丁口，妥為撫卹。去後，旋據該廳蔣鏞節次禀報：委員徐必觀等於本年正月二十五日、二月初九日先後至澎登岸，興泉永道周凱亦於二月十九日抵澎，收到徐必觀等管解地瓜乾十萬觔、制錢一千串、番銀一千圓，隨

將番銀按照市價易錢一千零三十串。又興泉永道應買地瓜乾一千石，因厦門一時無從採買，攜銀三千兩至澎湖，按市價共換制錢四千二百八十串零六百四十文。並由府先後所發，共合制錢九千七百七十八串六百四十文。當即查明被災各處大小六十二鄉，極貧大口一萬一千二百五十五丁，小口五千三百五十六口，次貧大口一萬三千六百六十八丁，小口六千七百七十一口，援照嘉慶十六年該處辦理災案章程，大口按日給地瓜乾半斤，小口四兩；極貧散給兩月，次貧散給一月。又聞賑歸來大口六百五十八丁，小口三百六十四口。各除小建一日口糧，通共應給地瓜乾六十七萬八千九百三十一斤。除委員徐必觀等帶得地瓜乾十萬斤外，不敷之數，查鹿耳門，笨港兩處商販，因聞澎湖歉收，均各販有地瓜等項雜糧前往售賣，是貧民得有錢文，即可就近買食。經該廳按照市價，每斤折給制錢十六文，均勻搭放，共計用錢九千二百六十二串八百九十六文，已於三月初七日一律散竣。餘錢五百一十五串七百四十四文，俟核明由廳散放腳費。分別造册具報。現在春深氣暖，連得透雨，耕者及時佈種，漁者照常採捕，均能自贍，民情甚屬歡悦。並稱澎湖全年額征地種、船網、滬繒等項銀五百九十三兩一錢四分八釐，十一年下忙未完二百九十六兩五錢七分四釐，現當開征之時，若照例催□，民力尚形竭蹶，請緩至本年秋收後征解。又據臺灣府知府吕志恆詳稱：上年買運地瓜乾十萬觔，計價錢一千五百一十二串三百三十八文，連該廳蔣鏞等搭放錢文，統共一萬零七百七十五串二百三十四文，以臺澎時價合折庫平紋銀七千五百二十四兩六錢七分三釐六毫。又該府購買前項地瓜乾，由笨港運至澎湖，共用船價腳費銀六十一兩四錢二分八釐五毫，二共用銀七千五百八十六兩一錢零二釐一毫各等情前來。臣等覆查無異。並密加確訪，此次辦理撫卹，實屬無濫無遺，貧民均已普沾實惠。刻下該處小米、□粱將次收穫，民氣恬熙，並無缺乏。惟查澎屬十一年未完地種、船網、滬繒等款銀二百九十六兩五錢七分四釐，若照常催追，民力實有未逮，可否查照被災七分以下之例，仰懇皇上天恩俯准緩至本年秋收，分作兩年帶征，以紓民力之處，出自聖主鴻慈。所有臺灣府庫動用生息銀兩，除前經奏派由臣平慶暨該府吕志恆捐廉歸補三千兩外，餘銀由廳造冊具報，作正開銷。至興泉永道周凱動支厦防廳庫平紋銀三千兩，俟本案准銷之日，在於應領臺餉銀内照數造除，劃存司庫，發還厦防廳領回歸款。該廳借糶倉米是否業已買還，飭令查明具覆，並將借動捐存辦理義倉錢文，察看民户各數催收。除再飭該廳迅將撫卹户口、給過銀數及脚費等項，核實備造細冊，加結詳請督撫臣覆核題銷外，今將委員查勘澎湖災民撫卹完竣緣由，恭摺具奏，伏乞皇上聖鑒。謹奏。

道光十二年八月十四日奉上諭：劉廷斌等奏查勘澎湖風災，撫卹完竣，應征未完銀款，懇恩緩征一摺，福建臺灣澎湖地方，上年八、九月間疊被風災，秋收歉薄，經劉廷斌等奏明動項，查勘撫卹。玆據奏辦理完竣。本年將次收穫，貧民尚無缺乏。惟澎屬十一年未完地種、船網、滬繒等款銀二百九十六兩零，若照常催追，民力恐有未逮，著照所請加恩緩至本年秋收後，分作兩年帶征，以紓民力。該總兵等即刊刻謄黄，徧行曉諭，務期貧民均霑實惠。餘著照所議辦理。該部知道。欽此。

一七、户部“為内閣抄出閩浙總督鍾祥片奏”移會：臺灣縣永凝等七里因旱災請緩征當年錢糧

［道光十七年正月］，户部為移會事：福建司案呈，内閣抄出閩浙總督鍾奏前事一摺，相應抄單移會可也。須至移會者，計單一紙。右移會稽察房。道光十七年正月日，副郎佛。

臣鍾祥片奏：再臣於本年十一月間，接據臺灣府縣詳報，臺邑入秋以來，雨澤愆期，雖經設壇虔禱，未沛甘霖。及至九月，風燥日烈，益形亢旱，晚收未免歉薄，糧價亦覺增長。業經由府縣速赴各鄉確勘。先將被旱窮民，妥為撫卹。一面委員細查，是否成災，另行辦理等因。當經批檄嚴飭委員，徧歷各莊，逐細查勘禀覆去後，續據署臺灣道周凱具禀：鳳山一縣晚禾收成六分有餘，嘉義一縣收成六分，該二縣民力尚不至於拮据。惟臺灣一縣，據該縣托克通阿詳稱，親詣各鄉逐莊查勘，東北各里，向有埤圳通行溪流，藉資灌溉，晚禾均無妨礙，核計分數均在六分；其沿西一帶，濱臨大海，地習斥鹵，向無栽種田禾；東南各里，

藉有鯽魚潭水分流車灌，亦在五分有餘；永凝、新昌、武定、永康、文賢、崇德、仁和等七里，離溪較遠，難以引導，經該鄉民汲水分灌，歉熟錯綜不一，約計分數亦在五分；其高阜之區，泉脈不通，拮据難施，田禾盡行枯槁，現已拔除，諭令一律改種雜糧，以資生計。似此被旱缺收，在每里亦不過數區，雖不成災，民情究屬拮据，應請將永凝等七里應完本年正供錢糧，緩至明年早收後帶征等情。

臣等查臺灣孤懸海外，民食最關緊要。九月以後，臺地各屬糧價，未據造報，而臺灣縣屬之永凝等七里地方被旱，民情拮据，係屬實情。臣等與藩司熟商，所有臺灣縣永凝等七里應征本年正供錢糧，合無仰懇皇上天恩，准其緩至明年早收後帶征，以紓民力。除檄飭臺灣道府查明緩征錢糧數目、另行造冊詳送咨部外，合將緩征緣由，附片具奏，伏乞聖鑑訓示。謹奏。

道光十六年十二月二十五日奉上諭：鐘祥等奏查明被旱地方，懇請緩征等語，福建臺灣縣本年入秋以後，雨澤愆期，高阜之區，收成未免歉薄，民力頗形拮据，加恩著照所請，所有臺灣縣屬之永凝、新昌、武定、永康、文賢、崇德、仁和等七里應征本年正供錢糧，俱著緩至明年早收後帶征，以紓民力。該督等即刊刻謄黃，徧行曉諭，務使實惠及民，毋任吏胥舞弊，用副朕軫念民依至意。該部知道。欽此。

一八、廣東提督劉廷斌奏摺：淡水廳閩粵互焚房屋撫卹大餉未到借項散給（殘缺）

［道光十三年正月十二日］，□□□□□□□□□□□□□□□□□□□補授廣東提督臺灣鎮總兵官奴才劉廷斌跪奏：為淡水廳南北二路閩粵互焚房屋、大餉未到借項撫卹、陸續歸家搭寮安業、地方安靜、據實奏明、仰祈聖鑒事。

竊奴才於道光十二年十二月二十五日曾將帶兵馳抵淡水廳境，率同同知李嗣鄴派撥員弁兵丁分路巡查閩粵兩籍各莊，凡有築土圍望樓之處，全行拆毀，先令移徙之民各回本處搭寮棲身，各務本業情形恭摺具奏在案。

拜摺後，奴才留遊擊黃步青、保芝琳等共帶兵七百名分駐，以釋互疑。奴才仍率同李嗣鄴由沿海已焚之南崁、大窟、二埤，未焚之白沙墩、營盤腳等莊挨查。皆因雨大無屋未能回家者，閩籍俱聚桃仔園、艋舺等處，汀州附粵籍者，俱在中壢、新街等處。本年正月初二日，至廳南沿海查看被焚之家，亦因雨大無屋未回者俱在後壠、中港、廳城三處，男丁回家務農，婦女仍住圍藔。初四日，據粵籍貢生劉獻廷等報稱：案犯吳阿賢、張阿三現回內山公管莊。奴才即親率都司楊武鎮、署遊擊事守備關柱及同知李嗣鄴分路前往圍拏，在該莊獲生番二名交該丞訊供，一名加物，一名有八，俱吳阿賢、張阿三由內山勾出，並獲吳阿賢之父吳阿二、張阿三之父張阿安二名，鳥鎗三桿，刀一口。奴才隨就地將加物、有八二名斬首以絕吳阿賢等入山之路，仍就總理莊耆謝穆堂等跟交吳阿賢等犯，吳阿二、張阿安二名交同知李嗣鄴審訊。適卸署臺灣府事同知王衍慶經道臣平慶奏委由彰化之葫蘆墩一帶趕來。奴才詢悉嘉義、彰化民情安堵，且時有獲張丙等案內逸犯，經督臣程祖洛奏委來彰化撫卹難民之興化府知府黃綏誥、知州銜永安縣知縣王益謙等已到，督縣造冊撫卹入淡境之舊社、泉州厝、吞霄、後壠、中港一帶，有屋者俱已歸家，無屋者漸次搭藔，惟後壠、中港兩處沿海歸聚及本處實在貧民缺食者，先賞給洋銀，交總理妥為給發，令其趕緊造冊，亦俟內地大餉到來，按戶撫卹，民心歡感。其廳治迤北之桃仔園，東西沿山沿海閩籍漳州、粵籍惠潮及附粵之汀州互焚之房屋，雖奴才前奏四品職銜林平侯，因風大雨大，多日未止。又上年八月內水沖沙壓，九月內被風吹損傷，禾稼收成不及二分，米糧昂貴。奴才查其時颱風暴雨沖刮禾稼地土及壞商艘，並廠所奉文暫緩大修小修哨船十隻。道臣平慶與奴才據報委同知沈欽霖及鳳山縣知縣徐必觀分路會廳縣確查。嗣因陳辦等滋事尚未具奏，今又互焚，內地大餉因風雨有滯尚未到臺，現正春耕，難民勢難久待，由王衍慶、李嗣鄴就地傳商殷紳舖戶暫借洋銀，先將塹南、塹北挨次撫卹，該紳士商民等皆稱仰荷皇上天恩惠愛黎元久享昇平，情願借出銀圓先行撫卹，俾難民歸莊安業，庶不負聖天子懷保小民之至意。奴才見士民向義出於至誠，即飭同知王衍慶、李嗣鄴趕緊清查村莊戶口，急為賑撫。

至此次塹南係閩籍泉州與粵籍互焚，皆因嘉義張丙等滋事，兩籍頭人修築木柵土圍僱人防範，以致零星小戶驚疑搬歸大莊而起，且有受僱之人不受約束，互相攻莊，兩籍俱有損傷。奴才趕到，兩籍居民畏懼星散，其塹北係閩籍漳州與粵籍及閩籍汀州，各築土圍，皆因南路互焚，致生疑懼，亦各僱人防守，及至散時勒價不遂，肆行焚燒南北兩處，又有自焚而誣賴他人者。查淡水廳自南至北，道路延長，兩籍之民既撫令歸莊，恐其疑畏之心遽難解釋，且放火之犯亦應嚴行捕拏究辦。內地之兵未便遽撤，所有遊擊黃步青、守備潘忠孝共帶兵八百數十名，又都司楊武鎮、署守備事千總陳榮標共帶臺灣水陸弁兵七百名。奴才仍飭該員等各帶原兵分駐，會廳督令兩籍總理莊耆各拏各犯，免致驚疑騷擾，並飭同知李嗣鄴撫卹之便，會督兩籍總理速拏解究，以便易於弋獲。

督臣程祖洛來文云已配船隻，如風順，月內即可登岸。奴才拜摺後，由彰化、嘉義巡查回郡。南路鳳山鬭案，道臣平慶奏明同副將謝朝恩帶兵前往，又有提臣馬濟勝就近督率，無難息事。奴才謹將撫卹大餉未到，難民勢難久待，由同知王衍慶、李嗣鄴向殷實士民借銀散給及獲生番就地辦理，以絕犯遁內山情形恭摺具奏，伏乞皇上聖鑒訓示遵行。謹奏。

［硃批］：另有旨。

一九、上諭檔：寄諭欽差大臣瑚松額等臺灣亂民頭首已獲著妥籌撫卹

［道光十三年正月二十七日］，軍機大臣字寄欽差大臣將軍瑚、閩浙總督程、福建陸路提督馬。

道光十三年正月二十七日奉上諭：本日據馬濟勝奏續獲要犯並派將領會同平慶帶兵馳赴鳳山查辦分類焚搶一摺，覽奏均悉。此次賊匪俱係烏合之衆，倉猝間聚至二萬有餘，戕官攻城，詭謀疊出，並敢於大兵進

剿時糾衆抗拒，必有籌畫主謀暨同惡相濟之犯。該提督會同道府提訊逆首張丙等，究出偽北路元帥蔡臨、偽監軍元帥吳扁等，經謝朝恩帶兵圍拏，該匪等持械拘捕，殲斃賊匪數名，捡獲偽帥蔡臨及股匪陳阿趙、宋習、林添、林鑾、藍厚、藍洪、蔡夏、羅傳、黄鳌、劉愛、余彰等十二名。又飭竇振彪派撥弁兵拏獲偽監軍元帥吳扁暨旗首許滔、黄先進及攻破斗六汛官要犯蔡獸、林老全、余鼎、陳苞、陳洛、柯興、張裕、李溪水、陳番、吳宙、吳占隴、朱靠、楊隴、羅論、劉興等十八名。此時股首悉數就捡，餘匪將次殲滅，甚為妥速。著瑚松額趁此兵威，會同馬濟勝、劉廷斌將餘匪逐一搜捕，毋任一名漏網，其續經訊出助逆匪犯並著一併查拏，總期淨絕根株，勿留遺孽，致貽後患。其張丙等要犯，該提督因平慶馳往南路查拏兇匪，著帶弁兵二百名督同署知府托渾布等加謹防範，所見甚是。程祖洛於訊明後，即遵前旨派委妥員迅速解京盡法懲治，以彰國法而快人心。其善後事宜本係地方官專責，著程祖洛悉心經理。所有南北兩路被賊焚搶各莊，務飭府縣妥籌速行撫卹。其南路鳳山縣粤人焚擾閩莊之案旋息旋起，尤宜迅速查辦。北路一帶閩籍居民懷疑搬徙互相焚搶之案，經提督劉廷斌彈壓並查照成案，於閩粤各堡交界處分駐隊伍，居民知官兵可恃，相率遷回。所派之兵概係上府籍貫，與漳泉、粤民人毫無嫌隙，該邑難民均已搭蓋草寮棲止，聽候撫卹。

其淡水之銅鑼灣、桃仔園尚有被焚情事，昨已據劉廷斌奏親往查辦。程祖洛到臺後，即剴切曉諭，示以禍福，懾以兵威，總期早靖餘氛，各安生業，方為不負委任。將此由四百里各諭令知之，欽此。遵旨寄信前來。

二〇、署福州將軍瑚松額等奏摺：查明嘉義縣斗六門縣丞方振聲等員殉難最烈請從優獎卹

［道光十三年二月十九日］，臣瑚松額、臣程祖洛跪奏：為查明殉難最烈之縣丞備弁並克全大義之家屬幕友、請旨從優獎卹以昭激勸、恭摺奏祈聖鑒事。

竊臣等欽奉諭旨：斗六門打仗陣亡官弁，署縣丞方振聲等及兵丁若干名，俱著查明賜卹等因，欽此。臣等於行抵臺灣後，即聞此次被害各員惟嘉義縣斗六門縣丞方振聲、守備馬步衢、千總陳玉威之死事最得其正，亦最為慘烈，且有家屬幕友同時遇難，而該故員之所以被害，則由護嘉義都司事千總許荊山砍破營盤帶兵脫逃、又有斗六街富戶監生張頭即張彩五勾賊攻圍所致。正在訪查拏辦間，據各故員家屬先後赴臣等寓所呈訴聲明，該故員等有竹紙草書稟帖，蓋用鈐記交給陳玉威之子陳繼昌帶出潛逃，於上年十一月二十日投交陞任鎮臣劉廷斌求為伸冤等情。臣等當即飛調原稟，一面確查。去後，旋獲黃城之偽軍師僧允報到案，訊據供指方振聲等被害情形甚為明晰，並據劉廷斌送到原稟，又據署臺灣府知府托渾布等查明詳情具奏前來。臣等覆加採訪，緣斗六門汛介於嘉義、彰化之間，額設縣丞、守備、千總各一員帶兵防守，與嘉、彰兩縣有輔車相依之勢。逆匪黃城本係積賊，屢經馬布衢等嚴拏未獲，將其房屋拆毀。上年十月初，聞逆匪張丙等戕官圍城，馬布衢等恐被擾及，當於汛地築土為圍、插竹成柵、開挖濠溝以備不虞。先是，護嘉義都司千總許荊山於陳辦初起事時，同知縣邵用之在嘉義迤北彈壓查拏，迨張丙等在嘉義迤南聚衆伺刦，邵用之先行馳往，劉廷斌令許荊山速回嘉義縣城防守。十月初一日早，許荊山行至土庫莊外溪底地方被賊搶去坐馬、砲械，殺傷兵丁退回土庫莊內不敢回縣。至初四日，管領原帶兵九十餘名潛赴斗六門汛，經馬布衢留汛協防。迨後，馬布衢見賊衆屢窺斗六，諭令張紅頭僱募鄉勇二百名備用，張紅頭不允，馬布衢斥其坐觀成敗，並稱平賊之後定當究問，張紅頭心懷怨懼。適黃城在林圮埔一帶豎旗滋事，既恨馬布衢等之拆屋搜拏，又慮斗六門不破，南北不能肆擾，因於十月二十七日與梁辦合夥共攻斗六門營盤，馬布衢等竭力守禦。至十一月初一日，先後鎗砲轟斃賊匪約有二百餘名，黃城等已欲解散，張紅頭主令其族人張成糾集無賴幫同圍攻，賊勢復熾。初三日夜，張紅頭與黃城之偽軍師僧允報朋謀設計用牛車裝載稻草，欲圖填濠，陳玉威等乘其尚未卸車，拋擲火罐，火發牛奔，計不能行。是夜，僧允報等復令黃城用車裝載青草覆以淤泥填塞濠溝，許荊山見勢危急，乘夜率領兵丁砍開營後土圍竹柵，首先逃走，人心惶惑，該逆匪得以乘間縱火破柵而入。時有線民陳馬等亦勸馬布衢逃逸，馬布衢不允，力矢死守，旋與方振聲等知難抵敵，囑令家屬逃生。維時馬布衢並無家屬在汛，方振聲將五歲幼子方維善同其生母梁氏托交僱婦蕭李氏帶出逃匿甘蔗林內，方振聲之繼妻張氏、陳玉威之妻唐氏均願以身殉，更有方振聲之幕友沈志勇因賓主情深不忍捨去，沈志勇之次子沈聯輝願與父同生死，又有方振聲之跟丁僱工江承惠、曾大祥、邱新、許廚子亦願同死。馬布衢等遂急作草稟，並於稟內開列殉難人姓名，蓋用鈐記，逼令陳繼昌改裝易服赴劉廷斌處投遞。料理甫畢，逆匪擁至，馬布衢等恐火藥為賊所有，焚燒自戕，均因藥少未死，持刀走出遇賊巷戰，各刃數人，力竭均被執遇害。方振聲之繼妻張氏並一幼女與陳玉威之妻唐氏、幕友沈志勇父子、跟丁江承惠等四名亦同時遇難，其最慘烈者馬布衢、方振聲、張氏、唐氏四人，均因忿激罵賊致被割鼻剜舌，備受荼毒。（［硃批：］墮淚覽之，可嘉可憫之至。）陳繼昌於逃出投稟後，因仇不戴天，自團義勇緝獲黃城股夥江濱、賴來二名送官審辦。臣等飭提僧允報研訊，供情相符。

是該故員等之守禦有方，忠烈堪嘉，其家屬幕友人等孝節義烈從容殉難，已屬確鑿可據，相應先行請旨將嘉義縣斗六門縣丞方振聲及其繼妻張氏、署斗六門守備事臺灣鎮標左營千總馬布衢、署斗六門千總事臺灣北路協標左營右哨二司把總陳玉威及其妻唐氏從優賜卹。幕友沈志勇捨生取義，其子沈聯輝為父死難，均堪嘉尚，合無仰懇天恩一體予卹以昭激勸。

此外，尚有同時陣亡弁兵，因北路協副將造送清冊與陳繼昌等所指互有參差，容臣等覆查確實，與其餘陣亡弁兵彙案辦理。至護都司事千總許荊山先於土庫地方遇賊不知督兵捻拏，竟至馬械被搶，兵丁被戕竄逃，斗六門汛已屬畏葸損威，又於斗六門被攻危急時首先率領兵丁砍破營後竹圍逃走，致被逆匪乘間攻破慘害多人，實屬罪無可逭。查劉廷斌原稟有許荊山退出土圍被逆犯梁辦追趕不知下落之語，臣等傳到當日守汛受傷兵丁陳名奎、張朝龍二名，僉供許荊山實係挖開竹圍帶兵逃走，並無被賊匪追趕之事，與馬布衢等遺稟相符，是劉廷斌原稟尚係道路未通以前傳聞之詞，惟當陳繼昌投遞遺禀後已知許荊山帶兵逃逸並不嚴行跟查，又無隻字禀報，至本年正月十二日奏補遺缺摺內仍不據實參究，但以無著二字含混聲敘，實屬有心朦庇，應請旨將陞任廣東提督臺灣鎮總兵劉廷斌交部議處。臣等現已通飭臺灣內地各口岸文武各官及許荊山原籍晉江縣一體實力搜拏逃弁許荊山，務獲，死則剉屍示衆，生即明正典刑以彰國法，仍跟查斗六門隨同潰逃兵丁，如止係許荊山原帶之兵則兵隨將行情尚可原，即由臣等酌量懲辦，若有本汛兵丁聽從脫逃另行照律辦理。張紅頭即張彩五隱身從逆設謀破汛，實屬罪不容誅，容俟拏獲究辦。臣等謹會同恭摺具奏，伏乞皇上聖鑒訓示。再，馬布衢有子三人，是否親生之子，另容查明諮部辦理，合併聲明。謹奏。

[硃批]：另有旨。

二一、閩浙總督程祖洛等奏摺：籌撥臺灣欠運內地兵穀抵放兵糧及賑濟口糧

[道光十三年四月二十日]，閩浙總督臣程祖洛跪奏：為籌撥臺灣欠運內地兵穀抵放徵兵及撫卹難民口糧、恭摺奏祈聖鑒事。

竊臣前因臺匪滋事，所調徵兵及撫卹難民口糧恐有不敷，並查明臺灣應運內地兵穀節年多有掩欠，福建省城與漳、泉二府民食、兵糈均虞缺乏。奏奉上諭：現在省城及漳、泉米價每石已賣至四千餘及五千餘文不等，臺灣大兵雲集，每日兵糧及難民口食皆須官為支給，已另降旨諭知富呢楊阿在浙江省沿海各州縣徵收本年漕米內截留十萬石，前據魏元烺請赴江浙等省採買米石、借碾倉穀各十萬石，降旨准行，仍著飛諮浙江、江西巡撫查明採買碾撥可得若干石，竭力籌辦，其江蘇省漕米離臺灣較遠，恐有風濤之險，不准截留，所有截留漕米著照所請，將解給臺灣徵兵、撫卹難民者作正開銷，支放內地兵米者俟明年臺運穀石到時解還補運，糶濟民食者將糶下價值解交該省於下運買米交幫，其臺灣各官辦理配運兵米遲悞，著程祖洛查明實在弊端，分別參辦等因。欽此。又臺灣撫卹難民亦經臣查明情形，奏蒙恩准賞給三個月口糧，各在案。

當即欽遵分別諮行查辦。去後，旋准撫臣魏元烺咨會截漕米石業由浙江撫臣富呢楊阿奏明減半截留五萬石，其採買之米，浙省已得二萬石，江西籌撥之米核計價值昂於閩省，亦已奏請停止等情。臣思內地之短缺兵糈由於臺灣之欠運臺穀，現在所運截漕、採買二項共止米七萬石，自應將內地之兵糈民食與臺灣之徵兵、撫卹口糧通盤核計，均勻抵放，期於兩處均有裨益。因查臺灣欠運內地兵穀計共十餘萬石，其中雖有民欠，而已徵未運積存之穀尚可動用，與其將截留漕米載運來臺支給徵兵及撫卹口糧，再將臺灣積欠兵穀配船內渡，此往彼來多費運腳，苦累商船，莫若碾動未運內地兵穀抵作徵兵及撫卹口糧，而將截漕米石就近放給內地兵米作正開銷，一轉移間多所節省，又免重洋挽運之煩，即經分飭省城、臺灣各總局、司、道、府、廳核議。嗣據省城、司、道議稟：現在省城暨漳、泉一帶米價未平，截漕、採買二項米石已報到閩者尚少，民食、兵糈均需接濟，不能兼顧臺地徵兵暨撫卹口糧之用。又據臺灣道、府詳稱：查得臺地米價近亦漸昂，所有撫卹難民口糧若概放折色恐有不敷買食之處，又徵兵一項自上年以來節經地方官籌款墊放亦須撥補，議請將臺灣各縣存貯灣倉未運內地兵穀先行動撥六萬石，除撥運各廳縣墊放徵兵口糧外，餘穀儘數碾米抵放撫卹口糧各等情。

臣覆核無異，飭即先行照數撥用，如撫卹米數尚有不敷，再行陸續動撥，倘有盈餘，仍行貯倉配運。其離倉穹遠，運米不便之地，或須酌量搭放折色，以及被焚各莊應給修房銀兩另行察看情形，妥為辦理。臣惟有督飭承辦各員事事務歸核實，力加撙節，其撫卹難民尤當欽遵諭旨，分別良莠，斷不敢任其稍有冒濫，一面將此次籌撥臺穀六萬石行知省城、司、道即在截留漕米內撥米三萬石就近支給各營兵米，仍飭臺灣道府將所撥穀數分年分款行知內地畫一報銷。至臺灣各官辦理配運兵穀遲悞，一因近年海口商船較少，一因原派鹿耳門配運穀數獨多，勢有偏重，遂多積壓，又各縣民欠供粟亦屬不少，其弊不獨在配運不善，除嚴催各縣將新舊徵存未運兵穀悉數運灣，按船撥配外，臣仍督率道、府、廳、縣查明民欠實數，勒限徵補，並妥議配運章程，另摺具奏。如查有徵多報少及虧挪侵蝕情弊，即當嚴行參辦。謹將籌撥未運內地兵穀抵放兵糧、撫卹緣由先行恭摺具奏，伏乞皇上聖鑒訓示。謹奏。

［硃批］：依議妥行。

二二、閩浙總督程祖洛、福建巡撫魏元烺會奏：臺灣府屬應征抄叛各產租穀被賊搶失援案懇請豁免摺

［道光十四年五月三十日］，為臺灣府屬應征抄叛各產租穀被賊搶失、援案懇恩豁免、恭摺奏祈聖鑒事。

竊照臺灣府屬之淡水廳及臺灣、鳳山、嘉義、彰化四縣抄沒逆匪林爽文、陳周全及械鬥會匪翁雲寬、楊文麟、許國樑等各案入官田產應征租穀奏定章程，除正賦應征本色外，其餘年額應征租穀七萬六千二百八十三石七斗五升三合三勺，每穀一石折銀七錢，應征銀五萬三千三百九十八兩六錢二分七厘三毫，由臺灣府征收，撥充戍兵加餉。道光十二年冬間，嘉義逆匪張丙等糾眾滋事，臺灣、彰化二縣及鳳山縣迤東各鄉，匪徒聞風響應。其未被逆匪滋擾之淡水廳與鳳山縣迤西各鄉，又有粵莊棍徒，肆行焚搶。所有該廳縣承種抄叛各產佃戶應繳道光十二年分折租銀兩，除種植早稻者業已收割完竣變價繳官外，其種植晚稻者，正當收穫之時，或收貯在家，或運存租館，及在田未經收割者，悉被搶失蹂躪，蕩然無存。臣程祖洛渡臺後，於撫卹難民之時，即據各佃首紛紛具呈請豁。當經批飭臺灣府委員會同各廳縣確查勘驗取結詳辦去後。茲據署福建藩司鳳詳，據臺灣府周彥詳稱，移飭各廳縣帶同各佃首吊驗征收租簿完單，逐處查勘，除未被搶失穀二萬四千一百五十八石八斗二升三合三勺內已征銀一萬四千三百九十兩二錢二分二厘五毫、尚有未完有著銀二千五百二十兩九錢五分三厘八毫仍催該佃首等完納外，統計淡水廳、臺灣、鳳山、嘉義、彰化四縣實在被搶收存在家未運納穀一萬六千六十一石六斗五升三合，運貯租館未變價穀一萬五千一百五十四石二斗一升，蹂躪在田未收割穀二萬九百九石六升七合，共被搶蹂躪無著穀五萬二千一百二十四石九斗三升。查照章程，每石折征銀七錢，合銀三萬六千四百八十七兩四錢五分一厘，取造冊結，由司覆核，詳請援照嘉慶

十年蔡逆竄臺滋擾搶失成案，奏請豁免前來。臣等伏查各該佃等猝遭擾害，家屋全傾，瑣尾流離，情殊堪憫，雖已仰蒙聖恩，賞給三個月口糧，並給予修房之費，得以復業墾種，而元氣難以驟復。所報被賊搶失蹂躪官租穀石，確係實在情形，即使嚴拘比追，亦屬懸宕無著。所有道光十二年分應完租穀內，被搶蹂躪穀五萬二千一百二十四石九斗三升，合銀三萬六千四百八十七兩四錢五分一厘，合無仰懇皇上天恩，俯念窮黎，准予豁免。如蒙俞允，其應給戍兵加餉，容臣等另行籌款撥補，分別造冊請銷。臣等謹合詞恭摺具奏，伏乞皇上聖鑒訓示。謹奏。

道光十四年五月三十日具奏，八月初八日在侯官舟次奉到硃批：另有旨，欽此。同日奉到，道光十四年七月初九日内閣奉上諭：程祖洛等奏應征抄叛各産租穀被賊搶失援案懇請豁免一摺，福建臺灣府屬之淡水廳及臺灣、鳳山、嘉義、彰化四縣抄叛各産應征租穀，除已征收外，其各該佃戶承種晚稻者均被十二年冬間逆匪棍徒搶失蹂躪無存，現經該督等查明報搶穀石，確係實在情形，著准其援照成案，所有道光十二年分應完租穀内被搶蹂躪穀五萬二千一百二十四石零，合銀三萬六千四百八十七兩零，准予豁免，以示朕軫念窮黎之至意。此項穀石係應給戍兵加餉，著該督等另行籌款撥補，分别造冊報銷。欽此。

道光十四年九月初六日司行，十月十七日臺灣府奉到。

二三、上諭檔：諭内閣臺灣、彰化等縣佃戶應完租穀被搶著准其豁免

道光十四年七月初九日内閣奉上諭：程祖洛等奏應徵抄叛各産租穀被賊搶失，援案懇請豁免一摺。福建臺灣府屬之淡水廳及臺灣、鳳山、嘉義、彰化四縣抄叛各産應徵租穀，除已徵收外，其各該佃戶承種晚稻者，均被十二年冬間逆匪棍徒搶失蹂躪無存，現經該督等查明報搶穀石確係實在情形，著准其援照成案，所有道光十二年分應完租穀内被搶蹂躪穀五萬二千一百二十四石零，合銀三萬六千四百八十七兩零，准予豁免，以示朕軫念窮黎之至意。至此項穀石係應給戍兵加餉，著該督等另

行籌款撥補，分別【原文如此】。

二四、上諭檔：諭内閣臺灣府屬供粟等各民欠款項一律豁免

道光十五年十二月二十六日内閣奉上諭：本年皇太后六旬萬壽，前經降旨普免道光十年以前民欠銀糧，令各該將軍、府尹、督撫等查明開單具奏。據程祖洛等將福建省道光十年以前民欠正耗錢糧各款開單呈覽，又另片將内地糧米及臺灣府屬供粟奏請一體豁免，當交戶部核覆。兹據查明具奏：福建省道光十年以前未完正耗錢糧各款委係實欠在民，所有單開福建内地各屬民欠地丁銀一百四十七萬九千七百四十九兩零，耗羨銀十三萬九千六百二十四兩零，當稅銀二萬三五兩零，入官租稅銀五千六百十四兩零；臺灣府屬民欠官莊銀十一萬七千二百二十五兩零，叛產租息銀五萬五百二十兩零，俱著加恩全行豁免。又大田縣道光十年以前未完精田租穀、臺灣府屬未完人丁正耗及糖租餘耗、噶瑪蘭廳未完餘租番銀耗穀等項均著加恩一律豁免。其内地道光十年以前未完糧米十五萬二千三百六十三石零、米耗銀二萬八千四百三十四兩零、租穀一萬三千九百四十一石零、臺灣府屬未完供粟十七萬七千二百七十六石零，俱係實欠在民，著加恩准其一體豁免。該督等即刊刻騰黄徧行曉諭，並照例按戶付給免單，嚴禁吏胥影射需索等弊，務期實惠及民，用副朕推恩布闓至意。餘依議。欽此。

二五、閩浙總督鍾祥、福建巡撫魏元烺會奏：緩征臺灣縣屬永凝等七里正供錢糧片

［道光十六年十一月二十三日］，再臣等於本年十一月間，接據臺灣府詳報：臺邑入秋以來，雨澤愆期，雖經設壇虔禱，未沛甘霖，及至九月，風燥日烈，益形亢旱，晚收不免歉薄，糧價亦覺增長。業由府飭縣速赴各鄉確勘，先將被旱窮民妥為撫綏，一面委員細查，是否成災，

另行辦理等由。當經批檄嚴飭委員，徧歷各莊，逐細查勘稟覆去後，續據署臺灣道周凱具稟：鳳山一縣，晚禾收成六分有餘；嘉義一縣，收成六分；該二縣民力尚不至於拮据。惟臺灣一縣，據該縣託克通阿詳稱，親詣各鄉逐莊查勘，東北各里向有埤圳通引溪流，藉資灌溉，晚禾均無妨礙，核計分數均在六分；其沿西一帶，濱臨大海，水皆斥鹵，向無栽種田禾；東南各里，藉有鯉魚潭水分流車灌，亦在五分有餘；獨永凝、新昌、武定、永康、文賢、崇德、仁和等七里，離溪較遠，難以引導，經該鄉民汲水分灌，歉熟錯綜不一，約計分數亦在五分；其高阜之區，泉脈不通，桔槔難施，田禾盡形枯槁，現已拔除，諭令一律改種雜糧，以資生計。似此被旱歉收者，每里亦不過數區。雖不成災，民情究屬拮据，應請將永凝等七里應完本年正供錢糧，緩到明年早收後帶征等情。

臣等查臺灣孤懸海外，民食最關緊要。九月以後，臺地各屬糧價，未據造報，而臺灣縣屬之永凝等七里地方被旱，民情拮据，係屬實情。巨等與藩司相商，所有臺灣縣永凝等七里應征本年正供錢糧，合無仰懇皇上天恩，准其緩征至明年早收後帶征，以紓民力。除檄飭臺灣道府查明緩征錢糧數目、另行造冊詳送咨部外，合將緩征緣由附片奏聞，乞伏聖鑒訓示。謹奏。

道光十六年十一月二十三日會奏。

臺灣道周為恭錄硃批上諭行知事：道光十七年三月十四日奉巡撫部院魏抄案為照本部院於道光十六年十一月二十三日會同督部堂附片具奏，臺灣縣屬本年晚稻收成歉薄，勘不成災，請將永凝等七里本年正供錢糧緩至明年早收後帶征，以紓民力一件，今於本年正月二十五日奉到硃批：另有旨，欽此。同日承准軍機處夾單內開：道光十六年十二月二十五日，內閣奉上諭：鍾祥等奏，查明被旱地方，懇請緩征等語，福建臺灣縣本年入秋以後，雨澤愆期，高阜之區，收成未免歉薄，民力頗形拮据，加恩著照所請，所有臺灣縣屬之永凝、新昌、武定、永康、文賢、崇德、仁和等七里應征本年正供錢糧，俱著緩至明年早收後帶征，以紓民力。該督等即刊刻謄黃，徧行曉諭，務使實惠及民，無任胥吏舞弊，用副朕軫念民依至意。該部知道。欽此。

二六、上諭檔：諭内閣永凝等七里應徵正供錢糧緩至明年

［道光十六年十二月二十五日］，道光十六年十二月二十五日内閣奉上諭：鍾祥等奏查明被旱地方，懇請緩徵等語。福建臺灣縣本年入秋以後，雨澤愆期，高阜之區收成未免歉薄，民力頗形拮据，加恩著照所請，所有臺灣縣屬之永凝、新昌、武定、永康、文賢、崇德、仁和等七里應徵本年正供錢糧俱著緩至明年早收後帶徵，以紓民力。該督等即刊刻謄黄徧行曉諭，務使實惠及民，毋任吏胥舞弊，用副朕軫念民依至意。該部知道，欽此。

二七、閩浙總督鍾祥等奏片：臺灣被災酌動府倉平糶

［道光十七年四月十八日］，鍾祥等片：再，上年臺灣秋歉之處，糧價較昂，民食緊要，該道府督屬體察籌辦，附奏報明在案。臣等因恐青黄不接，致有拮据，當委署興化府王衍慶在臺會同勸糶籌濟，所有嘉義、鳳山二縣各已據紳富認糶米數萬石，業於正月先後開廠，仍有未列各戶，尚可接續捐糶，均已毋庸另籌。惟臺灣縣歉收，本較鳳、嘉稍重，業經奏蒙聖恩緩徵，今值青黄不接、民食未裕，必須官為平糶。該縣倉穀因已墊辦軍需，尚未買補，據該道府等請，於府倉撥穀一萬石碾米設廠，照中米市價每石製錢四千二百餘文，每升減錢十文，實糶錢三十二文，如糶竣尚有不敷，再行緩急動撥，由署藩司張澧中准臺灣道周凱移諮具詳前來。事關臺地民食，查係實在情形，自應俯如所請，動撥減糶，俾資接濟，仍令該道府等督飭該縣親身經理，務令民霑實惠，不許假手書役，從中滋弊。所糶錢文，隨時易銀，提解府庫，以便秋後買補，除檄飭遵辦外，謹合詞附片具奏，伏乞聖鑒。謹奏。

道光十七年四月十八日奉硃批：依議妥辦，該縣所欠之穀，隨時緩急情形，亦應買補備用，欽此。

二八、戶部“為内閣抄出閩浙總督鍾祥奏”移會：臺灣辦理平糶情形

［道光十七年五月］，戶部為移會事：福建司案呈，内閣抄出閩浙總督鍾奏前事一摺，相應抄單移會可也。須至移會者，計單一紙。右移會稽察房。道光十七年五月日，主政余。

鍾祥片奏：再上年臺灣秋歉之處，糧價較昂，民食緊要，該道府督率體察籌辦，附奏報明在案。臣等因恐青黄不接，致有拮据，當委署興化府王衍慶在臺會同勸糶籌濟。所有嘉義、鳳山二縣，各已據紳商認糶米數萬石，業於正月先後開廠。仍有未列各戶，尚可接續捐糶，均已毋庸另籌。惟臺灣縣歉收，本較鳳、嘉稍重，曾經奏蒙聖恩緩征。今值青黄不接，民食未裕，必須官為平糶。該縣倉穀，因已墊辦軍需，尚未買補。據道府等請於府倉撥穀一萬石碾米設廠，照中米市價，每石制錢四千二百餘文，每升減錢十文，實糶錢三十二文。如糶竣尚有不敷，再行酌量動撥，由署藩司張澧中准臺灣道周凱移咨具詳前來。事關臺地民食，查系實在情形，自應俯如所請，動撥減糶，俾資接濟。仍令該道府等督飭該縣，親身經理，務令民沾實惠，不許假手書役，從中滋弊。所糶錢文，隨時易銀，提解府庫，以便秋後買補。除檄飭遵辦外，謹會同附片具奏，伏乞聖鑒。謹奏。

道光十七年四月十八日奉硃批：依議妥辦。該縣所欠之穀，隨時酌量情形，亦應買補備用。欽此。

二九、福建臺灣鎮總兵達洪阿等奏摺：查明臺灣嘉義縣地震災情捐資撫卹分別籌修

［道光十九年七月十三日］，福建臺灣鎮總兵官達洪阿、按察使銜署福建臺灣道姚瑩跪奏：為臺灣嘉義縣地震、倒坍官民房屋、壓斃人口查勘明確、捐資撫卹分别籌修、恭摺具奏、仰祈聖鑒事。

竊照臺灣孤懸大海之中，地氣本浮，每逢亢旱久雨，地常微動，道光十九年四月二十六日以後，兼旬淋雨，至五月十七日辰刻、十八日丑刻郡城震動兩次，較平時稍重，飭據臺灣縣知縣裕祿查報尚無倒坍房屋、壓斃人口之事。各屬地方有無同時震動正在飭查間，據嘉義縣知縣范學恒稟報：該縣地方於十七日辰刻、十八日丑刻兩次大震，城垣、衙署、廟宇、倉廒、監獄以及兵民房屋均多傾倒，並有傷斃人民等情。核其所稟情形較重，臣等當經據情稟報督撫臣具奏，一面飛飭臺灣府知府熊一本籌帶銀兩馳往督同該縣范學恒，並札委因公在嘉之前任鳳山縣知縣魏瀛徧歷城鄉查勘確數，分別撫卹。去後茲據該府縣等先後稟報：旬日之間，連次續震，查勘該縣城垣東西北三門、月城樓並窩舖堆房俱行倒壞，週歷城身坍卸六丈餘，亦間有膨裂，城垛倒壞九百一十八垛，縣學大成殿崇聖祠及西廡櫺星門明倫堂、學署圍牆暨各祠廟均有倒坍。又參將守備衙署及各營伙房、庫局盡行倒坍，壓斃兵丁一名，受傷九名，縣署監獄並署外倉廒、典史住屋或梁柱僅存或倒成平地，該縣壓斃家丁二名，受傷十六人。城鄉民房共倒七千五百一十五間，內除有力業戶自行出資修建無庸官給修費共五千三百六十三間外，計貧乏之戶坍壞瓦屋一千七百七十二間、草房三百八十間，內中或貸自親朋或經村衆周助，半已鳩工搭蓋不愿請卹，其實在應撫之戶給費修蓋，俾得棲止。至城鄉壓斃男婦大小一百一十七名口，即於查勘之際逐名給銀令其收埋，受傷五百一十六名內，傷較重者六十三名，亦經量給醫資。統計修費、埋銀、醫資共需銀二千一百四十九兩零等情。具稟前來。

臣等查此次嘉義縣地震情形頗重，除有力業戶不愿撫卹外，其貧乏應撫之戶統計修費、埋銀、醫資共需銀二千一百四十九兩零，均經府縣及委員魏瀛核實查明散給，民情甚為安恬，此項銀兩為數無多，已由臣姚瑩同該府縣捐廉給發，毋須動帑。所有嘉義城垣需費甚鉅，本係紳士捐修，甫竣正當奏報間，猝被地震傾壞，現飭府縣撙節勘估，各廟工程由該縣勸同紳士捐修，俟工竣另行詳奏。其參將衙署、兵房先於道光十二年臺灣差役事宜案內奏明請修，已經分款造冊委員赴省領銀，一俟領到即可興修。惟守備及知縣典史衙署、監獄等項，現飭該縣暫行搭蓋修葺以資辦公，一面飭府委員勘估，分別借廉請項，詳請督撫臣另行核辦。義倉穀石被雨淋濕霉變無多，本係民捐，仍由紳士籌捐歸補，縣倉穀石稍有濕變尚可曬晾先行搭放。其淡水、鳳山、彰化等廳縣雖皆同時地震，均未成災，應毋庸議。所有嘉義縣地震現已勘明捐廉撫卹、地方安謐緣由理合同奏，伏乞皇上聖鑒。謹奏。

道光十九年十二月初四日奉硃批：欽此。

三〇、署閩浙總督魏元烺等奏摺：臺灣嘉義縣地震委員前往查辦情形

[道光十九年七月二十八日]，署理閩浙總督臣魏元烺、福建巡撫臣吳文鎔跪奏：為據報臺灣嘉義縣地震、委員前往查辦情形、恭摺具奏、仰祈聖鑒事。

竊據臺灣道姚瑩禀報臺灣地土鬆浮，時有地震，稍動輒止，昔以為常。本年四月二十六日以後，霖雨兼旬，至五月十七日辰刻及十八日丑刻，郡城地震兩次，較昔稍重，飭據臺灣縣裕祿查勘，城郭內外官民署舍皆無坍壞。惟據嘉義縣范學恒禀稱：該縣地方於五月十七日辰刻，地忽大震，十八日丑刻，復震，城垣、衙署、監獄、倉廒以及貧民房屋無不傾倒，並有傷斃人口等情。經該道飭委臺灣府知府熊一本籌備番銀馳赴嘉義，督同該縣范學恒逐一查勘分別撫卹。所有淡水、噶瑪蘭二廳、彰化一縣並無禀報地震，現在飭查，尚未覆到。鳳山一縣適該縣曹謹因公晉郡，詢據面禀：該縣同日雖有微震，安堵如常等語。

即經臣等以此次臺灣嘉義地震較重，恐臺灣府熊一本捐帶卹銀不敷所用，當與藩司面商，必須由省委員帶銀速往查辦，俾免災黎失所。隨據藩司吳榮光在行司庫內籌撥銀五千兩，詳委陞補鹿港同知張汝敦帶赴臺灣，隨同該道府悉心查勘，妥為撫卹，以資接濟。正在繕摺奏報間，茲復據臺灣鎮總兵達洪阿會同臺灣道姚瑩禀據臺灣府知府熊一本禀稱：嘉義地震前往查勘，行至四十里之芳港尾，倒有民房數間，愈遠愈重。及至縣城，瓦礫棟榱，填衢塞路。立時會同該縣范學恒暨委員前鳳山縣

魏瀛等先赴城垣，勘得東、西、北三門、月城樓並窩舖堆房，俱行倒壞。週歷城身，止坍六丈有餘，城垛僅存四百二十九堵，計倒九百一十八堵。復詣文廟，前、後、左、右一帶圍牆，各有歪斜倒塌，書籍祭器被牆壓壞。出赴沿街察看，民房共倒一千六百三十五間，壓斃男婦大小六十八名口，受傷四百五十三名口，廟宇六座。次早赴營會勘，衙署、伙房、庫局盡行倒塌，壓斃兵丁一名，受傷九名。隨至縣署，所有住屋及監獄、倉廒並典史衙署，或樑柱尚存，或倒成平地，壓斃該縣家丁二名，受傷十六人。惟新建義倉，間有破裂，並無倒塌。所有壓斃民人，內有無力者，先經該縣每名給發四圓殮埋，其傷重兵民經該府各給醫藥銀兩，飭令自行調理。並續查四鄉，共倒五千零三十三間，廟宇五座，汛房三間，公館一所，瓦窯六座，壓斃男婦大小四十五名口，均已自行收埋，又傷重者六十三名口，經該府於回郡時沿途賞卹。其所倒民房，有力之家已自行修蓋，尚有實在無力者，現飭該縣及委員查明瓦屋若干、草屋若干，分別造冊按例給予修費，以安災黎。惟大震至今已逾一旬，連日早間晴霽，過午雷雨交作，該縣辦公無所，現在趕搭草屋，暫作棲止，並情尤為緊要之監獄，先行修固，免致疎虞，更有營員弁兵力難自給，該府與范學恒合共墊借番銀四萬圓，交與參將玥琳督同備弁擇要修蓋聊蔽風雨，並於四門安設堆房以資防守，隨飭縣迅將各工撙節估計，備造名冊，詳請奏諮請項興建。

再，淡水一廳、鳳山、彰化二縣查覆，均有微震，並無妨礙。尚有澎湖遙隔大洋，噶瑪蘭遠在山後，雖未覆到，亦未先自具報，諒係安堵。旋據臺灣府知府熊一本、嘉義縣范學恆委員前鳳山縣魏瀛先後稟報情形，大概相同。並稱常平義倉等處倉廒倒壞，存貯米穀霉變，殊為恐難久貯，容俟設法估變另行籌辦等情經稟前來。

臣等查此次嘉義地震，被災較重，雖係一隅中之一隅，禾稼並無傷損，但倒塌房屋六千六百餘間，壓斃人口百十餘名，情殊可憫。據該鎮道具稟業據該府督縣徧歷查勘，有力之戶已自行收殮興修，無待撫卹，其貧乏居民傷斃人口經該府縣於查勘之時，分別捐給，民情安堵。惟倒塌房屋力難措辦，應照猝被水災沖塌民房之例查明瓦房、草屋無力之戶計數核給。現經臣等委員張汝敦帶銀前往，稟商該鎮道府核計，該縣查造戶冊，與帶往銀兩如有不敷，即由道庫籌款帶往嘉義縣，會同該縣按莊遠近分別示期齎賞給領，不涉丁胥鄉保之手，俾霑實惠。事竣核算造冊，先在司庫籌款歸還，核實報銷。倒塌衙署、倉廒、監獄，飭縣擇其最要先行籌款修葺，以資辦公，一面勘明常平義倉霉變米穀，如堪摻放兵米者，即風篩計成摻放，倘須估變，並飭該縣妥速經理，另易好穀歸款。坍壞城垣、壇廟山及各項工程，飭令該府縣分別緩急，次第估報詳請奏諮興建。現在臺屬摺報早禾已獲豐收，糧價如常平減，民情安戢，堪以仰慰聖廑。茲據藩臬兩司具詳前來，合將嘉義地震委員撫卹籌辦緣由，臣等謹合詞恭摺具奏，伏乞皇上聖鑒。謹奏。

道光十九年九月十三日奉硃批：欽此。

三一、戶部"為內閣抄出署理閩浙總督魏元烺奏"移會：奏報嘉義縣地震，委員前往查辦情形

［道光十九年十月］，戶部為移會事：福建司案呈，內閣抄出署理閩浙總督魏等奏前事一摺，相應抄單移會可也。須至移會者，計單一紙。右移會稽察房。道光十九年十月日正郎德。

署理閩浙總督臣魏元烺、福建巡撫臣吳文鎔跪奏：為據報臺灣嘉義縣地震、委員前往查辦情形、恭摺具奏、仰祈聖鑒事。

竊據臺灣道姚瑩稟報：臺灣地土鬆浮，時有地震，稍動輒止，習以為常。本年四月二十六日以後，霖雨兼旬，至五月十七日辰刻及十八日丑刻，郡城地震兩次，較昔稍重。飭據臺灣縣裕祿查勘，城郭內外，官民署舍皆坍壞。惟據嘉義縣范學恆稟稱：該縣地方，於五月十七日辰刻地忽大震，十八日丑刻復震，城垣、衙署、監獄、倉廒以及兵民房屋，無不傾倒，並有傷斃人口等情。經該道飭委臺灣府知府熊一本，籌備番銀，馳赴嘉義，督同該縣范學恆，逐一查勘，分別捐卹。所有淡水、噶瑪蘭二廳、彰化一縣，並無稟報地震。現在飭查，尚未覆到。鳳山一縣，適該縣曹謹因公晉郡，詢據面稟，該縣同日雖有微震，安堵如常

等語。

即經臣等以此次臺灣嘉義地震較重，恐臺灣府知府熊一本捐帶卹銀，不敷所用，當與藩司面商，必須由省委員帶銀速往查辦，俾免災黎失所。隨據藩司吳榮光在於司庫內籌撥銀五千兩，詳委升補鹿港同知張汝敦帶赴臺灣，隨同該道府悉心查勘，妥為撫卹，以資接濟。

正在繕摺奏報間，茲復據臺灣鎮總兵達洪阿會同臺灣府知府熊一本稟稱：嘉義縣地震，前往查勘，行至四十里之芳港尾，倒有民房數間，愈遠愈重。及至縣城，礫瓦棟欂，填衢塞路。立時會同該縣范學恆暨委員前鳳山縣魏瀛等，先赴城垣，勘得東、西、北三門月城樓並窩鋪堆房，俱行倒壞。週歷城身，止坍六丈有餘，城垛僅存四百二十九堵，計倒九百八十一堵。復詣文廟，前、後、左、右一帶圍牆，各有歪斜倒塌，書籍、祭器被牆壓壞出。赴沿街察看民房，共倒一千六百三十五間，壓斃男婦大小六十八名口，受傷四百五十三名口，廟宇六座。次早赴營會勘，衙署、伙房、庫局盡行倒塌，壓斃兵丁一名，受傷九名。隨至縣署，所有住屋及監獄、倉廒並典史衙署，或樑柱尚存，或倒成平地，壓斃該縣家丁二名，受傷九人屬。惟新建義倉，間有破裂，並無倒塌。所有壓斃民人內，有無力者，先經該縣每名給銀四圓殮埋。其傷重兵民，經該府各給醫藥銀兩，飭令自行調理。並續查四鄉，共倒五千零三十三間，廟宇五座，汛房三間，公館一，瓦窯六，壓斃男婦大小四十五名口，均已自行收埋，又傷重者六十三名口，經該府於回郡時沿途賞卹。其所倒民房，有力之家已自行修蓋，尚有實在無力者，現飭該縣及委員查明瓦屋若干、草屋若干，分別造冊，援例給與修費，以安窮黎。惟大震至今已逾一旬，連日早間晴霽，過午雷雨交作，該縣辦公無所，現在趕搭草屋，暫作棲止。並將尤為緊要之監獄，先行修固，免致疏虞。更有營員弁兵，力難自給，該府與范學恆合湊墊借番銀八百元，交與參將珊琳，督同備弁，擇要修蓋，聊蔽風雨。並於四門安設堆房，以資防守。除飭縣迅將各工撙節估計，備造各冊，詳請奏咨請項興建。再淡水一廳，鳳山、彰化二縣查復，均有微震，並無妨礙。尚有澎湖遙隔大洋，噶瑪蘭遠在山後，雖未覆到，亦未先自具報，諒係安堵。旋據臺灣府知府熊一本、嘉義縣范學恆、委員前鳳山縣魏瀛先後禀報情形，大概相同。並稱常平義倉等處倉廒倒壞，在貯米穀，霉變殊多，恐難久貯，容俟設法估變，另行籌辦等情。轉禀前來。

臣查此次嘉義地震，被災較重，雖係一隅中之一隅，禾稼並無傷損，但倒塌房屋六千六百餘間，壓斃人口百十餘名，情殊可憫。據該鎮道具禀，業據該府督縣徧歷查勘，有力之戶已自行收殮、興修，無待賑卹，其貧乏居民，傷斃人口，經該府縣於查勘之時，分別捐給，民情安堵。惟倒塌房屋，力難措辦，應照猝被水災沖塌民房之例，查明瓦房草屋無力之戶，計數核給。現經臣等委員張汝敦帶銀前往，禀商該鎮道府核計該縣查造戶冊，與帶往銀兩，如有不敷，即由道庫籌款帶往嘉義縣，會同該縣按莊遠近，分別示期，當堂給領，不涉丁胥鄉保之手，俾沾實惠。事竣核算造冊，先在司庫籌款歸還，核實報銷。倒坍衙署、倉廒、監獄，飭縣擇其最要，先行籌款修葺，以資辦公。一面勘明常平義倉霉變米穀，如堪搭放兵米，立即風篩，計成搭放；倘須估變，並飭該縣妥速經理，另易好穀歸款。坍壞城垣、壇廟以及各項工程，飭令該府縣分別緩急，次第估報，詳請奏咨興建。現在臺屬摺報，早禾已獲豐收，糧價如常平減，民情安戢，堪以仰慰聖廑。兹據藩、臬兩司具詳前來，合將嘉義地震，委員撫卹籌辦緣由，臣等謹合詞恭摺具奏，伏乞皇上聖鑒。謹奏。

道光十九年九月十三日，内閣奉上諭：魏元烺等奏臺灣地震，委員查辦一摺，嘉義縣地方於五月十七、十八等日地震，城垣衙署，不無倒塌，並坍倒民房，傷斃人口，情殊可憫。亟應查勘撫卹，以惠災黎。著桂良等派委明幹大員，迅速前往查辦。除壓斃人口業經該府縣捐給撫卹外，所有無力貧民，塌倒房屋，著照例給與修費銀兩。其委員所帶司庫撥銀五千兩，如有不敷，即由該道庫籌款撥給，務令實惠均沾，無使一夫失所。事竣核計造冊，先由司庫籌款歸還，核實報銷。倒塌衙署、倉廒、監獄，飭縣擇要先行修葺，以資辦公。並勘明常平義倉米穀，如堪搭放兵米，即行風篩，計成搭放；倘須估變，亦飭該縣妥速經理。城垣、廟宇以及各項工程，飭令該府縣分別緩急，次第估報興修，以重要工，而資保護。至該郡孤懸海外，當此被災之際，尤宜督飭地方文武員弁，加意巡查，如有匪徒乘間作奸，或造謠煽惑，或搶竊擾害者，立即嚴拏懲辦，毋稍疏縱。欽此。

三二、閩浙總督桂良等奏摺：臺灣嘉義縣地震業經撫卹毋庸接濟

［道光十九年十一月初六日］，閩浙總督臣桂良、福建巡撫臣吳文鎔跪奏：為臺灣嘉義縣地震、業經捐銀撫卹、民力尚不拮据、來春毋庸接濟、遵旨查明奏祈聖鑒事。

竊照臺灣嘉義縣本年五月間地震，傷斃人口，倒塌城垣、衙署、民房，先據鎮道稟報飭委臺灣府知府熊一本籌備番銀馳往督同該縣范學恒及委員逐一查勘捐卹，並由藩司籌撥銀五千兩飭委陞補鹿港同知張汝敦帶往查勘撫卹，經帶署督臣魏元烺會同臣吳文鎔奏奉諭旨：嘉義縣地震城垣、衙署不無坍塌，並塌倒民房、傷斃人口，情殊可憫，亟應查勘撫卹以惠災黎，著桂良等派委明幹大員帶往查辦。所有無力貧民塌倒房屋，著照例給與修費，務令實惠均霑，無使一夫失所等因，欽此。又承准軍機大臣字寄欽奉上諭：福建嘉義縣地震經該省奏到，已加恩分別撫卹，小民諒可不致失所，惟念來春青黄不接之時，民力未免拮据，著傳諭該督撫體察情形，如有應應（原文如此）接濟之處，據實覆奏等因，欽此。跪誦之下，仰見聖主念切民依恫瘝在抱，曷勝欽服，當經欽遵特行。

去後，茲據福建臺灣鎮總兵達洪阿、臺灣道姚瑩轉據嘉義縣范學恒稟稱：該縣地震坍塌民房，除有力各戶已自行出資修建，其實在應撫之戶核計修費無多，業已捐廉給發，一律修整。城鄉壓斃男婦內有貧乏未能料理，已每名口捐銀收斂，受傷較重者亦經量給醫費，現皆平復，間有貧難之戶，該道已率同府縣捐廉安輯，民情較為安靜，委無一夫失所，可以毋庸請帑。至應修建各項工程，分別緩急，照例辦理等情。由福建藩司吳榮光核詳請奏前來。

臣等伏查嘉義縣地震現經由司籌撥銀五千兩，委員帶往撫卹，兹據該鎮道具稟業經該府縣覆勘，被災之民其中有力者居多，間有無力之民已由該道府縣捐廉撫卹，毋庸請動帑項，將前次委員帶往銀五千兩繳還藩庫。是該處民力當不拮据，臣等與藩司詳加體察情形，來春青黄不接之時，自可毋須接濟。現在亦毋庸委員前往查辦，除將原發銀五千兩提還藩庫歸款外，臣等謹合詞恭摺覆奏，伏乞皇上聖鑒。謹奏。

道光十九年十二月初七日奉硃批：知道了，欽此。

三三、上諭檔：寄諭閩浙總督桂良等妥辦臺灣嘉義縣地震毁壞各廟

［道光十九年十二月初四日］，軍機大臣字寄閩浙總督桂、福建巡撫吴。

道光十九年十二月初四日奉上諭：據達洪阿等奏，臺灣嘉義縣地震，倒坍官民房屋、壓斃人口，查明捐資撫卹，分別籌修一摺。

此次嘉義縣地震情形頗重，其撫卹等項業經該道府等捐廉散給。至城工需費甚鉅，甫經紳士捐修完竣，現被地震，復據該鎮道飭屬同各廟工程勸令捐修等情。該處地方孤懸海外，現經被災，若復勸令捐輸，有無擾累，是否可行，著桂良、吴文鎔悉心體察，妥為籌辦，如有應需動帑之處，即著據實具奏，總期災黎安謐，不致復行苦累，是為至要。將此諭令知之，欽此。遵旨寄信前來。

三四、閩浙總督劉韻珂奏摺：台灣彰化縣地震情形現已委員查勘賑卹

［道光二十五年五月十一日］，竊據台灣府彰化縣知縣黄基奏：該縣地方於本年正月二十六日午刻陡然地震，聲勢迅烈，倏然之間，屋瓦沸騰，牆垣搖動，官民人等赴空地躲避，倖免覆壓，其地勢逼窄，並無空隙，各處亦有不及逃避之人。逾時震止，該縣查勘衙署、城垣、倉

廒、監獄、營汛、病房暨各祠廟，多有倒壞。城內及附近城外居民，震塌房屋二十余戶，壓斃大小男婦一十二名口，又馳赴各鄉逐一履勘，彰屬地方共十三保半，內揀東保、貓羅保被震最重，大肚保、燕霧保、南北頭保、半線保次之，共震塌民房四千二百餘戶，壓斃大小男婦三百六十八名口，其被壓受傷者為數甚多，又分馳南投縣丞暨巡檢個衙署，俱有坍倒，巡檢署內並壓斃家丁一名，各處汛房亦有坍塌，此外各保地方被震稍輕，居民尚無倒壞。……臣等伏查台灣府四面環海，土性松浮，地氣轉運震動，原屬常有之事……此次彰化被震情形，較嘉義尤重……臣等現已飭司在藩庫等撥銀兩五千兩，委令試用縣丞黃體元解往台灣，飭委署鹿港同知火密會同該縣親赴被災各處，確勘倒塌民房實共若干間，分別有力、無力、瓦房，照例核實散給。

三五、上諭檔：寄諭閩浙總督劉韻珂等彰化等縣陡遭地震著道府親赴查勘

[道光二十五年六月十一日]，軍機大臣字寄閩浙總督劉、署福建巡撫徐。

道光二十五年六月十一日奉上諭：劉韻珂等奏，臺灣地方猝遭地震，情形較重，現已由省撥解銀兩委員妥為撫卹一摺。

本年正月，臺灣府彰化縣地方陡遭地震，其勢較重，據稱統計，坍塌民房四千二百餘戶，壓斃男婦三百八十餘名口，此外，被壓受傷者為數尚多，自應亟籌撫卹，以拯民困。現在已由該督等飭司在藩庫籌撥銀五千兩，委員解往，並委署同知史密會同該縣分別查勘覈實散給。惟該處居民猝遭災患，情殊可憫，仍著該督等督飭臺灣道府親赴被災處所，逐加覆勘，妥為撫卹，如解往銀兩不敷應用，即於該道府庫內籌款添撥，務使實惠均霑，毋令一夫失所，餘著照所議辦理，將此諭令知之。欽此。遵旨寄信前來。

三六、閩浙總督劉韻珂奏摺：臺灣嘉義鳳山猝遭風雨委員查勘撫卹

［道光二十五年八月二十五日］，為臺灣、嘉義、鳳山三縣猝被風雨、廬舍民人均有傷損、現已由省撥解銀兩、委員前往會勘撫卹、奏祈聖鑒事。

竊据臺灣鎮葉長春、臺灣道熊一本申報：臺郡於本年六月初六日起至十二日止，連朝大雨，併發颶風，異常猛烈，城內積水數尺。所屬臺灣、嘉義、鳳山三縣亦同時被風雨；嘉義兼有海潮漲發，以致淹斃居民有二千餘名；臺灣沿海民人，亦多被水漂沒，鹿耳門一帶飄流屍身三百數十具；惟鳳山情形較輕，傷斃民人計止數十名。各縣城垣、衙署、監獄、倉廒、營房、庫局、廟宇及民間田園、廬舍、道路、橋樑均有坍壞；沿海商哨船隻遭風擊碎者亦復不少；臺灣二鯤身洋面又有呂宋國夷船一隻擱淺損壞，救獲難夷二十六名；此外鹽倉及鹽埕堤岸、運鹽船筏，亦皆被水衝壞，鹽多溶失。所幸臺邑向無早稻，嘉義縣早禾業經收割，晚禾均未播種，僅止雜糧失收，尚不致於成災。現在淹斃人民均經各縣暨屬臺防廳打撈掩埋，並經該鎮道等提用義倉穀一千石、府庫銀三千兩，發交臺灣、嘉義兩縣，分別委員查勘撫卹。除恭摺具奏外，抄錄摺稿呈請等情，具文申報前來。

臣等伏查臺灣、嘉義、鳳山三邑，民人猝遭風雨，慘罹災祲，田園被淹，廬舍被衝，糊口既已無資，棲身復又失所，顛沛流離，情殊可憫。現在該道府等雖已籌撥銀米，委員安撫，但為數無多，深恐難以徧及，且淹斃民人是否實止此數，倒塌民房實有若干，尚未據逐細查報。臺灣孤懸海外，當此小民蕩析離居、棲食兩難之際，若不酌撥銀兩解往勘撫，殊不足以拯民困而固沿疆。臣等現已飭司，在於藩庫地丁項下動撥三萬兩，委令馬巷通判俞益、候補知縣劉功澍，並委署福州協右軍司蕭廷鵬、把總王建安，一同護解前往臺灣，會同該府縣及臺灣原委各員，親赴被水各處，確切查勘倒塌民房實共若干間，淹斃民人實共若干

口，分別男婦大小及有力無力、瓦房草房，造具清冊，照例給予修理各費，併將該人民等妥為安撫，仍責成臺灣道府督同查辦，併飭臺灣鎮妥為彈壓，統俟秋成後察看情形，應否再行接濟，另行辦理。務使實惠及民，不得假手書差，致滋冒濫，事竣核實報銷。至解往銀兩，如不敷用，即由該道府等酌量籌補，倘有盈餘，亦即報明留存府庫，抵作下年兵餉。其倒塌城垣、衙署、監獄、倉廒、營房、庫局暨各處廟宇，應飭該府縣等分別緩急，次第興修。各處被水田園有無沙壓，不堪耕種，併即勘明，照例詳辦。被衝鹽埕及溶失鹽斤，飭令修整曬補。擊碎商船及淹斃弁兵，移營查報。被難各夷平，併飭妥為安頓，仍將擊碎夷船趕為修復，照例遣送回國，以示懷柔。其淡水、噶瑪蘭、澎湖、彰化四廳縣是否同被風雨，有無成災，飭再確查具覆，一俟覆到，再行核辦。據署藩司武棠、臬司陳士牧會詳前來，臣等謹合詞恭摺具奏。

三七、戶部“為內閣抄出署臺灣總兵葉長春等奏”移會：奏報臺地猝被風雨情形

［道光二十五年九月］，戶部為移會事：福建司案呈，所有前事一摺，相應抄單移會可也。須至移會者，計單一紙。右移會稽察房。道光二十五年九月日，主政承。

署福建臺灣鎮總兵官北路協副將臣葉長春、按察使銜福建臺灣道臣熊一本跪奏：為臺地猝被風雨，臺、鳳、嘉三縣均有淹斃人民，損失船隻，倒塌房間情事，幸各處農民早稻已收，晚禾尚未栽插，不致成災，謹將查辦大概情形，恭摺具奏，仰祈聖鑒事。

竊照臺灣本年入夏以來，四月雨多，五月雨少，至六月初六日大雨連宵，田園正資灌溉，突於初七日酉刻，颶風大作，猛烈異常，至初十日申刻，風勢漸微，而大雨猶未止息。當查郡城內城垣、廟宇、衙署、民房、倉廒、監獄、營房，均被風雨損壞。其郡城外水深數尺，並無路徑可引。迨十二日雨勢稍減，臣隨督同臺灣府知府仝卜年飛查南北路各被風雨情形。旋據附近之加升銜臺灣縣知縣胡國榮稟稱：該縣城內，前

被風雨損壞處所，當經查明具報。現查城外廬舍、橋樑，倒塌甚多。沿海人民，被水漂沒，及大小商哨各船，遭風擊碎擱淺者，亦復不少。並有呂宋夷船被風衝至二鯤身，擱淺損壞，經會同安平水師救起難夷二十六名，妥為安置，日給口糧，容俟打撈失物，再行詳辦。查看離海漸遠之田疇、園圃，幸臺邑尚無早稻，晚稻尚未插秧，不致成災。然各農民春夏二季栽種蔬菜雜糧，陸續收割，以資糊口，現被風雨損耗，各民戶嗷嗷待哺，極須量為軫卹。又據署臺防同知噶瑪蘭廳通判徐廷掄稟稱：該廳所轄鹿耳門港口停泊大小商哨各船，約有五十餘號，現在皆被風吹散，不知去向。其淹斃弁兵、舵手若干名，容俟大水退落，船歸海口，再行確實查報。現在鹿耳門一帶，及國賽港北，俱有漂流淹斃屍身，統計三百數十具，均經雇夫打撈，分別男婦掩埋。又據准補清流縣知縣署嘉義縣知縣王廷幹稟稱：該縣六月初七日夜，狂風大雨，海漲異常。象苓澳內船隻擊碎，十有八九。下湖街店屋，全行倒坍。新港莊、蚶何寮、蚶何寮、竹笛寮等處，淹斃居民約計二十餘人，當即冒雨馳往該處查明，籌款先將各屍身分別男女挨埋。所有被沖田園、廬舍、廟宇、橋樑、道路，容俟確查，再行稟報。又據代理鳳山縣知縣雲霄同知玉庚稟稱：六月初七日申刻，颶風陡發，大雨傾盆，至初八日風雖少息，雨尚未止。查看城垣、廟宇、衙署、倉廒、監獄、營房、軍裝、火藥庫等處，均有滲漏倒坍。民間廬舍、橋樑、道路、亦多坍塌。且有壓斃、淹斃人口，為數尚屬無多。幸早稻已經收割，晚禾尚未播種，不致成災。又據臺灣府各屬鹽場管事暨鹽管販戶報稱：鹽倉、鹽埕、堤岸被水沖塌，鹽多溶失，運鹽船筏遭風擊更多，已由該府分飭修整曬補各等語。此外淡水、噶瑪蘭、澎湖三廳，彰化一縣，有無同被風雨，當經分檄行查，尚未稟覆。該廳縣現有先後到郡之人，詢問情形，均稱六月初六、七等日，雖有風雨，尚無妨礙。

臣等查臺地猝遭風雨，臺、嘉兩邑海口，淹斃人民，幾至三千餘口，殊堪憫側。業經該廳縣等派令夫役撈獲埋葬，自可無虞暴露。惟各鄉小戶窮民，房屋半成平地，棲身無所。各處水猶未退，傭趁亦復無行。若不速加賑濟，勢必流為餓殍。現據臺灣府知府仝卜年稟請動用義倉穀一千石，發交臺灣縣知縣胡國榮碾米，運赴各鄉，按名發給半月口糧。再提府庫銀三千兩，易番銀三千九百圓，委員解交署嘉義縣知縣王廷幹，親詣各縣，確查戶口，酌量賑濟。其鳳山一縣，被風稍輕，淹斃、壓斃人民數十名口，均經該縣收埋。各鄉惟阿公店一保，間有失所之人，應由該縣自行撫卹，無庸籌款發給。至各縣倒坍城垣、衙署、營汛、兵房、監獄、倉庫及近山、近海田園，有無水沖沙壓，不堪耕種情形，飭委署臺防同知徐廷掄週歷臺、鳳兩縣，署鹿港同知史密週歷嘉義縣境，會同各該縣確實勘估丈量，造冊具報核辦。其損失哨船及淹斃弁兵人等，分飭各營趕緊查明詳報，再行照例辦理。臣等謹將臺地猝被風雨，農田不致成災，動用銀穀急賑失所窮民緣由，先行恭摺陳奏，伏乞皇上聖鑒。謹奏。

道光二十五年九月初十日，內閣奉上諭：葉長春等奏臺灣屬縣猝被風雨動款急賑一摺，臺灣府境於六月初旬大雨連宵，颶風間作，臺灣等縣海口，淹斃居民三千餘人，殊堪憫惻。已據該鎮道碾穀提銀，赴各鄉分別賑濟。鳳山縣阿公店間有失所之人，由該縣撫卹。著劉韻珂派委妥員詳細查明被災輕重，妥速經理。所請動用倉穀、銀兩，是否足敷賑濟，務使海澨窮民，不致一夫失所。其該縣倒塌城垣、衙署、營汛、監倉等所，及近山、近海田園，有無衝壓情形，並著飭該鎮道確勘迅詳，核實辦理。欽此。

三八、福建臺灣鎮總兵武攀鳳等奏摺：臺灣被災屬縣毋庸接濟

［道光二十五年十一月二十六日］，為遵旨確勘臺灣屬縣前被風雨均不成災、業經府縣籌卹周妥、毋庸接濟、恭摺覆奏、仰慰聖懷事。

竊照道光二十五年十一月初三日，由軍機處抄發，道光二十五年九月初十日內閣奉上諭：葉長春等奏臺灣屬縣猝被風雨動款急賑一摺，臺灣府境於六月初旬大雨連宵，颶風間作，臺灣等縣海口淹斃居民三千餘人，殊堪憫惻。已據鎮道碾穀提銀赴各鄉分別賑濟。鳳山縣阿公店間有

失所之人，由該縣撫卹。著劉韻珂派委妥員，詳細查明被災輕重，妥速經理。所請動用倉穀、銀兩，是否足敷賑濟？務使海疆窮民，不致一夫失所。其該縣倒塌城垣、衙署、營汛、監倉等所，及近山、近海田園，有無沖壓情形，並著飭該道確勘，迅即核實辦理，欽此。欽遵到臺；仰見皇上矜卹窮黎、軫念海疆至意，曷勝欽感。

遵查此案：臺灣府屬各縣於六月初旬猝被風雨，當經前署鎮臣葉長春會同臣一本督同臺灣府知府同卜年查明大概情形，將動用銀穀急賑緣由先行陳奏，並聲明飭委廳縣營員趕緊查辦在案。嗣於各處水退之後，該委員等分往南北兩路逐細清查。

據署臺防廳同知、噶瑪蘭通判徐廷掄會同加陞銜臺灣縣知縣胡國榮，督帶紳理及總董、地保等查驗臺邑境內，惟附近海口之文賢、永凝、新化、永康、武定等五里被災較重，房屋倒塌者七百二十六戶，難民一千八百六十二名口；其次長興、仁德、效忠、安定、善化、歸仁、保西等七里，房屋倒塌者四百二十八戶，難民一千零十三名口。此外離海較遠之新昌、廣儲、大穆降、崇德、永豐、新豐、依仁、仁和等八里，房屋倒塌者一百零二戶，難民五百四十名口：總計被災一千二百五十六戶，難民三千四百一十六名口。經知縣胡國榮捐出制錢二千五百二十七千二百文，楝選知縣林俊元、職歲貢吳勉欽、生員吳尚霈、監生楊克修四人各捐錢二百八十千文，並由縣將領出義倉穀一千石全數碾米勻派散給。凡倒塌房間者，每戶給錢一千文，令其搭蓋草寮。其難民人等，每名給米一斗五升、錢七百文，暫資糊口；一俟七月半後，各處栽插秋禾，該民人等即可傭耕度日，不至失所。鹿耳門海口一帶，淹斃淘海民人三百四十二命；遭風商船十一隻，淹斃水手四十命；由署同知徐廷掄捐制錢一千四百五十千文，僱船撈屍，買棺埋葬。陸地倒塌房屋壓斃一百零三命，由臺灣縣胡國榮捐制錢二百零六千文，飭役殮埋。安平二鯤身外港被風擊碎呂宋國夷舨一隻，查驗難夷二十六名，由臺灣縣安置館舍，發給衣食；撈獲濕米，估值銀九十六兩零，擊碎船隻，該夷目自願在臺變價，估值銀四百四十二兩零；該難夷等應得例賞銀三百六十四兩，均飭縣如數墊給；另飭臺防同知撥配商船，派委員弁丁役護送到省，照例辦理。所有城垣、營汛、監倉，間有損壞，業經詳修等因。

又據署同知徐廷掄會同署鳳山縣知縣、雲霄同知玉庚查驗，鳳山境內東南近山，西北近海，各莊田畝，俱在近山處所。該委員等先由近山之岡山、興隆、觀音山、大竹里、小竹里、九曲塘等處周歷履勘，詢之地方耆老，均稱該處猝遭風雨之時，早稻已收，晚禾尚未栽插，於農事並無妨礙。雖山下之田難免山水灌註，而山皆巨石，不至壓田，田有深溝，不至積水。其各家房屋，四圍皆有護莊竹木，間有滲漏處所，隨時即可修補，不至坍塌。細查莊內莊外，並無被淹被壓斃命之人。又由近海之東港、西港、山豬毛、下淡水等處察看，市肆民居，均係磚牆瓦屋，並無損壞形跡。惟海邊荒埔地面，窮民搭蓋草寮棲止，淘摸海物為生，忽於夜間風雨交作，海水沸騰，草寮被風吹去，人民之逃避不及者，被水淹斃，統計數十里內，檢獲海岸遺屍二百三十二具。當經該縣捐制錢四百六十四千文，飭役殮埋。查驗中路之埤頭、南仔坑、半屏、阿公店、大湖等處，惟阿公店地勢高平曠衍，民房倒塌一百九十四間，難民五百八十四名口，悉由該縣捐資撫卹。每房一間，給錢一千文修補；每民一口，給錢一千文度活。現在秋秧已插，農事需人，均可不至失所。城垣、倉庫、監獄，均無損壞等因。

又據委員署鹿港同知史密會同署嘉義縣准補清流縣知縣王廷幹，查驗嘉邑境內，各鄉早稻已於四、五月間全數收割，晚稻尚未插秧，不至成災。惟近海之下湖、蚶仔寮、黛仔挖、新港、無尾墩、蝦仔寮、下崙仔、泊仔寮、竹笛寮等九莊，地勢較低，當風雨洶湧之時，海水沸騰，汪洋莫測，俄頃之間，九莊悉為巨浸。其民人之淪入大洋者，無從稽核，撈獲海邊及內港一帶遺屍二千三百人，棺十四具，經該縣王廷幹捐銀二千四百七十四元，飭役妥為殮埋。檢查該九莊被淹八百七十五戶，逃走得生難民一千一百五十七名口。其距海較遠之青蚶寮、新莊、三條崙、埤仔腳、萬興莊、水尾、新莊、舊口湖、烏麻園、沙崙後莊、拔仔腳、三姓寮、大尖山、虎曾寮、宜梧等十五莊被災七十九戶，難民一百三十一名口。連前下湖等九莊，九百五十四戶，難民一千二百八十八名口，均須及時撫卹。當經嘉義營公捐洋銀五百元，各商公捐四百八十元，該縣王廷幹捐銀二千八百六十二元，每戶酌給三元，以為棲身糊口之資。另有擊碎商船逃生水手一百六十七名，均係內地客民，尤為可憫，經署鹿港同知史密捐銀八百三十五兩，每名給銀五兩，並予護照，諭令措資修船，均各懽欣而去。踏看各處田園，雖下湖等九莊海水退後，土上積有沙鹵，尚可栽種雜糧，不至廢棄。此外俱各如常。惟該縣城垣傾圮百餘丈，衙署、倉庫、監獄、兵房各有損壞處所，俱係刻不容緩之工。據該縣稟請借領府發庫銀三千兩趕緊修理，俟歲底解還歸款等因，尚屬辦理妥協。

又據安平協副將轉據該營遊擊守備等報稱：本年六月初七日午後，大雨傾盆，陡起東南颱颶，猛烈異常，加以內山溪流沖出，海潮漲溢，平地一片汪洋，至卯刻風雨稍間，潮始漸退。查驗三營校場、演武廳倒為平地，各衙署、營房、軍局、砲臺、軍裝等項，無不損壞。屆限候修各戰哨船隻，或被沖刮、漂沒槓椇，或被漂沖四處海邊擱壞，或被沖出外海擊碎。國賽、鹿耳門等處海口，拋泊內營載差哨船，暨大小商漁船隻，擊碎損壞甚多。

又據報：笨港、下湖汛營盤並軍裝砲械等項，全行漂沒，汛弁外委吳發、目兵林大忠等十五名各概被漂失。臣等以該營猝遭風雨，校場、衙署、營房倒塌過多，當即委員勘估，飭令詳修。而且各營哨船漂失無蹤，尤關緊要，檄飭該營分差飛往各處確查稟報。旋據報稱：查安平左營順六號一船，被風漂出外洋擊碎，片板無存，水兵陳朝輝一名被漂無著，業經通報。此外尚有安平中左右三營順二，濟六，平一、平三，濟一、定二，順七，濟七，順十一，澄四，濟十二，澎湖右營鞏八，滬尾營濟十四，濟十五，波三、波六等號十七船，被漂四處海邊擱淺。內有漂失槓椇尚堪修葺者，波六號一船；其擊壞過甚不堪修葺者，順二等號十六船；造具清冊繳乞勘報。

又據署同知徐廷掄報稱：國賽港海口沉失內地過臺哨船清四、金一、金三、海二、湯三、勝七等六號，淹斃管駕額外季萬進一名、無眷水兵十一名，稟請移行水師提鎮各營，迅即查覆各等因。臣等查此次臺屬猝遭風雨，嘉義最重，臺、鳳兩縣較輕，幸在晚秧未插之先，於農事毫無妨礙。該廳縣等會同查辦，所有淹斃、壓斃者均經殮埋，無屋、無糧者均經賑濟。現在各處晚稻已收，年歲甚為豐稔，前項難民，並無流離失所之人。

此外淡、蘭、澎湖三廳、彰化一縣，俱未被災。據該廳縣先後禀覆到郡，正在核辦間，欽奉諭旨，並由督撫臣先期奏撥藩庫銀三萬兩，委員馬巷通判俞益、候補知縣劉功澍、福州協右營都司蕭廷鵬、把總王連安護解到臺查勘撫卹。臣等以事關民瘼，仰廑聖懷，自應詳加查察，不容遺漏一人。隨切諭臺地原委各員親赴各鄉細詢公正衿耆，如有漏未撫卹之人，或前次所給未充，即當宣布皇仁，俾沾實惠。據該衿耆等僉稱：本年六月被災後，各鄉窮民，均係逐戶挨查，並無遺漏，所得銀米，足敷用度。現當晚稻收成之際，各家衣食有資，毋庸再卹。並據內地委員俞益等聲稱：該員等由鹿港口登岸至郡，行歷三百餘里，悉屬前被風雨災區，訪之輿人，察看沿途景象，俱各安業如常，似可不須接濟等語，自係實在情形。除省發庫銀三萬兩，留抵二十六年應領臺餉，由臺灣府報明外，謹將遵旨會查海外窮黎均已得所，毋庸再卹緣由，據實覆奏。所有臺、鳳、嘉三縣賑卹銀兩，均係捐辦，請免造冊報銷。各營沉失損壞哨船，飭即查照冊報勘驗，分別造修。其淹斃管駕弁兵，可否照例議卹，恭候命下再行查照辦理。伏乞皇上聖鑒。謹奏。

附奏捐銀撫卹各員請予議敘摺

再，臣等查核臺、鳳、嘉三縣猝遭風雨，係廳縣營員捐資賑卹，並未請領帑銀。除臺灣縣舉貢生監各捐制錢二百八十千文、嘉義縣郊商公捐洋銀四百八十元、由地方官賞給匾額花紅外，該廳縣等查辦詳速，不惜重資，所有署臺防同知徐廷掄捐制錢一千四百五十千文零，署鹿港同知史密捐紋銀八百三十五兩，署鳳山縣知縣雲霄、同知玉庚捐制錢一千二百四十千文零，嘉義營參將呂大陞、守備曾玉明均無地方之責，目擊民艱，公捐洋銀五百元，可否與該廳縣等一體交部議敘？加陞銜臺灣縣知縣胡國榮捐制錢二千七百三十千文零，可否交部從優議敘？署嘉義縣事准補清流縣知縣王廷幹，到任旬餘，即遭風雨，該員捐埋葬銀二千四百七十四元，又捐撫卹銀二千八百六十二元，又捐工程銀三千兩，合計所捐在庫銀七千兩以上，尚屬卹民急公，可否將該員王廷幹賞加知州銜，以示鼓勵，出自皇上格外天恩。謹附片具奏。

道光二十六年四月初三日奉旨：欽此。

三九、閩浙總督劉韻珂、署福建巡撫徐繼畬奏：循例動撥解臺備用銀兩摺

［道光二十六年二月二十五日］，為前撥臺灣道庫存銀兩、餘賸無幾、請再循案動款撥解、以資緩急、恭摺奏祈聖鑒事。

竊照臺郡孤懸海外，為閩省藩籬，該郡民情浮動，偶有睚眥微嫌，輒即逞凶械鬥，甚或糾集匪類，謀為不軌，必須庫貯充盈，方可有備無患。道光十四年間，前督臣程祖洛等因臺灣積貯空虛，曾經會摺奏請於閩省收捐監生歸補封貯銀內，酌撥銀十萬兩解存臺灣道庫。嗣因逆犯沈知、胡布、陳沖、江見、洪協等先後謀逆滋事，經臺灣鎮道節次稟明於前存銀內陸續撥用，計共動撥銀九萬二千八百七十四兩零。內業經造報兩案，堪以作正開銷者，已有二萬九百餘兩之多，其未據造報各案，銷數更屬不少，且有應動臺灣生息暨攤廉歸之款，按款勾稽，均須時日。現在道庫實貯之銀，計已不及萬兩，容俟各案報銷完竣，再行飭司發還備貯，誠恐緩不濟急。且從前臺地民物殷阜，每有要需，尚可向殷紳富戶暫行借墊。自道光十二年被兵以後，民間元氣本尚未復，而年來地震、械鬥以及風水之災，又復層見疊出，以致地方凋敝，較前更甚。是此時臺灣本地，已屬無可籌借，而內地又遠隔重洋，風信靡定，臨時撥解，更非克期可至。自應預為籌備，方免支絀之虞。

查閩省收捐監生歸補本省封貯一款，為備公而設，現在臺灣庫貯既已無多，亟宜循案撥解，以資貯備。合無仰懇聖恩，俯念海外存貯關係重大，准於閩省現存藩庫收捐監生歸補封貯銀十六萬兩內，趕先酌撥銀一十萬兩，解至臺灣，收貯道庫，以備要需。

至此項捐監生銀兩，向俟收有成數，以三萬兩解部，三萬兩收存藩庫，作為歸補封貯之用。茲閩省封貯一款，自此次撥解之後，計止餘銀

六萬兩，若仍照舊分別解貯，則歸補需時，設有不時之需，計亦不敷支發；況閩省為濱海重地，福、廈兩口，夷情現雖順綏，而綢繆之計，不可不存；漳、泉二郡，民情素稱獷悍，而緝捕之資，不能不裕。是發內地之封貯解存臺灣，固屬先其所急，而補內地之封貯，收存藩庫，亦係備其不虞。臣等再四思維，欲籌兼顧，惟有請旨將此次撥解內地封貯銀十萬兩，於續收捐監銀內盡數扣還，仍俟扣足原數，再行查照舊章，分別解部存貯，俾海外、腹里，均得寬為籌備，不致有誤。如蒙俞允，容俟命下，即行欽遵，委員解往。仍照前奏，遇有重大緊要急需，方准奏明動用。此外尋常事件，一概不准擅動。所有新舊交代，責成後任盤查結報，並於每年春秋二季，由鎮道會盤具結報查。如將軍、督撫、提督巡閩至臺，核實盤驗一次，仍於奏報巡閱摺內隨案聲明。如有虧缺，一面參追，一面責令該鎮道等立時賠補。

至前此動撥銀九萬二千八百餘兩，俟催令各案造報到日，由臣等逐一核明，如係作正開銷之款，應由藩庫發還者，即飭照數扣存，毋庸再行發給；其應動臺灣生息暨攤廉歸款者，並飭收還原動本款，以免轇轕而昭慎重。據兼署藩司武崇具詳請奏前來，臣等公同參核，均關緊要，實為海疆貯備起見，謹不揣冒昧，合詞恭摺具奏，伏乞皇上聖鑒訓示。謹奏。

道光二十六年二月二十五日會奏，五月初三日接到軍機大臣字寄，四月初五日奉上諭：前據劉韻珂等奏前撥臺灣道庫存貯銀兩無幾，請動內地封貯撥解一摺，當交戶部速議具奏。茲據該部詳加綜核，以前案捐款歸補之項，聲敘含混，未便准行。惟念臺郡孤懸海外，民情浮動，且近年來地震械鬥以及風水之災，層見迭出，必須庫貯充盈，方可有備無患。所有此次劉韻珂等奏請續撥銀十萬兩，准其即在捐監歸補封貯銀兩內如數動撥，解臺貯備，與前次歸補實貯銀兩，一並責成臺灣道專款加謹封貯，不得與府庫糾纏，致滋弊混。如遇重大緊要事件，著該道一面酌撥，一面自行具奏，並報明督撫藩司存案，事竣分別歸補。此外尋常事件，及墊放官兵俸餉等項，照舊由臺灣府自行籌撥，不准擅動。遇有新舊交代，責令後任盤查結報，造冊通詳咨部，倘有挪移短缺，據實參追。如遇將軍、督撫、提督渡臺巡閱，照督撫年終盤查司道庫款例，核實盤查，於奏報巡閱事竣摺內，聲明有無虧短，分別究辦。至沈知等案動用銀九萬二千餘兩，除提取本款歸還貯備外，其各本款報銷，並著該督等將未造報者迅速造報，已行查者亦即登覆，仍各歸各案辦理，是為至要。將此諭令知之。欽此。

四〇、台灣總兵官呂恒安等奏摺：台灣彰化等處陡遭地震

[道光二十八年十二月十五日]，道光二十八年十一月初八日辰刻，郡城地方陡然地震，由南而北，逾時即止。飭據署台灣縣劉功澍查明：城鄉房屋間有倒坍，為數無幾。時臣呂恒安在鳳山縣校閱營伍，該縣城內雖亦微有震動，並無妨礙。此外台北各廳縣果否同日地震，正在飛飭查覆間。即據嘉義縣王廷幹、署彰化縣丁廷琛、署鹿港廳胡國榮、署北路協副將呂大陞、署鹿港水師左營遊擊王國忠先後稟報：各該廳縣均於道光二十八年十一月初八日辰刻同時地震，內惟彰化、鹿港情形較重，倒坍房屋，傷斃人口，為數甚多……嗣據該署府會督印委各員先後稟復，遵即馳赴被震各處，逐一查勘。嘉義縣衙署、城垣及城內民居，間有傾倒。自縣城以北，歷笨港、塗庫、他里霧、斗六一帶村莊，係與彰化地界接壤，坍塌房屋約共數百戶，壓斃民人千餘丁口。彰化城內衙署、監獄、倉庫並學宮、祠廟，俱已倒壞。店鋪民房倒壞者十居六七，餘亦傾側欹斜。壓斃該縣家丁二名，民人二百餘丁口，監犯六名……城外民房倒坍過半，壓斃民人約一千餘丁口，受傷者亦復不少。鹿港廳南投縣丞貓霧拺巡檢與北路協副將並水師左營遊擊各衙署、兵房、庫局、炮臺、演武廳，亦俱坍壞。北路協兵丁壓斃十一名，水師左營兵丁壓斃二名，斗六營外委林維邦亦被壓受傷。統計被震各處內，惟彰化、鹿港為最重，嘉義次之；而彰化、鹿港所屬共十三保，又惟彰化之大肚上中下、大武郡東西、燕霧上下、南北投等四保，鹿港之馬芝遴、半線等二保為最重，其餘各保又次之……臣等伏查彰化等縣陡遭地震，倒坍房屋，延及數保，傷斃民丁又不下二千之多……再淡水、噶瑪蘭、澎湖三

廳，業經臣等逐一查明，雖俱同日微有震動，並無損傷。

四一、閩浙總督劉韻珂等奏摺：臺灣北路各廳縣被水地震現已由省撥解銀兩妥為撫卹

［道光二十八年十二月二十九日］，閩浙總督臣劉韻珂、福建巡撫臣徐繼畬跪奏：為臺屬北路各廳縣被水地震、現已由省撥解銀兩飭令妥為撫卹、恭摺具奏、仰祈聖鑒事。

竊照本年十二月十三日據署臺灣府知府史密稟報：淡水地方自本年九月初十日起至十三日止，澍雨滂沱，颱風大作，以致溪流陡漲，山水驟發，田園、廬舍、橋樑、堤岸悉被衝壞，淹斃人口亦復不少，統計被水之區共有九十餘里，大小百十村莊。又噶瑪蘭地方自九月十一日起至十三日止，大雨如注，連宵達旦，溪流湧漲，宣洩不及，近溪田園、廬舍間被衝坍，人口亦間有淹斃，惟晚禾並未受傷，襍糧亦俱暢茂，現經該署府飭委員弁會督地方文武各捐廉銀分投馳往查勘撫卹等情。正在查辦間，又據該署府具稟：本年十一月初八日辰刻，郡城地方陡然地震，逾時即止，查勘民間房屋間有倒塌，情形尚輕，惟彰化、嘉義兩縣並鹿港廳地方衣俱同時地震。彰化城內民房及文武衙署、監獄、倉廒、廟宇、公館、較場、演武廳均各倒為平地，城垣臌損，垛口、女牆一併坍塌，壓死民人無數，監犯亦壓斃六名，餘俱逸出投回。臺協水師左營遊擊衙署並火藥、軍裝各庫屋及各兵營房悉皆倒壞，壓斃兵丁二名，受傷者二十餘名。嘉義縣衙署亦多倒塌，城垣倒壞六十餘丈，垛子倒壞二百五十餘箇，縣城內外民房、廟宇及演武廳等處亦均有倒壞，民人亦多傷斃，斗六營外委林維邦亦被壓受傷。鹿港情形與彰化不相上下，現經該署府備帶銀洋親詣各處會督印委各員周歷查勘分別撫卹。並據臺灣鎮呂恒安、臺灣道徐宗幹稟同前由聲明此次地震愈北愈重各等情。

據此，臣等伏查此次淡水、噶瑪蘭兩廳地方雖因猝遭風雨，同被水患，尚止淡水一廳情形較重。惟鹿港、臺灣、彰化、嘉義同時地震，情形就現報而論，則當以彰化、鹿港為最重，嘉義次之，臺灣又次之。該

四廳縣陡遭地震，計及二百餘里，倒坍房屋為數不少，壓斃民人亦復甚多，小民困苦流離，已屬難以言狀。至淡水、噶瑪蘭兩廳境內果否同日被震，雖尚未據稟報，但該兩廳均為臺灣北路地方，既經該鎮道等查明震動之勢愈北愈重，恐該兩廳亦未必不同遭地震，如果屬實，是於被水之後復遭此厄，其情更為可憫。現在該道府等雖已籌備銀洋前往撫卹，第災區既廣，需用必多，撫卹之資必當寬為籌備方足以拯民困而廣皇仁。查道光十九並二十五等年，嘉義、彰化等縣地震均由省中籌撥銀兩解往撫卹，此次被震情形更重，自應援照辦理。臣等現已飭司在於藩庫籌撥銀六千兩，即飭由臺來省領解褋款銀兩之候補從九品趙德璜並由省委員護解回臺，交署臺灣府會督印委各員馳赴被水、被震各處確切查勘倒坍民房實共若干間、淹斃民人實共若干口，分別男婦大小及有力無力、瓦房草房，造具清冊，照例給予修理各費，並將該民人等妥為安頓，仍責成臺灣鎮道督同查辦，妥為彈壓，其撫卹後應否再行接濟，亦即由該管道府體察情形星馳詳辦，務使實惠及民，不任一夫失所，統俟事竣核實報銷。至解往銀兩如不敷用，即由該道府等酌量籌補，倘有贏餘或已由臺自行捐辦無須動支，亦即報明留存府庫抵作下年兵餉。其倒塌城垣、衙署、監獄、倉廒、營汛、兵房、庫局及各處廟宇、公館、橋樑、堤岸並飭逐一勘明分別緩急次第興修。淡水、噶瑪蘭兩廳及南路之鳳山縣果否同日地震，情形如何，飭即一面勘辦，一面具報，以昭矜卹而免稽延。茲據藩臬兩司會詳請奏前來，臣等謹合詞恭摺具奏，伏乞皇上聖鑒。

再，臣等於接閱稟報後，向由臺內渡各商船不時查探，據稱被水、地震屬實，民情極為安靜，合併陳明。謹奏。

［硃批］：另有旨。

四二、上諭：迅速撫卹台灣被震被水災黎

道光二十九年二月初二日諭內閣：劉韻珂、徐繼畬奏台灣北路各廳縣被水、地震，委員妥為撫卹一摺。台灣彰化、嘉義兩縣並鹿港廳地

方，於上年十一月初八日同時地震，城垣衙署均有坍塌，並倒壞民房，傷斃人口。據該督等奏稱：該廳縣陡遭地震，計及二百餘里，小民困苦流離，實堪憫惻。至淡水、噶瑪蘭兩廳，先經被水，田園廬舍多被衝壞，人口亦多淹斃。被水之後，復遭地震，小民尤為可憫，亟應查勘撫卹，以惠災黎。著劉韻珂等派委明幹大員，迅速前往，會同該道府確查情形，分別撫卹，並將該民人等妥為安頓。其委員所帶司庫銀兩，如有不敷，即照議由该道府籌款撥給。務使實惠均沾，無令一夫有失，别滋事端。事竣造冊報銷。余均著照所擬辦理。

四三、閩浙總督劉韻珂奏片：遵旨派委幹員前往臺北地震災區查辦撫卹

［道光二十九年三月二十八日］，劉韻珂片：再，臣等於道光二十九年二月二十一日接准軍機大臣封寄，本年二月初二日内閣奉上諭：劉韻珂、徐繼畬奏臺灣北路各廳縣被水、地震委員妥為撫卹一摺。臺灣彰化、嘉義兩縣並鹿港廳地方於上年十一月初八日同時地震，城垣、衙署均有坍塌並倒壞民房、傷斃人口。據該督等奏稱，該廳縣陡遭地震，計及二百餘里，小民困苦流離，實堪憫惻，至淡水、噶瑪蘭兩廳先經被水，田園、廬舍多被衝壞，人口亦多淹斃，被水之後復遭地震，小民尤為可憫，亟應查勘撫卹以惠災黎。茲劉韻珂等所委明幹大員迅速前往，會同該道府確查情形分別撫卹，並將該民人等妥為安頓，其委員所帶司庫銀兩如有不敷，即照議由該道府籌款撥給，務使實惠均霑，無令一夫有失别滋事端，事竣造冊報銷，餘均著照所擬辦理。該部知照。欽此。仰見聖主軫念災黎痌瘝在抱，臣等欽佩難名。

伏查臺灣為海外巖疆，民情浮動，平時撫治本宜加意講求，若遇水旱偏災則小民困苦流離，尤當妥為安頓，方可消患未形。故此次臺北廳縣被水、地震，臣等接據該管道府稟報，即經飭司籌撥銀兩委員護解過臺以為撫卹之資。茲欽奉前因，隨後督同藩司陳慶階查有新陞鹿港同知孔昭慈勤明幹練、實心愛民，堪以委令前往，臣等即劄飭該員迅速東

渡，會同該管道府將被水、地震各處確切查勘，分別撫卹。其撫卹後應否再行接濟，亦即體察情形隨時稟辦，務期實惠均霑，無令災黎失所別滋事端。至現在各處災民果否均已安業，雖尚未據該道府等續行稟報，第臣等不時向內渡紳商詳細諮詢，咸謂臺北廳縣自上年被災以後，經該管道府會督印委各員趕緊分投撫卹，小民均已得所，地方較往年倍形安謐，此皆仰賴皇上恩庇，故得宵小斂戢閭閻安恬，洵堪上慰宸廑。所有遵旨派委幹員前往查辦及臣等探悉臺地安靜情形謹合詞一併附陳，伏乞聖鑒。謹奏。

道光二十九年三月二十八日奉硃批：知道了。欽此。

四四、福建台灣鎮總兵官呂恒安等奏摺：臺屬地震案內修理、賑卹及工程銀數清單

［道光二十九年九月二十六日］，上年臺屬彰化等縣同時地震……嗣因彰化、嘉義等縣並鹿港廳於十一月初八日同时地震……謹將臺屬彰化等縣地震案內，給過修理各費，同撫卹口糧及修建工程，動用銀數，開具清單，恭呈御覽。計開撫卹項下。

彰化縣：倒塌瓦房一萬三千十四間，每間給修費錢一千文，共給錢一萬三千十四千文。草房七千三百三間，每間給修費錢五百文，共給錢三百六十五萬一千五百文。二共給錢一千六百六十六萬五千五百文，每錢二千文折銀一兩，合銀八千三百三十二兩七錢五分。壓斃成丁屍身九百六十三具，每具酌給洋銀一圓四角，共給洋銀一千三百四十八圓二角，孩屍四十五具，每具酌給洋銀七角，共給洋銀三十一圓五角。二共給洋銀一千三百七十九圓七角，每圓折銀八錢，合銀一千一百三兩七錢六分。撫卹極貧，大口四千四百六十五口，每口給米一斗四升五合，折銀二錢九分，共給銀一千二百九十四兩八錢五分，小口九百三十二口，每口給米七升二合五勺，折銀一錢四分五厘，共給銀一百三十五兩一錢四分。總共給銀一千四百二十九兩九錢九分。以上共銀一萬八百六十六兩五錢，均係各官紳捐給。

嘉義縣：倒坍瓦房九百七十九間，每間給修費錢一千文，共給九百七十九千文。又草房一千三百六十八間，每間給修費錢五百文，共給錢六百八十四千文，合銀八百三十一兩五錢。壓斃成丁屍身十九具，每具酌給洋银一圓四角，共給洋銀二十六圓六角。又孩屍三具，每具給洋銀七角，共計洋銀二圓一角。二共給銀二十二兩九錢六分。以上共銀八百五十四兩四錢六分，係該縣自行捐給。

工程項下。嘉義縣：修理城垣，實需工料銀五千五百四十三兩二錢。修建倉廒、監獄，共實需工料銀二千一百九十三兩三錢二分六厘。修理营汛兵房、軍裝局庫，共實需工料银一千六百五十八兩二錢。

彰化縣：修建倉廒、監獄，共實需工料銀二千四百三十一兩一分四厘四毫五絲。修建北協中營各汛兵房、軍裝、火藥局庫、炮臺，共實需工料銀九千七百四十二兩九錢九分。修建臺協水師左營各汛兵房、軍裝局庫，共實需工料銀一千五百三兩四錢六分八厘。修建學宮，共實需工料銀六千五十七兩三錢一厘五毫五絲。以上統共實工料銀二萬九千一百二十九兩五錢，均於各官紳捐賑盈餘項下撥用，其不敷銀兩，併又該縣自行捐給。

咸豐朝

一、台灣鎮總兵呂恒安等奏摺：台灣紳民捐資助賑請原案從優獎敘

［咸豐元年二月初八日］，福建臺灣鎮摠兵官臣呂恒安、按察使銜福建臺灣道臣徐宗幹跪奏：為紳民捐資助賑、籲請仍照前摺援例從優獎敘、恭摺具奏、仰祈聖鑒事。

道光三十年十一月二十八日，准吏部咨，议奏臺灣淡水等廳被水暨彰化等縣被震兩案，捐輸銀米並出力官紳，查照海疆捐輸章程分別條款開單恭呈御覽，於八月十三日奉旨：依议，欽此。由內閣抄出移咨到臺。臣等伏查淡水等廳被水、彰化等縣地震兩案，原奏以事関灾賑重務，聲明請照現行常例及豫工二卯事例，准予優敘。欽奉上諭：呂恒安、徐宗幹奏，官紳捐資助賑可否給予獎敘一摺，上年臺灣府屬淡水、噶瑪蘭兩廳同時被水情形較重，經各該官紳等捐輸銀米，分別賑卹，並彰化等縣上年地震，亦均籌捐辦理。所有各官紳等，著准於事竣後覆實查明，彙請獎敘，並著免其造冊報銷，該部知道。單併發。欽此。業經臣等將奏准援照前例獎勸緣由，曉諭在案。

今部臣改照海疆捐輸章程，綜核甄敘，欽奉俞允，臣等何敢干冒再瀆！但臺地四面風濤，往往灾異不測；省城遠隔重洋，声息難通，迥非內地海疆各郡邑可比，萬一地方有事，存款不敷，一時無從接濟，不能不兼藉民力；惟俟事竣優加獎勵，得以应手。兩案灾務，臣等督飭印委各員力求節省，核实查办；士民觀感奮興，急公好義，許以從優請獎，並為將來緩急可恃之地。海外民情，知恩尤甚於畏法，罰宜嚴，而賞宜寬。撫馭之方，未可尽拘定格；言必忠信，蠻貊可行。該捐生等非盡殷實有餘，或圖登進之路、或希章服之榮，是以踴躍輸將，易於集事。兹准部议照海疆捐輸章程与臣等請照現行常例及豫工二卯事例原奏不符，既已失信於士民，以後遇有劝办之事，恐致观望不前，所関匪细。查道光二十四年漳、泉分類案內，捐卹難民亦按現行常例、豫工二卯事例從優給獎。合無仰懇聖恩俯准，仍照原奏將該紳民等分別從優議敘。其捐

輸各員可否照奬，以歸畫一，出自皇上逾格鴻慈。至在事出力人員，遵照部臣原议，不敢再乞恩施。臣等目擊海外情形，近年以來地方安輯，不至勞師糜餉，實得力於官民一心。信而後勞，巖疆安危所繫，不敢不據实上陳。除將部查捐年考補各人員咨覆一併核辦外，謹合詞恭摺具奏，伏乞皇上聖鑒訓示。謹奏。

咸豐元年七月十五日奉硃批：欽此。

二月初八日。

二、臺灣鎮挖兵官呂恒安等奏摺：澎湖地方被風成災，循例動項撫卹並委員前往查辦

[咸豐元年三月二十七日]，福建臺灣鎮挖兵官臣呂恒安、按察使銜福建臺灣道臣徐宗幹跪奏：為澎湖地方偶遇風灾、循例動項委員前往查办、恭摺奏陳、仰祈聖鑒事。

窃澎湖一廳孤懸海中，地多沙石，不能栽種稻穀，惟籍雜粮以资民食。上年十月间據通判楊承澤稟稱：該廳地瘠民貧，冬令雨少風多，收成稍歉，幸早收尚稔，猶可支持，民間多捕海為生，素鮮盖藏，诚恐來春青黄不接未免食貴堪虞。並稱：海島窮民不慣粒食，以地瓜切碎晒乾，名為薯絲，經久可用，想來多以此糶濟，請預為籌備。等因。當經臣等率同臺灣府知府裕鐸暨該廳楊承澤公捐銀二千兩，收買薯絲運往，以備接濟去後，兹於三月二十五日復據該廳报稱：立春以來雨澤稀少，三月初四日至初六日風霾大作，刮起海水，徧地飛灑，土人名為鹹雨，瘠土皆成斥鹵。最重之處所種雜糧苗菜枯萎，收成無望，廳屬共十三澳大小六十八鄉逐加履勘。除吉貝、西屿、八罩等澳稍輕，其餘九澳受灾較重，貧民糊口維艱；前備薯絲不敷散給。現在會同澎湖協副將再設法倡捐周濟。惟澎地素乏殷實之戶，捐集無多。請援照嘉慶十六年及道光十一年歷辦成案，籌項撫卹。並據副將謝焜、臺灣府知府裕鐸稟同前由。臣等查澎湖地方上年晚收已歉，本年正月以後雨澤仍稀，復於三月初旬，猝被風霾，雜糧枯萎，致失早收，民情倍形拮据。雖經臣等捐買

薯絲，並由該廳營勸捐接濟，惟被灾之處，須俟晚冬栽種，望收為日正長。

查澎湖為全台門戶，四面皆海，貧民易致流離，亟須妥為撫綏，俾獲安定。該廳營同士民捐貲不敷，由台郡勸办，地隔海洋，緩不濟急。即文报內渡，風吸靡常，尚需時日。溯查嘉慶十六年及道光十一年成案，亦被鹹雨為灾，曾經動項辦理。臣等會同籌商，於道庫備貯項下提銀二千兩，添買薯絲，委員候補從九品曾廣煦陸續解運。並撥銀三千兩，飭委即補同知本任嘉義縣知縣王廷幹管解前往，會同該廳確查實在。極貧丁口分別輕重，或就近添買薯絲，或易錢折放口糧，先行撫卹。仍察看情形，應否加賑，抑應緩徵，據實馳报，由臣等詳明督、撫，臣照例核办，以仰副聖主怙冒海隅不令一夫失所之至意。所有澎湖地方偶風灾動項委員前往查辦緣由，謹合詞恭摺具奏。伏乞皇上聖鑒。謹奏。

咸豐元年六月十三日奉硃批：钦此。

三月二十七日。

三、閩浙總督裕泰奏摺：澎湖遭風已撥銀兩委員會勘撫卹

［咸豐元年六月初三日］，為具報澎湖地方猝被風災、現經由省撥銀兩委員馳往會勘撫卹、恭摺奏祈聖鑒事。

竊臣於咸豐元年五月二十三日，接據臺灣道徐宗幹稟稱：臺屬澎湖廳地方，因上冬雨少風多，收成歉薄，貧民不無食匱之虞，當經該道會督鎮府及該廳楊承澤，公捐銀二千兩，購買薯絲，運往接濟。詎於本年三月初四日起至初六日止，連日大風，刮起海水，徧地飛灑，土人成為鹹雨，以致雜糧枯萎，早收失望。廳屬共十三澳，內惟吉貝等四澳被風稍輕，其餘九澳情形俱重。現經該道會同臺灣鎮呂恒安，於道庫備貯項下提銀五千兩，以兩千兩添買薯絲，委員解往，餘銀三千兩，飭委即補同知王廷幹帶赴澎湖，會同該廳查勘撫卹，除恭摺具奏外，合將摺稿錄呈核辦等情。據此，臣查澎湖四面環海，地皆沙石，稻穀不生，向來早

晚二收，俱係栽種雜糧，藉資民食。今因猝被風災，雜糧枯萎，早收既已失望，晚收尚早，為日甚長，小民戶口無資，謀生乏術，其情殊為可憫。現在該鎮道等雖已籌撥銀兩，委員前往勘辦，但據被風較重之處，已居廳屬十分之七，災區既廣，戶口必多，現撥之銀，尚恐未能徧及。澎湖為全臺門戶，關係緊要，當此民力拮据，待哺嗷嗷之際，必須速為安撫，方足以示矜卹。臣於接稟後，即飭司在於藩庫收存道光三十年地丁項下，動撥銀二千兩，委同試用知縣張兆鼎，管解東渡，徑至澎湖，會同該廳楊承澤及臺灣原委各員，親赴被風各澳，查明各該戶口，分別極貧、次貧，先行妥為撫卹，務使實惠及民，不致一夫失所，亦不得假手書差，致滋冒濫。一面按鄉履勘，實在何鄉情形最重，何鄉情形稍轻，將來晚收有無妨礙，是否不致成災，應否照例加賑，抑或只須酌請緩徵，或應另行接濟，詳晰聲明，星馳稟報，仍責成臺灣道府督同查辦。至此解往銀兩如尚不敷支用，即由該道府酌量籌撥，如有盈餘，亦即解存廳庫，留抵下年兵餉，統俟事竣，核實報銷，茲據福建藩臬兩司會詳。

四、上諭檔：諭令督撫察看台灣澎湖地方偶遇風災情形

咸豐元年六月十三日内阁奉上諭：呂恒安、徐宗幹奏，臺灣澎湖地方偶遇風災、委員查勘籌款辦理一摺。

據稱，澎湖廳上年晚收歉薄，本年三月復猝被風霾，以致雜糧枯萎，民情倍形拮据；業經該鎮道會商，於道庫提銀二千兩，又撥銀三千兩，委員解往該廳，查明分別撫卹。仍著察看情形，或應加賑、或應緩徵錢糧，即行據實具奏，並詳明該督撫核實辦理，以副朕軫念災區至意。該部知道。欽此。

五、上諭檔：諭令台灣淡水等廳縣紳民捐資助賑從優議敘

咸豐元年七月十五日内閣奉上諭：呂恒安、徐宗幹奏，紳民捐資助

賑、請仍照前奏從優奬敘一摺。

台灣淡水等廳被水，新化等縣地震兩案内，各官紳捐輸銀米助賑，前經吏部擬照海疆捐輸章程議敘。茲據該鎮道懇恩，仍照原奏鼓勵，並援案請歸畫一查辦。台灣遠隔重洋，與内地情形不同，自應量加優敘，以昭激勸。所有該鎮道奏請仍照原擬給將之處，著戶部查明覆議具奏。欽此。

六、上諭檔：諭令台灣府屬澎湖地方受風災緩徵本年額征銀

咸豐元年十月初十日内閣奉上諭：恒裕、徐宗幹奏，查勘澎湖灾民撫䘏完竣並請緩徵一摺。

福建台灣府屬澎湖地方本年三月間風霾鹹雨為灾，前經降旨，令該鎮道查看情形，分別辦理。茲據奏稱：委員徧歷各鄉，查明戶口，均匀散賑，地方甚屬安靜。惟被灾處所，民力未免拮据，加恩著照所請，所有本年額征地種、船網、滬繒等銀五百九十三兩零，一併緩至咸豐二年秋後帶徵，以紓民力。該鎮道即刊刻謄黃，徧行曉諭，務使實惠及民，毋任吏胥舞弊，以副朕軫念灾區至意。其捐賑及董事出力等官紳士民等，均著照例咨部，分別請奬，所捐銀兩免其造冊報銷，餘著照所議辦理。該部知道。欽此。

七、閩浙總督季芝昌奏片：查明澎湖廳屬災情及撫卹情形並來春無庸接濟

[咸豐元年十一月初二日]，季芝昌片：臣於咸豐元年十月二十三日承准軍机大臣字寄，本年十月初三日奉上諭：本年福建台灣澎湖廳屬被風，業經降旨分別緩征撫䘏，等因。欽此。仰見聖主軫念灾區有加無已，下懷昌勝欽佩。遂查台灣澎湖廳屬於本年三月間猝被風灾，當經前督臣裕泰飭司在於藩庫收存道光三十年地丁項下動撥銀二千兩，委令試

用知縣張兆鼎管解東渡，會同澎湖印委各員查勘撫卹，並將撥解銀兩委員馳往勘覆緣由，於六月十三日恭摺具奏。嗣據署臺灣鎮恒裕、臺灣道徐宗幹呈報，督飭澎湖廳會同各委員，查明被灾戶口，援照成案分別極貧、次貧並大小口，酌給兩月及一個月薯絲、錢文，於六月二十日一律撫卹完竣。統共合用銀一萬二千三百五十四兩零，除官民捐銀七千六百五十一兩零，計不敷銀四千六百七十三兩零，议由道、府、廳、縣分年扣廉归補，省中撥解銀二千兩留存廳庫，扣抵來年兵餉。至該廳地多磽瘠，民鮮盖藏，早收既經被灾，所有本年額征地種、船網、滬繒等銀五百九十三兩一錢四分八厘，应请缓至咸豐二年秋後帶征。現在暘雨应时，秋收可期豐稔，民情均称安帖。除恭摺具奏外，合將摺稿錄呈查核。並據另禀聲明：此項查办撫卹，該道密加查察，悉僅紳董协同經理，委皆实惠及民，毫無冒濫。現已聲請緩徵，毋庸再行加賑接濟各等情。據此正在覆核具奏間，欽奉前因。伏查此次澎湖廳屬被風成灾，尚僅三月夜间之事，於秋收本無妨碍，當時該鎮道等既各飭令印委各員查明被灾戶口，援案撫卹，並請將本年額征地種等銀加恩緩征，民力已可免拮据，秋獲登場後必更戶有盖藏，無虞乏食。兹既據該鎮道等查明，秋收可期豐稔，無庸再行賑濟，是民間生計已裕，即至來春青黄不接之時，亦不致艰於糊口。體察情形，似無須再籌接濟。臣於奉旨後業經恭錄转行查办。惟臺灣重洋遠隔，風信靡常，若俟鎮道等覆到具奏，誠恐有誤欽限。除俟查覆到日再行奏聞，並飭查造捐輸銀數、姓名各冊結，由臣覆核明確咨部合办外，所有體察澎湖廳屬各灾民來春無庸接濟緣由，謹先会同福建巡撫王懿德合詞附片覆奏，伏乞聖鑒。謹奏。

咸豐元年十二月初一日奉硃批：知道了。钦此。

八、閩浙總督季芝昌奏摺：澎湖民間充裕毋庸再行接濟

［咸豐二年四月初二日］，閩浙總督臣季芝昌跪奏：為查明臺灣澎湖所屬被風以後民間生計已裕、毋庸再行接濟、恭摺覆奏、仰祈聖鑒事。

竊臣於上年十月二十三日，承准軍機大臣字寄，咸豐元年十月初三日奉上諭：本年福建台灣澎湖廳屬被風成災，如有應行接濟之處，即查明據實覆奏，務於封印前奏到等因。欽此。跪讀之餘，當因體察情形，似無須再籌接濟。臺灣遠隔重洋，若俟該鎮道查覆到日再行具奏，誠恐有誤欽限，隨將體察緣由，會同福建撫臣王懿德，于咸豐元年十一月初二日附摺奏陳聖鑒。一面恭錄諭旨，轉行臺灣鎮道，欽遵確查去後。茲據前前任臺灣鎮總兵葉紹春、臺灣道徐宗幹稟稱：查澎湖四面環海，地多沙石，稻穀不生，各島居民大率以采補為業，務農之家，本不甚多。上年三月被風成災，經鎮道等督率部委各員查勘撫卹，併請將元年額征地種等銀緩至二年秋後帶徵，災黎含哺鼓腹，本已共慶生全，兼之入秋之後，各處雜糧均獲豐收。在業田者戶口有資，固可無虞竭蹶，即素無恆產，或網捕營生，或傭趁度日，亦無難自食其力，不致拮据，應請勿庸再行接濟等情，覆奏前來。臣查上年三月澎湖所屬被風成災，相距晚收之期尚有數月，本屬無甚妨礙，後秋獲登場，既臻上稔，民間生計自必充裕，所有該鎮道等奏請無庸接濟之處，經臣復加體察，係實在情形，並無諱飾，伏乞皇上聖鑒。謹奏。

九、閩浙總督慶端、福建巡撫瑞瑸奏摺：澎湖忽遭風雨現正籌辦撫卹

［咸豐十年四月二十八日］，為澎湖猝遭大風鹹水，雜糧損壞，現經委員勘辦撫卹，恭摺奏祈聖鑒事。竊奴才等接據福建澎湖協副將黃進平、署澎湖通判張德琇、臺灣道孔昭慈先後報稱：澎湖於咸豐九年入秋後，颱颶時作，幸尚無甚妨礙。十月初十日陡起大風，海中鹹水壁立，隨風灑落，土人名為鹹雨，晝夜不停，直至二十二日未刻始行止息。地瓜、小米等項雜糧均皆萎爛，糧價日增，各澳男婦生計艱難。張德琇自行捐資，併稟經孔昭慈督率府廳縣等，共捐廉銀二千兩，又於穀價項下籌撥銀五千兩，採購薯絲等項接濟，暨委員署彰化縣知縣張傳敬赴澎湖會同該廳勘辦等情。

一〇、署臺灣鎮總兵官恒裕奏片：撥運倉穀賑濟澎湖災民情形

［咸豐二年四月］，再，澎湖廳不產稻穀，惟種雜糧以資民食。本年二月二十五日，據通判楊承澤稟稱：自上年九月至今春並未得雨，臣等當即委員查勘，至三月間，據通縣報得雨，並稱各鄉甫經播種，收成尚早，仍請酌量接濟前來。伏查該廳於上年春間，風霾為災，即經奏明動款撫卹，扣廉歸補，並由紳民捐資助賑，復請將咸豐元年應徵地種、船網、滬繒等銀一併緩免，本年秋後帶徵，欽奉恩旨敬謹誊黄曉諭在案。查澎湖居民或以網捕營生，或以傭工糊口，海外天時溫燠，冬間皆構種雜糧，但需雨澤應時，春令即可刈獲，無慮青黄不接，業將毋庸接濟情形稟報督撫，臣覆奏上行聖廑明，未經報雨至六月之久。臺屬惟該廳阻隔大洋，別為孤島，土瘠民貧，素乏積蓄，秋收已罄，春收失望，采補無資，傭趁難繼。現雖得雨，補種過遲，成數尚早。當此洋防緊要之時，濱海窮黎尤須時加周卹。查臺灣府倉儲稻穀十餘萬石，尚有嘉慶初年買存。飭據該府稟稱：歷經盤查，並無霉蛀，碾試微有損耗顆粒，仍望泛舟撥運前往周濟，較採買為便，且藉此出陳易新，於倉儲並有裨益。海洋往返，勘報需時，仰體皇上體卹小民之仁，即報明督撫，臣陸續撥運倉穀八千石，解往該廳，及委員興隆里巡檢王衢等，督同董事貢生周維新、生員陳維廉、洪邦光等，隨查隨散。據報廳屬十三澳計貧民大口二萬四百五十，小口為九千九百八十九，每口大口給穀一升，小口給穀五合；自三月二十日起，至四月十九日止，共放穀三百六十六石六斗五升。現已得雨霑足，雜糧一律花茂，可以計日收穫，隨時查訪，民情安帖如常，無庸再議調劑。所有動用穀石，由臣徐宗幹同臺灣府籌穀買補，應請免臣造報，仍詳明督撫，臣委查以昭核實，謹附片陳明，伏乞皇上聖鑒。奏。

一一、上諭檔：諭令澎湖地方遭風米糧損失即籌撥銀款撫卹

咸豐十年七月十六日内閣奉上諭：慶端、瑞璸奏，澎湖遭風、米糧損壞、委員勘辦撫卹一摺。福建臺灣所屬澎湖廳地方上年十月間海中陡起大風，鹹水隨風飛灑如雨，致所種米糧等項均皆損壞。現經臺灣道孔昭慈等捐廉籌款賑卹，著慶端等即飭該管道府，督同委員逐一確切查明是否不致成災，所有籌撥銀款，迅即設法妥為撫卹，務令實惠均霑，使小民不致失所，以副朕軫念民艱至意。餘著照所議辦理。欽此。

同治朝

一、福建巡撫徐宗幹奏摺：台灣各屬查勘捐卹被震災民情形

［同治二年五月二十六日］，為台灣震災、經該道府會督印委各員查勘捐卹緣由、恭摺奏祈聖鑒事。

竊照前據台灣道府具稟：同治元年五月初六日至初九日，臺郡雨滂沱，水勢驟漲，十一日忽起狂風，地復大震，城垣坍卸，房屋傾圮，壓斃人口甚多。又據台灣鎮函報：塘汛被淹，軍裝漂失等情。當經臣會同前任閩浙總督慶瑞奏明，併委員候補通判史廷楷渡臺，會查勘辦在案。

茲據台灣道洪毓琛、代理台灣府知府馬樞輝詳稱：委員未到之先，業經該道府飭令即委各員，徧歷城鄉，查明附郭。台灣一縣一廳轄各莊，除有力之家不計外，共壓斃大口男婦一千三百二十七口，小口男女一百八十六口，倒壞瓦屋二千四百二十二間，草房六千三百一十三間，均係無力貧民。照例大口男婦每名給收埋銀一兩，小口每名給銀五錢，共給銀一千四百二十兩，隨驗隨發，實時掩埋。其例壞瓦屋，照例每間給修費銀五錢，草房每間給修費銀二錢五分，共給銀二千七百八十九兩零。於會勘時，按戶給票，填明里居姓氏，定期憑票，按名散給，統共撫卹銀四千二百九兩零。正值軍需浩繁，庫款告匱，当经該道府倡率廳縣公捐散給，請免造冊報銷。嗣委員史廷楷到臺，會同該府縣覆加勘驗，被災難民均皆安輯，各鄉田園尚無妨礙，晚米已收，民食有賴，毋庸再行請賑。至倒壞城垣垛牆，並即籌款，分派紳董趕修完固，以資保障。其縣府監獄、倉庫及鹽場倉屋，亦系刻不可緩之工，一時籌款艱難，先行擇要補葺。此外壇廟、祠宇各工程，統俟軍務告竣，另行分別估修。並查鳳山一縣及淡水、噶瑪蘭、澎湖三廳，同時地震情形尚輕，毋須勘辦。嘉義、彰化二縣彼時道路梗阻，未能委勘，一俟賊匪蕩平，同被擾各莊彙案辦理。武職衙署、塘汛庫局、藥鉛軍庫分別移查，核覆到另行酌核籌辦。並據藩司張銓慶著臬司桂超萬會詳，請奏前來。

臣查此次臺屬地震，附郡之台灣一縣為最重，業經該道府同督周歷

查勘，分別賑卹，並經委員會勘，田禾無傷，毋庸再行給賑，嘉、彰等縣飭俟地方肅清，查明被扰情形，一併彙核酌辦。除咨戶部外，所有臺郡震災委勘捐卹緣由，臣謹會同閩浙總督臣左宗棠，恭摺具奏，伏乞皇太后、皇上聖鑒訓示。謹奏。

二、署理閩浙總督英桂等奏摺：臺灣噶瑪蘭屬陡遭颱風委員前往會勘撫卹

［同治六年十月初五日］，福州將軍兼署閩浙總督臣英桂、福建巡撫臣李福泰跪奏：為臺灣噶瑪蘭屬陡遭颱風、委員前往會勘撫卹、恭摺奏祈聖鑒事。

竊照福建臺灣府屬之噶瑪蘭廳所轄地方於本年五月中旬後久晴無雨，直至七月初六日方獲甘霖，正可稍資灌溉，詎意是夜戌刻颱風大作，洶猛異常，城鄉殆徧，至五更後始漸止息。文武衙署、倉廒、監獄均多遭風坍塌損壞，同城兼管司獄之羅東巡檢衙署倒為平地，壓斃廳役二命，巡檢弓役三人，四門城樓亦均倒塌，廟宇、義學、橋樑、道路亦有損壞壓折，城內民房刮倒四百余櫚，東西勢各鄉莊約計倒塌民房一千九百九十餘櫚，各口船隻及舵水人等間有飄沒、淹斃，查出四鄉壓斃人口三百餘命。又有民壯圍、員山頭圍、蘇澳等各莊倒塌屋數尚未查實，先由署噶瑪蘭通判本任嘉義縣知縣章覲文報經署臺灣府知府葉宗元稟明，臺灣道吳大廷檄委現署艋舺縣丞章國均就近前赴噶瑪蘭，會同該署通判章覲文查勘撫卹。茲據該署府葉宗元轉稟前來。

臣等伏查噶瑪蘭所轄處臺灣極北之地，土性鬆浮，陡遭颱風疾作，刮倒民房二千三百餘櫚，傷斃人口三百餘名，覈其情形，殊堪憫惻。雖幸早禾收穫在先，據稱各莊晚禾甫經插秧，間有吹折亦不至於田稼有礙，照例並不成災，但念赤貧之家既無種作，又無恒業，遭此痍傷，人亡屋塌，不無失所。既經由臺委員會勘撫卹，出飭司飛移臺灣道飭催現委之署艋舺縣丞章國均，趕緊前往噶瑪蘭會同該署通判章覲文，認真查勘，分別妥為撫卹外，臣等謹合詞恭摺具奏，伏乞皇太后、皇上聖鑒訓

示。謹奏。

軍機大臣奉旨：知道了，著即嚴飭該委員並該管道、府認真查勘，妥為撫卹。欽此。

三、署理閩浙總督英桂等奏摺：臺灣府屬噶瑪蘭地方遭風未成災來春毋庸接濟

［同治六年十一月二十二日］，福州將軍兼署閩浙總督臣英桂、福建巡撫臣李福泰跪奏：為查明閩省內地今歲年穀收成、台灣府屬噶瑪蘭地方遭風並不成災、來春毋庸接濟緣由、恭摺附驛覆陳、仰祈聖鑒事。

竊臣英桂接准軍機大臣字寄：同治六年十月初三日奉上諭：本年被水、被扰各屬，該督撫等体察情形，來春青黄不接之時，如有應行接濟之處，即查明據實褎奏，務於春節前奏到，俟朕於新正降旨加恩。等因。

惟台灣府屬噶瑪蘭地方七月初旬風颱陡作，倒塌民房，傷斃人口，前經奏報委員查勘撫卹，當幸早稻收成在先，晚秧甫插，不致有礙，並不成災，來春青黄不接之時毋庸再行接濟。臣等仍隨時体察情形，酌核辦理，不敢稍存膜視，上厪聖懷。據司道具詳前來，除咨戶部外，臣等謹合詞恭摺具奏，伏乞皇太后、皇上聖鑒訓示。謹奏。

同治六年十二月十四日軍機大臣奉旨：知道了。欽此。

四、福州將軍英桂等奏片：臺灣府屬澎湖地方賑濟事竣

［同治六年十一月二十二日］，再，臺灣府屬澎湖地方同治五年秋後雜糧歉收，島民乏食。是年十二月，據管駕長勝火船赴臺運穀之記名總兵吳鴻源便道查禀：經臣英桂暨前護撫臣周開錫飭行臺灣道府查明，就近動支臺屬鳌金并官紳捐貲採買雜糧、薯絲賑濟。至六年四月初間竣事，民情安謐。禀報前來。此事在同治五年，因重洋遠隔，行查周折，今始覆到，相應附片陳請聖鑒。謹奏。

軍機大臣奉旨：知道了。欽此。

五、閩浙總督李鶴年奏摺：閩省臺灣各屬來春毋庸接濟

［同治十三年十一月二十六日］，頭品頂戴閩浙總督臣李鶴年跪奏：為查明各屬地方來春毋庸接濟、恭摺仰祈聖鑒事。

查本年八月間，閩省臺內各屬被風發水，大概情形當經附片奏明，飭查在案。茲據本省司道詳稱：查臺、澎、連江、寧德等處，被風發水，並未成災，間有倒塌民房，傷斃人口，及晚稻禾糧折損之處，分別修理賠復，民情安謐如常。此外各屬雨暘時若，年穀順成。來春青黃不接之時，均請毋庸接濟等請前來，除咨部外，臣等謹合詞恭摺，由驛覆奏，伏乞皇上聖鑒。謹奏。

光緒朝

一、分巡臺澎兵備道札飭查報當地風災損失

[光緒二年七月初三日]，欽命布政使司銜福建分巡臺澎兵備道兼提督學政夏，為札飭事。

照得臺地本年四月以來，雨水過多，颱風間作。郡城南路自六月初九日以後，大雨滂沱，通宵達旦，至十七日始息；郡城城垣、南路各處碉堡、該縣新築城牆，均有倒塌。張鎮軍所部分劄內山營堡及新開山路，亦有沖壞；吳鎮軍所開中路，被沖尤多，飛虎營勇丁劄在內山者，沖沒兩棚，勇丁淹斃八名。北路自六月初九至十六日止，亦連日風颱。當飭各屬查勘，據臺灣縣白鸞卿稟報：該縣各鄉民房草寮，間有被風吹損；低窪道路，被水沖塌。直加弄莊水圳，亦被沖沒，現存圳岸無幾。安平港口，擊沈澎湖尖梭船一只、駁載糖船兩只，人皆遇救得生。鳳山縣孫繼祖稟報：該縣衙署、監獄、倉庫，並有倒榻；港西等處，民居沖去數十間，人口亦有淹斃。淡水廳陳星聚稟報：該廳學宮、衙署、倉房、監獄、竹塹巡檢衙門，均有坍塌；城內民房，倒去一百數十間。北之大姑崁、南之大甲內山，同時山水下注，橋梁倒塌數處；各港口船隻、人口，亦有覆沒溺斃。雞籠新起煤務公署及洋屋，均被損壞。又臺地向設鹽場五處，現瀨南、瀨北、洲南三處鹽埕均被水沖崩，泥沙淤積各等情。此外廳、縣，尚未具報。刻下風雨猶在時作，應俟天色晴霽，趕將城堡、橋梁、道路分別修築。察看情形，本年收成必形歉薄。除稟兩院憲並移行查覆外，合行札飭。

為此，札仰該縣即便遵照，剋日查明通報察辦。毋違。此札。

光緒二年七月初三日札（恆春縣）。

二、兼署閩浙總督文煜等奏片：台灣道府被風被水情形並查明撫卹

[光緒二年九月十九日]，文煜奏片：再，據台灣道夏獻綸稟報：

台灣各屬自本年四月以來，雨水逐多，台風间作，郡城南路于六月初九日起，大雨滂沱，連宵達旦，至十七日始息，城垣及南路各處碉堡、恒春縣新築城牆均有倒塌，台灣鎮張其光所屬部分紮内山營堡並新開山路亦有沖壞，總兵吳光亮所開中路被沖尤多，營勇紮在内山者沖沒两棚，勇丁淹斃八名，北路自六月初九日起至十六日止，連日狂風暴雨，當饬各屬查勘，台灣縣各鄉民房草寮间有被風吹倒，低窪道路橋梁俱有坍壞，水圳亦被沖沒，该邑尚無栽種早稻，其晚稻甫經插秧，近溪各處被水漂失者尚可補種，安平口击沉商船三隻，人皆遇救得生，鳳山府衙署、監獄、仓廒均有倒塌，港西之閩粵六莊因山汇注適當其冲，民居多被沖沒並有淹斃八口，惟各海口尚無擊壞船隻，淡水廳城内積水三四尺，倒塌民房一百余間，學宫、衙署、倉房、監獄均有塌坍，南鄉之大甲，北鄉之大姑坎等處，同时山水下注，溪田一片汪洋，田禾沖失，民房及橋梁、道路倒塌不少，人口淹斃無多，各港口船隻间有擊破，幸該處頭人总保遵照救護章程各用木排往救，人船均得保全，即冲出洋面擊沉之船亦救起五人，鸡籠新起煤務公署洋屋均被损坏，盐埕三處被水冲崩，泥沙淤積等情。暨據總兵吳光亮、署台灣府知府孙寿銘暨各该廳縣禀详情形大略相同。又據彰化縣以该邑城垣、衙署、兵房间有坍塌，縣轄之揀東上中下三保因山水甚急，田水圳冲塌較多，東勢角等处坍塌民房十馀间，或二三十间不等，沿河一带水圳俱有冲坏，人口尚無損傷，惟过溪之行人溺斃十馀名，禀报前来。臣等查臺灣各屬均遭風雨爲災，秋收必形歉薄，已饬该道府率屬查勘，妥爲撫卹，勿使穷黎失所，並將城堡、衙署、橋梁、道路、盐埕赶紧分別築挑復，其淹斃勇丁亦饬吳光亮查开姓名照例給卹，仍催令未报各廳縣查明馳禀察办。所有台属被風被水情形，臣等謹合词附片陳明，伏乞聖鑒訓示。謹奏。

光緒二年九月十九日軍機大臣奉旨：知道了。欽此。

三、督辦福建船政吳贊誠奏片：臺灣北路淡水、噶瑪蘭等處遭颱風大雨，營房坍塌等情形

［光緒三年七月二十八日］，吳贊誠片：再，臺灣北路於本年五月二十二日陡起台風，继以大雨，自淡水噶玛兰所轄，以至後山蘇澳新城、歷大港口、成廣澳等紮營處所，營壘、兵房、碉堡、軍裝局概行坍塌，轉運快艇等船十七號内有四號被風浪擊碎，片板无存，馀均損壞，噶玛兰廳衙署、監獄、倉廒、城牆亦多傾圮，民房倒去數百间，蘇澳新城被災尤重，廬舍鮮有存者，各處橋梁道路均有殘缺，軍民壓斃、溺斃者二十馀名，其时福星輪船因運送營勇糧米前赴後山正泊蘇澳，因風勢猛烈錨鍊折斷，尾柁亦壞，不能自持，船隨浪卷擁上沙灘擱淺，据總兵吳光亮、臺灣道交獻綸等具报前來。臣查此次台北風災爲十數年所僅見，所有被災之區已饬地方官查明赈卹，兵房、營壘暨各項工程趕緊修整，快艇各船有关後山轉運並分別验修補造，福星輪船擱淺處所据該管駕都习楊永年稟报於船旁挖開沙石做成隖式，一面将器具、炮械起□，俾船身較輕，遇有大潮可用輪船拖帶下水，經饬設法妥办另派輪船前往，以后如何情形，当再續行驰报。理合附片具陳，伏乞聖鑒訓示。謹奏。

光緒三年七月二十八日軍機大臣奉旨：知道了。欽此。

四、上諭檔：諭令臺灣府屬同治十年民欠供粟穀米一體豁免

光緒三年八月十二日，内閣奉上諭：何璟等奏請將台灣府屬同治十年分民欠供粟豁免等語，加恩著照所請，所有台灣府屬未完同治十年分供粟三萬九千一百七十一石零及未完成糯米易穀十五石零均按數一體蠲免，以紓民力，餘著照所議辦理該部知道，該督即刊刻謄黃編行曉谕，務使實惠均霑，毋任吏胥舞弊，用副軫念民艱至意。該部知道。欽此。

五、閩浙總督何璟等奏片：臺灣北路遭風情形及分別辦理賑撫

［光緒三年八月十二日］，何璟等片，再，臺灣孤悬海外，往往易於招風，而北路峻嶺崇山風力尤猛，盖地勢然也。五月二十二夜起至次早止，臺北颶風陡发，大雨傾盆，一時木拔瓦飛。噶瑪兰衙署、監獄等項俱有塌損，民房吹倒三、四百间，壓斃男女三名，蘇澳迫近海口，又值南風當沖，以致營盘庫局一起倒成平地，募丁受傷者十數人，營勇壓斃三名，民间草房倒壞八十馀间，僅剩瓦屋三十馀間而已，經署通判邱峻南捐廉分別撫卹，一面開倉平粜，以惠窮黎。停泊蘇澳之艇快各船专为山后运载米糧、軍裝之需，計艇船五號、第三號斬断兩桅，其余四號打破，內僅兩號堪修，淹斃勇丁六名，又快船第十二號一隻片板無存，此外或損路或失桅舵，应分別修造，福星輪船錨鍊、尾舵均已打斷，艙內水弥數尺，船被沖上沙滩擱住，后山新城營壘及各碉堡一併吹倒，壓斃因案管押之生番一名、親兵、勇丁二名，亦經該管營員妥爲安撫埋葬。淡水廳轄之艋舺地方，同時風雨交作，水勢陡漲一丈余尺，旋即消退，人口無傷，惟早稻不無損壞。据北路文武报由臺灣道夏獻綸具詳前來。臣等查臺北此次遭風以蘇澳爲最重，且當撫番招懇之際，必須矜卹周至，方期近悅遠來。除分饬營廳一体加意赈撫，無論兵勇番民忽俾（原文如此）一夫失所。大小工程，擇要修整，一面由廳查勘田稻为何受傷，現年钱粮能否徵收，其余各處有无被風，统俟复到，分別办理外，所有臺北遭風大概情形，臣等僅附片陈奏，伏乞聖鑒訓示。謹奏。

光緒三年八月十二日軍機大臣奉旨：俱奏臺北遭風情形甚重，著即分饬營廳各员妥籌撫卹，毋令一夫失所。欽此。

六、清單：應請豁除臺灣府屬額徵各項褋餉

［光緒三年］，謹將臺灣府屬額徵各項褋餉應請豁除逐一查列清單、恭呈御覽。

謹開臺灣縣：港潭七所，共徵銀四百五十三兩九錢八分；小船二百八十九隻，共載樑頭七千六百七十六擔，共徵銀五百九十一兩五分二釐；杉板頭船九十七隻，共徵銀四十兩零七錢四分；尖艚船五隻，共徵銀四兩二錢；罟六張，共徵銀七十兩零五錢六分；繒二張，共徵銀一十二兩六錢；三條，共徵銀一十七兩六錢四分；縺九條，共徵銀五十二兩九錢二分；罾九條，共徵銀五十二兩九錢二分；澎湖大網一十六張，共徵銀五十六兩；箔網二張，共徵銀二兩五錢二分。大滬二口，共徵銀一兩六錢八分；小滬十口，共徵銀八兩四錢；樑頭餉稅溢額銀五十四兩五錢八分九釐；牛磨三十首，共徵銀一百六十八兩；瓦店厝二千八百二十五間，共徵銀八百五十八兩二錢三分五釐；草店厝一千八百八十間，共徵銀四百零七兩九錢六分；北路花園番檨一宅徵銀七十兩。以上共徵銀二千九百二十三兩九錢九分六釐。

鳳山縣：港四所，共徵銀一百八十九兩六錢七分四釐；安平鎮渡船三十四隻，載樑頭九百八十九擔，共徵銀七十六兩一錢五分三釐；採捕小船一百二十四隻，載樑頭二千四百四十擔，共徵銀一百八十七兩九錢二釐；罟九張，共徵銀一百五兩八錢四分；繒二張，共徵銀八兩四錢；一條，徵銀五兩八錢八分；縺八條，共徵銀四十七兩四分；罾八條，共徵銀四十七兩四分；箔二條，共徵銀一十一兩七錢六分；採捕烏魚給旗九十二枝，共徵銀九十六兩六錢；樑頭餉稅溢額銀一十一兩七錢七分九釐。以上共徵褋餉銀七百八十八兩零六分八釐。

嘉義縣：港五所，共徵銀三百五十一兩四錢五分九釐；船四十一隻，共載樑頭九百三十八擔，共徵銀七十二兩二錢二分六釐；繒二張，共徵銀八兩四錢；一條，徵銀五兩八錢八分；縺五條，共徵銀二十九兩四錢；滾二條，共徵銀一十一兩七錢六分；罾八條，共徵銀四十七兩零

四分。蕭壠檳榔二十四宅，共徵銀六十兩；笨港店四百一間，共徵銀二百兩零五錢，另瓦礶五座，共徵銀一十二兩五錢；菜園一所，徵銀三兩；樑頭餉稅溢額銀一百五十四兩四錢四分三釐。以上共徵䄯餉銀九百五十六兩六錢零八釐。

彰化縣：港四所，共徵銀三十八兩七錢三分八釐；小一百三十五隻，共徵銀一百五十五兩九錢二分五釐；水里港一所，徵銀三兩；番仔橋港、大突溝港，共徵銀二兩八錢；一條，徵銀五兩八錢八分；牛磨四首，共徵銀二十二兩四錢。以上共徵雜餉銀二百二十八兩七錢四分三釐。

淡水廳：罟一張，徵銀一十一兩七錢六分；車磨一張，徵銀五兩六錢。以上共徵雜餉銀一十七兩三錢六分。

澎湖廳：小杉板船一百五十三隻，共徵銀六十四兩二錢六分；又溢額小杉板船二百零七隻，共徵銀八十六兩九錢四分；又溢額尖艚船二十七隻，共徵銀二十二兩六錢八分；大網八口，共徵銀二十八兩；小網三十七口，共徵銀六十三兩八錢四分；小繒十五口，共徵銀十二兩六錢；又溢額小罟繒十張，共徵銀八兩四錢。小滬一十九口半，共徵銀八兩一錢九分；又溢額小滬三十四口，共徵銀一十四兩二錢八分。以上共徵䄯餉銀三百零九兩一錢九分。

以上四縣二廳，統共徵䄯餉銀五千二百二十三兩九錢六分五釐。

軍機大臣奉旨：覽。欽此。

七、起居注：諭令臺灣府城被風成災妥為撫卹

［光緒四年六月十六日］，內閣奉谕旨，何璟等奏，本年四月臺灣府城被風災，巡撫行署及北城垜口暨內外民房等處多有坍塌傾折情形，並傷斃兵民，等語。此次臺灣遭風，究竟吹倒房屋傷斃人口實在若幹？禾稼民房及此外各屬有無被風之處？各澳師船並商漁船隻有無失事？著何璟、葆亨督饬臺灣道夏獻綸確切察明，妥为撫卹，毋令失所。

八、閩浙總督何璟等奏片：臺灣突遭怪風情形

[光緒四年六月十六日]，何璟等片：再，臺灣府城于本年四月二十一日酉刻突遭怪風，黑氣彌漫，莫辨形质，自西南挾雨而來，直撲郡城，由西门穿入巡撫行署，經頭二门掠过內廳等处，从署后西北隅圍牆出，越北城而去，一路屋瓦齐飛，古樹为拔，署前照壁坍頹，旗杆倒折，悉成平地，署內房屋吹倒大半，其未倒者亦桁柱欹斜，片瓦無存，西北兩面圍牆盡皆傾倒，署東箭道內兵房倒塌及半，壓傷左翼練兵十六名，北城垛口摧坍十余丈，城內外民房□風过急多有倒壞，壓傷數十人，壓斃二人，其余文武大小衙署或瓦片微有吹損，俱各尚無大礙等情。由縣稟經臺灣府張夢元□报前來。臣等查臺郡面臨大海，屏障毫無，遭此風異究竟于何起止？共倒房屋、傷斃人口实在各有若幹？四鄉禾稼、民房及此外各屬有無被風？各澳师艇、並商漁船隻有無失事？是否成災，除飛饬臺灣道夏獻綸就近遴□妥□分別查明，查看情形酌量撫卹，據實稟覆，再行詳晰續陳外，合将臺郡突遭怪風大概情形謹先附片具奏，伏乞聖鑒。謹奏。

光緒四年六月十六日軍机大臣奉旨，欽此。

九、閩浙總督何璟等奏片：臺灣府城內遭風查辦修復情形

[光緒四年七月初五日]，何璟等片：再，本年四月二十一日台灣府城突遭怪風，大概情形臣等已附片奏明在案，兹據台灣道夏獻綸查明，府城內被風倒塌各處房屋、傷斃人口，與府縣所稟情形相符，此外文武衙署以及義倉、書院等處，暨非当風之處，民房均無損壞。彰化縣于二十一日夜中有雨無風，惟該縣南投縣丞所轄是日午刻風雨交作，山水奔注，縣丞衙署、圍牆、房屋俱被沖壞，由南投入埔里社新開道路均有冲坍。台北府于二十一日薄暮亦有大風，尚不为害。嘉義縣于二十二日寅刻大風陡至，縣衙大門暨署內房屋悉为平地，余皆欹斜。察看台

北、彰化、南投等處雖先後俱遭風雨，情形较轻，即台、嘉二属亦系一線，經过四鄉民房俱無傷損，各口船隻亦無擊壞，均幸不致成災，其壓傷兵丁已由營醫痊，傷斃人口并经官紳酌量撫卹，各處坍塌衙署並饬府縣，分别趕緊查勘修复等情。具詳前來，並據各该府縣具报相同，臣等覆查無異，理合據情陳奏仰慰慈廑。除咨部查照外，臣等謹附片具陳，伏乞聖鑒。謹奏。

光緒四年七月初五日軍機大臣奉旨：知道了，欽此。

一〇、閩浙總督何璟奏摺：查明閩省内地各屬毋庸接濟臺灣

［光緒六年十一月二十六日］，閩浙總督代辦福建巡撫臣何璟跪奏：爲查明閩省内地各属民情安謐、來春毋庸接济，其台灣、台北二府应否调剂撫卹、饬查分别办理、恭折仰祈聖鑒事。

窃臣承准軍機大臣字寄光緒六年十月初三日奉上谕：本年江西安福等縣被旱被水，浙江金華各屬田禾间有被淹，湖北武昌各属被水，江蘇盐城等縣蝻子萌生，淮安各属间有飛蝗，並高阜田地被旱，山东新城等縣被旱，安徽、河南各属间被水旱，均经該督撫等委員查勘，即著迅速办理，並將來春应否接濟之处一並查明，于封印前奏到。此外各省有无被災地方应行调剂撫卹之处，該將軍督撫等一並查奏，候旨施恩將此各谕令知之，等因。欽此。恭录转行钦遵去后，伏查福建省城及上下遊各屬本年四、五月间被水，臺湾、臺北二府于八月间被風，均已分晰奏报。内地之水随涨随消，且菽薯□收中稔，來春自可毋庸接济。惟臺湾南路及後山各处風勢稍重，晚收略減，雖皆勘不成灾，恐村社民番不无失所，已饬該番地方官確查赈撫，來春应否调剂撫卹，届时分别办理。据藩臬两司、粮盐二道会詳前來，除一面饬查並咨部查明外，臣謹恭折由驿处奏，伏乞皇太后、皇上聖鑒訓示。

再，撫臣勒方錡帶印渡台，所有巡撫衙門题奏事件，奏請由臣代办，至闽浙總督系臣本任，毋庸会衔，合並陳明。謹奏。

光緒六年十二月十八日軍机大臣奉旨：知道了，欽此。

一一、閩浙總督何璟奏片：臺灣臺北府城及所屬地方八月份遭風雨等情形

［光緒六年十二月初十日］，何璟片：再，九月二十七日，據台灣道張夢元详禀，八月二十二日申刻台灣府城陡起狂風，連宵達旦，二十三日午刻風力尤猛，直至亥末子初始止。所屬鳳山、嘉義、彰化、恒春四縣情形大略相同，官署、民房间有坍倒，無壓傷人口，田禾亦無大礙，並無中外船隻遭風失事，民情安谧，無须赈助。台北府城及所屬新竹、宜蘭二縣同時被風，其势較輕，一切無甚傷礙。並據台灣镇總兵吳光亮报稱，山中、南、北三路自八月十七日至二十二日風雨交作，二十三日异样狂風，各處營房、公所、義塾、茅庐有吹塌刮斜者，有磚瓦破裂近半者，甚有一枕倒成平地者，新墾田围，稍有损壞，民番照常安堵，系勘不成災，當經撫臣勒方錡批拨行司查明彙办。兹于十月二十二日，據藩臬两司會同糧監二道覆詳请奏前來，臣復查無異，除批饬再行確查，酌籌赈撫，並估修各項工程，查勘受傷田畝能否及時墾復，另行分别办理暨咨部外，謹附片具奏，伏乞聖鑒。

至撫臣帶印渡臺，所有巡撫衙门題奏事件奏請由臣代办，其闽浙總督系臣本任，毋庸會衔，合並陳明。謹奏。

光緒六年十二月初十日軍機大臣奉旨：知道了。欽此。

一二、閩浙總督何璟奏片：臺灣恒春縣新城遭風東西城裂陷等情形並賠修

［光緒六年十二月初十日］，何璟片：再，恒春縣新城建在沙坪之上，基址未甚結实，此次西風及西北風旋轉靡常，致有東城裂痕一縷，直長六十丈左右。又，西城低陷十八、九丈，並剝蝕牆上石灰不少。據恒春縣報，由台灣道具详前來。除批饬着落賠修並咨部外，臣謹一併附

片具奏，伏乞聖鑒。至撫臣勒方錡帶印渡台，所有巡撫衙门題奏事件奏請由臣代辦，其閩浙總督系臣本任，毋庸會銜，合併陳明。謹奏。

光緒六年十二月初十日軍機大臣奉旨：知道了，欽此。

一三、閩浙總督何璟等奏片：臺灣兩府遭颶風大雨分別撫卹情形

［光緒七年九月二十七日］，何璟等片：再，本年六月十九、二十等日，臺灣、臺北兩府屬因被颶風大雨，致鳳山縣之大烏山地方溪水陡漲，俺斃番民十餘口。又淡水、新竹兩縣海邊草寮民房，間有吹倒。其外洋、內港商漁船隻及滬尾營兵船，均被擊壞，水手人等，亦有淹斃。又宜蘭縣蘇澳營房倒壞數處，沿海哨勇住屋概被吹塌。又基隆廳海口草寮民房，亦被吹倒十餘間。以上各廳、縣皆幸田禾無礙，經各該地方官分別撫卹在案。詎閏七月初一起至初三日止，復遭颶風大雨，較前次尤為猛烈。臺灣縣之安平地方，民居、營房俱有倒塌；旂後中洲沖開河港一道，擊壞民船三號，人口無傷。鳳山、嘉義、彰化、恆春各縣民房，皆有倒塌。惟鳳山一縣有壓斃、淹斃民人數丁口，各口船隻均有沖擊飄沉。又北路淡水、新竹、宜蘭三縣，民房皆有倒塌，人口間有傷斃；廟宇、考棚、書院、衙署，亦有損壞。幸各該縣早稻俱已登場、晚禾甫經栽種，尚無妨礙。惟澎湖不宜播種禾麥，全望花生、地瓜成熟，藉資口食，茲因猝遭烈風狂雨，藤葉根株俱多霉爛，有礙收成。此外，後山花蓮港暨吳全城等處，於五月二十一、二等日地震數次，震倒營房暨軍裝局營牆，業經分別修整；尚無倒塌民房、壓傷人口。據藩、臬兩司暨臺灣道府營縣具報前來。

伏查臺灣各縣疊遭颶風大雨，民房倒塌甚多，人口亦有傷斃。至澎湖地方，五穀不生，惟種花生、地瓜，藉以餬口；今被風雨飄搖，根葉霉爛，百姓更形困苦。臣毓英到臺查明情形，即飭臺灣道、府籌買糧米，由輪船運往賑濟。其各屬被災處所，亦飭地方官妥為撫卹。各處倒塌各項工程應如何修理？沖開港道應否填復？亦飭分別查辦，務使民番

得安耕鑿，仰副朝廷軫念海隅、子惠元元之至意。

所有臺灣、臺北兩府屬因被颶風大雨查勘撫卹情形，謹附片陳明，伏乞聖鑒訓示。謹奏。

光緒七年九月二十七日軍機大臣奉旨覽奏：臺灣等處被災情形殊堪軫念，著即飭屬妥籌撫卹，俾免失所，餘依議。欽此。

一四、福建巡撫岑毓英奏片：賑濟澎湖飢民

［光緒七年十月十三日］，再，臺灣府屬之澎湖地方前遭颶風，百姓所種花生、地瓜根葉霉爛，餬口無資；前經臣飭升任臺灣道臬司張夢元籌撥糧米運往賑濟，附片奏明在案。嗣臣旋至基隆，據澎湖紳士稟訴被災情形；復批飭新任臺灣道劉璈籌款採買雜糧，解往接濟。嗣據該道稟稱：張夢元任內，已將義倉存穀提出二千石碾米運湖散賑；現又由臺局貨厘項下提銀五千兩，委試用通判李嘉棠帶往浙江溫州府採買薯絲、小米等項，運回澎湖添資賑濟。惟查澎湖各島飢民共有八萬餘千丁口，前項雜糧恐不敷分散；請寬為籌備等情。又據臬司張夢元面稱：由臺灣交卸旋省，道經澎湖，目睹各島飢民甚眾，紛紛哭訴；深堪憫惻。臣查澎湖地土瘠薄、戶鮮蓋藏；此次被災飢民竟有八萬餘千之多，嗷嗷待哺，亟應賑卹，以免失所。督臣何璟巡閱營伍，尚未旋省，臣與司、道商籌，由省城增廣倉義穀項下提陳穀二萬石碾米，陸續裝輪船運往澎湖；並飭臺灣道遴委妥員前往會同澎湖通判鮑復康確查各島飢民實有若干，分別散給，仰慰宸廑。至動撥倉穀，仍籌款買補還倉；除陳易新，兩有裨益。謹附片具陳，伏乞聖鑒訓示。謹奏。

一五、閩浙總督何璟奏摺：澎湖災重應查看情形分別辦理

［光緒七年十一月初四日］，為查明閩省本年內地與臺灣各屬收成中稔、來春毋庸接濟，惟臺灣府屬之澎湖被災較重、已設法賑濟、容再查看情形分別辦理、恭摺由驛覆陳、仰祈聖鑒事。

竊臣等承准軍機大臣字寄，光緒七年十月初三日奉上諭：本年直隸、浙江、河南、山西、陝西、廣東、貴州被水、被雹、被旱、被風等處，節經各該省奏到，將新舊錢糧分別蠲免緩徵等因。欽此。欽遵恭錄轉行去後。伏查閩省本年夏秋間，省城與光澤、邵武等縣，及臺灣台北兩府屬，被風被水，經委員分投馳往查勘，酌量撫卹，嗣據委員先後勘覆，以各屬被水後，幸消退甚速，均不成災，早晚兩稻獲收中稔，目前糧價平減，民皆樂業，來春毋庸接濟。惟臺灣府屬之澎湖，不能播種五穀，向以栽種地瓜、花生借以糊口，前因颶風狂雨，根葉黴爛，致無收成，被災飢民共有八萬餘千人，已陸續酌撥倉穀，併籌款採買薯條、小米等項，運往賑濟，俾免失所流離，均已先後奏明在案。第是澎湖地瘠民貧，此次被災較重，來春青黃不接之時，民力自必更形拮据，容再查看情形，隨時分別辦理，據署藩司張夢元等會詳前來，除再飭查併咨部查照外，臣等謹合詞恭摺覆陳，伏乞皇太后、皇上聖鑒訓示。謹奏。

一六、福建巡撫岑毓英奏片：賑濟嘉、彰兩屬災民

［光緒七年十二月二十日］，再，臺灣地方於本年六、七等月疊遭颱風大雨，所有各屬披災及賑濟澎湖居民情形，前經臣等附片具奏在案。茲據代理彰化縣知縣朱幹隆稟稱：縣屬深耕、二林兩保因逼近海邊，被災較重；所種雜糧收成歉薄，飢民眾多。懇請賑濟。又據署臺灣府知府袁聞柝、署嘉義縣知縣邱峻南稟稱：嘉義沿海之笨港、三條崙一帶，亦有飢民紛紛求賑等情。經臣與臺灣道劉璈先後委員查勘，並飭該縣官紳分別周濟，將精壯者雇修大甲等處河隄，以工代賑。但老弱婦女不能工作者尚多，本籍周濟無幾；春耕在邇，亟應從寬接濟。臣等往返函商，現檄飭司、道將省城增廣倉存穀酌提礱米，運往賑濟。謹合詞附片具陳，伏乞聖鑑訓示。謹奏。

一七、閩浙總督何璟奏片：臺灣臺北被風水災情形及籌款撫卹

［光緒八年八月二十七日］，何璟片：再，台灣孤懸海外，内无障弊，時有怪風淫雨之患，入夏尤甚。本年六月十六日起，台灣、台北兩府屬大雨傾盆，加以台風，勢殊狂猛，接連數昼夜，以致台灣府城及安平海口民房、兵房均有倒塌。彰化縣城内外，倒壞民房百余间、兵房三十余间、城垣四十余丈、炮台一座，文武衙署间有坍塌，壓斃男丁二人。其台北府屬新竹縣城内外，倒塌民房草屋一百余间，大甲迫近山溪，水勢暴漲，灌入土城，沖壞草屋一百余间，城垣衙署亦有倒塌，堤工潰決五百余丈，铁篾等薪多沖入海。淡水縣各鄉草屋損壞五十余间，基隆砲臺完好如故，惟黔軍續建碉樓倒塌八座，官房兵房三十余间，大小商漁船隻亦有漂失，經該鎮道府督縣派拨兵，役雇请小船竹排設法拯救，倫办粥饼分給被水之人。至二十二日水漸消退，所幸早稻登場，晚禾未插，不致成災等情。據該鎮、道、府、縣先后亦飞报，並由藩司会詳前來。臣查台南北此次被風被水情形，來勢猛烈，以致城垣、衙署、炮台、碉樓、營房、民屋、商漁船隻損壞不少，小民蕩析离居，深堪悯恻，当饬藩司沈保靖移会，臺灣鎮道分派委員馳赴各属會同查勘，分別籌款，優加撫卹，並將应修各項工程，趕紧擇要修復，無使穷黎失所，以仰副聖主子惠元元之至意。此外附近各屬有无同時被災，容俟查明分別辦理。大甲堤工报竣未久，潰沖几已过半，有謂該溪大险，勢難築堤，現已檄饬道府切实查勘，应否籌款修復，俟覆到另行奏報。除咨部查照外，謹附片具陳，伏乞聖鑒訓示。

再，闽浙總督系臣本任，毋庸会銜，合併陳明。謹奏。光緒八年八月二十日軍机大臣奉旨：览奏被災情形，弥堪悯恻，著该督饬屬详细查勘，妥爲撫卹，此外各屬有無被災之處，並著一併查明，分別办理。欽此。

一八、閩浙總督何璟等奏片：臺灣各屬早晚二稻收成中稔，來春無需接濟

［光緒八年十一月十八日］，闽浙總督臣何璟、署理福建巡撫臣張兆棟跪奏：爲查明闽省内地及台灣各属早晚二稻收成中稔、來春毋庸接濟、恭折仰祈聖鉴事。

窃臣等承准軍機大臣字寄光緒八年十月初三日奉旨谕：本年福建臺灣、臺北、漳州等處被風被水，經該督撫等委員查勘撫卹，即著迅速辦理，並來春應否接濟之處，一併查明，于封印前奏到，候旨施恩，將此谕令知之，等因。欽此。恭録转行钦遵去后，伏查本年三月间，闽省汀州被雹，五、六月间漳州、厦門、臺湾、臺北被風被水，均經本任撫臣岑毓英及臣璟附片奏明，委員馳往查勘，並饬该督府縣妥为撫卹，嗣据先後稟覆，率系勘不成災，各该災黎经撫卹後安居樂業，早晚二稻收成中稔，現在糧價尚平，來春自可毋庸接濟。臣等仍隨时察看，如别有應行调剂之處，即再酌籌妥辦，不敢稍存漠視，以致仰慰宸衷。据藩臬兩司並督糧道盐法道会詳前來，除咨部外，臣等謹合詞恭摺由驿覆陳，伏乞皇太后、皇上聖鉴訓示。謹奏。

光緒八年十二月初九日軍機大臣奉旨：知道了，欽此。

一九、閩浙總督何璟等奏片：台灣多處連日地震情形

［光緒九年正月二十二日］，上年十月二十九日亥刻，福建省城陡然地震，頃刻即止，人民房屋幸無妨礙。詎是日至十一月初三、四日，台灣、台北二府均亦地震，時動時止，輕重有差。台北情形較輕，郡城及所屬之淡水、新竹、宜蘭三縣，並無倒屋傷人，台灣府城及恒春縣亦然。惟安平口營署公所倒塌數間，炮臺、牆垣、兵房均有裂痕，恒春縣新城亦小有損裂。鳳山、嘉義二縣，各倒民房十餘間，傷斃人口二三名。鳳山衙署、監獄並有倒坍，東鄉荒地坼裂，無害民居。彰化縣民房

傾倒二十餘間，壓斃男丁五人，西門炮臺倒壞一處，南門城牆損裂十餘丈，較之台北為重。

二〇、閩浙總督何璟奏片：臺灣颶風大雨先行妥籌撫卹

［光緒十年六月?］再，臺灣府閏五月十九日亥刻，忽起颶風，繼以大雨，風勢非常猛烈，二十日巳刻始止。所有壇廟祠宇以及文武衙署，倒壞甚多，城垛亦倒塌七處，寬窄不等，新舊防軍草房，練勇兵房，坍塌殆盡，城內居民併平安一帶草屋，亦多坍塌，間有傷斃人口，商漁船隻雖有撞壞，尚無漂失。小民蕩析離居，兼之時值夏令，疾疫繁興，困苦顛連，不堪寓目。現已由道籌款撫卹，一面飭查另辦。據臺灣鎮道先後具報，由藩司沈保靖，會同臬司暨糧鹽二道，核詳奏請前來。查臺灣府猝被風災，又兼時疫流行，災黎實堪憫惻，已飭該管道府趕緊妥籌撫卹，毋使一夫失所，各項工程擇要興修。此外附近各屬有無同時遭風，田稻如何情形，另行確查，分別辦理。除咨部外，臣等謹附片具陳，伏乞聖鑒訓示。謹奏。

二一、上諭檔：諭令查明各省受災情形並查勘臺灣府被風地方

軍機大臣字寄盛京、直隸、江蘇、安徽、江西、浙江、福建、湖北、湖南、河南、山東、山西、陜西、甘肅、四川、廣東、廣西、雲南、貴州各將軍、督撫。

光緒十年十月初三日奉上諭：本年直隸、浙江、湖北、陜西、甘肅、雲南、貴州等處災荒地畝节經該省奏到，加恩將新舊錢糧分別蠲免緩征，並因順、直各屬災區民情困苦，發給江蘇、浙江漕米各五萬石，山東沿河州縣疊被水災，截留本年新漕十萬石，藉資賑濟，奉天鳳凰城被水，江蘇青浦縣被風，安徽祁門縣被水，江西浮梁等縣被水，福建台北、泉州兩府屬被風被水，河南葉縣等處被水，山東齊東等縣被水被

風，四川簡州等處被火，石泉等縣被風被雹，廣東順德縣被風，均經該將軍、督撫等查勘撫卹，小民諒可不至失所，惟念來春青黄不接之時，民力未免拮据，著傳諭該將軍、督撫等體察情形，如有應行接濟之處，即查明據實覆奏，務于封印以前奏到，候朕於新正降旨加恩。安徽婺源等縣被水旱，江西馀干等縣被水，福建臺灣府屬被風，湖南澧州等處被水，陝西長安等縣被水，甘肅皋蘭等縣被水被雹，廣東南海等縣被水，雲南石屏等處被水被雹，均經該督撫等委員查勘，即著迅速辦理，並將來春應否接濟之處一併查明，於封印前奏到。此外各省有無被災地方應行调剂撫卹之處，著該將軍、督撫等一併查奏，候旨施恩，將此各谕令知之。欽此。

二二、臺灣巡撫劉銘傳奏片：查明賑濟臺灣難民銀數，請專案准銷

［光緒十二年十二月十九日］，劉銘傳片：再案，查戶部议奏报銷章程，内開赈撫一款，必須專案造冊報銷，不准汇入軍需統报等語。光緒十年六月间，法人窜踞基隆，十一年二月間，擾及澎湖，均被蹂躏，嗣行成兵退，經臣親歷各該處妥为安撫，並委員確查赈卹，奏明在案。查閩省同治三年间，剿办粤匪，經前閩浙督臣左宗棠克複漳龍郡縣救拨外省，本處難民分別大小口，日給食米銀钱，暨按道路遠近敷給路費，遣回按插，事竣造冊報銷，奏部覆准。此次赈卹基澎各難民口糧，均系查照准銷成案敷給，並資遣安插。惟基隆被踞稍久，焚毁民房草屋較澎湖尤甚，海島窮黎专賴操舟採捕，該二處漁船多被焚擄擊沈，失其生计，尤爲可悯。我朝深仁厚澤，凡遇偏災，从不使一夫失所，基澎濱臨大海，爲敵船炮火所能及，法人登岸，誘胁不從，致遭荼毒。則建复瓦房、草屋、船只雖例不備載，为固結海疆民心起見，不能不量予酌給，以免流離失業，计此案共給過外省難民口糧銀六百零四兩三錢五分，被災難民口糧米二千零四石八斗八升二合五勺，照章共折銀二千四百零五兩八錢五分九厘，回籍路費銀一千八百四十四兩六錢四分，被毁房屋給

過銀四萬一千三百零四兩六錢，被毁船隻給過銀二千九百五十八兩四錢，統共銀四萬九千一百十七兩八錢四分九厘。據總辦糧台前貴州藩司沈应奎具详前來，臣覆敷無異，相应吁懇天恩逾格俯念海島被災窮黎艱苦異常，勅部专案准銷，以清款項，除將清冊咨送戶部察銷外，謹附片具奏，伏乞圣鑒。謹奏。

光緒十二年十二月十九日軍机大臣奉旨：著照所请戶部知道。欽此。

二三、臺灣巡撫劉銘傳奏摺：臺灣各屬遭風被水情形

[光緒十六年八月初一日]，太子少保兵部尚書福建臺灣省巡撫一等男臣劉銘傳跪奏：為臺灣各屬遭風被水情形、恭摺馳陳、仰祈聖鑒事。

竊臺北府城本年六月初一日辰刻，驟遭颱風，大雨勢甚狂猛，直至本日亥刻始漸止息，城內衙署民房均有損壞倒塌，此外，所屬之基隆、淡水、新竹各廳縣並劃分臺灣府屬之苗栗縣，均於初一日同時遭風被雨，臺灣府屬之臺灣、彰化、雲林各縣，於初六日同時遭風，臺南府屬之安平、鳳山、嘉義、恆春各縣直達臺東州，於初五日同時遭風。此次颱風徧起，兼以大雨傾盆，有至五六日始息者，以致內山山水陡發，奔流橫溢，近山各縣低窪處所，水驟高至丈餘，沙石隨水滾流，積壓田園甚多，聞有村舍被沖成溪，傷失人口，所幸早稻業已登場，晚禾尚未下種，積水旋即消退，不致成災。節據各屬查禀，經臣批令將遭風雨倒塌民房與被沖村舍淹斃人民，分別妥為撫卹，並將情形最重之臺灣、恆春二縣，分別籌款賑撫，毋任失所，各在案。據臺灣布政使沈應奎、臺彎道兼按察使銜唐景崧會詳請奏前來，除仍批飭各屬將水沖沙壓田園督率農佃趕緊設法挑復，其有實難懇復者，確查禀候委員會勘辦理外，所有臺灣各屬遭風被水情形，謹會同閩浙總督臣卞寶第恭摺馳奏，伏乞皇上聖鑒。謹奏。

光緒十六年八月二十九日奉硃批：著即查勘賑撫，毋任灾黎失所，

欽此。

二四、臺南府轉行藩司沈應奎等會報各地遭風被水情形詳稿

[光緒十六年九月十四]，代理臺南府正堂本任埔里撫民分府隨帶加三級紀錄十次方，為轉行事。

本年八月十九日，蒙臺藩憲沈札開：本年八月初三日，奉宮保爵撫憲劉批——本司會同臺灣道詳臺屬各廳縣忽遭颱風大雨情形緣由，奉批：仰候察核會奏另行抄摺飭知，仍候督部堂批示。繳。等因到司。奉此，除分別移行外，合就行知。為此，札仰該府，即便轉飭遵照。毋違。此札。計黏抄一紙。等因。蒙此，除分行外，合就轉行。

為此，行縣官吏立即遵照。毋違。此行。

計黏單一紙。

光緒十六年九月十四日行（恆春縣）。

頭品頂戴臺灣布政司、二品銜臺灣道兼按察使銜，為會詳請奏事。

竊本年六月初一日，臺北忽遭颱風大雨，勢甚凶猛；至亥刻，始漸止息。城內衙署、民房，均有損壞。其沿海一帶如何情形？當經札飭臺北府行查去後，茲據全臺各屬陸續其稟前來，本司、道逐加查核，除臺北府屬之宜蘭縣系居臺地極北而東未據稟報遭風外，餘如基隆、淡水、新竹各廳縣並劃分臺灣府屬之苗栗縣於初一日同時遭風，臺灣府屬之臺灣、彰化、雲林各縣於六日同時遭鳳，臺南府屬之安平、鳳山、嘉義、恆春各縣直抵臺東州於初五日同時遭風。此次颱風徧起，無不凶猛；且風息後，雨尚如往，有至五、六日始止者，以致後山積水湧發。所報遭風情形，以恆春為較重。該縣本在環山之中，風不時怒發；遭此颱風，勢自增烈。此外，各處地方房屋間有倒塌，其情形大略相同。唯近內山各處，如臺灣府屬之臺灣、雲林、苗栗各縣、臺南府屬之嘉義、鳳山、恆春各縣，因後山水漲，奔流不及，其低處積水高至丈餘；間有村舍沖成溪道者，沙石隨水滾流，沖壓田園不少，人口亦有傷斃。此外，各屬

溪流泛溢，田園雜糧亦多沖壞，人口尚無損傷。幸早稻業經登場、晚禾尚未下種，積水旋即消退，不致成災。除分飭各屬沙壓田園督飭農佃設法挑除墾復，其沖成溪澗不堪墾復者計有若干？確勘造報，另行委員覆勘詳辦，一面查明被災貧民妥為撫卹，並由本司、道籌款，委員馳赴恆春會同地方官妥籌賑撫外，合將所屬遭風被水情形，會同具詳；伏候憲臺察核，俯賜主稿會同附片具奏。

再，職道遠在臺南，會銜不會印；合併聲明。

除詳撫、督憲主稿會奏外，為此備由，呈乞照詳施行。

二五、奏片：各省查勘災情迅速接濟

［光緒十六年十月初六日］，查本年順天、直隸各屬被水成災，業經欽奉懿旨，特發內帑以拯災黎，並奉旨撥給京倉米石、部庫銀兩大錢，近京各鄉鎮添設粥廠。復准李鴻章所請，提撥藩庫等銀，截撥奉天粟米、江北漕米，廣為散放。山東被水，截留新漕提撥糧、道庫銀賑濟。吉林、安徽、江西、福建、臺灣、湖北、湖南、河南、陝西、甘肅、廣西、雲南被水被風被火被雹地方，均經各該將軍督撫查勘撫卹，其明春應否量為接濟之處，臣等謹照向例繕寫詢問，該將軍、督撫等諭旨俟覆奏到日，再行擬寫，新正加恩諭旨呈進。再，安徽、江西、浙江、河南、甘肅、廣東、廣西被水被旱被風被雹之處，該督撫等均已奏明，查勘應否接濟，現俱未經奏到。此外，各省有無被災地方、應行調劑撫卹之處？一併詢問，令該將軍、督撫等迅速查奏彙辦。謹奏。

光緒十六年十月初三日奉旨：依議。欽此。

二六、臺灣巡撫劉銘傳奏摺：臺灣各屬籌款招商分赴採買來春毋庸接濟

［光緒十六年十一月十八日］，太子少保兵部尚書福建台灣巡撫一等男臣劉銘传跪奏：爲查明台灣各屬本年被風被水秋收欠薄、來春民倉

恐有缺乏、當隨時察看籌款採買接濟、遵旨覆陳、恭摺仰祈聖鑒事。

窃臣承准軍機大臣字寄光緒十六年十月初三日奉上谕：本年順天、直隸各屬被水成灾，欽奉懿旨，業給内幣銀五萬兩，以拯災黎，並降旨發給倉米部庫銀錢，添設粥廠，復准李鴻章所請，提撥直隸藩庫等銀，截撥奉天粟米、江北漕米，廣爲散放，并因山東濮州等處被水，谕令截留新漕提撥糧、道庫銀兩，藉资赈濟吉林、安徽被水被火、江西被水、福建被水被風、台灣、台北等府屬被風被水，均經该將軍、督撫等查勘撫卹，小民諒可不致失所，惟念來春青黄不接之時，民力未免拮据，着传谕该將軍、督撫等，撫察情形，如有应行接濟之處，即着查明，據實覆奏，候朕于新正降旨加恩，将此各谕令知之等因。欽此。遵旨寄信前來。臣查台灣各屬本年被風被水，據各屬册报，水沖沙壓田園現經由司委員查勘，应俟復齎另行核办。惟各屬秋收欠薄，來春青黄不接民食恐有缺乏，臣当隨時察看，籌款招商，分赴採買，不敢稍存膜視，以期仰副圣主轸念民生至意。行據臺湾布政使沈应奎、臺湾道兼按察使銜唐景崧会详前來，除咨部外，谨会同閩浙揔督臣卞寶第合词缮扖覆陳，伏乞皇上聖鑒训示。謹奏。

光緒十六年十二月二十八日奉硃批：知道了，欽此。

二七、臺灣巡撫邵友濂奏摺：查明臺灣受災各屬來春毋庸接濟

［光緒十七年十一月二十四日］，頭品頂戴福建臺湾巡撫臣邵友濂跪奏：为查明臺湾各屬本年秋收中稔來春毋庸接濟、遵旨覆陈、恭摺仰祈聖鑒事。

窃臣承准軍机大臣字寄光緒十七年十月初三日奉上谕：本年順天、直隸各屬窪區積水未消，民情困苦，谕令李鴻章截留本年江蘇海運漕米十六萬石，分撥順天、直隸办理善賑，並因甘肅徽、文二州縣民情拮据，動用釐金、倉穀籌办賑撫。雲南順甯府屬被水，鲁甸廳屬被旱，將新旧錢糧分別豁免緩徵。安徽寿州被火，江西豐城、新淦二縣被風，清

江縣被風被雹，均經该督撫等查勘撫卹，小民諒可不至失所，惟念來春青黄不接之時，民力未免拮据，著传谕该督撫等，体察情形，如有应行接濟之處，即查明據实覆奏，務於封印以前奏到，候朕於新正降旨加恩，此外，各省有無被灾地方，应行调劑撫卹之處，著該將軍、督撫等一併查奏，候旨施恩，將此各谕令知之，等因。欽此。臣查臺湾各屬本年秋收尚稱中稔，來春似可毋庸接濟。臣仍隨時察看，如有應行調劑之處，即当酌筹妥办，不敢稍存膜視，以期仰副聖主軫念民生至意。行據署臺湾布政使唐景崧署理臺湾道兼按察使銜唐贊袞会详前來，除咨部外，谨会同闽浙總督臣卞宝第合词繕摺覆陈，伏乞皇上聖鉴訓示。謹奏。

光緒十七年十二月三十日奉硃批：知道了。欽此。

二八、兼署閩浙總督希元奏摺：請豁免内地並臺灣光緒十三年以前民欠未完糧米

［光緒十八年四月十五日］，福州將軍兼署闽浙総督世襲一等繼勇侯奴才希元跪奏：為闽台各属積欠米穀恳恩一体蠲免、恭折仰祈圣鑒事。

竊准部諮恭照光緒十五年正月二十七日大婚禮成，欽奉恩诏蠲免各直省民欠積粮，拟请将光绪九年以前概行蠲免。又，光绪十五年三月十五日，崇上慈禧端佑康颐昭豫莊诚壽恭欽獻皇太后徽號欽奉恩诏，蠲免各直省民欠積粮，拟请将光绪十三年以前概行蠲免，经先後具奏奉旨依议，钦此。钦遵。咨会到闽，行令開单奏报，等因。遂經督臣卞宝第饬司查明，将闽省内地各府州属光绪六年起至十三年止民欠未完丁耗、当税、雜税等项開单奏报，声明各省民欠粮米、米耗、租穀饬查另办在案，兹據福建督粮道陈鳴志会同藩司潘駿文详称，闽省内地九府二州属自光绪六年起至十三年止，民欠未完粮米二十五萬九千二百七十四石七斗七升，未完米耗银四萬三千一百六十四兩九錢一分，未完租穀二萬八千九百八十三石八斗三升，租米六石四斗。又，闽台分治自光绪十四年

起，台灣完欠各款由台省辦理，其十三年以前奏销系由闽核辦，所有民欠供粟自应仍由闽省查明请豁。查台灣、台北二府自光绪二年起至十三年止，民欠未完供粟二十八萬一千六十六石三斗二升，糯米易穀一百二十二石六斗六升，具详请奏前來。奴才覆加查核，与歷辦准豁成案相符合。無仰恳天恩俯准，将内地九府二州属並台灣、台北二府属光绪十三年以前民欠未完粮米、米耗、租穀、供粟等项一体蠲免，以廣皇仁，除咨户部查明外，谨恭摺具陈，伏乞皇上聖鑒训示。谨奏。

光緒十八年五月初七日奉硃批：著照所請戶部知道。欽此。

二九、臺灣巡撫邵友濂奏摺：臺省臺南等處遭風被雨情形並籌辦撫卹

[光緒十八年七月二十日]，頭品頂戴福建臺灣巡撫邵友濂跪奏：為臺灣各屬先後遭風被雨情形、恭摺馳奏、仰祈聖鑒事。

竊本年六月二十八日，臺南後山一帶陡起颶風大雨，猛烈異常，直至二十九日漸息，臺南府屬之澎湖、鳳山、安平各廳縣被風較重。又，臺東州於閏六月十七日被水，臺北府屬之基隆、淡水、宜蘭及臺灣府屬之埔裏社、臺灣、彰化、雲林等廳縣亦均於閏六月二十四等日同時遭風被雨。各該在地文武衙署、城垣、監獄、營房、碉堡、局所、考棚、書院、祠宇、鐵路、電線，炮臺、民居廬舍均多遭風坍塌，间有壓斃人口。沿海官民輪帆船只沖擊沈溺不少，田園亦有被水沖崩。此外，各縣稟報情形尚無大礙。

臣查此次臺灣各屬先後驟遭風雨，幸際早稻登場，晚禾甫種，尚屬不至成災。業經臣批令將吹倒民房、傷斃人口分別妥為撫卹，毋任一夫失所。其沖崩田園亦令及時挑復，實有不能墾復者，即行稟候委員到地勘辦，惟坍塌各項工程林立，當此經費支絀，應請俟各屬覆勘查報齊全，再行察看情形，酌量緩急，分別照例核估籌修辦理。據各營縣報，由臺灣布征使唐景崧會同善後局詳請具奏前來，除批飭遵照外，所有臺灣各屬先後遭風被雨情形，謹會同閩浙總督臣譚鐘麟恭折馳奏，伏乞皇

上聖鑒。

再，正在繕折間，臺北府城於本月十六日辰刻起復遭狂風驟雨，竟宵達旦，城內外坍塌官民房屋不少，各屬如何情形，現已分別飭查，合並陳明。謹奏。

［硃批：］知道了，即著飭属妥為撫卹，毋任失所。

三〇、臺灣巡撫邵友濂奏摺：臺灣各屬續遭風雨情形

［光緒十八年九月十八日］，頭品頂戴福建臺灣巡撫邵友濂跪奏：為臺灣各屬復遭風雨情形、恭折仰祈聖鑒事。

竊本年六月二十八日、閏六月二十四等日臺灣各屬先後遭風被雨情形，業經臣於七月二十四日恭摺馳奏，並聲明：臺北府城於七月十六日辰刻起復遭狂風驟雨，竟宵達旦，城內外坍塌官民房屋不少，各屬如何情形分別飭查在案。旋經查明，臺北郡城內外如文武衙署、營汛兵房、較場演武廳、善後机器軍械鐵路各局以及祠宇、橋梁、官民廬舍均多遭風坍塌，机器軍械壓損，藥庫淹溼，间有壓斃人口。沿海各港船隻亦多沖擊沈溺。此外，如滬尾防營兵房、礮臺水雷局、基隆房營兵房、煤務局、金砂釐局，雙溪撫墾局皆同時倒塌，基隆車路傾陷，煤觔漂失，其餘各屬飭據查報或並未同時遭風或風勢較小，尚無妨礙。正在批飭核辦間，又據臺北府屬之淡水、宜蘭、臺灣府屬之彰化、臺南府屬之安平、鳳山、恒春等縣陸續稟報，復於八月十九、二十等日同時被風，情形較重，田園廬舍不無損傷，宜蘭縣又先於八月初五日驟遭大雨，水積城鄉，居民房屋以及考棚、監獄、圍墻均有沖坍之處。茲據臺灣布政使唐景崧會同善後局詳請具奏前來。臣查淡水、宜蘭等縣疊遭風雨，為災小民困苦顛連，實堪憫惻，現經督飭司道籌撥銀兩，飭屬擇尤撫卹，毋任災黎失所。一面查明田禾有無受傷？能否不成灾歉？及本年應徵新賦應否分別蠲緩？趕緊具報核辦。此外，州縣有無同時被灾？一律確查辦理。至坍塌各項工程，應由臣查看情形酌量緩急，核實估計，分別籌款興修。除檄飭遵照外，所有臺灣各屬復遭風雨情形，謹會同閩浙總督臣

譚鐘麟恭摺具奏，伏乞皇上聖鑒。謹奏。

光緒十八年十一月初八日奉硃批：知道了，即著飭屬妥為撫卹毋任失所。欽此。

三一、上諭檔：諭令查明各地及臺灣受災地方情形並撫卹接濟

［光緒十八年十月初三日］，軍機大臣字寄：盛京將軍，直隸、兩江、閩浙、湖廣、四川、兩廣、陝西、雲貴各總督，江蘇、安徽、江西、浙江、福建、臺灣、湖北、湖南、河南、山東、山西、陝西、甘肅、新疆、廣東、廣西、雲南、貴州各巡撫。

光緒十八年十月初三日奉上諭：本年順天、直隸各屬雨水過多，閭閻困苦，諭令李鴻章截留河運漕米十萬石分撥散放。並因江蘇丹徒、甘泉等縣被旱兩次，特諭劉坤一等截留漕米八萬石藉資賑濟。山東黃河盛漲，惠民等州縣被淹，諭令福潤將該省應行運通米石悉數截留備賑。雲南昆明等州縣被水，特飭戶部撥銀十萬兩，發交王文韶等賑撫。河南汲縣等處被淹，准如該撫所請，截留幫丁月糧銀四萬兩辦理工賑。山西汾州等府屬被旱，陝西延安等府屬被淹，甘肅涇州等州縣被旱，疊准該督撫所請，將上忙錢糧分別緩徵。湖北東湖縣被火，河南衛輝府屬被淹，山西歸化等廳被旱，甘肅蘭州等府屬被水被雹，慶陽府屬被旱，新疆疏勒等州縣被水被旱，廣東恩平等縣被水，福建漳州府屬被水，均經該督撫等查勘，撫卹小民，諒可不至失所。惟念來春青黃不接之時民力未免拮据，著傳諭該督撫等體察情形，如有應行接濟之處即查明據實覆奏，務於封印以前奏到，候朕於新正降旨加恩。

再，直隸承德府屬被霜，安徽安慶等府屬被水被旱，江西建昌等縣被旱，吉水等縣被淹，浙江杭州等府屬被旱被風被雹被蟲，福建順甯縣被水，臺灣臺南等府屬被風被水，湖南龍陽等縣被淹，陝西富平等縣被雹，榆林等縣被水，甘肅巴燕戎格廳隆德縣被雹，古浪縣被水，雲南武定等州縣被淹，均經該督撫等委員查勘，即著迅速辦理，並將來春應否

接濟之處一併查明，於封印前奏到。此外，各省有無被灾，地方應行調劑撫䘏之處，著該將軍督撫等一併查奏，候旨施恩，將此各諭令知之。欽此。遵旨寄信前來。

三二、臺灣巡撫邵友濂奏摺：查明臺灣各屬被災較重地方秋收歉薄來春籌備接濟

［光緒十八年十一月二十二日］，頭品顶戴福建臺灣巡撫臣邵友濂跪奏：爲查明臺灣各屬被灾較重地方秋收歉薄、來春應行籌備接濟、遵旨覆陳、恭摺仰祈聖鑒事。

竊臣承准軍機大臣字寄光緒十八年十月初三日奉上諭：本年順天、直隸各屬雨水過多，闾閻困苦，諭令李鴻章截留河運漕米十萬石分撥散放。並因江蘇丹徒、甘泉等縣被旱兩次，特諭劉坤一等截留漕米八萬石藉資赈濟。山東黄河盛漲，惠民等州縣被淹，諭令福潤將該省應行運通米石悉數截留備赈。雲南昆明等州縣被水，特飭戶部撥銀十萬兩，發交王文韶等赈撫。河南汲縣等處被淹，准如該撫所請，截留幫丁月糧銀四萬兩辦理工赈。山西汾州等府屬被旱，陝西延安等府屬被淹，甘肅涇州等州縣被旱，疊准該督撫所請，將上忙錢糧分别緩徵。湖北東湖縣被火，河南衛輝府屬被淹，山西歸化等廳被旱，甘肅蘭州等府屬被水被雹，慶陽府屬被旱，新疆疏勒等州縣被水被旱，廣東恩平等縣被水，福建漳州府屬被水，均經該督撫等查勘，撫䘏小民，諒可不至失所。惟念來春青黄不接之時民力未免拮据，著傳諭該督撫等體察情形，如有應行接濟之處即查明據實覆奏，務於封印以前奏到，候朕於新正降旨加恩。

再，直隸承德府屬被霜，安徽安慶等府屬被水被旱，江西建昌等縣被旱，吉水等縣被淹，浙江杭州等府屬被旱被風被雹被蟲，福建順甯縣被水，臺灣臺南等府屬被風被水，湖南龍陽等縣被淹，陝西富平等縣被雹，榆林等縣被水，甘肅巴燕戎格廳隆德縣被雹，古浪縣被水，雲南武定等州縣被淹，均經該督撫等委員查勘，即著迅速辦理，並將來春應否接濟之處一併查明，於封印前奏到。此外，各省有無被灾，地方應行調

剳撫卹之處，著該將軍督撫等一併查奏，候旨施恩，將此各論令知之。欽此。恭録轉行欽遵去後，

臣查臺灣各屬本年疊遭風雨爲灾，由臣督飭司道撥銀撫卹，業經先後奏報在案。旋據各廳縣查報，水冲沙壓田園均經飭司委員到地會同勘辦，俟覆到日再行分别辦理，至被灾較重之區，本年秋收歉薄來春青黄不接之時，民食恐致缺乏，自當隨時察看情形，籌款招商，分投採買接濟，不敢稍存膜视，以期仰副圣主軫念民生至意。據臺灣布政使唐景崧、臺灣道兼按察使銜顧肇熙會詳前來，除咨部外，謹會同閩浙总督臣譚锺麟恭摺覆陳，伏乞皇上聖鑒训示。謹奏。

［硃批］：知道了。

三三、臺灣巡撫邵友濂奏摺：查明臺灣各屬光緒十九年收成中稔來春毋庸接濟

［光緒十九年十一月十八日］，頭品頂戴福建臺湾巡撫邵友濂跪奏：爲查明臺湾各屬本年收成中稔來春毋庸接濟、遵旨覆陳、恭摺仰祈聖鑒事。

竊臣承准軍機大臣字寄光緒十九年十月初三日奉上諭：本年順天、直隸各屬驟被水灾，疊經赏撥銀米，分设粥廠，辦理急賑。嗣因灾區較廣，撥給奉天粟米一萬四千四百餘石、江蘇、江北漕米各五萬石備賑。並因辦理冬春賑撫，續撥河運漕米折價十萬石，截留海運漕米八萬石，分解順天、直隸應用。復准李鴻章所請動撥直隸藩庫銀十萬两，廣爲散放，采育镇等處添設粥廠，准如孫家鼐等所請，加撥銀米。又因湖南醴陵縣等處被旱，由户部墊撥銀三萬两，發交吴大澂分别散給。山東沿河各屬被水，諭令福润截留新漕六萬石以備冬賑。陝西延安等府屬被旱，将上忙銭糧分别緩徵。湖北公安縣被水，陝西綏德、涇陽等州縣被雹，咸甯等縣被水，南鄭、府穀等州縣被水被雹，甘肅渭源等州縣被雹被水，新疆奇台縣被旱，庫車等廳州縣被水，廣東廉州府屬被水，廣西賓州等州縣被水，雲南定遠、文山、姚州、建水、安平等廳州縣被水，均

經该督撫等查勘撫卹，小民諒可不至失所，惟念來春青黃不接之時民力未免拮据，著傳諭該督撫等體察情形，如有應行接濟之處，即查明據實覆奏，務於封印以前奏到，俟朕於新正降旨加恩。此外，各省有無被灾地方？應行調劑撫卹之處？著该将軍督撫等一併查奏，侯旨施恩，将此各諭令知之，等因。欽此。

臣查臺湾各屬本年惟臺東州、澎湖廳兩處夏秋間遭風被雨，稍爲減收，幸未成灾，所有民力拮据之處，業經設籌撫卹。此外，各屬暘雨及時，收成中稔，來春似可毋庸接濟。臣仍隨時察看，如有應行調劑之處，即當酌籌妥辦，不敢稍存膜视，以期仰副圣主軫念民生至意。據臺湾布政使唐景崧、臺湾道兼按察使銜顧肇熙會详前來。除咨部外，謹會同閩浙總督臣譚锺麟合词繕摺覆陳，伏乞皇上聖鑒训示。謹奏。

［硃批］：知道了。

三四、閩浙總督譚鐘麟奏摺：撥捐銀兩購買薯絲賑濟澎湖災民

［光緒二十年三月一日］，再，臺灣澎湖廳屬，光緒十九年夏秋間遭風被雨，民力拮据，經臣督飭司道，設法撫卹，業於遵旨稟陳，應否接濟案內，恭摺奏明在案。兹據署澎湖通判陳木梯等稱：澎湖地方斥鹵，向不栽種穀麥，全賴九月間番薯、花生成熟，藉資民食。詎上年八月以後，迭遭鹹雨，番薯、花生根苗多半枯萎，收成大為減少，飢民日眾，奏請再行籌款撫卹等情。臣查該處民貧地瘠而少蓋藏，因鹹雨為災，收成頓減，深堪憫惻，當經督飭司道，籌撥銀兩，飭委候補知府朱上洋，前赴浙江溫州府購買番薯絲八千擔，併捐銀米，陸續運往，以資接濟外，仍飭該廳妥為撫卹，毋使一夫失所，臣謹附片具陳，伏乞聖鑒。謹奏。

附録一：清代中央政府賑濟臺灣大事記

康熙四十五年二月，臺灣等三縣於康熙四十四年被旱，依請照例查被災分數蠲免糧米。

康熙四十五年三月初一日，蠲免臺灣等三縣糧米。

康熙五十三年十一月，臺灣、鳳山二縣因夏秋之間亢旱歉收，閩浙總督范時崇會同福建巡撫滿保查明被災分數，分撥貯倉穀九萬石，分頭平糶，並撥諸羅米至台灣縣。

康熙六十年八月，台灣突遭颶風，颱颶陡發，倒塌房屋，淹沒船隻，傷損人民。十一月，閩浙總督滿保奏請速行賑濟。經戶部議及康熙帝允准，對台灣被震災民加意撫卹，特發庫帑，所有倒塌房屋一間銀一兩，壓死大口一口銀二兩，小口一口銀七錢五分；被水淹斃兵丁賞銀五兩。所需銀兩，由閩省庫貯銀內動給。

康熙六十年十月，諭令將臺灣三縣六十年額徵民番銀二萬二千二百一十五兩四錢四分零、粟一十三萬八千九百五十二石六斗零蠲免；並令督撫查明亟需續賑之乏食窮民，動倉放賑。

雍正二年七月二十三四日，台灣連遭颶風，間有受損田禾房屋，鎮道官動撥社穀酌加賑卹。

雍正三年四月初四日，閩浙總督滿保奏請豁免鳳山八社番婦賦糧。

雍正七年閏七月二十六日，台灣及諸羅等縣颶風，大小商哨船隻、民居、營房、木城、鹽倉均遭損壞漂失，並淹死哨丁、民人、商漁水手等。署福建總督史貽直於養廉銀內捐銀一千兩，遣員齎銀赴臺，確查田禾、民居、船隻及淹沒兵民實數；飭令對臺、澎各官將溺故兵民、商戶、船戶及水手等厚加賑卹。吹壞之民房，分別有力、無力之家，逐戶給銀修整；遭風吹倒之營房、塘汛速行修葺。賑卹所需銀兩由台灣存公銀（計六百兩）及養廉銀中撥支。後，雍正帝批令：如捐賑之銀不敷散給，可於福建關稅盈餘內動支。

雍正七年十一月十二日，署福建總督史貽直奏報：臺澎被災居民房屋已修整如新，賑卹之時，兵民喜出望外，無不感頌皇仁。所有賑卹費銀一千兩，無需再動福建海關稅務盈餘。

雍正十年五月，彰化縣兇番擾害地方，焚燒房屋二千七百九十餘間，殺死民人共計一百五十餘名，被擾黎民逃散四方。巡臺御史柏修飭令地方官撫卹失所流民，並由地方官給稻招耕。但因難民粟穀廬舍盡遭焚毀，牛馬農器盡被搶擄，加之兇番不時潛行出沒，難民春作多已無望。巡臺御史柏修奏請蠲免彰化縣積欠之米糧及耗羡，通計雍正八年未完穀一十五石五斗五升零，雍正九年未完穀六千五百三十七石七斗五升零，雍正九年未完耗羡銀一百二兩一錢二分零。

雍正十一年五月十九日夜，彰化縣水仙宮前臘燭店內失火，緣東南風盛，人稠地狹，風急火猛，延燒三百餘間。地方文武各員協力撲救，將被火民戶量加賑卹，並誡諭居民加謹小心防範。

雍正十二年八月二十九日，彰化縣驟被風雨，損傷田禾。福州將軍阿爾賽、福建巡撫趙國麟令該縣動用府縣倉穀先行撫卹。該地業戶王世恩等免去各自佃戶田租，並稟明無需豁免當年田糧。督撫嘉其敦睦鄉情、尚義急公。

雍正十三年八月初九、初十等日，台灣颶風驟發，官署、營房、墩臺、望樓與商哨船隻、民房、禾稻等項俱有吹損之處，督撫檄飭該地方官撥動社穀加意賑卹災民。

雍正十三年十二月十八日，台灣、諸羅二縣地震，倒壞房屋、損傷民人甚多。道、府、各縣當即捐銀賑卹。臺灣道張嗣昌會同地方官捐銀七百兩，並動支臺灣府庫銀一千三百兩加賑。浙闽总督郝玉麟差員攜帶銀兩赴臺給賑，又令道、府動用庫銀二千兩，確查被傷人口、倒壞民房，分別從優賑卹。

乾隆元年正月二十四日，乾隆帝批覽浙閩總督郝玉麟奏陳台灣地震及賑卹情形一摺，斥其將台灣地震歸因於“地土鬆浮”乃諱災之語，責令賑卹不可少忽，更不得視災為常，或匿而不報，或報而不實。並云：臺灣被災民人深可憫惻，可加意撫綏，從優賑卹。

乾隆元年五月初七，台灣府知府徐治民向福建按察司冊報卹震用銀。台灣縣共賑銀三百八十二兩六錢，諸羅縣共賑銀一千六百五十六兩二錢。

乾隆元年五月，福建按察使倫達理奉旨密查台灣賑卹實情。二十一日，倫達理面詢巡臺御史圖爾泰，得知窮民俱甚得所，賑卹各戶有一家得銀十餘兩及數兩不等，無不歡欣感戴皇恩。

乾隆元年八月初八日，諭令將臺灣四縣丁銀悉照內地之例酌中減則，每丁徵銀二錢。從乾隆元年為始，永著為例。

乾隆二年五月二十三日，彰化縣遭受颶風。閩浙總督郝玉麟令該縣確查被災情形，賑給災戶銀米，估修衝壞塌倒之城垣、臺寨、橋梁、道路。

乾隆二年十月，因淡水廳德化、後壟等五社收成歉薄，淡水同知趙奇芳陳請閩浙總督郝玉麟籌劃接濟。郝玉麟令臺灣府動用庫銀一千兩，買穀賑濟五社番民。

乾隆二年閏九月初六日至初九日，台灣府及澎湖連日遭風。閩浙總督郝玉麟分飭加意撫卹。

乾隆三年六、七月，臺灣、鳳山亢旱少雨，閩浙總督郝玉麟飭令地方官查明極貧、次貧，分別男婦大小名口，加意賑卹。

乾隆三年十月初六日，閩浙總督郝玉麟奏請緩徵被旱臺、鳳二縣本年錢糧。

乾隆五年閏六月二十二、二十三日，台灣府屬連遭風雨，諸羅縣受災尤重。巡臺御史舒輅、楊二酉差員攜帶存公銀兩前往查勘賑卹；閩浙總督德沛檄令地方官動項分別賑卹。

乾隆六年三月十九日，因台灣連年被災，收成歉薄，巡臺御史舒輅、楊二酉奏乞豁免台郡未完人丁錢糧。

乾隆六年三月，閩浙總督德沛、署福建巡撫王恕令採買潮州穀六萬石赴台接濟。

乾隆六年三月二十八日，署福建巡撫王恕奏稱：台灣府平糶倉穀，米價已漸平減。

乾隆六年五月十五日，諭令將台灣多年積欠錢糧餉稅概行豁免

乾隆六年九月二十六日，巡臺御史舒輅、張湄奏請設立台灣府倉。

乾隆八年正月，臺灣府同知徐林賫銀二萬兩赴楚買米二萬石，以濟台灣春糶。

乾隆八年五月二十三日，臺灣府屬颶風大雨。

乾隆八年六月初四日，臺灣多處再遭風雨

乾隆八年六月十三、十四日，臺灣府屬各處復遭颶風暴雨。因臺郡連遭風雨，傷損甚巨，臺灣道府廳縣先行捐資賑給。閩浙總督那蘇圖、署福建巡撫周學健遣員會同地方官確勘情形，將倒塌民房、損壞船隻、壓斃淹沒人口查明，就近酌量情形動支存公銀兩賑卹災民，修葺坍損城垣。據後查明臺灣、鳳山二縣坍損大小房屋四十六間，擊碎大小船三十五隻，淹壓致斃大小口二十七名，共賑銀九十四兩九錢，於乾隆八年存公銀內動支，按戶散給。

乾隆八年八、九月，臺灣竟月不雨。閩浙總督那蘇圖酌定備災條規，令臺灣道府酌給災民籽本，令其補種雜糧，被旱處所之新舊錢糧暫緩徵收，並加意撫卹被旱災民。所需賑濟口糧動支各縣存倉正供粟穀，以一米二穀散給，每大口月給穀三斗，每小口月給穀一斗五升。其被災五分之極、次貧除照例請免錢糧外，於明春酌借社倉穀石以資佈種。

乾隆八年十二月十七日，閩浙總督那蘇圖奏報：臺灣被旱處所俱經逐一撫卹，民安耕作，並無失所，地方官續行加賑，並暫留運內地穀米，以供平糶。

乾隆十年七月二十五日，澎湖連遭風雨。福建巡撫周學健飭員查勘。

乾隆十年八月二十五日，澎湖復被颱風，坍塌官民衙房，淹浸田畝，擊碎船隻，溺斃人口。臺防同知方邦基赴澎查賑。俸滿鳳山知縣鄒承垣攜帶福建司庫備公銀四百兩亦赴澎查勘，賑卹被災商民。賑卹澎湖災民共用銀三百二十八兩三錢，賑卹內地在澎商船共用銀二百七十

三兩。

乾隆十年九月二十日，諭令臺灣府屬一廳四縣十一年額徵供粟全數蠲免。

乾隆十一年五月初二日，臺郡官莊租息蠲免十分之三。

乾隆十一年四月二十一日，臺灣府屬忽遭風雨。臺灣道府動撥道庫備公銀五百兩，委令海防同知梁須梗督，同臺灣縣知縣李閶權查賑，按照上年澎湖被風賞卹之例驗明賑給；臺灣知府褚祿攜帶府庫備公銀四百兩，督同諸羅縣知縣周緝敬查勘行卹。臺灣縣用賑銀五百三十四兩一錢，諸羅縣用賑銀二百四十九兩八錢，二縣通共賑銀七百八十三兩九錢。

乾隆十二年八、九月，臺郡經月不雨，臺灣、鳳山二縣被旱偏災。查明應賑大小戶口七百九十七名口。巡臺御史白瀛督率二縣照例分別賑貸，除撫卹一月口糧外，照例加賑，並借給災民種籽。各屬地方俱稱寧謐，米價日漸平減。

乾隆十二年十月二十日，康熙帝批令閩浙總督喀爾吉善：臺灣既受偏災，不比內地，宜加之意也。

乾隆十二年十月二十四日，閩浙總督奏請酌撥倉穀撫卹臺灣窮番：動撥臺倉穀二萬石，由臺、諸、彰、淡四屬分別存貯，遴選土目通事經管，每歲於春末夏初借給番民，俟秋成照數收補，不取息穀。

乾隆十三年七月初二、三日，彰化縣風雨大作，大肚溪驟漲，損傷田園、廬舍。彰化縣知縣陸廣霖攜帶存公銀兩速往各村莊詳查，分別賑卹；坍塌民房者按戶賑卹，共用銀四百七十六兩二錢五分；收埋淹斃人口，照例賑給銀兩，飭令收埋；賑給災民一月口糧；被水衝崩之田園共八十餘甲，照例請豁。

乾隆十三年夏秋，臺郡連月不雨，臺灣、鳳山、彰化等縣均有偏災。巡臺御史依靈阿令府廳親往分頭履勘，照例分別賑貸。

乾隆十三年十月，巡臺御史伊靈阿下令：除照例攜帶食米接濟漳泉民食外，嚴禁臺米外販。

乾隆十五年六月二十八九等日，臺郡大雨，田園衝壓，民舍、營房坍損，各廳縣分行查勘撫卹。

乾隆十五年八月初八、九兩日，臺郡狂風驟雨，災情較六月為甚；彰化縣衝壓田園約共五六十甲，淡防廳約十九甲零，該廳縣勸諭挑築補種；各廳縣房屋倒塌而無力修葺之戶俱分別撫卹；無力花戶暫緩催徵，無力農民分別借給籽種；遭風船隻亦各撫卹安頓。諸羅縣賑過坍房銀四兩五錢，淹斃人口銀一兩五錢；彰化縣賑過坍房銀三百一十八兩，借給社穀七十七石；淡防廳賑過坍房銀五十一兩二錢五分。

乾隆十八年秋，台灣、鳳山二縣久旱無雨。道府委員履畝確勘，分別被災較重，照例撫卹，新舊錢糧暫緩徵收。

乾隆十九年九月初二、三日，臺郡颶風，諸羅受災七分，彰化受災六分，臺灣受災五分，淡水廳及鳳山縣災損較輕。督撫飭令道府廳縣親行督查核實給卹，不得假手胥吏，以防扣尅之弊；坍倒民房按間給卹銀兩，被災貧民撫卹一月口糧；鎮道官員訓諭，嚴禁囤戶居奇，並令各口稽查；受災各屬之新舊錢糧供粟暫緩徵輸；臺郡撥運內地還倉米穀亦得停緩。

乾隆十九年秋冬，臺郡風災之後，米價日增，每石漲至三兩以上。諸羅縣受災窮民再賑一月口糧；各縣辦理平糶倉穀。

乾隆二十二年八月，臺灣縣被旱。道府派員先行撫卹乏食貧民口糧，酌量借給籽本。

乾隆二十三年八月二十日至二十七日，臺郡各縣連遭大風，臺灣道委員分赴臺、鳳、諸三縣被災各里挨戶確查，查得被災乏食窮民共七百三十七戶，合計大小口共四千三百五十二口，照例撫卹一月口糧，俱經印委各官親加散給。

乾隆二十四年二月初八日，福建巡撫吳士功奏報：臺郡風災撫卹辦理完竣，被傷各戶均已得所，災民口食有資；地方各屬酌借災戶春耕籽種。

乾隆四十七年四月二十二日，臺灣、鳳山二縣猝被颶風，海潮驟漲，臺灣縣受災尤重，風損瓦房九十七間，倒塌草房四十一間，吹損草房九十四間。道府分頭查勘撫卹，無力之家每間給銀一兩及七錢、三錢不等；掩斃人口計撈獲一百三十四名口，分別捐給銀一兩及六錢不等。

乾隆四十七年六月十三日，諭令福建督撫詳查臺灣風災並實力撫卹。

乾隆四十七年十月初七日，福建布政使轉據臺灣道府申稟，賑卹臺灣風災完竣。

乾隆五十二年五月十七日，諭令調撥浙江及江西倉穀碾米十萬石，採買浙米六萬石，運赴閩省內地及臺灣，支給口糧，撫卹難民。

乾隆五十二年五月二十四日，寄諭閩浙總督、兩江總督、江蘇巡撫：臺灣因受滋擾，小民耕種失時，支給口糧撫卹難民等事，需用浩繁，務必寬為籌備，江浙等處調撥採買之米應繼續運赴閩省及臺灣。

乾隆五十二年五月，內地解運米薯抵臺，設廠煮粥陸續賑給，所全活者不下數萬人。

乾隆五十二年七月初六日，寄諭兩江總督、四川總督、江蘇巡撫、江西巡撫：備辦川米二十萬石解往閩省，若江南海船不敷裝運，應由江西陸路趕運。

乾隆五十二年七月初十日，寄谕四川總督、兩江總督、江蘇巡撫：再行撥買川米三十萬石運往閩省，以資接濟。

乾隆五十二年十一月初二日，諭令臺灣府屬本年及五十三年應徵錢糧概行豁免。

乾隆五十三年正月，福建巡撫徐嗣曾抵臺，籌辦撫卹、賑貸及平糶事宜。

乾隆五十四年七月初三、四、五日，澎湖颶風，官民房屋間有坍損。道府查勘坍損民房，酌量卹助。

乾隆五十四年九月二十七日，諭令閩浙總督、福建巡撫、臺灣鎮總兵飭屬詳悉查勘澎湖風災情形，撫卹災民。

乾隆五十五年三月十四日，上諭：台灣府屬應徵借票分作三年輪免，官莊租息銀兩亦著蠲免十分之三。

乾隆五十五年六月初六日，澎湖陡遭颶風狂雨，大小民房共倒壞一千六百五十六間，損壞九千五百六十二間，人口亦有被傷。臺灣府撥庫存銀一千兩赴澎先行查賑。

乾隆五十五年七月，閩浙總督伍拉納提撥閩省庫銀三千兩，派委南勝同知曾中及臺灣知府楊廷理赴澎，會同該廳協辦理撫卹。

乾隆五十五年十月初七日，閩浙總督伍拉納奏報澎湖被災撫卹完竣。無力貧民倒塌瓦房一千一百零六間，共賑銀五百五十三兩。

乾隆五十七年六月十三日至二十一日，彰化縣連日大雨，溪水泛漲。道府查勘。

乾隆五十七年六月二十二日，臺灣各屬地震。

乾隆五十七年六月二十三日，臺灣復遭大震，臺灣、鳳山二縣倒壞民間瓦房五十六間，草房八間，壓斃男婦大口四名，各縣先行就近賞卹；臺灣府督同嘉義、彰化二縣設立粥廠煮賑，並搭蓋棚寮，安置災黎。

乾隆五十七年七月十六日，臺灣道楊廷理提府庫備公銀五千兩，親赴嘉義、彰化，督率各員查賑。所有震倒民間瓦房，每間給銀五錢，草房給銀二錢五分；壓斃人口，每大口給銀一兩，小口給銀五錢；壓傷人口，酌量給予藥資。

乾隆五十七年七月二十二日，閩浙總督伍拉納提撥閩省藩庫銀一萬兩賑卹臺灣震災。

乾隆五十七年八月二十二日，明發上諭申飭福建水師提督等官員奏報臺灣地震遲延，諉報災祲。又諭令台灣地震應一面撫卹一面馳奏。

乾隆五十七年八月二十三日，諭令福建水師提督哈當阿，務宜督飭所屬實力妥辦震災事宜，按數給銀撫卹之處，俱著加倍給予，以示體卹。

乾隆五十七年十月十二日，福建水師提督哈當阿奏報臺灣地震賑卹情形。臺灣、鳳山、嘉義、彰化四縣倒壞無力之戶瓦房七千九百五十八間，每間給銀五錢，草房九百五十三間，每間給銀二錢五分，壓斃男婦大口五百四十七名口，每名口給銀一兩，小口六十一口，每口給銀五錢，壓傷男婦大口六百一十一名口，每名口酌給藥資銀三錢，小口一百二十九口，每口酌給藥資銀一錢五分，以上各項通共賞給過銀四千九百九十七兩四錢。嗣復遵旨加倍賑卹，共用過銀五千零一十七兩九錢。

乾隆五十九年六月二十日，閩浙總督伍拉納題銷台灣賑卹難民用款。臺灣經賊匪滋擾，民番莊社悉被蹂躪，屋宇均遭焚燬，難民失所，不能耕作。地方官員實力撫卹難民，搭蓋草寮九萬八千五十間，每間實給銀二錢五分，合計共用銀二萬四千五百一十二兩五錢。

乾隆五十九年六月二十日，閩浙總督伍拉納題覆收養臺灣難民動支折給銀錢各款。臺灣各屬收養難民，動支米石、薯乾，變錢二千三百四十六千四十八文，每錢九百文合銀一兩，共合銀二千六百六兩七錢二分。

乾隆六十年五月初六日，諭令查明誘獲賊首之臺灣義民，一體豁免錢糧

嘉慶二年八月二十八日至三十日，臺灣各屬連遭颶風，又被大雨，嘉義、彰化二縣受災尤烈。臺灣鎮道先行動支府庫銀兩；閩省督撫於藩庫內動撥銀二十萬兩派員渡臺查勘撫卹，並買補及截留穀石十餘萬石，以資賑卹。

嘉慶二年十月十七日，寄諭閩浙總督、福建巡撫等停止採買臺灣穀米，以濟臺地民食。並令臺灣居民趕緊補種地瓜、雜糧，以求春收豐稔。

嘉慶二年十月十九日，寄諭閩浙總督魁倫等督飭臺灣道府官員實力撫卹臺灣被風災民。

嘉慶二年十一月初十日，福建巡撫汪志伊奏報臺灣風災賑卹及勸民補種事宜已經妥辦。飭委官員督同各地方官將禾稼被災輕重及刮倒民房逐一查明，量給脩費，妥為賑卹，未致一夫失所；各府屬廣為宣揚聖諭，勸令居民補種番薯、雜糧，及時耕作，以期春收豐稔。

嘉慶二年十二月，福建水師提督哈當阿等奏報辦理臺灣風災賑卹事宜。淡防廳共應賑災戶九千八百八十八戶；臺灣縣共災戶一萬五千三百五十九戶；鳳山縣共災戶一萬七千六百三十四戶；嘉義縣共災戶二萬一千九百八十一戶；彰化縣共災戶一萬九千一百二十戶；共應賑災戶八萬三千九百八十二戶。災民均賑半本半折一月口糧，通共應賑半本一月口

糧米一萬八千七百六十六石七斗二升五合，半折銀三萬七千五百三十三兩四錢五分，按戶放訖。旋於十二月續賑一月折色口糧，大口月給銀三錢，小口月給銀一錢五分，統計賑銀七萬五千零六十六兩九錢。所賑錢糧均經臺灣道督同知府分頭親赴各廠，由印委各員按戶計口，逐名散給。

嘉慶十年八月二十一日起，澎湖連遭颶風。該廳捐貲購買薯絲二千七百石，以濟民食。

嘉慶十年冬，逆匪圍擾臺灣府城，蔓延全臺，難民流離缺食。督撫奏明撫卹，由各地方官收養難民。

嘉慶十一年一月，蠲免臺灣各處本年應徵地丁錢糧。

嘉慶十一年二月二十七日，諭令澎湖廳據實查明被風情形，妥速辦理撫卹。

嘉慶十一年三月十一日至五月初十日，臺灣、鳳山、嘉義、彰化四縣並鹿港、淡水二廳共收養難民四十四萬一千三百八十一名口，共用過口糧米五萬九千二百七石二斗四升七合五勺，照台地從前賑卹成案，每石折價銀二兩，共用銀七萬七千五百三十八兩二錢五分八釐五毫；又搭蓋草房八萬六千三百五十六間，每間給銀二錢五分，共用過銀二萬一千五百八十九兩。

嘉慶十一年六月初一日至七月底，臺灣四縣二廳共收養難民三十一萬二百八十八名口，合計用過本色米三萬一千八百二十五石三斗二升六合，番薯五百九十六萬七千一百四十一斤十四兩，所用糧米、番薯折銀六萬八千四百二十四兩三錢八分六釐四毫。

嘉慶十四年六月初四、初五日，臺郡連日風雨。

嘉慶十四年六月十八日，臺灣續遭颶風暴雨。各縣廳分行各處查勘災情。

嘉慶十四年六月下旬，臺灣多處均有飛蝗，嗜傷稻穀，加之番民械鬥，村落被焚，失所貧民四處流落。彰化縣先行接濟貧民稻穀一石及五斗不等。

嘉慶十四年八月二十四日，寄諭閩浙總督方維甸查明臺灣風雨被災，具實奏報合辦。

嘉慶十四年十月十三日，諭令閩浙總督方維甸將臺灣被蝗傷損田禾地方撫卹一個月口糧，被搶貧民撫卹三個月口糧。

嘉慶十五年三月初六日，福建巡撫張師誠奏請為撫卹臺灣災民，撥解司庫銀十萬兩。

嘉慶十五年三月初八日，閩浙總督方維甸奏報，臺灣被蝗各屬賑卹業經核實，貧民生計有資，民情十分寧謐，糧價亦俱平減，毋庸再行接濟。

嘉慶十五年三月二十九日，閩浙總督方維甸將閩海關稅銀及福州下游各屬所收番銀用於台灣撫卹。

嘉慶十五年四月二十五日，閩浙總督方維甸奏報撫卹臺灣蝗災及被搶貧民事宜。計被蝗應給一個月口糧者，共三千四百八十六戶；被搶應給三個月口糧者，共一萬三千一百七十六戶；共發銀三萬七千八百八十五兩八錢零。

嘉慶十五年六月二十五日至七月初二日，臺灣各屬連遭颶風暴雨，官民房屋俱有倒塌，船隻被損，廳縣分頭查勘災情。

嘉慶十五年七月十一至二十日，臺灣連降密雨，城牆屋宇間有坍損。補臺防同知朱爾申與道府會勘，查明低窪村落貧民，妥為安撫，並賞給補種秧苗工本，令其及時栽插。

嘉慶十六年二月二十四日，臺灣各屬突遭地震，所有傷斃兵民人口，俱經該管廳縣分別收殮給卹，倒塌城樓、女牆、廒庫、兵房、演武廳等處，分別勘估修葺。

嘉慶十六年八月二十一日起，澎湖連日遭風。督運臺穀之委員平潭同知韓熊林順道前往澎湖詣勘，六十四鄉之花生顆粒無收，地瓜僅半收，貧民竭蹶。

嘉慶十六年八月起，澎湖瘟疫時行，廳官設局施藥。

嘉慶十六年九月二十九日至十月初一日，澎湖持續颱風，官民房署倒塌。

嘉慶十六年十月初三日，臺灣道府借項先買薯絲七百石，並酌帶番

銀錢文，委員赴澎，會同該廳通判按鄉確查，按口散給乏食貧民薯絲，或折給銀兩，以資接濟；續買薯絲二千石赴澎散放

嘉慶十六年十一月，閩浙總督汪志伊、護理福建巡撫景敏飭委官員於厦防廳庫酌帶銀三千兩，馳赴澎湖勘辦賑卹。

嘉慶十六年九月初二日，噶瑪蘭大雨如注，颶風並作，海潮山溪氾漲，淹浸衝毁堤岸、田園及房屋多處。

嘉慶十六年九月二十三日，前署淡水同知楊廷理行抵噶瑪蘭，將被災民户量加撫卹。

嘉慶十六年十月初九日以後，澎湖暴風連作，寒冷異常。凍斃男婦內無力掩埋者，地方官捐資埋葬；乏食貧民每名每日大丁給錢二十文，小丁給錢十文，撫卹至一月、半月不等。

嘉慶十七年四月初二日，福建鎮道奏報澎湖被災貧民撫卹完竣。被災六十四鄉應行賑卹之極貧民人一千二百三十九户，次貧民人二千一百七十二户，總計大小男婦一萬五千四百八十一丁口；將薯絲按口分給自炊，大口每日給薯絲半斤，小口日給四兩，次貧撫卹一月，極貧加給一月，自十七年正月初一日為始，至二月底止，分别散給；加給極貧二月分口糧，亦於二月初一日起接續散放；渡臺謀食聞賑歸莊貧民一千三百九十六口，紛紛具呈求賑，一律補給口糧，均於二月十八日全行散竣；總共給過薯絲二十六萬六千七百五十六斤八兩。

嘉慶十七年五月二十五日，諭令將澎屬未完之十六年地種等銀及十七年額徵銀兩，一併緩至十七年秋收後，分作兩年帶徵。

嘉慶十七年十月三十日，諭令臺灣府屬嘉慶十年被搶失租穀應徵銀二萬一千五百八十五兩零，准予豁免。

嘉慶十七年十二月初六日，諭令將衝失田畝內應徵正供穀二十石五斗零，耗羨穀三石五斗零，餘租穀五十七石九斗零，衝失園地內應徵正供穀四十三石五斗零，耗羨穀六石零，餘租穀四十三石五斗零，俱自嘉慶十六年起，准予豁免。所有該處應行建壩築堤，准其於餘租項內借給番銀三千圓，所借番銀分作四年繳還歸款。

嘉慶十八年七月二十日，臺地陡起颶風驟雨，福建巡撫張師誠飭委

廈門同知馳往澎湖、鳳山、臺灣等處，並委在臺之建寧府楊廷理馳往嘉義、彰化各處，會同該府廳縣逐一查勘撫卹。

嘉慶十八年十一月二十六日，閩省督撫奏報臺澎地方被風勘不成災，毋庸撫卹。

嘉慶十九年七月十五、十六日，臺郡均遭颶風大雨，嘉義縣被災最重。臺灣知府汪楠攜帶銀圓親赴嘉義縣之笨港一帶查勘；淹斃人口每名給予埋葬番銀一圓半，草房每間給修費番銀半圓，無食貧民酌給口糧番銀壹圓。

嘉慶十九年十月二十日，閩浙總督汪志伊奏報臺灣嘉義縣笨港地方被水，已經道府捐廉撫卹，勘不成災，無須賑濟。

嘉慶二十年八月二十二至二十五日，噶瑪蘭連日烈風，并下鹹雨，海潮山水驟漲，衝損田園堤岸。

嘉慶二十年八月二十七日，噶瑪蘭通判親赴各鄉查勘，花生。地瓜枝葉均已焦黑，收成不過四五分。

嘉慶二十年九月十一日，臺灣各屬同時地震，嘉義、彰化、噶瑪蘭等縣災重，廳官民房屋倒塌，壓斃民人。無力者經該廳縣量給番銀錢文以資收埋，并捐給修造房屋之費。

嘉慶二十一年正月初八日，諭令澎湖廳嘉慶二十年未完額征地糧正耗等銀五百兩，緩至本年秋成後帶徵。

嘉慶二十五年四月二十日，准依戶部議奏，臺灣縣廣儲西里地方里民林和等田園八十五甲二分七釐一毫，因嘉慶十四年間被水，豁免當年應徵錢糧。

道光元年六月初五日，淡水、噶瑪蘭二廳所屬忽遭烈風驟雨，田稻吹損，官民房屋倒壞，船隻浪擊無蹤。臺灣知府飭委幹員，分頭馳赴二廳會同署淡水同知胡振遠、署噶瑪蘭通判姚瑩徧詣各庄，確加查勘；淡水吹倒民房七十三間，噶瑪蘭吹倒四十七間，查係貧乏之戶，每間瓦屋捐給番銀四圓，草房捐給番銀二圓，以資搭蓋棲止；損折田稻，按其田畝酌借籽種，即由廳庫籌款給發。

道光元年九月二十二日，福建巡撫顏檢奏報，淡水、噶瑪蘭二廳風雨勘不成災。

道光元年六月下旬，嘉義、彰化二縣連遭狂風暴雨，田園被水衝損。

道光元年七月二十八、二十九日，嘉義縣復遭風雨，吹塌民房共計一百餘間。無力貧戶，官為捐資給修；督勸被衝田園民戶趕緊挑復。

道光六年六月十七日，寄諭閩浙總督孫爾準，飭令臺灣道府動撥府庫緝匪項息銀，撫卹械鬥被焚各莊無家可歸者，老弱計口授糧，壯健收為義勇。

道光六年七月初三日，福建巡撫撥解藩司庫銀五萬兩赴臺，撫卹彰化、嘉義、淡水各廳縣械鬥被焚之粵莊及閩莊；閩浙總督孫爾準再籌補銀五萬兩解赴臺灣。

道光十一年八月十六日，澎湖地方陡發風暴，鹹雨並作。

道光十一年九月十五日至二十日，澎湖連遭狂風，地瓜、花生萎爛。該廳先行倡捐並勸諭民人，共捐有製錢三千四百餘串，借給貧民以資買食。

道光十一年十二月十九日，臺灣鎮府於府庫生息項下提借銀三千兩，購買地瓜乾十萬觔，易換製錢一千串、番銀一千圓，飭委官員管解飛渡澎湖，會同澎湖廳親赴被災各鄉，先行散給實在乏食貧民；造具極貧、次貧丁口清冊，分別輕重，或應緩徵以紓民力，或照例動項賑卹。

道光十二年正月，澎湖廳受災各鄉情形逐一查勘完竣；福建巡撫續撥厦防廳庫銀二千兩，並另買地瓜乾一千石，前往澎湖接濟災民。

道光十二年六月二十日，臺灣鎮道奏報澎湖風災撫卹辦理完竣。被災各處共計六十二鄉，極貧大口一萬一千二百五十五丁，小口五千三百五十六口；次貧大口一萬三千六百六十八丁，小口六千七百七十一口；援照嘉慶十六年該處辦理災案，大口按日給地瓜乾半觔，小口四兩，極貧散給兩月，次貧散給一月。又聞賑歸來大口六百五十八丁、小口三百六十四口，各給小建一月口糧，統共應給地瓜乾六十七萬八千九百三十一觔。

道光十二年七月三十日，諭令補銷賑卹澎湖風災所用銀錢並緩徵錢糧，當年借糧緩俟道光十三年、十四年兩年帶徵。

道光十三年正月，淡水廳閩粤各莊械鬥，焚毁房屋，難民流離失所。府廳將貧民乏食者賞給洋銀，並賑濟三個月口糧，房屋被焚者賑給銀兩復修。

道光十四年七月初九日，諭令臺灣、彰化等縣道光十二年應徵抄叛各產租穀被賊搶失五萬二千一百二十四石零，合銀三萬六千四百八十七兩零，一體豁免。

道光十五年十二月二十六日，諭令臺灣府屬供粟等各民欠款項一律豁免

道光十六年九月，臺郡亢旱，晚收歉薄。各縣確勘各鄉，先行撫綏被旱窮民。

道光十六年十二月二十五日，諭令臺灣縣屬被旱較重之永凝、新昌、武定、永康、文賢、崇德、仁和等七里應征當年正供錢糧，緩至明年早收後帶徵。

道光十七年正月，臺灣各屬辦理平糶，以濟民食；嘉義、鳳山二縣紳商認糶米數萬石，設廠辦糶；臺灣府倉撥穀一萬石碾米，於臺灣縣設廠平糶；各縣平糶由知縣親理。

道光十九年五月十七日，嘉義縣地震。

道光十九年五月十八日，嘉義縣復遭地震，民房衙署等倒坍，臺灣府知府熊一本籌帶銀兩馳往督同該縣徧歷城鄉查勘撫卹；福建布政司籌撥銀五千兩，委員赴臺辦理賑卹。

道光十九年七月十三日，臺灣鎮道奏報辦理嘉義震災情形。民房坍損共計七千五百一十五間，內計貧乏之戶坍壞瓦屋一千七百七十二間、草房三百八十間，其實在應撫之戶給費修蓋；壓斃男婦大小一百一十七名口，逐名給銀令其收埋，受傷五百一十六名內，傷較重者六十三名，亦經量給醫資；統計修費、埋銀、醫資共需銀二千一百四十九兩零。

道光十九年九月十三日，諭令臺灣府縣實力撫卹嘉義被震災黎。

道光十九年十一月初六日，閩浙總督、福建巡撫奏報嘉義地震業經賑卹，無需接濟。

道光十九年十二月初四日，諭令閩浙總督桂良妥為籌辦嘉義地震，並動帑修復毀損各廟，以期不復苦累災黎。

道光二十五年正月二十六日，彰化縣地震，房屋坍損者四千二百餘戶，壓斃大小男婦三百六十八名口，被壓受傷者為數甚多。閩浙總督撥支藩庫銀五千兩，派員解往台灣，會同該縣確勘辦賑。

道光二十五年六月十一日，寄諭閩浙總督劉韻珂、署福建巡撫徐道光，督飭臺灣道府親赴被災處所，逐加覆勘，妥為撫卹，如解往銀兩不敷應用，即於該道府庫內籌款添撥。

道光二十五年六月初六至十二日，臺郡連被颶風暴雨，臺灣等縣海口淹斃居民三千餘人。臺灣鎮道提用義倉穀一千石、府庫銀三千兩，發交臺灣、嘉義兩縣，分別委員查勘撫卹。閩省於藩庫地丁項下動撥三萬兩，委令數員一同護解前往臺灣，會同臺灣鎮道府縣，親赴被水各處確勘倒賑撫。

道光二十五年九月初十日，諭令閩浙總督劉韻珂派委妥員詳細查明臺灣災情，妥速辦理賑務。

道光二十五年十一月二十六日，臺灣鎮道奏報臺郡被災籌卹周妥。台灣縣被災一千二百五十六戶，難民三千四百一十六名口，倒塌房間者，每戶給錢一千文，難民每名給米一斗五升、錢七百文；鳳山縣民房倒塌一百九十四間，難民五百八十四名口，坍房每房一間給錢一千文，難民每名給錢一千文；嘉義縣災民每戶酌給三元，遺屍均經殮埋；所有臺、鳳、嘉三縣賑卹銀兩，均係捐辦。

道光二十八年九月初十至十三日，噶瑪蘭、淡水二廳連日狂風大雨，山水漲發，衝毀田園，傷斃人口，被水之區共有九十餘里，大小百十村莊。二廳各官捐廉銀分投馳往查勘撫卹。

道光二十八年十一月初八日，彰化、嘉義等處陡遭地震，房屋倒坍極多，壓斃人口二千餘名。署臺灣知府備帶銀洋親詣各處會督印委各員周歷各處，查勘撫卹；閩省督撫於藩庫內提撥銀六千兩，委員護解赴臺，會同查勘賑卹。

道光二十九年二月初二日，諭令閩浙總督、福建巡撫劉韻珂派委幹員赴臺確查災情，分別撫卹。

道光二十九年二月，閩浙總督劉韻珂奏報，臺灣地震災區業經分頭撫卹，小民均已得所，地方安謐。

道光二十九年九月二十六日，臺灣鎮道奏報賑卹被震災民款項。彰化縣賑卹災民共用銀一萬八百六十六兩五錢；嘉義縣賑卹共用銀八百五十四兩四錢六分。

道光三十年秋冬，澎湖雨少風多，收成歉薄，通判楊承澤公捐銀二千兩，收買薯絲，以濟民食。

咸豐元年三月初四至初六日，澎湖風霾大作，連降鹹雨，收成無望，貧民乏食。廳協倡捐周濟；臺灣鎮道於道庫備貯項下撥銀五千兩，其中二千兩添買薯絲，皆委員解運澎湖查勘撫卹。

咸豐元年六月初三日，閩浙總督動撥藩庫銀二千兩，委員管解徑赴澎湖，會同查賑。

咸豐元年六月十三日，諭令閩省督撫查看澎湖被災情形，據實妥辦賑務。

咸豐元年六月二十日，澎湖風災撫卹辦理完竣。

咸豐元年七月十五日，諭令台灣淡水等廳縣紳民捐資助賑從優議敘。

咸豐元年十月初十日，諭令將澎湖地方本年額征銀五百九十三兩零，緩至咸豐二年秋後帶徵。

咸豐元年十一月初二日，閩浙總督季芝昌奏報澎湖風災賑卹情形。被灾戶口，分別極貧、次貧並大小口，酌給兩月及一個月薯絲及錢文，共用銀一萬二千三百五十四兩零。

咸豐二年二月，臺灣鎮道撥運倉穀八千石接濟澎湖被旱民食。

咸豐二年三月二十日至四月十九日，澎湖散賑乏食災民。總計應賑貧民大口二萬四百五十，小口九千九百八十九，大口給穀一升，小口給穀五合；共放穀三百六十六石六斗五升。

咸豐九年十月初十至二十二日，澎湖連遭風雨，雜糧萎爛，糧價日增，民食艱難。該廳各官自行捐資二千兩，又籌撥銀五千兩，採購薯絲等項接濟。

咸豐十年七月十六日，諭令閩省督撫籌撥銀款撫卹澎湖受風災民。

同治元年五月十一日，臺郡忽遭地震，城垣房屋坍損，壓斃人口。台灣縣受災最重，無力貧民內共壓斃大口男婦一千三百二十七口，小口男女一百八十六口，倒壞瓦屋二千四百二十二間，草房六千三百一十三間，照例大口男婦每名給收埋銀一兩，小口每名給銀五錢，共給銀一千四百二十兩，均予掩埋；例壞瓦屋，照例每間給修費銀五錢，草房每間給修費銀二錢五分，共給銀二千七百八十九兩零；統共用銀四千二百九兩零。

同治五年秋後，澎湖地方雜糧歉收，島民乏食。

同治五年十二月，臺灣道府動支臺屬釐金，并由官紳捐貲，採買雜糧、薯絲賑濟澎湖民食。

同治六年四月初，澎湖賑濟辦理完竣。

同治六年七月初六日，噶瑪蘭地方颱風大作，刮倒民房二千三百餘間，壓斃人口三百餘名。臺灣道府委員會同該署查勘賑卹。

同治六年十月初三日，諭令閩省督撫查明噶瑪蘭風災來年是否仍需接濟。

同治六年十一月二十二日，閩省督撫奏報噶瑪蘭風災業經查賑，來春毋庸接濟。

同治十三年八月，臺郡被風發水，間有倒塌民房，傷斃人口，道府均行撫卹。

光緒二年六月初九至十六日，臺灣各屬均遭風雨爲災，道府率屬查勘賑卹。

光緒三年五月二十二日，臺灣北路颶風陡發，大雨傾盆，官民房署坍塌，並有壓斃民人。噶瑪蘭署通判邱峻南捐廉分別撫卹，並開倉平糶

光緒三年八月十二日，諭令所有台灣府屬未完同治十年供粟三萬九千一百七十一石零及未完成糯米易穀十五石零，均一體蠲免。

光緒四年四月二十一日，臺灣府城忽遭怪風，巡撫行署及北城垛口暨內外民房多有坍塌，傷斃兵民。臺灣道夏獻綸確查災情，酌量撫卹。

光緒四年六月十六日，諭令臺灣府城被風成災妥為撫䘏。

光緒六年十月初三日，諭令閩省督撫查明臺灣被風各處來年是否仍需接濟。

光緒六年十一月二十六日，閩省奏報臺灣被風處所均經查賑，來春無需接濟。

光緒七年六月十九、二十日，臺灣、臺北兩府颶風大雨，致鳳山縣溪水陡漲，淹斃番民十餘口，淡水、新竹、宜蘭等縣被風亦重。各該地方官分別撫䘏。

光緒七年閏七月初一至初三日，臺郡復遭颶風暴雨，民房倒塌甚多，人口亦有傷斃。臺灣道府籌買糧米，運赴澎湖賑濟；其餘各屬被災處所亦由地方官妥辦撫䘏。

光緒七年十月，臺灣道府提銀五千兩，委員赴浙採買薯絲、小米，解運澎湖賑濟饑民

光緒八年六月十六日起，臺灣、臺北兩府連日颶風暴雨，房屋坍塌，民人傷斃。臺灣鎮道分派委員馳赴各屬會同籌款查賑。

光緒八年十月初三日，寄諭閩省督撫查明臺灣、臺北風雨各處來年需否接濟。

光緒八年十一月十八日，閩省督撫奏報臺灣、臺北兩府被風被水各處之災黎均經撫䘏，來春毋庸接濟。

光緒十年閏五月十九日，臺灣府忽起颶風，繼以大雨，房坍人亡間有，小民流離，疾疫繁興。臺灣道籌款撫䘏。

光緒十一年二月間，法人竄擾澎湖，臺灣巡撫劉銘傳親歷安撫，並委員查賑。

光緒十二年十二月十九日，臺灣巡撫劉銘傳奏報賑濟臺灣難民用銀款項。共給過外省難民口糧銀六百零四兩三錢五分；被災難民口糧米二千零四石八斗八升二合五勺，共折銀二千四百零五兩八錢五分九厘；回籍路費銀一千八百四十四兩六錢四分；被毀房屋給過銀四萬一千三百零四兩六錢；被毀船隻給過銀二千九百五十八兩四錢；共銀四萬九千一百十七兩八錢四分九厘。

光緒十六年六月初一至初六日，臺省連遭颱風大雨，以恆春為較重。臺灣巡撫飭令藩道委員馳赴恆春會同地方官籌款賑撫。

光緒十六年十月初三日，諭令臺省查明被災各屬來春需否接濟。

光緒十六年十一月十八日，臺灣巡撫劉銘传奏報台灣被風被水各屬秋收欠薄，正籌款採買以備來春。

光緒十八年六月二十七至二十九日，臺省連遭颶風大雨，巡撫邵友濂飭令各屬將吹倒民房、傷斃人口分別妥為撫卹。

光緒十八年閏六月二十四日，臺省再被風雨。

光緒十八年七月十六日，臺北復遭狂風驟雨。

光緒十八年八月十九、二十日，臺北、臺南兩府同時被風，田園廬舍損傷。臺灣巡撫邵友濂督飭司道籌撥銀兩，飭屬擇尤撫卹各屬夏秋遭風被水災黎。

光緒十八年十一月二十二日，臺灣巡撫邵友濂奏報臺灣各屬被災較重地方秋收歉薄，來春仍需籌備接濟。

光緒十九年夏秋間，臺東州、澎湖廳兩處遭風被雨，所有民力拮据之處皆經設籌撫卹。

光緒二十年三月，閩浙總督譚鐘麟督飭司道籌撥銀兩，前往溫州府採買薯絲八千石，運赴澎湖接濟乏食災民。

附録二：清代臺灣自然災害及賑災措施

莊吉發

一、前言

史料是人類活動的紀錄，它記載了人類社會生活的發展過程。大致而言，史料可以分為直接史料與間接史料。直接史料又稱為第一手史料，或稱為原始史料；間接史料又稱為第二手史料，或稱為轉手史料。以檔案資料與官書方志為例，檔案資料是屬於直接史料，而官書方志則為間接史料。充分掌握間接史料，努力發掘直接史料，比較公私記錄，進行有系統的論述與分析，使記載的歷史，儘可能符合歷史事實，始可稱為信史，沒有史料，便沒有史學。

檔案資料的整理與開放，可以帶動歷史學的研究。有清一代，檔案資料，浩如煙海。民國十四年（一九二五）十月十日，北平故宮博物院正式成立後，即著手整理清宮檔案。民國三十八年（一九四九）以後，北平故宮博物院文獻館原藏明清檔案，分存海峽兩岸，對日抗戰期間，文獻館南遷的明清檔案，共計三、七七三箱，其中遷運來臺，現由臺北國立故宮博物院典藏者，計二〇四箱，其餘檔案，仍運回北平故宮博物院，由中國第一歷史檔案館保存，共七十四個全宗，約一千餘萬件。其中明代檔案只有三千餘件，以清代檔案佔絕大多數。從時間上看，包括清朝入關前明神宗萬曆三十五年（一六〇七）至入主中原清朝末年宣統三年（一九一一），此外還有溥儀退位後至民國二十九年（一九四〇）的部分檔案。從所屬全宗看，有中央國家機關的檔案，有管理皇族及宮廷事務機關的檔案，有軍事機關的檔案，有地方機關的檔案，也有個人全宗的檔案。從檔案種類和名稱來看，其上行文書、下行文書、平行文書及特定用途的文書，包括：制、詔、誥、敕、題、奏、表、箋、咨、移、札、片、呈、稟、照、單、函、電等。從文字上看，絕大部分是漢文檔案，其次是滿文檔案，此外也有其他少數民族文字的部分檔案。

臺北國立故宮博物院現藏檔案，主要是清代檔案，按照清宮當年存放的地點，大致可以分為《宮中檔》歷朝御批奏摺、《軍機處檔》月摺包和檔冊、《內閣部院檔》詔書及各種檔冊、《史館檔》紀志表傳各種稿本及相關資料等四大類，此外，還有各種雜檔。從時間上看，包括明神宗萬曆三十五年（一六〇七）至清朝宣統三年（一九一一）的部分檔案資料，此外，也有宣統十六年（一九二四）的部分檔案。從文字上看，絕大部分是漢文檔案，其次是滿文檔案资料，此外，也有少量藏文、蒙文、回文、蘇祿文、緬文、俄文等檔案。從文書的性質看，有上行文書、下行文書、平行文書等，將近四十萬件，亦可謂品類繁多。

內閣大庫檔案是清代全國庶政的真實紀錄，其內容除了清初徵集的天啟、崇禎兩朝的明檔以及由瀋陽移至北京的盛京舊檔外，主要是清朝入關以後至宣統年間二百六十餘年積存的各種文件。臺北中央研究院歷史語言研究所現藏內閣大庫檔案，共一百箱，計約三十一萬件。其內容主要是帝王的制、詔、敕；臣工進呈的題本、揭帖、奏本、奏摺、啟本、賀表；外藩各國表章；試卷、金榜；內閣各項檔案、文移、稿件。歷史語言研究所刊印的《明清史料》，或《明清檔案》，就是內閣大庫檔案的重要資料，成為研究明清史極其珍貴的素材。

近數十年來，海峽兩岸由於檔案資料的不斷發現與積極整理，使清代史的研究，逐漸走上新的途徑，清代臺灣史是清代史中不可少的一部分，現藏上行文書及下行文書中含有頗多清代臺灣史料。其中閩浙總督、福建巡撫、福州將軍、福建布政使、福建水師提督、福建臺灣鎮總兵官、臺灣道、巡視臺灣監察御史及給事中等人的奏摺原件、錄副抄件，以及題奏本章中，其涉及臺灣自然災害的檔案資料為數相當可觀，本文僅就已經整理的現存檔案資料，考察清廷領有臺灣期間，臺灣地區所發生的自然災害現象及政府的賑災措施。

二、地震災害及賑卹措施

清代地方大吏認為臺灣因為地上鬆浮，所以時有地震，稍動輒止，習以為常。其實，臺灣位於環太平洋地震帶上，是一個具有地槽和為弧雙重地質特性的島嶼，在構造上屬於一個活動地帶，造山作用極為活躍，地震發生的頻率較高，災害頻仍。從清朝領有臺灣至臺灣割讓於日本為止，其間經常有大小幅度的地震，多見於官書、方志的記載。例如康熙五十年（一七一一）九月十一日戌時，彰化、嘉義（諸羅）、臺灣、鳳山及淡水等縣廳地震，民房、倉廒，坍塌甚多。康熙五十九年（一七二〇）十月初一日，嘉義、臺灣、鳳山三縣地震，災情以嘉義為較重。同年十二月初八日，又發生強烈地震，連續十餘日，房屋傾倒，壓斃居民，施琅祠亦損毀。雍正八年（一七三〇）七月初十日，臺灣發生地震。同年八月初十日，又發生地震。雍正十三年（一七三五）十二月十七日丑時（上午一點至三點），彰化、嘉義、臺灣等縣發生大地震，歷時頗久，坍塌民房五百五十六間，傾斜二百三十五間，壓斃男婦大口一百六十四人，小口一百零二人，壓傷男婦大小口一百二十人。乾隆十九年（一七五四）四月，淡水發生大地震，毛少翁社陷入大海中。乾隆三十九年（一七七四）三月，臺灣南部發生強烈地震。乾隆五十年（一七八五）六月，鳳山縣港東里地震，連續數次。乾隆五十七（一七九二），臺灣發生大地震。據《重修臺灣省通志》記載，是年六月，臺灣郡城地震。翌日，嘉義大地震，損壞房舍，繼之以火，死者多人（註一）。同書《土地志自然災害篇》記載是年六月二十二日，臺灣南部、中部地震，嘉義、彰化災情較重，鳳山、臺南次之。共倒壞瓦房二萬四千一百四十九間，草房九百五十三間。壓斃男婦大口五百四十七名，小口六十一名。壓傷男婦大口六百一十一名，小口一百二十九名（註二）。現存檔案中含有福建水師提督兼臺灣鎮總兵官哈當阿、福建臺灣道楊廷理奏摺抄件，對臺灣地震情形，奏報頗為詳盡，可資比較。

乾隆五十七年（一七九二）六月二十二日申時（申時是地支的第九位，下午三點鐘至五點鐘），臺灣府城地震，災情嚴重。總兵官哈當阿、臺灣道楊廷理即飭委員弁分赴城廂内外查勘。據所委員弁報告，府城倒壞民房五十四間，所幸地震的時間發生在日間，人多奔逸，僅止傷斃男婦三人。據臺灣、鳳山二縣稟報，倒壞民間瓦房五十六間，壓斃男婦大口四名。鳳山縣阿公店街倒壞營房三間，店屋三間，阿里港街坍倒草屋八間。據嘉義縣稟報，二十二日未申時，連次地震，申未尤甚，東西北三門倒壞民房十分之八，南門倒壞民房十分之四，人口俱有壓斃。據統計，嘉義城鄉共坍塌民間瓦房一萬四千四百二十六間，倒壞草房四百三十八間，壓斃男婦大口三百十二名口，小口三十九名，壓傷男婦大小共四百十四名口。塌倒各汛營房一百八十一間，壓斃兵丁一名，壓傷兵丁十八名。據彰化縣稟報，二十二日未時，地震數次，其勢甚重，文武衙署民房坍倒十居其六。彰化縣自從乾隆五十一年（一七八六）林爽文起事之後，民間新建房屋，大都建築泥土墻垣，木料細小，易於倒壞，災情頗重。據統計，彰化縣城鄉共坍塌民間瓦房九千七百二十三間，倒壞草房五百零七間，壓斃男婦大口三百三十人，小口二十二人，壓傷男婦大小口三百二十六人。倒榻各汛營房一百七十八間，壓斃兵丁五名，壓傷兵丁二十三名。合計彰化、嘉義、鳳山三縣震倒各汛卡兵房三百六十二間。就災情而言，嘉義、彰化二縣，近山村莊災情較重，沿海各莊稍輕。官府賑災撫卹方面，臺灣、鳳山二縣倒壞民間瓦房五十六間内，除查明有力之家計瓦房三十五間，未予撫卹外，其餘二十一間，俱得到撫卹。嘉義縣坍塌瓦房一萬四千四百二十六間内，除抄封翁雲寬、楊文輝、林爽文各案入官房屋二百六十八間及查明有力之家及尚未全倒房屋計九千九百七十二間，未予撫卹外，其餘瓦屋四千一百八十六間，俱得到撫卹。彰化縣坍塌瓦房九千七百二十三間内，除抄封翁雲寬、楊文輝、林爽文各案入官房屋五十三間及查明有力之家和房屋尚未全倒計五千九百一十九間未予撫卹外，其餘倒壞瓦房三千七百五十一間，俱得到撫卹。其撫卹金的發放情形，所有震倒民間瓦房，每間給銀五錢，草房每間給銀二錢五分。至於壓斃人口，無論男婦，每大口給銀一兩，小口給銀五錢（註三）。鳳山、嘉義、彰化三縣地震倒塌兵房三百六十二間，自嘉慶七年（一七八二）八月初三日興工修建，至同年十月初一、二等日完工，在府庫備公項下共用過工料銀五千一百七十七兩一錢六分九釐（註四）。

嘉道時期，臺灣也是地震頻仍，據志書記載，嘉慶十一年（一八〇六）十月，臺灣發生大地震。嘉慶十五年（一八一〇）十一月，台灣北部地震。嘉慶二十年（一八一五）六月初五日，噶瑪蘭地震多次，墻屋傾倒。艋舺龍山寺因大地震，除佛堂外，其他建築物悉皆倒壞。同年九月十一日夜九、十時，臺灣大地震，嘉義以北，災情較重，倒塌瓦房一百四十四間，壓斃男婦大小口一百一十三人。道光三年（一八二三）正月初三日夜間，臺灣發生強烈地震。道光十三年（一八三三）十一月初三日，淡水地震，數日始止。道光十九年（一八三九）五月十七日，全臺灣發生大地震，嘉義、臺灣府城災情甚重。《重修臺灣省通志土地志自然災害篇》記載是年五月十七日、十八日地震，在嘉義每日皆有一二十次大震，餘震持續有一個月之久，嘉義、臺南災情嚴重，共倒壞民房七千五百一十五間，壓斃大小口一百一十七名，壓傷六十三名。現藏檔案中含有署理閩浙總督魏元烺、福建巡撫吳文鎔等人奏摺抄件，可供參考。

署理閩浙總督魏元烺、福建巡撫吳文鎔等具摺指出，道光十九年（一八三九）四月二十六日以後，臺灣霖雨兼旬。同年五月十七日辰刻（上午七點至九點）及十八日丑刻（上午一點至三點），臺灣府城地震兩次，災情較昔嚴重。據臺灣縣知縣裕祿查勘城郭內外官民署舍，都已坍壞。據嘉義縣知縣范學恒稟稱，五月十七日辰刻，嘉義地忽大震，十八日丑刻復震，城垣衙署、監獄、倉廒，以及兵民房屋，無不傾倒，傷斃人口頗多。臺灣鎮總兵官達洪阿等前往嘉義縣查勘，行至四十里的茅港尾，見民房屋倒塌數間，往北行走，愈遠愈重。抵達嘉義縣城後，看見礫瓦棟樑填衢塞路，立即會同義縣知縣范學恒等先赴城垣查勘。其中東西北三門月城樓及窩鋪垻房，俱已倒壞，城身坍塌六丈有餘，城垛僅存四百二十九堵，計倒九百八十一堵。文廟前後左右一帶圍墻，各有歪斜倒塌，書籍祭器，被墻壓壞。總兵官達洪阿等出城沿街察看民房，倒塌民房共計一千六百三十五間，壓斃男婦大小六十八名口，受傷者共四百五十三人，倒壞廟宇六座。次早，總兵官達洪阿等赴營會勘衙署、伙房、庫局，俱已倒塌，壓斃兵丁一名，受傷九名，隨後查勘縣署所有住屋、監獄、倉庫廒及典史衙署，有的樑柱尚存，有的倒成平地，壓斃知縣家丁二名，受傷九人。總兵官達洪阿等繼續查勘四鄉，共計倒塌民房五千零三十三間，廟宇五座，汛房三間，公館一所，瓦窯六座，壓斃男婦大小四十五人，重傷者計六十三人。統計嘉義縣地震倒塌房屋共六千六百餘間，壓斃一百十餘人。所有壓斃大小名口內，其貧戶每名給銀四圓，以便殮埋（註五）。由總兵官達洪阿等人的查勘資料，可知嘉義地震災情的嚴重。道光二十年（一八四〇）十月，嘉義大地震，山崩地裂，屋毀人傷。道光二十五年（一八四五）正月，彰化大地震。現藏檔案中含有閩浙總督劉韻珂等人的奏摺。

道光二十五年（一八四五）正月間，彰化縣境內發生大地震。閩浙總督劉韻珂、護理福建巡撫布政使徐繼畬據彰化縣知縣黃開基稟報後，即繕摺具奏。節錄一段內容如下：

> 該縣地方於本年正月二十六日午刻陡然地震，聲勢迅烈，倏忽之間，屋瓦飛騰，墻垣搖動，官民人等，趕赴空地暫避，倖免覆厭，其地勢偪窄，並無空隙，各處亦有不及逃避之人，逾時震止。該縣查勘衙署、城垣、倉廒、監獄、營汛、兵房暨各祠廟，多有倒壞，城內及附近城外居民，震塌房屋二十餘户，壓斃大小男婦一十二名口。又馳赴各鄉逐一履勘，彰屬地方共十三保半，內揀東保、貓頭保，被震最重，大肚保、燕霧保、南北投保、半線保，次之，共震塌民房四千二百餘户，壓斃大小男婦二百六十八名口。其被壓受傷者，為數甚多，又分駐南投縣丞暨貓霧揀巡檢各衙署，俱有坍塌，巡檢署內並被壓斃家丁一名，各處汛房，亦有坍塌。此外各保地方被震稍輕，民居尚無倒壞。除將壓斃人口酌給埋葬銀圓，其受傷之人，亦酌給錢文，俾資醫治外，稟請核辦（註六）。

由引文內容可知近山各保，地震災情，較為嚴重，統計倒塌民房約四千二百二十餘戶，壓斃男婦約三百八十餘人，受傷人數更多。閩浙總督劉韻珂據稟後，即飭福建布政使在藩庫內籌撥銀五千兩，委令試用縣丞黄體元解往臺灣，飭委署鹿港同知史密會同彰化縣知縣黄開基，親赴被災各處確勘倒坍民房實共若干間，分別有力無力瓦房草房，照例核實散給，事竣後逐一造冊報銷，至於倒塌衙署、城垣、倉廒、監獄、營汛、兵房及各祠廟等，即由彰化縣分別緩急，次第重修。閩浙總督劉韻珂等繕摺具奏時指出，臺灣地方，四面環海，土性鬆浮，地氣轉運，震動原屬常有之事。道光二十八年（一八四八）十一月初八日辰刻，臺灣府城地震，由南而北（註七），全臺震動，彰化縣災情最重，嘉義縣次之。彰化縣共坍塌瓦房一萬三千零一十四間，倒壞草房七千三百零三間，壓斃大小口一千零八人。嘉義縣共坍塌瓦房九百七十九間，倒壞草房一千三百六十八間，壓斃大小口二十二人（註八）。

大小幅度的地震，確實是臺灣常有之事。清廷領有臺灣的後期，臺灣地震頻仍，其中咸豐十年（一八六〇）十月，淡水大地震。同治元年（一八六二）正月，臺灣大地震，同年五月初九日，地復大震，臺灣府城民房倒塌五百戶，壓斃三百人。嘉義災情亦重，曾文溪地盤陷落。同治六年（一八六七）十一月，淡水大地震。據《淡水廳志》記載，是年十一月二十三日，雞籠頭、金包里沿海，山傾地裂，海水暴漲，屋宇傾壞，部分土地沉入水中，溺斃多達數百人。臺北士林街等地，過半遭地震崩塌，災情慘重（註九）。《聯合報》刊載李春雄撰《淡北大地震，百年前大震憾》一文指出，同治六年（一八六七），臺灣北部發生一場相當大的地震，稱為“淡北大地震”。由於當時科技不發達，並未有詳細官方記載。據現今地震學家推測，這一場地震震央在基隆金山外海，造成當時萬里、金山、石門一帶房子幾乎全部倒塌，目前基金公路旁的萬里鄉加投磺窟，也是當時形成的。作者引外國史料記載指出，金包里地中出聲，水向上冒，高達四十尺，一部分土地沉入海中。作者另據金包里堡文史工作室田野調查資料指出，同治六年（一八六七）十一月二十三日巳時，連續劇烈振動，房子在搖，桌子在跳，煙囱倒塌。山崩地裂，山洪爆瀉，本來一條小溪，突然變成廣闊的大礦溪。金山水尾本是小漁村，因海水暴漲，沖走漁民，死亡慘重。金包里街往基隆，約半公里，大埔路漧，有一家住戶，困火山爆發，被埋沒於地下，此住戶遂變成終年礦霧不散的礦窟（註一〇）。文中的描述，可信度頗高，惟現存檔案未見原始資料。光緒六年（一八八〇）、光緒七年（一八八一）、光緒八年（一八八二）、光緒十八年（一八九二）等，臺北、新竹、苗栗、宜蘭等地的地震，多見於志書的記載。根據可查考的史料顯示，自明思宗崇禎十七年，清世祖順治元年（一六四四）至光緒二十一年（一八九五）二百五十二年間，臺灣在儀器觀測以前發生了二十二次破壞性強烈地震，都造成重大災害。

三、颱颶災害及救濟方式

臺灣位於大陸與大洋之間，孤懸外海，東臨廣闊的太平洋，西距亞洲大陸不遠，海陸性質相差懸殊，冬夏兩季有強勁的季風，夏秋兩季則常有颱風的侵襲，加上臺灣的山岳高峻，又有增加地形性降雨的可能。因此，臺灣不僅多暴風豪雨，也容易引起洪水，而形成水災。這種以氣候現象為直接或間接的原因所造成的災害，就是所謂氣象災害。臺灣常見的氣象災害，其形成的原因，大致與風、雨、氣溫、氣壓等各種氣象要素有關。譬如風災、水災、旱災、冰雹等，都是災害頻仍。

凡是因風所引起的氣象災害，通常稱為風災，在臺灣的風災中，較常發生的主要是颱風侵襲所造成的風災，以及強勁季風所引起的風災。臺灣位於北太平洋的西側颱風路徑的要衝，每年夏天夏秋之時，經常受到颱風的侵襲。臺灣颱風，清代文書，多作颶風。康熙年間，閩浙總督覺羅滿保曾繕寫滿文奏摺向康熙皇帝奏報臺灣颶風災情，原摺指出，康熙五十四年（一七一五）九月十五日，臺灣沿海風強雨大，兵船、商船、漁船多遭風撞毀沉沒，兵丁淹斃百餘名。臺灣陸地，亦因風雨交加，稻穀俱濕倒，所種西瓜，藤斷花落，損傷大半。臺灣、澎湖兩地民船十餘隻被風摧毀（註一一）。

據志書記載，康熙六十年（一七二一）八月十三日，因大風雨吹襲，郡城房屋都被吹毀，被壓斃、淹斃官民總計有數十人（註一二）。在北京中國第一歷史檔案館典藏滿文硃批奏摺內含有閩浙總督覺羅滿保滿文奏摺，其具奏日期為康熙六十一年（一七二二）正月二十一日。原摺對臺灣風災情形，奏報詳盡，其譯漢內容如下：

奴才於臺灣來人詢問，去年糧收成情形。據言臺灣縣、鳳山縣地方糧、糖、番薯等物，因去年八月被風，收成略薄，窪地或有四五分收成，諸羅縣近處或有五六分收成，收成各不相同。問及地方形勢，告知要犯皆被拿獲，地方太平。殷實之家或存有陳糧，貧苦民人生計多為艱難，難繳錢糧。荷蒙聖主天地洪恩，將六十年錢糧數萬、田賦數十萬，皆予蠲免，凡被風倒房户各賞銀一兩，受傷民每人賞銀二兩，兵丁每人五兩，無食者，放倉賑濟。故臺灣民人老少俱獲再生，無不歡呼舞躍，感激聖恩，恭祝聖主萬歲。查得臺灣、鳳山二縣被風倒塌房屋八千餘間，墻倒受壓、溺水之大小口約有七百人。諸羅縣尚未查明來報。查進剿水師各營船共計九十三隻，是夜均為風摧毀，大半沉於水底。奴才等分派水師官員額外雇力，已將沉船俱皆撈出，挨次查檢，其中尚有三十餘隻可以修葺，隨即派人從廈門、漳州購修船材料及銀兩馳赴修葺。現修船十三隻工竣，其餘二十隻正在趕修。再有船五十餘隻據官員來報，俱已被風沉於水底，船體四分五裂，無法再修等情（註一三）。

由引文內容可知八月十三日風災情形，臺灣、鳳山二縣災情較重，房屋倒塌八千餘間，壓斃及溺斃民人約七百人，進剿朱一貴的水師戰船九十三隻，一夜之間，大半沉沒，守夜船兵溺斃二百三十二人。災害撫卹方面，康熙六十年（一七二一）分錢糧、田賦俱予蠲免，被風吹倒民房，每戶各賞銀一兩，傷亡民人每人各賞銀二兩，溺斃兵丁每人各賞五兩。民人無食者，放倉賑濟。

雍正二年（一七二四）七月二十三、二十四等日，臺灣府各縣都遭受颶風豪雨的侵襲。巡視臺灣監察御史禪濟布、丁士一等親身查勘災情後繕奏聞。原摺指出，臺灣府城近郊草房多有倒塌，瓦房無恙，早稻吹損十分之一二，芒、蔗、菁靛及西瓜等作物被風吹損頗為嚴重。鳳山、諸羅、彰化等縣，災情較輕（註一四）。據志書記載，雍正六年（一七二八）七月二十日，臺灣發生強烈颱風。閏七月二十三日，又再度遭到颶風襲擊；損壞商哨船隻，兵民亦有溺死者（註一五）。惟查曆書，是年無閏月，閏七月在雍正七年（一七二九），志書記載，顯然有誤。雍正七年（一七二九）閏七月二十四日，據署理福建總督史貽直奏報，臺灣自是年六月初旬以後，雨水稀少，正在望雨之際，卻於七月二十六日夜間颶風大作，雨勢甚暴，海水漲溢數尺，黑夜之中，猝不及防，商哨船隻多被颶風吹打沙灘岸上，災情甚重。史貽直原摺引臺協水師副將祁進忠稟文云：

七月二十六日酉刻，大雨，陡起東南颶風，查有擊碎哨商船隻，並吹倒民居、營房、衙署、房屋，潮水驟長數尺，軍工廠中桅木板料漂失澳中，支廠變價船擊碎三隻，破壞五隻。次早水退，卑職親到海邊查點三營單船，亦有漂失桅棋，或擊傷船 水底，俱堪修理，現在修整，以備哨防。惟定字十四號被風擊碎，淹死兵丁五名。澄字八號、十六號，防守鹿耳門，被風擊碎，淹斃兵丁，尚未查明（註一六）。

署理臺灣府知府沈起元彙報各縣災情較詳，據知府沈起元稟稱，南北一帶海口，颶風擊破民船一百餘隻，溺斃船戶水手二百餘名，俱經署海防同知劉浴逐一收埋處理。臺灣府治木城吹到一百三十餘丈。臺灣縣各坊里吹倒瓦房二百餘間，草房被吹倒六百餘間，溺斃海口二人。鳳山縣吹倒草房七十五間，諸羅縣吹倒房屋三十八間，擊碎民船十隻，飄去塭丁六人。彰化一縣，澎湖一島，風小無損。臺灣鎮總兵官王郡咨報災情指出，安平鎮水師各營擊碎營船三隻，飄去塭丁六人。彰化一縣，澎湖一島，風小無損。臺灣鎮總兵官王郡咨報災情指出，安平鎮水師各營擊碎營船三隻，重大損壞二隻，輕微損毀十五隻，溺失兵丁十一名，南北陸路墩臺營房倒壞十五、六處（註一七）。後來，署理福建總督史貼（原文如此，應作“貽”）直具摺時又指出，七月二十六日颶風吹壞營房三百餘間，戰船損壞定字十四號等五船，溺斃在船兵丁王輝等十四名，溺斃及壓斃民人五名。

同年閏七月二十三日，東南海風復起，是日夜晚三更時分，風向忽然轉向西北，疾風驟雨，災情嚴重。據署淡水海防同知劉浴報稱，臺灣府治海邊擊破民船三隻，溺斃水手十二名，北路海豐港、鹿仔港、三林港，共損壞民船十七隻，溺斃十一人，各處吹倒房屋數十間。諸羅縣知縣劉良璧稟報，諸羅縣禾稻無損，臨海地方吹倒房屋三十四間，壓斃民人一名，擊碎民船十一隻，溺斃水手三名。彰化縣知縣湯啟聲稟報，縣境禾苗、倉廒，並無損傷，倒壞各社房屋二十八座，壓斃原住民老婦二口，彰化縣城內外草房，共吹倒八十餘間。澎湖通判王仁稟報，閏七月二十三日，澎湖一區，風勢狂烈，民間房屋吹倒甚多。澎湖副將陳勇稟報，澎湖協右營寧字四號、十五號戰船二隻，衝礁擊碎，片板無存，淹斃在船兵丁施佐等十名。澎湖協左營綏字十六號，因斷椗壓倒斃兵丁三名（註一八）。署理福建總督史貽直據報後，即於總督養廉銀內捐銀一千兩，遣員星夜齎銀前往澎湖、臺灣賑濟，並令臺灣、澎湖地方文武各員加意賑卹。是年秋間，臺灣連續遭受兩次颶風侵襲，雍正皇帝披覽史貽直奏摺後，以硃筆批諭云："覽，被災兵民，加意撫卹之，此捐賑者為數似少，若不敷用，可向準泰將稅務盈餘動用，一面奏聞。"史貽直具摺覆奏稱：

> 查臺、澎兩處地方，孤懸海外，每遇颶風一起，即多次吹壞民居，是以民間蓋屋，多係草房，以其價廉工省，每間所費不過三錢，即赤貧之家，旋吹旋蓋，亦易於為力，惟今歲之風勢較大，吹壞之房屋頗多。臣見兩次被風，惟恐民力不足，故特捐銀前往賑卹。然沿海居民皆以颶風為每歲恒有之事，絕不驚駭，風定之餘，各家早已自為修葺。臣於委員齎銀到彼時，臺、澎兩處居民，業將房屋修整如舊。臣檄飭該地方官復又分別有力無力之家，量加賑卹。兵民喜出望外，無不感頌皇仁，其被溺身故之哨兵、番婦及淹故之商船戶水手人等為數不多，亦用銀無幾，已按名賑卹，俱各得所，此一千兩儘足敷用，實無庸再動稅務盈餘。至於吹倒之營房塘汛木城煙墩等項，臣已動撥臺灣存公銀六百餘兩，飛飭該地方文武各邑作速勘估補葺修整，如有不敷，再請撥正項動用（註一九）。

地方大吏賑卹災民時，按照有力無力，分別辦理。貧窮無力災民，則量加賑卹。在地方官發放救濟金以前，災民已自行修整房屋。

雍正年間，除了風災外，也發生了火災。雍正十一年（一七三三）五月十九日夜間亥時，臺灣府臺灣縣西定坊水仙宮地方，有燭鋪陳寶店中失火，火勢蔓延，比屋延燒，燒燬店房三百餘間，地方兵壯拆燬房屋十一間，以截斷火路，燒至丑刻方得救息。巡視臺灣兼學政吏科給事中林天木等具摺指出，臺灣縣知縣路以周，對平日消防器材，雖備有舊桶，但於緊要救火水銃等項，全不置備，以致火勢蔓延（註二〇）。

乾隆年間，臺灣風災，屢見不鮮。據志書記載，乾隆三年（一七三八）秋，臺灣、鳳山二縣因颶風襲擊，朝廷下詔免繳丁糧。乾隆五年（一七四〇）閏六月二十二日，臺灣中南部大風雨四日，沿海民居多毀，鹽水港災情最重，澎湖亦起颶風，吹毀各汛兵房。乾隆十年（一七四五）秋，澎湖大風雨，衙署科房倒塌，民居田園，損壞無數。據志書記載，乾隆十九年（一七五四）十月，彰化發生颶風（註二一）。查閱現存檔案，是年十月，臺灣並未發生風災。據臺灣鎮總兵官馬大用奏報，是年七月三十日、八月初七日及二十三日，臺灣遭受三次暴風，廬舍船隻，雖然略被損毀，但田禾無恙。九月初二日，又起颶風，風力猛烈，連宵達旦，至初三日，亥刻始息，各港商漁船隻，或遭擊碎，或棄舵桅，間有漂失舵水、官粟、民貨，其當風民居、營房，亦有吹刮損壞。臺灣縣屬園多田少，以田而論，統計被災五分，諸羅、彰化二縣被災有七分、六分不等（註二二）。同年十月十五日，福州將軍新柱具摺指出，九月初二日午後又起颶風，夜間更甚，至九月初三日亥時停止。除鳳山縣東港以南風勢稍緩以後，其餘各廳縣廬舍、官署、營房，多被飄刮損傷。鹿耳門外遭風擊碎商船三十餘隻，澎湖各澳先後被風漂沒商漁各船四十餘隻（註二三）。因臺灣各廳縣遭受颶風嚴重破壞，米價昂貴，每石賣至二兩三錢。據臺灣道府稟報，九、十月間，米價竟長至三兩以上。由此可知，志書所載十月彰化颶風的記載，似指奏報入京的時間，不是歷史事件發生的時間。

據志書記載，乾隆二十三年（一七五八）十月，諸羅縣大風三晝夜，晚稻多損，詔緩徵租粟銀米。乾隆二十八年（一七六三）九月十一日，臺灣颶風大作，從北到南，為十餘年來所未有，壞屋傾舟，流失田園，不計其數。乾隆三十年（一七六五）八月，淡水大風雨。同年九月二十三日，臺灣西南部大風，覆沒商船無數。乾隆三十一年（一七六六）八月，臺灣大風，船隻多覆溺。據現存檔案的記載，乾隆四十七年（一七八二）四月二十二日，臺灣猝被颶風，海潮驟漲，衙署、倉廒、營房等項多有倒塌，官商船隻，課鹽積穀，多有損失。據臺灣府知府蘇泰詳稱：

臺灣縣向不種植早禾，鳳山縣先已收穫，諸羅縣雖同經風雨，並不猛疾，田廬無損，淡水、澎湖、彰化三廳縣，是日並無風雨，實不成災。惟臺灣縣地方，經風吹損瓦房九十七間，倒塌草房四十一間，吹損草房九十四間。除有力修復外，無力之家，每間經該縣捐給銀一兩，及七錢、三錢不等。淹斃人口，計撈獲一百三十四名口，分別大小，捐給銀一兩及六錢不等。其擊破商船內有陳協發等十三號各船，載有每年額運內地給與班兵眷口官穀八十石，共計一千四十石，俱經沈失。又陳崇利等五十九船擱汕損壞內鐘茂發等共載積穀九千五百四十三石四升，亦經漂失（註二四）。

除有力修復外，其無力之家，分別按照瓦房、草房倒塌、吹損情形捐給銀一兩或七錢、三錢不等，淹斃撈獲人口按大小分別捐給銀一兩及六錢不等。除民房倒塌外，鹽場亦坍損鹽房三十六間，計消化鹽一千五百九十三石。

據志書記載，乾隆五十五年（一七九〇）六月初六日，大風雨，挾火以行，滿天盡赤；毀屋碎船，澎湖尤烈。知府楊廷理來澎勘賑（註二五）。現藏檔案中含有臺灣鎮總兵官奎林、臺灣道萬鐘傑、閩浙總督覺羅伍拉納奏摺錄副及工部題本。據覺羅伍拉納奏報，乾隆五十五年（一七九〇）六月初六日申刻，澎湖颶風陡作，繼以大雨，至初八日晴霽，民間房屋，多有倒塌，壓斃兵丁洪國平一名，衙署、倉廒、營房、庫局，亦有坍損，哨船三隻，篷糸索刮損，船身無壞，擊碎商船三隻（註二六）。臺灣鎮總兵官奎林先已委派原署臺灣縣知縣羅倫配船赴澎湖協同澎湖通判王慶奎、護理副將黃象新查勘造冊，清冊內開列災情如下：

倉廒倒壞二間，其餘二十間瓦片全行掀落；鹽倉瓦片亦俱掀落；軍裝庫、火藥局及砲臺九座，全行吹倒；文武衙署坍塌過半；城內及各汛兵房塌倒過半，餘俱損壞，壓斃兵丁洪國平一名：大小民房共倒壞一千六百五十六間，損壞九千五百六十二間，人口間有被傷，尚無壓斃；該協營哨船三隻，篷糸索刮損，船身尚無損壞；又擊破商船三隻（註二七）。

澎湖水師左右兩營原設新城東邊等十三汛兵房及砲臺、煙墩等遭受六月初六日颶風驟雨後，被刮斷倒塌木料磚瓦，掀飛破碎，隨風入海，僅存基址，颶風的猛烈可想而知。颶風自形成至消散，須經過形成期、加強期、成熟期及消散期等四個階段，一般侵襲臺灣的颱風，大多處於加強期與成熟期（註二八）。因此，颱風一旦登陸，往往風雨交加，對臺灣沿海與陸地，都造成嚴重的災害。

四、水旱災害及賑卹措施

臺灣地處低緯帶的海上，水汽含蘊較多，雨量較大，其來源主要為季風雨、熱雷雨及熱帶氣旋雨。遇到颱風、季風、梅雨、鋒面、低氣壓、雷雨、大氣環流變動等現象，往往造成與風雨有關的水災，包括因豪雨而形成的洪水，以及暴風雨形成的大雨災，每易造成生命和財產的嚴重損失。

據志書記載，乾隆十三年（一七四八）六月，彰化大雨水（註二九）。現藏檔案，含有是年彰化水災的記載。是年七月初二、三等日，彰化風雨成災。臺灣府知府、彰化縣知縣、福建水師提督、巡視臺灣御史，福建巡撫、閩浙總督等對彰化水災的報導，俱頗詳盡。據臺灣府知府方邦基稟報，彰化縣於乾隆十三年（一七四八）七月初二日，風雨交作。初三日，山地洪水連發，附近大肚溪地方，水勢漲湧，深有數尺，沖坍城市民房三百數十間，淹傷民人八口，田園亦被沖淹，受災頗重，諸羅笨港等處，同時遭到大水，民房被衝坍（註三〇）。據福建水師提督張天駿奏稱，七月初三日，水沙連內山發蛟，溪流漲溢，支河疏洩不及，民屋營房，間有衝倒，人口亦有淹溺（註三一）。彰化縣知縣查勘後稟報災情指出彰化內出發蛟異漲驟至，鄰近溪河的城市村莊，沖倒民房一千八百餘間，淹斃男婦十八口，水沖沙壓田園九百餘畝，已成偏災。閩浙總督喀爾吉善亦指出，臺灣各縣災情，以彰化縣為較重，尤其是大肚溪等沿溪一帶地方，災情最重（註三二）。巡視臺灣御史伊靈阿等具摺指出，七月初二日半夜起至初三日酉刻，彰化風雨大作，初三日午時，山水陡漲，大肚、虎尾二溪，同時漲發，宣洩不及，以致沿溪一帶低窪民房，被水衝坍（註三三）。據署福建布政使永寧詳報，彰化風雨狂驟，逼近溪尾的石東源田園，間有衝坍之處，苦苓腳、德興等莊田園沙壓零星無多，壇廟墻垣、營房等項，亦有損毀。經查勘後得知彰化縣境內被水衝陷沙堆田園共七十九甲有餘，下則田二十甲七釐餘，下則園五十九甲四分餘（註三四）。因災情嚴重，地方大吏加意撫卹，各村莊倒瓦房、草屋一千八百餘間內，除有力之家尚有其他房屋棲止及別業謀生，未予賑卹外，其餘分別瓦屋草房間數大小，按戶賑卹，共賑過銀四百七十六兩二錢五分。其被淹斃男婦十八人，照例賑給銀兩，合計共銀四百九十兩錢。其沿溪衝坍田園，查明糧額後照例豁免。

久旱不雨而形成的旱災，也是臺灣常見的氣象災害。就氣象學的觀點而言，旱災是一種異常降水造成的災害，由於降雨因素的變化，往往發生乾旱問題，尤以臺灣南部的丘陵地帶，旱災發生的次數較為頻繁，災情較重。閩浙總督喀爾吉善具摺指出，臺灣、鳳山、諸羅三縣，於乾隆十二年（一七四七）八、九兩月因無雨澤，被旱情形，頗為嚴重。其中臺灣、鳳山二縣，凡高阜無水源的村莊田園晚稻，俱已黃萎，二縣通計田園三千餘甲，俱已無收。諸羅一縣田園有水源灌溉之處居多，高阜田園零星無幾，不致成災，彰化、淡水二處，陸續得雨，並未受旱（註三五）。喀爾吉善進一步指出，鳳山、諸羅二縣山泉源遠，田園多有水圳。淡水、彰化二廳縣，泉源較廣，雨量甚大，不致成災。臺灣一縣，地勢高亢，水田甚少，旱地居多，月餘不雨，即有旱象（註三六）。巡視臺灣兼理學政陝西道監察御史白瀛具摺奏稱，臺灣縣共二十二里，通計田園一萬二千二百餘甲，其中除永康等十二里園多田少，且有陂塘埤溝，足資灌溉外，其仁和等十里田園高低不一，內有黃萎漸枯不能結實者共約一千一百餘甲，除有水園田一萬餘甲可獲秋收外，其餘無水可灌溉的田園二千餘甲禾苗多半萎黃，偏災之象已成（註三七）。經戶部題准，將臺灣、鳳山二縣被旱田園新舊錢糧暫緩催徵，並查明旱災輕重，將極貧戶口照例選行撫卹一月。其中臺灣縣應賑極貧計六戶，大小口二十二人；次貧五十二戶，大小口四百二十六人。鳳山縣應賑極貧計十九戶，大小口七十七人，次貧三十九戶，大小口二百七十二人，二縣合計應賑極貧、次貧共一百十六戶，大小口七百九十七人（註三八）。

乾隆十二年（一七四七）八、九月，臺灣發生旱災以後不久，於次年七月初二、三等日，又繼以水災，稻穀歉收，同年晚禾又被旱。巡視臺灣兼理學政陝西道監察御史白瀛等具摺指出，臺灣縣之中路，鳳山縣之北路及彰化縣之沿海一帶，地處高阜，水圳稀少。自乾隆十三年（一七四八）下旬以後連日不雨，又因八月十五六等日風霾大作，雖廬舍船隻並無損壞，不致成災，而禾苗之正吐花者，間被搖落，地氣乾燥愈甚。臺灣縣田園共計一萬二千餘甲內除依仁等五里向有埤溝陂塘，可資灌溉，禾苗漸次收割，尚屬有秋外，其永康等十七里高阜田園半屬黃萎不能結實者約共一千三百餘甲，統計被災一分以上，偏災已成。鳳山縣官民莊田共有一萬三千餘甲內除下淡水等處俱有埤圳，可以引水灌溉者約一萬三千馀甲均無妨礙外，其高阜處所栽種極遲晚禾無水滋潤者，均屬黃萎，實共六百餘甲，鳳山縣合縣通計雖被災不及一分，但就乾旱之處而言，已成偏災。彰化縣共計十一保，其沿山半線等六保，俱有水源引灌，尚屬有秋。沿海的馬芝遴等五保，額征田園計三千二百餘甲，除開有水道可資灌溉者，不致傷害外，實在被旱晚禾共一千九百餘甲，彰化縣通縣勻算遭受旱災的面積幾及二分。淡水、諸羅、鳳山三處，受到旱災歉收的影響，米價每石自一兩七八錢至二兩不等，彰化縣更因水旱頻仍，米昂騰貴，每石長至二兩二錢有零，郡城食指眾多，北路接濟短少，以致人多米貴，每石亦長至二兩二錢不等（註三九）。閩浙總督喀爾吉善具摺指出，彰化縣水旱頻仍，民力拮据，理應加意料理，因此，奏請將被災之戶照例先行撫卹一月口糧。福建巡撫潘思榘將賑災情形繕摺奏聞。原摺指出，臺灣、鳳山、彰化三縣，於乾隆十三年（一七四八）晚禾被旱，經地方官查明被災輕重，分別應賑、應借，照例妥辦，以上三縣遭受旱災各則田園共三千八百六十一甲，官莊被災各則田共一百四十四甲。應賑極貧、次貧災民共二百五十三戶，計大小口一千五百八十人，照例撫卹一個月口糧（註四〇）。

道光二十五年（一八四五）正月，臺灣發生大地震。同年六月，又因風雨而成災。署福建臺灣領總兵官葉長春、按察使銜臺灣道熊一本具摺指出，臺灣地方猝被風雨，臺、鳳、嘉三縣，均有淹斃人民，損失船隻，倒塌房間情事，幸各處農民早稻已收，晚禾尚未栽插，不致成災。葉長春等人在原摺中也將臺灣夏天的氣象作了簡單的描述，他們指出，臺灣于道光二十五年（一八四五）入夏以來，四月雨多，五月雨少，至六月初六日大雨連宵，田園正資灌溉，突於初七日酉刻颶風大作，猛烈異常，至初十日申刻風勢漸微，而大雨猶未止息，郡城外水深數尺。十二日雨勢稍減後，葉長春，熊一本即督同臺灣府知府仝卜年等查勘南北路災情。葉長春原摺摘敘臺灣各廳縣的災情報告，據臺灣縣知縣胡國榮稟稱：

> 縣城內前被風雨損壞處所，當經查明具報，現查城外廬舍、橋樑倒塌甚多，沿海人民被水漂沒及大小商哨各船遭風擊碎擱淺者，亦復不少，並有呂宋夷船被風衝至二鯤身擱淺損壞，經會同安平水師救起難夷二十六名，妥為安置，日給口糧，容俟打撈失物，再行詳辦。查看離海漸遠之田疇園圃，幸臺邑尚無早稻，晚稻尚未插秧，不致成災，然各農民春夏二季栽種蔬菜雜糧，陸續收割，以資糊口，現被風雨損耗各民戶口嗷嗷待哺，亟須量為軫卹。

據署臺灣廳同知噶瑪蘭通判徐廷掄稟稱：

> 該廳所轄鹿耳門港口停泊大小商哨各船約有五十餘號，現在皆被風吹散，不知去向，其淹斃弁兵舵手若干，各容俟大水退落，船

歸海口，再行確實查報。現在鹿耳門一帶及國賽港北，俱有漂流淹斃屍身，統計三百數十具，均經雇夫打勞，分別男婦掩埋。

鹿耳門等沿海漂流屍身三百數十具，災情慘重。據署嘉義縣知縣王廷幹稟稱：

六月初七日夜，狂風大雨，海漲異常，象苓澳內船隻擊碎十有八九，下湖街店屋全行倒塌，新港莊、泊何寮、蚶何寮、竹笛寮等處，淹斃居民約計二十餘人。當即冒雨馳往該處查明，籌款先將各屍身分別男女掩埋。所有被沖田園、廬舍、廟宇、橋樑、道路，容俟確查，再行稟報。

由引文內容可知嘉義因狂風大雨引起的水患，災情亦頗嚴重。據代理鳳山縣知縣雲霄同知玉庚稟稱：

六月初七日申刻，颶風陡發，大雨傾盆，至初八日，風雖少息，雨尚未止。查看城垣、廟宇、衙署、倉廒、監獄、營房、軍裝、火藥庫等處，均有滲漏倒坍，民間廬舍、橋樑、道路，亦多坍塌，且有壓斃淹斃人口為數尚屬無多，幸早稻已經收割，晚禾尚未播種，不至成災（註四一）。

署臺灣鎮總兵官葉長春一方面將災情先行具摺奏聞，一方面咨報閩浙總督劉韻珂，劉韻珂亦繕摺奏聞，節錄原奏內容如下：

臺郡於本年六月初六日起至十二日止，連朝大雨，並發颶風，異常猛烈，城內積水數尺，所屬臺灣、嘉義、鳳山三縣，亦同被風雨，嘉義兼有海潮漲發，以致淹斃居民約有二千餘名。臺灣沿海民人，亦多被水漂沒，鹿耳門一帶，漂流屍身三百數十具，惟鳳山情形較輕，傷斃民人計止數十名，各縣城垣、衙署、監獄、倉廒、營房、庫局、廟宇及民間田園、廬舍、道路、橋樑，均有坍壞，沿海商哨船隻遭風擊碎者，亦復不少。臺灣二鯤身洋面，又有呂宋國夷船一隻擱淺損壞，救護難夷二十六名。此外，鹽食及鹽埕堤岸運鹽船筏，亦皆被水衝壞，鹽多溶失，所幸臺邑向無早稻，嘉邑早禾業經收割，晚禾均未播種，僅止雜糧失收，尚不至於成災。現在淹斃人民均經各縣暨署臺防廳打撈掩埋，並經該鎮道等提用義倉穀一千石，府庫銀三千兩，發交臺灣、嘉義兩縣，分別委員查勘撫卹（註四二）。

由引文内容可知颶風自六月初六日至六月十二日，歷時七天，風勢猛烈，嘉義縣災情嚴重，因海水倒灌，淹斃居民二千餘人，臺灣沿海民人亦多被水漂沒，鹿耳門一带，漂流屍身三百數十具。臺灣道府所搬銀米，為數無多，閩浙總督劉韻珂即飭布政使在於藩庫地丁項下動撥銀三萬兩，委令馬巷通判俞益等護解臺灣。淹斃民人分別男婦大小撫卹，倒塌民房分別瓦房、草房造具清冊，照例給予修理各項費用，由檔案資料的記載，可知災情的慘重。

刮大風，下鹹雨，是澎湖常見的氣象災害，各種志書典籍多記載因鹹雨對農作物所造成的傷害。現藏檔案中也有關於澎湖鹹雨災害的資料。道光三十年（一八五〇）冬，澎湖因雨少風多，收成歉薄，貧民已有食貴之虞。澎湖廳同知楊承澤公捐銀二千兩，購買薯絲，運往接濟。咸豐元年（一八五一）三月初四日起至初六日止，連日大風刮起海水，徧地飛灑，澎湖當地人稱為鹹雨，以至雜糧枯萎，旱收失望。澎湖共計十三澳，除吉貝等四澳災害稍輕外，其餘九澳鹹雨災情俱重（註四三）。臺灣道徐宗幹即會同臺灣鎮總兵官呂恒安於道庫備貯項下提銀五千兩，以二千兩添買薯絲，委員解往，餘銀三千兩，作為撫卹之用。因災區較廣，閩浙總督裕泰又動撥地丁銀二千兩，以撫卹受災貧民。

五、遭風海難及救援撫卹

颱風或颶風，是一種熱帶氣旋，氣旋發生後，形成旋渦，其旋渦中心附近最大風速達到每秒十七點二公尺時，即稱為輕度颱風。東經一〇五度至一五〇度，北緯五度至三十度之間，包括北太平洋西部及南海大部分地區所發生的熱帶氣旋。探討臺灣的風災，不能僅限於臺灣本島陸地，還應該包括澎湖及臺灣沿海或臺灣海峽。船舶遭遇颱風或颶風而沉沒，以及船上人員的漂失淹斃所造成的災害，可以說是以氣象現象為直接原因而引起的氣象災害。現存檔案中含有相當多海難資料，值得重視。

遭風海難船舶，不限於清朝商哨船隻，琉球、朝鮮、日本等國船隻，亦常在臺灣海峽遭風遇難。據巡視臺灣監察御史禪濟布、丁士一等具摺指出，雍正二年（一七二四）閏四月二十七日，有琉球國有底無蓋小船一隻，船上共十六人，遭風飄至澎湖小池角地方，經澎湖協副將陳倫炯解送提督，然後轉送福州琉球館。同年五月初七日，又有琉球國雙桅船一隻在諸羅縣外海遭遇颶風飄泊至八里坌長豆坑地方，船內男二十七名，婦女一口，共二十八人，他們上岸後，船隻即被風浪擊碎飄散無存。巡視臺灣監察御使禪濟布等隨即捐給銀米，加意撫卹。

朝鮮人金白三等三十人，同坐一船，在羅州長刷島載運馬匹，船隻被風打壞，於雍正七年（一七二九）九月十二日夜間飄到彰化縣境內的三林港大突頭地方，船身擱破沈水入沙，不能移動，折估變價銀十五兩，隨發給金白三等人收領，並派遣兵船將金白三等人護送至廈門（註四四）。乾隆二十五年（一七五八），朝鮮難民金延松、金應澤等人遭風飄收臺灣，經臺灣派遣兵船護送至福州省城安插，每人日給鹽菜銀六釐，米一升。此外，每人各給衣服等項銀四兩（註四五）。

李邦翼是朝鮮全羅道全州府人，同船共八人，因赴外嶼買粟，駕坐李有實船於嘉慶元年（一七九六）九月二十日在洋遭風。同年十月初四日，飄至澎湖洋面觸礁擱淺，經官兵救渡登岸。十月初五日，臺灣道劉大懿將李邦翼等八人委員護送至福州省城，安插館驛，照例以安插之日為始，每人給米一升，鹽菜銀六釐，各給衣被等項銀兩，並委員伴送進京（註四六）。

金城，年四十五歲，三里，年二十五歲，官平，年二十歲，都是琉球人，平日釣魚營生。嘉慶十三年（一八〇八）三月初一日，金城等人在琉球絲滿地方開船後，在洋邁風，同年四月十五日，連船漂至臺灣北路洋面，經淡水廳同知翟金護送至臺灣府城，然後委員配船到廈門轉送到福州省城（註四七）。

道光二十一年（一八四一）八月二十七日，朝鮮漁船遭風漂至淡水三貂港卯鼻外洋，被颶風擊碎，漁船上有朝鮮漁民共十一人，俱游水靠岸獲救，經臺灣府在存公銀內給予衣被口糧（註四八）。

除琉球、朝鮮船舶固然常遭風遇難外，日本等國船隻遭遇颶風飄沒的情形，亦不罕見。現藏檔案中含有日本人源吾郎等人的供單。嘉慶十三年（一八〇八）六月二十九日，福建巡撫張師誠繕摺奏聞處理還難船隻經過，原摺摘錄源吾郎等人的供詞。其中源吾郎的供詞內容如下：

現年三十八歲，是日本武秀才，姓山下，名源吾郎，在薩州地方領國王姓松平，名薩摩守牌照運糧米一千八百石到大阪屋補用。於卯年十二月初六日出帆，水手二十三人。十一月，在日洲洋面遭風，船隻打破，駕坐杉板，撈得食米，隨風漂流。辰年三月初十日，漂到四匏鑾地方，遇著日本番人名文助，先曾遭風到彼數年，知該處近年在中國地界，伊等即同文助等一共二十四人仍坐杉板駕駛，三月二十九日，至臺灣枋寮地方登岸，即經署鳳山縣知縣程文炘查訊。

引文內卯年，即丁卯年，相當於嘉慶十二年（一八〇七）辰年，即戊年，相當於嘉慶十三年（一八〇八）。據文助供稱：

現年五十一歲，係日本國箱館地方人，戌年十一月，駕自己空船一隻，船上水手八人，要往武差國江戶城亢地方裝貨回國，領有箱館牌照，在洋遭風。亥年正月二十八日，漂到臺灣四匏鑾地方，因船打破，只得上岸，水土不服，病死八人，只剩文助一人在該處燒鹽，與番人換竽子度日，住得數年，知該處近在中國，因無便船，未能回國，於本年三月初十日，適遇源吾郎等遭風漂到，附搭杉板駛至臺灣，一同送至內地，各求送回本國（註四九）。

引文中戌年，即壬戌年，相當於嘉慶七年（一八〇二），亥年，即癸亥年，相當於嘉慶八年（一八〇三）。據鳳山縣知縣程文炘稟報，四匏鑾洋面，是臺灣後山生界原住民地界，源吾郎、文助後來至枋寮登岸，隨身所帶長短刀四把，斧四把，剃刀五把。據文助供稱日本人喜帶刀子，長刀掛身，短刀插腰，斧子用來劈柴，剃刀是眾人公用，另有日文書三本，都是日本曲本。源吾郎等人被護送到福州省城後，因福建向無往返日本船隻，福建巡撫張師誠隨後又咨送浙江乍浦，遇有東洋便船，即遣令歸國。

呂宋船舶多往返於南海洋面，因此，常常遭風，造成海難，其中間有漂至臺灣海岸者。道光二十五年（一八四五）六月初六日至十二日，臺灣遭受颶風侵襲，風狂雨驟，沿海大小商哨各船多遭風擊碎，其中含有呂宗船舶，因遭風衝至二鯤身擱淺損傷，經安平水師等救起呂宋人二十六人（註五〇）。由於強烈颶風的侵襲，臺灣海峽或巴士海峽上航行的船隻，多遭風遇難，造成嚴重的氣象災害。

福建商船或載運棉布等生活物資赴臺販售，或來臺採購米谷返回福建販售，接濟兵民糧食，而於臺灣海峽航行頻繁，以致間有商船遭風遇難，造成氣象災害。金三合是福建晉江縣人，是商船的船戶，他曾自置商船，雇募舵水二十四名。嘉慶元年（一七九六）七月間，在廈門裝載棉布等貨東渡臺灣貿易，附搭客民林自一名，並配載渡海夫陶忠等四名齎送臺灣鎮道夾板一副，隨帶內地各衙門公文。是年七月二十二日，船戶金三合在廈門掛驗出口，八月十一日，放洋，次日夜間，在洋遭風，折壞大篷甲篙，隨風漂流。八月十四日午後，漂至古雷洋面，忽遇盜船，貨物、公文俱被劫掠一空（註五一）。金瑞吉也縣一名商船的船戶，他從臺灣返回廈門途中，也遭風被阻。金瑞吉指出臺灣派出縣丞程姓、武弁章姓，帶領兵役管解劉碧玉等五犯，於嘉慶二十年（一八一五）六月二十三日配坐新藏隆船隻，同在鹿耳門候風。七月十六日，得風，同幫開行者，共有船舶八隻，俱在洋中遭風，船戶金瑞吉等三船收入澎湖，八月初七日，始回到廈門海口（註五五）。

每逢鄉試之期，臺灣府文武諸生，照例由學政錄送內渡赴福州省城人闈考試。但因漂洋過海，往往遭風遇難，船隻翻覆淹斃。例如咸豐二年（一八五二）壬子科鄉試，就有臺灣縣學廩生石耀德等四名從鹿耳門放洋後遭風溺斃。同治三年（一八六四），是甲子正科，因太平軍進入漳州，奉文停止鄉試。同治四年（一八六五）九月，補行甲子鄉試，臺灣府學附生黃炳奎，彰化縣學廩生陳振纓、黃金城、蔡鐘英四名，於是年八月間由鹿港配搭金德勝商船內渡。但因是年入秋以來颶風時作，金德勝商船在洋遭風沈溺，黃炳奎等四名屍身日久探撈未獲。咸豐二年

（一八五二）壬子科石耀德等四名遭風溺斃後，曾經臺灣道徐宗幹奏請撫卹，奉旨議給訓導職銜。附生黃炳奎等四名遭風溺斃後，學政丁曰健亦奏請援照壬子科請卹成案議卹（註五三）。

臺灣班兵換戍，餉銀領兌，兵船往返，絡繹不絕。但因海洋多風，船隻遭風遇難，造成災害的現象，屢見不鮮。臺灣海峽，既多颱風，又多季風。季風的威力，雖然不及颱風或颶風猛烈，但它的持續性較久，每年十月至第二年三月，東北季風盛吹，因其風向和東北信風的方向相一致，它所構成的合成風速特別強勁。每年五月至九月，西南季風盛吹，其風向和東北信風的風向相反，因此，它所形成的合成風，風力雖然較弱，但對傳統航行船舶，也往往造成海難。陳弘謀在福建巡撫任內曾具摺指出，臺洋風汛，夏秋颱颶時發，倏忽變異，最為難測，冬令北風強烈，船隻多遭飄擱，一歲之中，兵船遭風飄散者，仍十居八、九（註五四）。據臺灣鎮總兵官王郡疏稱，雍正七年（一七二九）七月二十六日夜間，台協水師營平字十四號，配載兵丁十九名出洋後，在笨港口遭風，船舟皮打裂，船中兵丁王輝一名，被浪拖括溺水身故。臺灣水師右營澄字六號趕繒船一隻派撥前往廈門渡載福州城守班兵九十一名，於乾隆元年（一七三六）十一月二十八日放洋，十一月三十日晚，駛至外洋，將至西嶼頭洋面，突遭颶風，船舵被海浪刮斷，飄至八罩水垵口外衝礁擊碎，淹斃班兵郭世華等三十八名（註五五）。

臺灣餉銀，照例須赴內地藩庫請領，乾隆十五年（一七五〇）冬及乾隆十六年（一七五一）春雨季俸餉七千四百餘兩，餉錢四百餘串，領兌之後，在廈門配船，由澎湖放洋，其中綏字第三號載船一隻，因遭遇颶風，全船沉汲，官兵六十餘人，無一生還。其平字二號餉船一隻，載餉四鞘，戴錢十七桶，差遣臺灣右營把統陳亦管押，於乾隆十六年（一七五一）正月十一日，在澎湖放洋，是日四更時候，忽遇颶風，不能收入鹿耳門，寄椗破隙汕外。正月十二日，風浪更大，吹斷正椗大糸索，副椗齒折，餉船隨風飄流四日三夜，最後飄到廣東惠州府海豐縣港口（註五六）。

乾隆十七年（一七五二）七月初八至十一等日，福建沿海，連日風雨，颶風猛烈，廈門四面環海，為海船出入要津，因海風強勁，擊破載船哨船，飄沒大小商漁船隻，往往淹斃兵役民人，災情慘重。飄沒臺灣穀船十六隻，沉失官穀二千二百七十餘石。原任臺灣革職同知俞唐自臺灣渡海回籍，連同子姪家人共十三口，在洋遭風沉溺。新調水師提標後營遊擊官玉自澎湖渡海前往臺灣新任，亦在洋遭風沉溺。乾隆十八年（一七五三）三月十八日，臺澎洋面因颶風大作，有海壇鎮標左營千總陳益管押班兵八十七名，跟丁二名，駕船目兵十一名，合計一百零一人，配載永字號哨船一隻，東渡臺灣換戍，在白水洋遭風飄流至東吉嶼，除兵丁十一人經鎮標右營配載換班過臺固字六號兵船援救脫險外，其餘弁兵九十人，俱下落不明（註五七）。

據臺灣府知府鐘德稟報，在乾隆十九年（一七五四）風災案內，擊壞船隻大小六十二隻，淹斃舵水一百六十六名，共賑卹銀三百一十五兩，吹到（應為倒）瓦草房屋二百零五間，壓斃男婦九人，共賑卹銀七十五兩。船隻內飄失官粟二千七百八十五石。臺灣、諸羅、彰化三縣受災無力貧民，查明大小男婦共二千七百十七名，照例撫卹一月口糧，共米三百一十五石一斗五升。福建按察使劉慥遵旨加意撫綏災民，並繕摺奏聞辦理賑災經過，節錄原摺一段內容如下：

> 臣即備查賑卹定例，分條酌議，詳明督撫二臣，並移行臺灣道拕穆齊圖、臺灣府知府鐘德督率各縣確查被災村莊，在六、七分以上者，乏食貧民行行撫卹一月口糧；被災較重至八、九分之諸羅縣屬地方；俟來春察看情形，分別極貧次貧，酌量加賑；被災稍輕之臺、彰各縣，不須加賑者，仍酌借口糧，以資接濟；至坍塌瓦房，照例每間給銀五錢；草房減半；擊沉船隻，大船賑銀三兩，中船二兩，小船一兩，以資修葺；撈獲屍首，大口給銀一兩，小口五錢，以為掩埋之費，其被災田畝；應徵錢糧供粟，均視被災分數輕重，分別蠲免緩徵。凡應撥內地補倉米穀，悉行停運，以備賑借之用。再賑給口糧，應用本色者，即于常平倉穀碾給。其僻遠之處，應用折色銀兩，若由藩庫解往，海洋風信靡定，需賑孔急，恐難懸待。查臺屬原有經徵官莊銀兩，臣稟明督撫二臣即於所貯官莊銀內墊納

備用，統於藩司存公銀內撥發歸款，仍嚴飭各屬親行查辦，不得假手胥役，致滋冒濫剋扣，務使災黎各沾實惠，無一失所（註五八）。

乾隆十九年（一七五四）九、十兩月先後遭受風災，造成臺灣陸地及沿海的重大災害，除房屋倒塌，壓斃男婦外，也造成大小船隻被風浪擊碎，淹斃民人。由於海難頻傳，渡海入臺文武大員，多裹足不前。乾隆五十二年（一七八七），福康安等渡海赴臺征剿林爽文時，乾隆皇帝曾頒賜班禪額爾德尼所進右旋白螺，往返臺海時，都供奉於船中，果然風靜波恬，渡洋平穩。乾隆五十三年（一七八八）十一月二十一日，《寄信上諭》指出：

上年福康安前赴臺灣，特賞給右旋白螺帶往，是以渡洋迅速，風靜波恬，咸臻穩順。今思閩省總督、將軍、巡撫、提督等每年應輪往臺灣巡查一次，來往重洋，均資靈佑，特將班禪額爾德尼所進右旋白螺發交福康安，於督署潔淨處敬謹供奉，每年督撫、將軍、提督等不拘何員赴臺灣時，即令帶往渡海，俾資護佑，俟差竣內渡，仍繳回督署供奉。至前往巡查大臣，不必因有白螺，冒險輕涉，總視風色順利時，再行放洋，以期平穩，將此諭令知之（註五九）。

漂洋過海，風強浪大，海難頻仍，因此，欲藉靈物護持，希望順利吉祥，反映皇帝對文武大員的關心與祝福。但乾隆皇帝並不希望他們因有白螺的佑助，而冒險輕渡，必俟風色順利時放洋渡海，以免遭遇不測。福建省城總督衙門第五層是樓房，高敞潔淨，福康安令人將樓房加以拂拭灑掃後，即將右旋白螺敬謹安龕供奉。右旋白螺雖然不能解除颱風的侵襲，但可使渡海大員免除望洋之驚的心理作用，也是可以肯定的。嘉慶初年，清朝冊封使趙文楷等前往琉球時，亦經閩浙總督玉德奏准將右旋白螺交與趙文楷等供奉船艙，希望往返重洋時，能得靈物護持，而於穩順之中，更臻穩順。

宗教信仰具有生存、整合與認知的社會功能，媽祖崇拜久已成為福建民間的普徧信仰。由於閩省兵丁民人過洋入臺，屢次遭風淹斃，海難頻傳，乾隆皇帝也認為或因地方官平日不能虔誠供奉媽祖，以致未邀神佑。因此，令軍機處發下藏香一百炷，交兵部由驛站馳遞福建督撫，令地方大吏於媽祖降生的原籍興化府莆田縣地方及瀕海一帶各媽祖廟，每處十炷，敬謹分供，虔心祈禱，以迓神庥，而靜風濤。閩浙總督魁倫遵旨將藏香每十炷為一分，共計十分，派員遞送，一分交給興化府知府祥慶親身敬謹齎赴莆田縣屬湄洲媽祖廟供奉，總督魁倫會同陸路提督王彙率同道府親送一分赴福州府南臺海口天后廟供奉，其餘分送福寧府、臺灣府、廈門、金門、海壇、南澳、澎湖等七處，交提鎮道府等親赴瀕海各廟宇敬謹分供，虔誠祈禱，希望從此哨商船隻往來海上，帆檣安穩，免除遭風沉船之虞（註六〇）。乾隆皇帝順應福建民間信仰的習俗，假神道以設教，對穩定渡海人員的信心，確實產生正面的作用，對媽祖信仰的普及化，也產生積極的作用。

六、結語

臺灣位於環太平洋花綵列島的地震帶上，介於琉球弧與呂宋弧的會合點上，在地質基礎上是一個具有地槽與島弧雙重特性的島嶼。同時又恰好位於大陸與大洋之間，四面環海，正處於熱帶海洋氣團與極地大陸變性氣團的交綏地帶上，因此，自然災害是不容易避免的現象。由於自然災害的頻仍發生，對臺灣居民的生命財產，往往造成嚴重的損失。有清一代，臺灣自然災害，較為常見的是地震、颱風、水災、旱災、船舶遭風等自然界異常現象。自然災害有其復發性與重現性，因此，利用原始檔案資料，對清代臺灣自然災害進行歷史考察，以認識其發生原因，形成過程，了解各種自然災害在時空上的變化特性，確實是有意義的。

地震的幅度，大小不同，強烈地震帶來的破壞性，是非常驚人的。例如乾隆五十七年（一七九二）六月二十二日，西曆八月九日，彰化以南包括彰化、嘉義、臺灣、鳳山等縣及府城，於是日未、申時刻，即下午一點至五點，發生強烈地震，地震的時間雖然發生在白晝，人多奔逸，但生命財產，仍然遭受重大損失。據統計，此次地震倒塌民房共二萬五千二百十六間，倒塌各汛營房共三百六十二間。壓斃男女大小民人共七百零六人，受傷七百四十人。壓斃兵丁六名，受傷四十一人，災情慘重。政府的賑災，頗為迅速，其撫卹銀兩，按照大小口發放，壓斃人口，不分男女，每大口給銀一兩，小口給銀五錢。倒塌瓦房，每間給銀五錢，倒塌草房，每間給銀二錢五分。

颱風是臺灣較常發生的氣象災害，因颱風所造成的災情，也是十分慘重。例如康熙六十年（一七二一）八月十三日臺灣遭受颱風侵襲，其中臺灣、鳳山二縣，災情較重，民房倒塌八千餘間，壓斃及淹斃民人約七百人，戰船大半沈沒，溺斃兵丁二百三十二人。政府除蠲免田賦錢糧外，被風吹倒民房，每戶給銀一兩，壓斃及溺斃民人每人各給銀二兩，溺斃兵丁每人各給銀五兩。乾隆四十七年（一七八二）四月二十二日，臺灣遭受颱風侵襲，其中臺灣一縣遭風吹損瓦房共九十七間，倒塌草房四十一間，吹損草房九十四間。淹斃撈獲一百三十四人。政府撫卹時，按照瓦房、草房吹倒損壞情形各給銀一兩，或七錢、三錢不等。淹斃撈獲人口按照大小給銀一兩或六錢不等。

臺灣地處低緯帶的海上，雨量較大，每因暴風雨而形成水災，例如道光二十五年（一八四五）六月初六日至十二日，連續七天，因暴風雨而形成海水倒灌的水災，其中嘉義縣災情較重，淹斃居民共二千餘人。鹿耳門一帶，漂流屍身，也多達三百數十具，俱照例撫卹。

旱災是一種異常降水造成的一種氣象災害，由於降雨因素的變化，往往形成久旱不雨的現象，尤以臺灣南部的丘陵地帶，災情較重。例如乾隆十二年（一七四七）八、九兩月因無雨澤，旱災嚴重。其中臺灣、鳳山二縣，凡高阜無水源的田園晚稻，俱已黃萎，二縣田園通計三千餘甲，顆粒無收，形成偏災，經督撫題准緩徵錢糧，並撫卹貧民一月口糧。由於水旱頻仍，導致米價的昂貴，貧民生計維難。

船舶遭遇強風而沉沒，是臺灣、澎湖海面常見的氣象災害。臺灣班兵換戍，餉銀領兌，內地商船來臺販賣貨物，採購米穀，重洋往返，絡繹不絕，往往因遭風而造成海難。鄰近國家如琉球、朝鮮、日本、呂宋等船舶，亦屢遭海難，福建等省均加意撫卹，捐給銀米，護送返國。福建巡撫陳弘謀曾經具摺指出，臺洋風汛，夏秋颱颶時發，焂忽變異，最為難測，冬令北風強烈，船隻多遭飄沒，一歲之中，商哨船隻遭風飄失者，十居八九。每逢鄉試之期，臺灣府文武諸生，照例由學政錄送內渡，赴福州省城參加鄉試，但因八、九月間正逢颱風盛行季節，過洋諸生，每因商船遭風翻覆溺斃，海難頻傳，造成重大的災害。

臺灣自然災害，屢見不鮮，海峽兩岸現藏檔案，一方面由於戰亂損失，並不完整，一方面由於檔案數量龐大，整理需時，因此，僅就整理公佈的部分檔案，對清代臺灣自然災害進行歷史考察，只是浮光掠影的描述，片羽鱗爪，缺乏系統。但在今日直接史料日就煙沒之際，即此現藏已公佈的有限檔案資料，已足以反映清代臺灣自然災害的頻仍及其嚴重情形。

【註釋】

註　一：《重修臺灣省通志》（南投，臺灣省文獻委員會，一九九四年六月），卷一，大事記，頁一五三。

註　二：《重修臺灣省通志土地志自然災害篇》，（臺灣省地區儀器觀測以前之地震災害表），頁三六。

註　三：《明清史料》（臺北，中研院歷史語言研究所，一九七二年三月），戊編，第五本，頁四三四。乾隆五十七年八月二十三日，兵部為內閣抄出福建水師提督兼臺灣鎮總兵官哈當阿等奏摺移會。

註　四：《明清史料》，戊編，第九本，頁八九一。嘉慶十二年三月十二日，工部題本。

註　五：《明清史料》，戊編，第二本，頁一九四。道光十九年十月，戶部為內閣抄出署理閩浙總督魏元烺奏摺移會。

註　六：《宮中檔》（臺北故宮博物院，第二七三一箱，第四二包，第七五五八號。道光二十五年五月十一日，閩浙總督劉韻珂等奏摺。

註　七：《重修臺灣省通志土地志自然災害篇》，卷一，大事記，頁一八三。

註　八：《重修臺灣省通志土地志自然災害篇》，頁三七。

註　九：《淡水廳志》（臺中，臺灣省文獻委員會，一九七七年二月），頁三三八。

註一〇：李春雄撰《淡北大地震，百年前大震撼》，《聯合報》，一九九九年十二月二十五日，第三十九版，《大新聞回頭看》。

註一一：《宮中檔康熙朝奏摺》，第九輯（臺北故宮博物院，一九七八年七月），頁五〇六。康熙五十五年正月初九日，閩浙總督覺羅滿保滿文奏摺。

註一二：《重修臺灣省通志》，卷一，大事記，頁一〇五。

註一三：《康熙朝滿文硃批奏摺全譯》（北京，中國第一歷史檔案館，一九九六年七月），頁一四九三。

註一四：《宮中檔雍正朝奏摺》，第三輯（臺北故宮博物院，一九七八年一月），頁一四。雍正二年八月初四日，巡視臺灣監察御史禪濟布等奏摺。

註一五：《重修臺灣省通志》卷一，大事記，頁一一二。

註一六：《宮中檔雍正朝奏摺》，第十四輯（一九七九年二月），頁六。雍正七年閏七月二十四日，署福建總督史貽直奏摺。

註一七：《宮中檔雍正朝奏摺》，第十四輯，頁六〇。雍正七年閏七月二十九日，巡視臺灣兼理學政監察御史夏之芳等奏摺。

註一八：《宮中檔雍正朝奏摺》，第十四輯，頁三〇一。雍正七年九月初三日，福建廈門水師提督藍廷珍奏摺。

註一九：《宮中檔雍正朝奏摺》，第十四輯，頁九〇〇。雍正七年十一月十二日，署理福建總督史貽直奏摺。

註二〇：《宮中檔雍正朝奏摺》，第二十一輯（一九七九年七月），頁六〇二。雍正十一年五月二十四日，巡視臺灣兼理學政吏科給事中林天木等奏摺。

註二一：《重修臺灣省通志》，卷一，大事志，頁一三一。

註二二：《宮中檔乾隆朝奏摺》，第九輯（一九八三年一月），頁五九〇。乾隆十九年九月十八日，福建臺灣鎮總兵官馬大用奏摺。

註二三：《宮中檔乾隆朝奏摺》，第九輯，頁七八六。乾隆十九年十月十五日，福建將軍新柱奏摺。

註二四：《宮中檔乾隆朝奏摺》，第五十四輯（一九八六年十月），頁七六二。乾隆四十八年正月十九日，閩浙總督富勒渾等奏摺。

註二五：《重修臺灣省通志》，卷一，大事記，頁一五二。

註二六：《軍機處檔・月摺包》（臺北故宮博物院），第二七四四箱，一八五包，四五三一三號。乾隆五十五年八月十六日，閩浙總督覺羅伍拉納奏摺錄副。

註二七：《軍機處檔・月摺包》，第二七四四箱，一八五包，四五三一四號。乾隆五十五年七月二十二日，臺灣鎮總兵官奎林奏摺錄副。

註二八：《重修臺灣省通志土地志自然災害篇》，頁六八。

註二九：《重修臺灣省通志》，卷一，大事記，頁一二七。

註三〇：《軍機處檔・月摺包》，第二七七二箱，二〇包，二七五六號。乾隆十三年七月初六日，福建巡撫潘思榘奏摺錄副。

註三一：《軍機處檔・月摺包》，第二七七二箱，二四包，三六四二號。乾隆十三年十一月二十八日，福建水師提督張天駿奏摺錄副。

註三二：《軍機處檔・月摺包》，第二七七二箱，二二包，三二八三號。乾隆十三年九月初四日，閩浙總督喀爾吉善奏摺錄副。

註三三：《軍機處檔・月摺包》，第二七七二箱，二二包，三一四六號。乾隆十三年閏七月十一日，巡視臺灣御史伊靈阿等奏摺錄副。

註三四：《明清史料》，戊編，第一本，頁九〇。乾隆十四年四月初五日，福建巡撫潘思榘題本。

註三五：《軍機處檔・月摺包》，第二七七二箱，一一包，一四七二號。乾隆十二年十月二十日，閩浙總督喀爾吉善奏摺錄副。

註三六：《軍機處檔・月摺包》，第二七七二箱，一〇包，一三三三號。乾隆十二年九月二十四日，閩浙總督喀爾吉善奏摺錄副。

註三七：《軍機處檔・月摺包》，第二七七二箱，一一包，一四七四號。乾隆十二年九月二十二日，巡視臺灣兼理學政陝西道監察御史白瀛奏摺錄副。

註三八：《明清史料》，戊編，第一本，頁八六，福建巡撫陳大受題本。

註三九：《軍機處檔・月摺包》，第二七七二箱，二三包，三四五三號。乾隆十三年九月十一日，巡視臺灣兼理學政陝西道監察御史白瀛等奏摺錄副。

註四〇：《軍機處檔・月摺包》，第二七四〇箱，二八包，四〇九一號。乾隆十四年二月十三日，福建巡撫潘思榘奏摺錄副。

註四一：《明清史料》，戊編，第二本，頁一九七，道光二十五年九月初十日，戶部為內閣抄出署臺灣鎮總兵葉長春等奏移會。

註四二：《宮中檔》，第二七三一箱，四五包，八〇九四號。道光二十五年八月二十五日，閩浙總督劉韻珂奏摺。

註四三：《宮中檔》，第二七〇九箱，五包，六八九號。咸豐元年六月初三日，閩浙總督裕泰奏摺。

註四四：《宮中檔雍正朝奏摺》，第十五輯（一九七九年一月），頁三六七，雍正七年十二月二十四日，福建巡撫劉世明奏摺。

註四五：《宮中檔乾隆朝奏摺》，第二十四輯（一九八四年四月），頁五二三，乾隆三十年四月初八日，福建巡撫定長奏摺。

註四六：《宮中檔》，第二七〇六箱，一四包，二〇〇五號，嘉慶二年二月十三日，護福建巡撫姚棻奏摺。

註四七：《宮中檔》，第二七二四箱，七〇包，一一三七〇號。嘉慶十三年六月二十九日，福建巡捕（原文，應為撫）張師誠奏摺。

註四八：《宮中檔》，第二七一九箱，三一包，五三四二號。道光二十二年二月十七日，福建巡撫劉鴻翱奏摺。

註四九：《宮中檔》，第二七二四箱，七〇包，一一三七〇號。嘉慶十三年六月二十九日，福建巡撫張師誠奏摺。

註五〇：《明清史料》，戊編，第二本，頁一九七。

註五一：《宮中檔》，第二七〇六箱，一一包，一四二五號。嘉慶元年十一月初六日，閩浙總督魁倫奏摺。

註五二：《宮中檔》，第二七二三箱，一〇〇包，一九六三七號。嘉慶二十年八月二十一日，閩浙總督汪志伊奏摺。

註五三：《月摺檔》（臺北故宮博物院），同治五年四月二十八日，丁曰健奏片。

註五四：《宮中檔乾隆朝奏摺》，第五輯（一九八二年九月），頁二八九。乾隆十八年五月初八日，福建巡撫陳弘謀等奏摺。

註五五：《明清史料》，戊編，第七本，頁六一四。乾隆四年七月二十二日，閩浙總督郝玉麟題本。

註五六：《宮中檔乾隆朝奏摺》，第一輯（一九八二年五月），頁九二四。乾隆十六年十一月十七日，福建巡撫潘思榘奏摺。

註五七：《宮中檔乾隆朝奏摺》，第五輯，頁九四。乾隆十八年四月十三日，福州將軍新柱奏摺。

註五八：《宮中檔乾隆朝奏摺》，第十輯（一九八三年二月），頁二九四。乾隆十九年十二月十一日，福建按察使劉慥奏摺。

註五九：《明清史料》，戊編，第二本，頁一三八。乾隆五十三年十二月二十九日，閩浙總督福康安等奏摺。

註六〇：《宮中檔》，第二七〇六箱，一一包，一四二六號。嘉慶元年十一月初六日，閩浙總督魁倫等奏摺。

作者簡介：莊吉發，一九三六年五月生，臺灣苗栗人，原籍廣東陸豐。一九五六年臺北師範，一九六三年臺灣師範大學史地學系，一九六九年臺灣大學歷史研究所畢業，後進入臺北故宮博物院服務。曾任編輯，副研究員。現任研究員以及臺灣師範大學歷史研究所、政治大學民族所、淡江大學兼任教授。

主要著作有《京師大學堂》、《清代史料論述》、《清代天地會源流考》、《故宮檔案述要》、《清史拾遺》、《清高宗十全武功研究》、《清代奏摺制度》、《清代秘密會黨史研究》、《薩滿信仰的歷史考察》、《清史隨筆》、《清世宗與賦役制度的改革》、《清史論集》、《滿語故事譯粹》等。

文獻來源：《臺灣文獻》第五十一卷第一期

後記

《中央政府賑濟臺灣文獻·清代卷》，作爲“中央政府管理臺灣歷史文獻叢編”之一種（此前已經出版《清代巡臺御史巡臺文獻》和《清代福建大員巡臺奏摺》兩種），是“十二五”國家重點圖書出版規劃項目和國家古籍整理出版規劃項目之中期成果之一。

根據項目申報書之約定，《中央政府賑濟臺灣文獻》分爲“清代卷”和“民國卷”兩卷。本次出版之“清代卷”約36萬字，由課題組成員依據事先分工，共同完成。課題組成員之具體分工和實際完成情况爲：尹全海作爲課題負責人，除全面統籌項目進程、確定文獻整理範圍、凡例，以及統稿、定稿工作外，還負責撰寫整理説明、自序、後記等。課題組成員余紀珍負責完成康熙朝、雍正朝和嘉慶朝中央政府賑濟臺灣文獻的整理。課題組成員魏垚杰負責完成乾隆朝中央政府賑濟臺灣文獻的整理，同時還協助課題負責人尹全海承擔部分校對工作。課題組成員吴天鈞負責完成道光朝、咸豐朝兩朝中央政府賑濟臺灣文獻的整理。課題組成員蘆敏負責完成同治朝、光緒朝兩朝中央政府賑濟臺灣文獻的整理。此外，信陽師範學院歷史文化學院的劉雙老師，也參加了本項目的部分文獻整理工作，承劉雙老師慷慨應允，未具體署名。

本課題如期完成，受益於中國第一歷史檔案館和海峽兩岸出版交流中心歷時三載完成的《明清宫藏臺灣檔案匯編》。作爲“臺灣文獻史料出版工程”之一種，《明清宫藏臺灣檔案匯編》，原貌影印（均用原件翻拍）珍貴檔案一萬八千餘件，成書二百三十巨册，包括軍機處上諭檔、録副奏摺、雜件來文，宫中硃批奏摺、廷寄上諭、雨水糧價單，内閣題本、敕諭、起居注、咨文、移會，等等，多爲首次輯録。如此原原本本、皇皇巨册，成爲本書的基本文獻，是爲幸也。

本書得以順利出版，還當感謝國家出版基金的資助和九州出版社的大力支持，尤要感謝的是九州出版社總編輯王傑教授，責任編輯王守兵、郝軍啓的辛勤勞動與奉獻。

整理者

二〇一二年十月

圖書在版編目（CIP）數據

中央政府賑濟臺灣文獻·清代卷／尹全海等整理.
—北京：九州出版社，2013.4
ISBN 978-7-5108-2058-8

Ⅰ.①中… Ⅱ.①尹… Ⅲ.①中央政府－救灾－史料－臺灣省－清代 Ⅳ.①D69

中國版本圖書館CIP數據核字(2013)第075106號

中央政府賑濟臺灣文獻·清代卷

作　　者	尹全海 魏垚傑 盧 敏 吴天鈞 余紀珍　整理
出版發行	九州出版社
出 版 人	黄憲華
地　　址	北京市西城區阜外大街甲35號（100037）
發行電話	(010) 68992190/2/3/5/6
網　　址	www.jiuzhoupress.com
電子信箱	jiuzhou@jiuzhoupress.com
印　　刷	三河市東方印刷有限公司
開　　本	850毫米×1168毫米　16開
印　　張	27
字　　數	360千字
版　　次	2013年6月第1版
印　　次	2013年6月第1次印刷
書　　號	ISBN 978-7-5108-2058-8
定　　價	290.00圓